現代社会政策の
フロンティア
11

主婦パートタイマーの処遇格差は なぜ再生産されるのか

スーパーマーケット産業のジェンダー分析

金 英著

ミネルヴァ書房

社会政策にかかわる研究の飛躍的な発展のために
───現代社会政策のフロンティアの発刊に際して───

　現代は、社会政策システムの転換期にある。

　第二次世界大戦後における日本の社会政策システムには、その主要な前提の一つとして、男性労働者とその家族の生活が企業にふかく依存する、という関係があった。この依存関係は、いわゆる高度経済成長期と、それにつづく安定成長期のどちらにおいても、きわめて強固であった。その依存は、労働者の企業への献身と表裏であり、日本の経済的パフォーマンスの高さの主要な源泉ともみなされていた。

　しかし、バブル経済が崩壊し、1990年代に経済が停滞するなかで、この依存関係は大きく揺らぐこととなった。そして、この揺らぎとともに、社会のさまざまな問題が顕在化するようになった。それまでの社会政策システムが行き詰まったこと、これが明白になったのである。

　とはいえ、現在までのところ、これに代わる新しい社会政策システムが形成されたわけではない。それどころか、どのような社会政策システムが望ましいのかについて、社会的な合意が形成されたとはいえず、むしろ、諸見解の間に鋭い対立がみられる。そして、これに類似する社会状況は、現代日本のみならず、他の国にも存在する。総じていえば、20世紀後半に先進諸国の社会政策が機能する前提であった諸条件が失われたのであり、まさに現代は社会政策システムの転換期である。

　このような社会状況のもとで、ひろい意味の社会政策システムにかかわる研究を飛躍的に発展させる必要性を、私たちはつよく感じている。研究を発展させ、それによって豊富な知的資源を蓄積し、新しい社会政策システムをより望ましいものとするために役立てたいと考えている。

　社会政策システムにかかわる研究とは何かについて、私たちはひろい意味に理解している。政府による社会保障制度や税制、教育、福祉、医療、住宅などの社会サービス施策、雇用と労働にかかわる諸施策等々の研究は、もとよりこれに含まれる。また、これら分野の少なからずは、政府による諸施策のみでは十分な成果を期待できず、NPO／NGO、労働組合／協同組合、社会的企業などの機能も等しく重要である。したがって、それらに関連する事項の研究も含まれよう。そして、諸政策が取り上げるべき問題やその担い手に関する研究も不可欠であり、大いに期待される。

　これらについての新しい研究成果は蓄積されつつあり、より広範な読者を得る機会を待っている。私たちは、さまざまな研究成果に目を配り、より広範な読者との出会いを促したいと考える。

　2010年12月

現代社会政策のフロンティア
監修者　岩田正美　遠藤公嗣　大沢真理　武川正吾　野村正實

主婦パートタイマーの処遇格差はなぜ再生産されるのか
——スーパーマーケット産業のジェンダー分析——

目　次

序　章　日本におけるパートタイム労働とは……………………… 1

1　問題意識と研究課題 ……………………………………………… 1
2　分析の視座 …………………………………………………………… 2
3　先行研究 ……………………………………………………………… 14
4　研究対象と資料 …………………………………………………… 18
5　本書の構成と特徴 ………………………………………………… 24

第1章　スーパーマーケット産業とパートタイム労働 …… 31
──主婦パートの基幹労働力化──

1　スーパーマーケット産業の成長と主婦パート …………… 31
2　事例店舗の紹介 …………………………………………………… 40
3　主婦パートの量的基幹労働力化
　　　──事例店舗を中心に ……………………………………… 44
4　主婦パートの質的基幹労働力化
　　　──事例店舗を中心に ……………………………………… 57
5　主婦パートの基幹労働力化と女性正社員 ………………… 76
6　基幹労働力化とジェンダー …………………………………… 102

第2章　企業の行為戦略──制限的内部化と区別作り── …………… 111

1　企業の課題──二兎を追う ……………………………………… 112
2　選別的内部化──パートタイマーの雇用区分 ……………… 114
3　擬似内部化(1)──パートタイマーの教育訓練と評価 …… 125
4　擬似内部化(2)──賃金制度 …………………………………… 145
5　区別作り──家庭優先性の認定 ……………………………… 163
6　主婦パート活用モデル…………………………………………… 169
7　基幹労働力化と主婦協定の衝突 ……………………………… 179

目　次

第3章　労働組合の行為戦略——排除と包摂—— …………………… 187

　1　労働組合の課題——三つの危機………………………………… 188
　2　事例労働組合のパートタイマーの組織化状況 ………………… 195
　3　危機解決戦略の決定要因 ………………………………………… 209
　4　2000年代におけるパートタイマー組織化戦略の変化 ………… 224
　5　組織化と基幹労働力化の相関関係……………………………… 234

第4章　主婦パートの行為戦略——受容と抵抗—— ……………… 241

　1　主婦パートの生涯経験と就業経験……………………………… 241
　2　主婦パートの目線 ………………………………………………… 256
　3　主婦パートの対応戦略（1）——受容戦略……………………… 280
　4　主婦パートの対応戦略（2）——抵抗戦略……………………… 298
　5　非公式権力の拡大と公式権力の亀裂…………………………… 313

終　章　日本的パートタイム労働市場の変容と再生産…… 321
　　　　——主婦協定の改正と制限的内部化の拡張——

　1　新しい人事制度の内容と狙い…………………………………… 322
　2　改正制度における社員区分別処遇格差 ………………………… 327
　3　「働き方のジェンダー化」と「身分としてのジェンダー」 …… 331
　4　共に生きていく社会のためのジェンダー平等 ………………… 335

　付図表……341
　参考文献……349
　あとがき……357
　アンケート……361
　索　引……377

iii

序　章

日本におけるパートタイム労働とは

1　問題意識と研究課題

　近年，日本ではパートタイム労働市場が急速に拡大した。そのなかで，パートタイマーの熟練度の上昇と並行して正社員との賃金格差が広がり，「職務と処遇の不均衡」が拡大している。本書は，スーパーマーケット産業の事例を通じて，このような現象が起きる構造と過程を，パートタイム労働市場の主な行為主体である企業・労働組合・パートタイマーそれぞれの行為戦略から分析する。

　1970年代以降日本では，パートタイム労働者の増加が著しい。1960～2010年の間に非農林業の短時間労働者（週35時間未満）は133万人から1,414万人に，全労働者のうち短時間労働者の比率は6.3％から26.6％に増加した。時期別の増加率をみると，高度成長期には相対的に緩やかに増加したが，安定成長期から増加速度が速くなる。パートタイム労働の増加は主に「女性労働力のパート化」によって展開された。同期間に女性の短時間労働者は57万人から966万人に増加し，女性労働者のうち短時間労働者の比率は8.9％から43.0％になった。短時間労働者の女性比率も42.6％から69.4％に増えた。短時間労働者の中で女性の割合が最も高かったのは1988年であり，72.4％であった。このような女性労働者のパート化の傾向は，1960～2010年の間に非農林業の女性雇用者は701万人から2,305万人へと1,604万人増えたが，その56.7％が短時間労働者であることからも確認できる（総務省統計局，『労働力調査』）。

　パートタイマーの量的増加とともに，パートタイマーの熟練および企業内定着性も着実に向上してきた。『パートタイム労働者総合実態調査』（厚生労働省，2007）によると，パートタイマーの平均勤続年数は5年を超えており，2006年現

I

在パートタイマーを雇用している事業所の中で,「職務が正社員とほとんど同じパートタイマーがいる」事業所の比率は,51.9%（2001年は40.7%）である。しかし,このようにパートタイマーの基幹労働力化が進んできたにもかかわらず,女性パートタイマー（一般労働者より短時間）と一般労働者の賃金格差（所定内賃金）は,一般労働者の賃金を100としたとき1976年の80.6から2010年には69.7へと拡大し続けてきた（大脇雅子, 1999：14；厚生労働省,『賃金構造基本統計調査』）。つまり,高熟練の労働力をより安く利用できるようになったのである。なぜ,日本のパートタイム労働市場では職務と処遇の不均衡が拡大再生産されるのか。

このような一見矛盾したマクロの現状は,企業レベルでも確認できる。チェーンストア企業に関する事例研究によれば,パートタイマーの職域が持続的に拡大し,管理的職務を担当するパートタイマーが増えているにもかかわらず,それに相応する処遇制度の整備は不十分である（本田一成, 2002；禿あや美, 2003）。こうした現実は,パートタイマーの処遇に関する社会的,学問的な議論を引き起こした。必要なのは「均等」待遇なのか「均衡」待遇なのか,均等・均衡待遇の合理的基準とはなにか,などをめぐる学問的模索も続いてきた（大沢真理, 1997；水町勇一郎, 1997；脇坂明・松原光代, 2003；浅倉むつ子, 2004）。政府も2003年8月に,パートタイム労働指針を改正して正社員との"均衡を考慮した"処遇のガイドラインを示した。さらに2007年4月にはパートタイム労働法が改正された。しかし,パートタイマーと正社員の処遇格差はあまり改善されていない。なぜパートタイム労働者の熟練が高くなるにもかかわらず正社員との賃金格差は広がるのか。

2　分析の視座

ジェンダー分析

本書は,この問いに答えるために,まず「ジェンダー」に注目する。本書がジェンダーに注目する理由は,パートタイム労働者のほとんどが女性,それも既婚女性であるためである。

2007年現在,既婚女性が呼称パートの81.4%（厚生労働省,『就業構造基本調査』）を占めている。このことから分かるように,日本でパートタイマーと呼ばれる労働者の多くは既婚女性であり,日本のパートタイム労働市場は既婚女性の賃金労

序　章　日本におけるパートタイム労働とは

表序 - 1　年齢・配偶関係別女性の雇用形態の変化の推移（非農林業）

（単位：%）

		全 体	15～24歳	25～34歳	35～44歳	45～54歳	55～64歳	65歳以上	未 婚	有配偶
2010年	正規の職員・従業員	46.0	50.2	58.7	45.9	42.0	35.7	28.9	60.9	38.1
	パート・アルバイト	41.5	42.2	26.9	41.4	46.0	51.8	54.4	25.4	50.4
2000年	正規の職員・従業員	51.5	56.1	66.1	46.3	45.2	43.1	30.5	67.9	43.0
	パート・アルバイト	41.1	41.5	26.9	46.6	47.8	46.1	42.4	27.0	49.0
1986年	正規の職員・従業員	65.5	85.5	74.0	54.7	58.9	56.7	40.0	85.5	56.0
	パート・アルバイト	27.7	12.5	21.8	39.6	32.7	26.9	23.1	11.1	33.3

注：役員を除いた雇用者のうちの比率。
出所：1986年，2000年は『労働力調査特別調査』，2010年は『労働力調査詳細集計』

働市場への進出が本格化することによって成長した。このことは女性パート労働者の年齢階層分布を通じても確認できる。『パートタイム労働者総合実態調査』（以下，『パート調査』）によると，女性パート労働者の60%程度が，40代を頂点にして，30代後半から50代前半までの年齢層に分布している（1990年64.2%，2006年51.7%）。また，2006年時点では，女性パート労働者のうち有配偶者の割合は76.3%（1995年77.6%）である（労働省，1991，1997；厚生労働省，2007）。

　1986年から2010年の間に非農林業における女性労働者の年齢・配偶関係別就業形態の変化をまとめた表序-1も，既婚女性のパート化を示している。有配偶女性労働者のうちパート・アルバイトは，1986年の33.3%から2000年には49.0%になった。中でも中高年女性のパート化が著しく，1986年から2010年の間に55～64歳のパート・アルバイト比率は26.9%から51.8%へ，65歳以上のそれは23.1%から54.4%に上昇した。また表序-2から分かるように，子供のいる女性の非農林業賃金労働は主にパートタイム労働によって増加した。

　既婚女性の賃金労働者化とパートタイム労働の既婚女性化は日本だけではない。第二次大戦後，先進工業国の労働市場で起きた重要な現象の一つとして，「（既婚）女性の賃金労働者化」，「労働力の女性化」（Jenson, Hagen and Reddy, 1988; OECD, 2012），「（既婚）女性労働者のパート化」が報告されている（Beechey and Perkins, 1987; Smith, Fagan and O'Reilly, 1998；英・スウェーデン・ドイツ・EUに関する

表序−2　末子年齢階層別女性の就業状況

(単位：%)

		末子の年齢							
		全　体	0～3歳	4～6歳	7～9歳	10～12歳	13～14歳	15～17歳	18歳以上
2010年	子供のいる女性の労働力率	57.3	39.8	55.7	66.7	72.7	77.3	74.5	54.3
	うち非農林業雇用者（A）	49.2	35.2	48.5	58.7	64.7	68.2	65.8	44.6
	うち35時間未満雇用者（B）	28.8	22.5	29.9	37.3	39.6	38.6	36.2	24.3
	非農林業雇用者のうち短時間労働者（B／A）	58.6	64.0	61.7	63.6	61.1	56.7	55.1	54.5
2000年	子供のいる女性の労働力率	55.0	28.0	48.6	63.9	68.7	70.6	75.0	57.9
	うち非農林業雇用者（A）	42.8	22.0	37.6	52.4	55.1	47.8	61.4	42.9
	うち35時間未満雇用者（B）	22.3	11.4	20.2	30.6	30.6	30.3	31.0	21.0
	非農林業雇用者のうち短時間労働者（B／A）	52.1	51.9	53.8	58.4	55.6	52.4	50.4	49.0
1991年	子供のいる女性の労働力率	56.7	30.8	50.8	63.1	68.3	69.5	69.2	59.8
	うち非農林業雇用者（A）	40.5	21.6	36.2	45.5	52.9	51.0	52.1	39.7
	うち35時間未満雇用者（B）	17.3	8.3	19.1	21.9	24.3	23.2	20.5	15.5
	非農林業雇用者のうち短時間労働者（B／A）	42.8	38.4	52.8	48.2	46.0	45.5	39.3	39.0

出所：総務庁統計局，『労働力調査特別調査』，『労働力調査（詳細集計）』；厚生労働省，『働く女性の実情』

研究会資料，1999）。表序−3に示したように，ヨーロッパの国々でも女性は男性より，既婚女性は未婚女性より，子供がいる女性は子供がいない女性よりパートタイム労働者になる傾向が強い。なぜ，パートタイム労働を主に既婚女性が受け持つのか。

　性別分業が普遍的な社会において既婚女性の労働市場への編入は，男性の労働市場への参入とは異なる社会的問題を引き起こす。個別家族や家族内の女性個人に一方的に任せられてきた家事・育児・介護などのケア・ワークの社会的なあり

表序-3　ヨーロッパ諸国における性別・婚姻状態別パートタイム労働者の割合

(単位：％)

	パートタイム労働者(2011年)		パートタイム労働者(1995年)		パートタイム労働者(1992年)		女性パート労働者(20~39歳)(1992年)		女性パートタイム労働者(1992年)	
	女性	男性	女性	男性	女性	男性	未婚	既婚	子供無	子供有
EU12カ国合計					29.1	4.2	15.9	35.4	13.4	32.6
ベルギー	32.4	7.0	29.9	4.3	28.1	2.1	17.1	32.2	16.8	32.3
デンマーク	13.8	25.2	25.8	9.7	36.7	10.1	34.2	40.0	15.6	26.8
ドイツ	38.0	8.5	29.1	3.4	30.7	2.6	8.7	41.9	11.4	27.4
ギリシャ	14.0	5.6	13.3	4.7	8.4	2.8	7.4	8.4	4.8	6.9
スペイン	21.9	5.5	15.8	2.4	13.7	2.0	9.6	16.0	6.9	11.6
フランス	22.1	5.9	24.8	5.5	24.5	3.6	18.5	28.2	12.1	24.4
アイルランド	39.3	12.6	27.0	6.7	18.6	3.9	8.7	27.2	5.5	22.4
イタリア	31.3	6.6	21.1	4.8	11.5	2.9	8.5	13.3	6.7	13.1
ルクセンブルク	30.2	5.0	28.4	1.9	16.6	(1.2)	4.6	25.5	6.8	27.3
オランダ	60.5	17.1	55.1	11.8	63.8	15.4	45.7	76.5	38.2	78.4
ポルトガル	14.4	8.8	14.5	3.8	11.3	4.1	9.1	11.7	4.2	8.0
イギリス					45.0	6.3	21.8	53.3	11.3	58.9
スウェーデン	18.4	9.8	24.1	6.8						
ノルウェイ	30.0	11.0	37.5	7.6						

注：一部の国家については，EUROSTATに基づく研究会資料の1992年の数値とOECDの1995年数値の差が大きいため，OECDの1995年数字を示した。

出所：英・スウェーデン・ドイツ・EUに関する研究会資料。1999：127（1992年数値）
　　　OECD. 2012. Employment　Outlook　2012：238（1995年と2011年数値）

方を変化させる可能性があるからである。このため既婚女性の労働力化は，女性個人と家族の問題だけでなく社会全体の問題として浮上し，社会の諸勢力間の競合と葛藤，そして妥協を通してその方向性と速度が決まることになる。先行研究によれば，既婚女性の労働力化の方向と緩急は，その社会の支配的なジェンダー文化と国家，労働市場および労使関係制度の性格，さらに女性運動および女性の政治的勢力化の水準や方向性などによって異なる。すなわち，その社会の制度と文化，そして勢力関係が男性と女性の中心的な役割をどのように規定するか，によって異なってくる（Blossfeld and Hakim, 1997；Fagan and O'Reilly, 1998）。

　既婚女性を主にパートタイマーとして労働市場に吸収することは，男女間の性別分業を本質的に変えずに，社会全体と男性が労働力再生産労働のために支払わなければならない追加費用を最小化（またはゼロに）しながら，市場は新しい労働力を，家族は追加の収入が得られるという方策である。そのため既婚女性の労

働市場への進出形態は，その社会が性別分業について有している合意，つまり社会のジェンダー・システムを最も圧縮した形で見せてくれる。

　社会全体について見た場合，既婚女性のパートタイマー化がケア・ワークの遂行をめぐる性別分業の問題である一方で，労働市場の側面からはこれとは異なる問題が提起される。パートタイム労働者の処遇問題である。日本だけでなくほとんどの国においてパートタイマーは外部労働市場の労働者であり，フルタイマーまたは正社員に比べ賃金と雇用安定性が低く，企業福祉や国家福祉からも除外される傾向がある（日本労働研究機構，1994；Houseman and Osawa, 1998; Rubery, 1998；三山雅子，2001）。人的資本や職務，業種，職種などを変数にして，フルタイマー・正社員とパートタイマーの処遇格差を説明しようとする試みは，失敗を繰り返してきた。これらの変数をすべてコントロールしたとしても，パートタイマーの時間当たりの賃金はフルタイム労働者のそれより相当低い（大沢真知子，1993；Rubery, 1998；伊田廣行，1998）。そればかりか，雇用主たちはパートタイマーにはフルタイマーより低い賃金を支払おうと考えており，パートタイム労働には家計補助者（second earner）である既婚女性や学生がより適切だという判断を，実際の雇用が行われる前にすでに下している（Tilly, 1996）。Beecheyと Perkins（1987）によると，雇用主の柔軟化戦略は対象になる労働者の性別によって異なり，男性労働者に対しては残業や休日勤務を，女性労働者に対してはパートタイム労働を増やす。事業所単位だけではなく，同じ事業所の中でもそうである。このような雇用主の雇用戦略効果がパートタイム労働の増加に及ぼす影響力は，産業構造および労働市場の構造変化の影響力よりはるかに大きい（Smith et al., 1998; Houseman and Osawa, 1998；大沢真知子・金明中，2009）。つまり，労働市場におけるパートタイマーの地位は，誰がパートタイマーになるのか，という労働市場の外部の要因を含めて説明しなければいけない。

　本来パートタイム労働というのは，その労働時間が同じ職場の通常の労働者より労働時間が短い労働者を指すべきである。しかし，日本におけるパートタイム労働というのは，労働時間の長さではなく，既婚女性の非正規労働を指す傾向がある。つまり，「パート」という企業内の呼称が労働条件を決定する「身分的労働」（大沢真理，1994）である。このことは「職務と処遇の不均衡の拡大」という日本のパートタイム労働市場の特徴が，パートタイム労働者の家族的地位と密接

な相関関係にあることを示唆しており，ジェンダー分析を抜きには日本のパートタイム労働が説明できないことを意味する。本書は，ジェンダー，つまり「社会メンバーの生き方と地位を性別や年齢そして家族内における地位に基づいて規定する制度と規範の束」に注目して，日本のパートタイム労働市場を分析する。そして，このことを通して，労働市場の作動規則が労働市場を取り巻く社会全般の規範と制度と密接に関連していることを明らかにする。

行為者戦略というアプローチ

　ところで，ある社会現象が形成され持続するということは，それを合理化する文化や制度が存在していることを意味すると同時に，社会メンバーによる，それにふさわしい行為があるということであろう。社会は行為者の意味のある行為によって作られるものであり[4]（Weber, 1905＝2010），"人間集団と社会は根本的に行動の中に存在しており（exists in action），また行動と関連して理解されるべきである"（Blumer, 1969: 6）。

　パートタイム労働がなぜ既婚女性を中心として増えるのかを説明しようとした先行研究では，ジェンダー文化に立脚して行為する行為者が注目されていた。これらの研究の結論を一言でいうならば，女性を家族責任の一次的責任者として規定する制度と文化に立脚した国家，雇用主，労働組合という行為者が，既婚女性[5]をパートタイマーに作り上げた，ということである。各国のパートタイム労働の特性を規定する基本的な要因として，需要要因と政策的要因，社会文化的要因などが取り上げられている。供給側の要因は説明力が低いためである[6]（Tilly, 1996;Smith et al., 1998）。

　パートタイム労働への需要要因の中で，パートタイマーの雇用増大に対する雇用主の雇用戦略の効果は，産業構造変化の効果を凌駕することが統計的に実証された。例えば，1982～1992年の間に日本で増加したパートタイム労働に対する需要のうち，産業構造の変化によるものは6％に過ぎず，産業内の雇用主の雇用戦略効果によるものが92％となっている（Houseman and Osawa, 1998；大沢真知子・金明中，2009）。このことから，雇用主の男性稼ぎ主イデオロギーに基づいた行為戦略が指摘される。

　雇い主だけでなく，労働組合も同じくジェンダー化した行為戦略に基づき行動

している，と指摘する研究も少なくない（林大樹，1992；諏訪康雄，1994；Hakim，1997；Rubery，1998；禿あや美，2000）。さらにSmithら（1998）やBeecheyとPerkins（1987）は，男性稼ぎ主イデオロギーに立脚した雇用主と労働組合の共謀を指摘している。そして国家は，税金と社会保障政策を利用して，男性稼ぎ主イデオロギーに立脚した雇用主と労働組合の戦略的行為を支援する（Dex and Shaw, 1986；大沢真理，1993；大沢真知子，1993; Fagan and Rubery, 1996; O'Reilly, 1996; Blossfeld and Hakim, 1997; Houseman and Osawa, 1998; Pfau-Effinger, 1998; Fagan and O'Reilly, 1998）。パートタイム労働の増加および女性化に関する分析を通して，労働市場がジェンダー化された制度と観念によって動かされていることを立証したこれらの研究は，労働市場と家族の関係，商品領域と非商品領域の結合構造分析という長年続いてきたフェミニスト研究の問題意識を発展させてきた。

　ところで，行為者に注目するフェミニスト研究には，国家政策に対する分析を[7]除くと，行為者たちのジェンダー化した戦略に関する具体的分析が乏しい[8]。国家のジェンダー化した行為に関する分析を除くと，労働市場の重要な作動原理である男性稼ぎ主イデオロギーとそこに立脚した行為者の戦略的行為は，具体的な姿を見せないままブラック・ボックスに残されているのである。したがって，特定の政策と要因を超えて一国のパートタイム労働の特性全般が形成・維持されるメカニズム，女性化されたパートタイム労働に対する差別が維持されるメカニズムに対する分析も，課題として残されている。

　日常の労働現場で行為者たちが何をしているのかに関する分析に踏み込まないことは，集団化されていない行為主体を分析から排除する結果となる。集団的行為主体は比較的短時間のうちに，その行為結果を制度に転換することができる度合いが高く，政策制度分析の対象になりやすい。しかし，個人行為主体は，短時間のうちに自身の行為結果を制度に転換することが困難な存在である。多くのフェミニスト労働研究が女性主体の重要性を強調しているにもかかわらず，実際の分析では女性主体に対する分析が抜け落ちているか，性別分業規範を内面化した女性の意識に関する分析に陥っている。さらには女性主体が構造の犠牲者としてのみ規定されることになる。その理由の一つは，個別行為主体に関する具体的分析が欠落していたことにあるといえる。

　このような先行研究の限界は，"既存の制度的接近が社会的行為者の信念と価

8

値を十分に捉えられなかった”という指摘を生んだ（Sorge, 1994; Fagan and ÒReilly, 1998; 12から再引用）。そして，このような問題意識は，社会的行為者の信念と価値を十分に捉えるために，制度と文化を統合する一つの分析枠を構成すべきという提案に発展して，ジェンダー・システム・アプローチ（gender system approach）といわれる新たな理論的接近を生んだ（Connell, 1991; O'Reilly, 1996; Pfau-Effinger, 1998; Daune-Richard, 1998）。

　ジェンダー・システム・アプローチによると，労働市場分析において，家族とジェンダーに関する規範と文化に関する分析を統合すべきである。すなわち，ジェンダー・システムに対する分析なくして制度的要因のみで女性の労働供給を説明するならば，女性の社会的実践が性別分業に対する文化的価値と規範を反映する面を無視してしまい，一面的な分析となる（Pfau-Effinger, 1998: 177）。したがって，家族（または世帯），国家，労働市場の三つの領域においてジェンダーに関する規範と文化そして制度が，どのように相互作用をしているかについて関心を傾けるべきである（Daune-Richard, 1998: 225）。また，このアプローチは，ジェンダー・システムが行為者たちの特定の実践によって形成され調整されるものとみなすことによって，現存の構造を変えることができる行為者の能力と変化のダイナミックスを強調する（O'Reilly, 1996）。

　ジェンダー・システム・アプローチは，労働市場分析において女性主体の戦略的行為を統合する貴重な可能性を開いた。しかし，その可能性は分析の視線が女性主体の日常に接近して入り込まない限り実現されにくい。例えば，Pfau-Effinger（1998）は，ドイツ，フィンランド，オランダの既婚女性の労働力化の差異をジェンダー文化の違いに基づいて説明する。しかし，彼女の研究は，社会のジェンダー文化が，政策に反映される過程で現れる行為者による屈折に関しては注意が払われていない。また，分析の単位が国家単位の文化と政策であるため，結果として個人女性主体は姿を現すことなく，行為者が引き起こす亀裂が把握される余地は見えてこない。

　パートタイム労働は，社会が性別分業について持っている合意の水準と強度，すなわち，その社会のジェンダー・システムを最も圧縮した形で見せる領域である。まさに市場の作動原理が，市場を取り巻く社会全体の作動原理と密接につながっていることを示唆する。しかし，つながっていると指摘するだけでは不十分

である。具体的な連結メカニズムを究明しない限り，また行為による支配的規範やシステムの屈折と亀裂を分析しない限り，この現存する構造を，どうしたら変えることができるのか，その可能性が見えてこない。

　日常的実践における行為者と社会文化の相互作用を通じて社会変動を説明しようとしたのが，Meadである。Mead（1934 = 2010）によると，行為者の行為は社会の規範を習得することから展開される。つまり，人間はすでに存在している社会への適応課題を抱いて生まれ，周りの人々の行動を真似することから社会文化や規範を習得し始める。人間の自我（self）もその適応の過程に発生するものであり，人間の自我は本質的に「社会的自我」である。そのため，人間がある社会のメンバーになれるのは，その社会の文化を習得するからであり，人間は自分の欲求・目的を実現するための行為をするとき，社会の規範に基づいて行為戦略を立てる。市場における行為も同じである。そして，規範は制度にもなる。

　Meadの理論を日本のパートタイム労働市場に適用するとこうなる。既婚女性が仕事より家族責任を優先するように誘導・強制する制度と規範があって，パートタイム労働市場の行為者たちはそれに基づき，行為をする。その結果，パートタイム労働者の既婚女性化とパートタイム労働に対する差別（職務と処遇の不均衡）が長期間にわたって維持される。つまり，パートタイム労働者は主婦であるために低い報償を与えても構わない，という社会的合意（制度と規範）が存在しており，パートタイム労働市場の行為者たちも何らかの形でこの合意を受け入れていると解釈できる。

　しかし，すべての行為者が同じ水準で現在の社会的合意に同意し従うことはありえない。行為者が置かれている状況によって，現在の社会的合意が行為者に及ぼす影響は異なり，人間は社会の規範に受動的に従うだけの存在ではないからである。人間は既存の意味を機械的に適用するだけでなく，自分自身との対話や周りの人々との相互作用で，意味を形成，変容し，そしてその意味に基づき行動する。行為者が意味を変容し行為を調整する過程に関してMeadはこう説明する。ある欲求（Meadの言葉では衝動impulse）を持ったとき，人間は，どのような方法でその欲求を解決すべきであるかに関して，成長を通じて習得した社会的規範に基づき「選択的自覚（selective perception）」をする。選択的自覚後，人間は，多様な行為結果を自分の内面で想像しながら調整（manipulation）を行う。それが主

序　章　日本におけるパートタイム労働とは

体的自我の「I」と一般化された他者（社会規範）の内面化である「me」の相互
作用でもある。「内面的調整」を通じて人間は，その段階で自分の欲求を実現す
ることが難しいと判断すると欲求を「封鎖（blockage）」するが，欲求は封鎖に
よって消滅することもあるが（あきらめ），封鎖が多くなるほどもっと強烈になっ
ていく。そして思考の過程と自我局面をより多く消費する。調整は欲求が解決さ
れるまで「行動─フィードバック─再行動のサイクル」で繰り返され，それが
「社会の変動」につながる。要するに行為は，人間が社会文化に適応した結果で
あると同時に社会文化を変容する出発点となり，人々の行為間の相互作用が社会
の形成，維持および変動の元になる（Mead, 1938; Turner, Beegley and Powers, 1995:
553-561から再引用）。

　つまり，社会現象というのは，異なる立場にいる行為者たちの行為の相互作用
の結果である。だとすると，ある社会現象が安定的に持続していることは，それ
に関する行為者たちの解釈や同意水準が大きく異ならないか，または行為者の不
満が解消・封鎖できる何らかの措置がなされたためだろう。とはいえ，行為者た
ちの不一致が大きいとすれば，その解消・縫合のためには相当なコストがかか
り，長期的には同意の再生産そのものが難しくなる。その同意にはさまざまな亀
裂が生じ，それが社会変動につながるはずである。

　Meadの分析を借りて日本のパートタイム労働市場の現実を解釈すればこうな
る。企業はパートタイム労働者の低賃金に積極的に同意するが，パートタイマー
本人たちは同意しないか仕方なく同意している可能性がある。また，パートタイ
マーの中でも労働時間および熟練レベルによって，自分が属している地域労働市
場や家族の状況，そして成長過程における経験などによって，同意水準が異なる
可能性がある。そして，行為者たちは社会の既存規範を受容しながらも，自らの
利益や状況，経験によって異なる行為戦略を立て行動する。パートタイム労働市
場における職務と処遇の不均衡の拡大再生産は，行為者らの異なる行為戦略の相
互作用の結果である。それは，パートタイム労働市場の行為者たちが，不一致を
解消・縫合しながら同意を再生産できる制度的・非制度的装置を発展させている
ことを意味する，と解釈できる。それと同時に，パートタイム労働者に対する低
い処遇をめぐる行為者たちの利益が大きく異なることを考えるとき，パートタイ
ム労働市場における同意にはまだ表面に現れていない「亀裂」が存在する可能性

が高い。そうだとすれば，「職務と処遇の不均衡の拡大」という日本のパートタイム労働市場の特徴の再生産には行為者による変動が起こる可能性がある。パートタイム労働市場の日本的特徴の形成メカニズムや変化の展望を分析するためには，「行為者戦略というアプローチ」によって，パートタイム労働市場の行為者たちそれぞれの行為戦略や，それらの相互作用に目を向ける必要がある。

主婦制度，主婦協定そして非公式権力

本書はパートタイム労働市場における行為者戦略とその相互作用を分析するために，「主婦制度」，「主婦協定」，そして「非公式権力」に注目する。

Max Weber（1972＝1997）によると，全ての社会関係は基本的に権力関係である。権力というのは社会的関係において行為者が相手の抵抗にもかかわらず自分の意図を実現する可能性を指す。また，不平等な規則が作られ，その規則における服従集団が，持続的位階システムにおけるその地位を受け入れ，支配集団の命令に従い行動する権力関係が，支配である。支配は，単純な習慣から最も純粋な目的合理的計算に至るまで，非常に多様な動機をその土台にする。したがって，全ての純粋な支配関係は，最低限の自発的服従が利益であることを示唆する。しかし，慣習や個人的利益または連帯感の純粋な動機や理念的動機が，特定の支配において十分に信頼できる土台になることはない。普通，それ以外の要素，すなわち正当性に対する信頼が追加されなければいけない（408-412，強調はWeber）。

Weberの理論を日本のパートタイム労働市場に適用すると，「職務と処遇の不均衡の拡大」という矛盾した現象が長年維持されていることは，パートタイマーにその不平等を受け入れさせるための正当性を確保する何らかの装置があることを示唆する。またその正当性が揺れると，支配には亀裂ができ不安定になる。本書は，日本のパートタイム労働市場における正当性確保装置として，主婦制度と主婦協定を，個人主体の対応がもたらす正当性の揺れを見るために，非公式権力を分析する（この三つの分析概念はすべて筆者が作ったものである）。

「主婦制度」とは，男性稼ぎ主型ジェンダー・システムに基づいて，私的家族における役割と地位であるはずの主婦という役割と地位を社会的地位にする「制度の束」を指す。主婦制度の主な柱は，税制度や社会保険制度の仕組み，そして，内部労働市場の賃金体系などである。周知のように，現代日本のジェンダー・シ

ステムは男性稼ぎ主型（大沢真理, 2007）であり, 男性稼ぎ主型のジェンダー・システムというのは, 男性を稼ぎ主に女性を家族責任の専担者にみなすものである。現代日本の税制度と社会保険制度は103万円の壁と130万円の壁を通じて既婚女性を制度的被扶養者の地位に縛り付けておく。また内部労働市場の賃金体系には, そのほとんどが男性である世帯主だけに提供される配偶者手当, 子女手当, 住宅手当などが含まれているだけでなく, 賃金体系そのものが正社員は一家の稼ぎ手の男性であると前提している（山田和代, 1997, 2001; 熊沢誠, 1997; 野村正實, 2007）。このような主婦制度は, 女性に家族責任を専担させると同時に女性を「主婦労働者」にし, 労働市場に低賃金労働者を安定的に供給する役割も果たす。

「主婦協定」とは, 主婦であるパートタイマーの家庭優先性の保障を主な内容とする, パートタイム労働市場における行為者たちの行為ルールを指す。企業のパートタイマー労務管理制度の核心であると同時に, 職場運営の暗黙的ルールでもあり, 労働組合のパート政策のベースでもある。つまり, 既婚女性の一次的責任は家族の世話にあるから, その責任が果たせるように配慮すれば, 高熟練の労働者に低賃金を払っても大丈夫・合理的・仕方ない, という解釈に基づいた行為戦略である。主婦制度といえる制度の束が存在することは, 既婚女性の一次的責任は家族の世話である, とする主婦規範が社会全体に広く受け入れられていることを意味するが, 主婦規範は主婦制度とともに主婦協定の成立や作動の基盤になる。しかし, 本論で検討するように, 基幹パートの場合, いわば所得の面だけではなく働き方の面でも, 主婦の枠を超えて働いているので, 基幹パートへの主婦協定の適用は制限されるしかない。またパートの基幹化が進むと主婦協定の土台は弱まり, 両者の間にずれができる。その結果, 職場におけるパートタイマーの「非公式権力」が発生することになる。

「非公式権力」とは, 組織化されていない個人主体の日常的な対応戦略を分析するための概念である。パートタイム労働市場における不平等を受け入れさせる正当性の低下によって発生するものである。組織された主体とは異なって個人主体の行為は, 短時間に急激な社会変動をもたらすことが難しいため, 自分が置かれた状況・構造が自分の利害・解釈（考え）と競合または葛藤する場合には, 状況に直接または全面的に抵抗するよりは, 状況に適応しようとする。しかし, 主体は適応するばかりでなく, その状況が自分に強制している犠牲と抑圧に抵抗し,

公式的な規範や権力を無視してそれに従わないか，または非公式的な規範を発展させる。そして，その状況・構造が主体の犠牲によって維持されるが，主体がそれを変化させる可能性が見つけられない場合——つまり不平等に対する正当性は認められないが，現実をすぐに変えることもできない場合——，スキマ権力ともいえる非公式権力が誕生することになる。非公式権力と規範は，公式権力および規範と共存すると同時に，公式権力と規範の支配に亀裂をもたらす。そして，個人主体の抵抗行為は，短期間に急激な変化をもたらすことは難しいが，非公式規範と権力を作り上げることによって，長期間にわたって公式権力と規範を腐食し，変えていく力を持つ。このような意味から主婦パートタイム労働者たちの抵抗戦略は，公式の統制体制から自分自身を保護し，自律的な空間を開き，既存の構造と位階に亀裂を生じさせ，変化を持ち込むものといえる。

　個人主体の日常的な対応戦略を分析することは，私たちが目の当たりにしている現実が再生産されるメカニズムを具体的に分析すると同時に，現在の構造がもたらす葛藤と亀裂の地点を探り，分析することである。さらに，葛藤と亀裂の縫合に成功した結果である現実再生産の土台は何なのか，その土台がどれだけ強固または脆弱なものなのかを分析し，社会変動の可能性と方向性を探索することでもあり，女性主体が，その変動の主体となることができる根拠と可能性を探ることでもある。

3　先行研究

　スーパーマーケット産業は，パートタイマーの量的・質的基幹労働力化が進んだ代表的産業であることから，特に1990年代以後，日本におけるパートタイム労働の中心的な研究対象となってきた（中村恵，1989；三山雅子，1990，1991，2001；青山悦子，1990；林大樹，1991；阿部誠，1991，1992；本田一成，1993，1998，2001；脇坂明，1986，1995a，1995b，1996；小野晶子，2000，2001）。

　パートタイマーの基幹労働力化という概念を初めて使用した中村恵（1989）は，パートタイマーを，正社員の業務を補助する水準の業務を担当する補完型パートと，正社員と似た水準の業務を担当する基幹型パートに区分した。また，中村恵（1989）と小野晶子（2000）は，企業は主婦パートタイマーだけを基幹労働力化の

対象として位置付け，学生パートタイマーは景気および業務量の変化に対処するために一時的に使用されるものとした。基幹化議論をさらに発展させた本田 (2001) は，パートタイマーの基幹労働力化を，量的基幹労働力化と質的基幹労働力化に分けた。

　パートタイマーの基幹化と処遇制度の関係は，異なる雇用形態間の均等処遇問題といえる。このテーマをいち早く取り扱った本田一成 (1993, 2002) は，チェーンストア企業の事例で，パートタイマーの基幹化と処遇の関係を分析し，企業が正社員にだけ適用してきた職能資格制度と能力主義賃金体系を，パートタイマーにも適用しており，パートタイマーに対する労務管理も集団的・画一的管理から多元的・個別的管理システムに転換しているという。さらに職場の特性によってパートの基幹化類型が異なること，パートの基幹労働力化の類型と処遇制度の類型がそれぞれ対応していることを明らかにした。またパートタイマーと高卒女性正社員のモデル賃金カーブを比較し，パートタイマーも熟練を積むと賃金が上がり，処遇の面で正社員との均衡が図られていると主張した。

　しかし，『賃金構造基本統計調査』など全国的統計調査の結果は，本田の指摘とは違って，正社員とパートの賃金格差がますます大きくなっている結果を示しており，本田自身も後の研究 (1998) では，1990年代後半からパートタイマーの賃金に関して個別管理が中止される傾向である，と指摘した。パートタイマーに対する個別管理が中断されたのは，賃金決定に熟練水準を反映する制度がなくなったことを意味するが，それにもかかわらずパートタイマーの基幹労働化は，1990年代後半以降にも引き続き進展して，パートタイマーと正社員の賃金格差が拡大している。つまりパートタイマーの職務と処遇の不均衡が拡大している。これは，パートタイマーたちがこの矛盾した現実を受け入れざるを得ない同意の装置があることを意味する。したがって，パートタイマーの基幹労働力化と職務と処遇の不均衡の拡大を説明するためには，この矛盾した現実を再生産させる同意の装置や行為主体に対する分析が必要となる。

　パートタイマーの熟練水準が上昇しても職務と処遇の不均衡が拡大する現実は，均等待遇の問題を浮上させた。同一または類似した業務を担当している正社員とパートタイマーの間に，相当の賃金格差が存在する現実を説明する，さまざまな理論的な立場の中で最も影響力を持っていたのは，報償賃金仮説と日本的雇用慣

行を理論的背景とする水町勇一郎（1997）の同一義務同一賃金説だった。水町によると，日本のパートタイマーの賃金差別を規定する要因は，短時間性，非定着性，低拘束性と整理できる。中でも低拘束性こそが，経済的にも法的にもパートタイマーの低賃金を正当化する根拠になる。

　しかし，水町の同一義務同一賃金論は，必ずしも現実を反映しているとはいえない。例えば正社員の拘束性の重要な内容である転勤は，主としてチェーンストア企業の正社員の問題であって，多くの製造業の労働者には該当しない。また，労働現場におけるパートタイマーの処遇は，労働時間や拘束性よりも，その労働者が主婦であることを意味する，パートという呼称によってより多く影響される。また，このような比較は，正社員と全く同じ働き方をしているパートタイマーだけが均等待遇を受ける資格がある，という論議につながる可能性が高い。さらに，正社員の過度な拘束性を正当化する可能性が高い点も大きな問題である（大沢真理，1997）。パートタイマーと正社員間の賃金格差は，低拘束性より，男性稼ぎ主に家族が扶養できる年功型賃金を支給すべきとする，社会のジェンダー規範に基づく雇用慣行上の合意から生じた結果であり，現行の社会保障制度と税制などの要因が，労働市場での女性差別を煽っている面に注目する必要がある（浅倉むつ子，1996；大沢真知子，1998；大沢真理，2002）。特に職務給ではなく職能給に基礎をおく内部労働市場の賃金体系は，両集団の賃金を比較できなくする核心的な要因である（本多淳亮，1996，1997；伊田廣行，1996，1998）。

　1990年代の不況を通じ，パートタイマーの量的・質的基幹労働力化・（正社員との）賃金格差の拡大が一層進む中，多様な雇用形態間の雇用管理に関する研究も盛んに行われてきた。佐藤博樹ら（2003）は，雇用の非正規化が進んでいる中，企業が正社員と非正社員間だけではなく，正社員と非正社員それぞれの雇用区分内の多元化を進めていると指摘した。「仕事の内容や責任の違い」などを理由に正社員と非正社員を，「労働時間や勤務日数の長さ」などを理由に非正社員の内部を区分して，また，基幹労働力化の進展が企業の均衡への取り組みを促すことも示した。

　しかし，同研究が指摘しているように，異なる雇用区分に属している正社員と非正社員の仕事や責任，拘束性などが，必ずしも異なっているわけではないにもかかわらず，両者の労働条件に関して均衡配慮に取り組む企業は多くない。さら

序 章 日本におけるパートタイム労働とは

に，パートタイマーの基幹化が進んでいるチェーンストア企業に関する事例研究は，パートタイマーの職域が持続的に拡大し，管理的職務を担当するパートタイマーが増えているにもかかわらず，それに相応する処遇制度の整備は不十分である，と指摘している（本田一成，2002；禿あや美，2003）。なお，生協における正規職とパートタイマーの賃金格差に関する実証研究は，パートの基幹化が一層進んでいる中，1995年以降格差が広がっていることを確認している（山縣宏寿，2007）。

このような状況は，処遇に対する非正社員の納得性を低下させ，モラールの維持を困難にし，生産性の低下にもつながる恐れがあり（木村琢磨，2002；篠崎武久ほか，2003），均衡処遇が経営パフォーマンスに影響を与えることも確認されている（西本万映子・今野浩一郎，2003）。そのために，企業が競争力を強化するためには，正社員と非正社員を分離して管理し，非正社員の処遇を低くする「分離型」人事管理を超え，働き方を基準に正社員と非正社員の処遇を一本化する「統合型」人事管理システムを構築する必要性も提案された。先進的企業の中では「統合的」人事管理システムへの動きも見られる（短時間労働者の活用と均衡処遇に関する研究会，2003）。こうした動きは正社員の処遇システムにも影響を及ぼし始めている（武石恵美子，2006）。しかし，統合的人事管理システムを導入したスーパーマーケット企業に関する事例研究は，統合的人事管理制度は多くの女性正社員をパートタイマーと同じ雇用区分に転換させるだけでなく，同じ職務をより低い処遇を受ける従業員に担当させるための制度である，と指摘する。つまり，2000年代の新しい人事制度は，働き方のジェンダー化を一層進展させ，雇用形態の裏面に張り付いていた「ジェンダーの身分制」を強化する制度である（金英，2009）。

以上でみたパートタイマーの基幹労働力化に関する先行研究は，企業の人件費の節減の追求および作業場の構造，そして作業場で要求される技能水準などが，パートタイム労働の基幹労働力化を進展させた要因であることを明らかにした。しかし，先行研究は，主に質的基幹労働力化に関心が集中しており，量的基幹化にも，量的基幹化と質的基幹化との関係にもあまり注目していない。さらに，量的基幹労働力化に関する限られた数の研究も，研究対象となる事例の数が少なく，特定の店舗内の特定の売場の一カ所か二カ所を対象に，量的な基幹労働力化と質的な基幹労働力化の現況を分析することに重点を置いてきた（三山雅子，1991；小野晶子，2001）。しかし，本書の第1章で検討するように，食品売場と非食品売場

との間に収益構造と熟練構造の差があるため，スーパーマーケット産業の中でも業態，企業そして，店舗の立地によって，パートタイマーの基幹化状況には相当の差があり，同じ企業および店舗内でも，店舗の立地や売場によって，パートタイマーの量的・質的な基幹労働力化にはかなりの差がある。そのために，店舗全体の労働者を売場単位に分類し，他の店舗や売場と比較しない限り，企業および店舗別基幹労働力化の差と，その差を生む要因を明らかにすることは難しい。

　さらに先行研究は，均等処遇と雇用形態および働き方のジェンダー化との関係に充分に注目してきたとはいえない。世界的にパートタイム労働は，家族責任を負う既婚女性の就業形態となりがちであるが，日本においては特に顕著である（雇用形態のジェンダー化）。男性稼ぎ主型のジェンダー関係が，価値観や規範という以上に社会の諸制度の設計に組み込まれている日本（大沢真理，2007）では，労働時間の長短とは関係なく，主にその従業員が主婦であることを意味する「パート」という呼称が処遇を決めてきた（雇用形態の身分性）。また，パートという呼称で呼ばれる従業員は，家族責任のために企業の要求に全面的に対応できない働き方をする従業員であるため，処遇が低くても当然または仕方がない（ジェンダーの身分性），と認識されてきた。このように，男性稼ぎ主型ジェンダー関係の下で，企業の要求に全面的に対応できる男性的な働き方とそうではない女性的な働き方が鮮明に区分され（働き方のジェンダー化），男性的な働き方だけが手厚い処遇の対象になっている現状では，ジェンダー視点はパート労働の分析に欠かせない。

4　研究対象と資料

研究対象──スーパーマーケット産業における主婦パート労働

　本書の研究対象はスーパーマーケット産業における主婦労働者のパートタイム労働である。スーパーマーケットを研究対象として選んだ理由は，以下の通りである。

　第一に，この業種にパートタイム労働者そして既婚女性パートタイマーが多いためである。2003年時点で日本のスーパーマーケット産業の従業員の中でパートタイマーの比率は，実人員でなく労働時間を基準にしても約70％であるが，これ

は日本に限らない全世界的な現象である。スーパーマーケット産業のパートタイマー比率が高い理由は，まず，営業時間による繁閑の差が大きいために，繁閑に合わせて労働力の投入を綿密に調整せざるを得ない特性のためである。また，チェーンストア経営による店舗運営と労働の標準化が，労働力の代替可能性を高めパート労働を増加させた。POSシステムと発注オンライン化などの技術変化も，パートタイム労働の増加へ一層拍車をかけた。

　第二に，日本のスーパーマーケットはパートタイマーの中でも既婚女性と選択的親和性が高い。日本のスーパーマーケットの各社は，その地域の主婦たちをパートタイマーとして雇用する傾向があるが，それは地域に密着した経営戦略のためである。地域の主婦たちをパートタイマーとして雇用するのは，その主婦たちの周辺の人たちが顧客になるという利点もあるが，基本的には消費者の感覚で売り場を運営して，マーケットを攻略する戦略から生まれている。反面，労働者側からしても，スーパーマーケットは主婦労働者と親和的である。多くのスーパーマーケット店舗が住宅地と近いところにあるので，主婦がパートに出やすい。結果，店舗の立地による違いはあるが，パートタイマーのうち既婚女性の比率は50～80％となっている。したがってスーパーマーケット産業は既婚女性の労働としてのパートタイム労働の特性がよく現れる業種である。

　第三に，日本におけるスーパーマーケット産業は，主婦パートの熟練水準が高く，高熟練低賃金労働者が多い業種である。スーパーマーケットの店舗では，パートタイマーが管理的業務を担当することは日常的な姿である。しかし，企業に必要不可欠な存在であるパートタイマーの賃金と企業内における地位が，その存在の重要性を反映していないのが実態である。

　したがって，スーパーマーケットは「職務と処遇の不均衡」の安定的拡大再生産すなわち低賃金労働者の熟練度上昇という日本のパートタイム労働の特性をジェンダー視点から分析するために最も適している業種である。

　スーパーマーケット企業では慣行的に非正規従業員を嘱託，契約社員，（さまざまな名称の）パートタイマー，アルバイトに分けている。[11]アルバイトは学生アルバイトと主婦アルバイトに分ける場合もあるが，一般人女性の非正規労働者はパート，学生や一般人男性はアルバイトに分類されることが多い。有配偶者だけでなく死別女性や離別女性も，時には中年の未婚女性さえも主婦パート（的存在），

といわれる。嘱託と契約社員はフルタイマー，アルバイトはほぼすべてが短時間労働者であるが，パートタイマーに区分される従業員の労働時間はさまざまであり，フルタイマーも含まれる。つまり主婦パートと称される人々に共通するものは，相対的な意味であれ絶対的な意味であれ，労働時間の長さではく，時間給なのか月給なのかの賃金形態でもない。その共通点は，いわゆる「パート的扱い」であり，「パート的扱い」の土台は性別と婚姻状態，つまりジェンダーである。ところで，パートタイマーは人事制度上の名称ではない。職場で彼女たちを直接呼ぶ場合は，会社ごとに呼称は異なるが，人事制度上の呼称を使ってパートナー社員とかフレックス社員という。しかし，管理職や組合の役員たちが女性の非正規従業員を一括りで指すときには，パート（タイマー）または主婦パートと呼ぶ。

　しかし，労働現場で主婦パートと呼ばれる人々の婚姻状態は確認することができない。会社自体がそのようなデータを持っていないからである。年齢データを持っていない会社も多かった。しかし，本書の一部の事例企業や店舗の女性パートタイマーの年齢分布をみると，30代以上が8割強であり，面接調査によると，20代も学生を除くとそのほとんどが既婚者である。このことから主婦パートと呼ばれる労働者のほとんどが有配偶者であるといえる。

調査と資料

　本書で使用する資料は，アンケート調査と，アンケート調査に参加した企業の中の一部の店舗調査を中心に収集された。1998年に始まった筆者のスーパーマーケット調査は2008年まで続き，調査対象になった企業も12社になったが，本書は2000年前後の時点に焦点を与えて分析する。そのために，本書で使う資料は，主に1999年の2月から2003年の8月までの期間に収集したものである。店舗調査は面接調査が中心だったが，面接前後に店舗の売場と後方の状況を観察し，一部の店舗では販売や売場整理作業などにも参加した。店舗調査とともに事例企業の労働組合役員と本社の人事責任者，そして労働組合の上部団体の活動家などに対する面接調査も実施し，事例企業や店舗の関連資料（労働力構成，従業員教育，および人事制度関連資料）も集めた。調査は事例企業の労働組合の上部団体であるABCユニオン（仮名）と各事例企業の労働組合の協力を得て行った。

　本書が今現在ではなく2000年前後の時点に戻るのは，日本のパートタイム労働

市場の特徴の原型を分析し，21世紀に起こっている変化に関する理解を深めるためである。多様な雇用形態間の均等または均衡処遇をめぐる社会的議論が熱い中，21世紀に入って日本の流通業界では一種の流行のように，パートタイマーの職域を管理職まで広げ，同時に処遇もアップする（JILPT，2005）といった内容の人事制度改正が拡がっている。本書はその直前の背景を分析し，なぜ日本の流通企業はそのような人事制度改正を必要とすることになったかを，ジェンダー視点から，また行為者戦略というアプローチを通じて明らかにしたい。

　この研究の事例企業は，全て従業員の人数が1,000人を超える大企業である。総合スーパー企業は全て全国企業であり，食品スーパー企業は全て地域企業である。1999年時点の店舗数は総合スーパーの事例企業は100〜350店舗，食品スーパーの事例企業は60〜120店舗である。総合スーパーは，"衣・食・住商品を全て取り扱うが，各商品それぞれが10％以上70％未満"のスーパーマーケットであり，食品スーパーは，"取り扱う商品の中で食品の比率が70％以上"のスーパーマーケットである（経済産業省，2003，商業統計）。

　筆者が行ったアンケート調査と面接調査[12]の概要は次の通りである。

（1）アンケート調査

① 調査対象企業：総合スーパー（GMS）8社，食品スーパー（SM）6社

② 調査対象：既婚女性正社員と既婚女性非正社員

③ 調査ルート：労働組合を通じた配布と回収

④ 調査規模：1,300部配布，822部回収（パートタイマー500人，契約社員70人，嘱託5人，正社員247人）

⑤ 回収率：63.4％（非正社員86.5％，正社員35.3％）

⑥ 調査時期：1999年3〜4月

　アンケート調査への回答の特徴として，全般的に無回答率が低いことに加え，家庭と仕事の両立，またはパートタイマーとして働きながら感じてきた難しさや不満に関しての自由記入欄への回答の多さだった。非正社員回答者575人のうち104人，正社員回答者247人のうち64人がいろいろな経験や意見を詳しく丁寧に書いてくださった。この自由意見だけをまとめたのがA4用紙で33ページにもなり，

中には2,000字以上を書いてくださった方も，調査結果が知りたいので調査報告書がほしいとおっしゃる方もいた。これは，既婚女性の仕事と家庭の両立に焦点を当てた調査の問題意識に関して，多くの回答者が深く共感したことを反映する，と解釈できる。

（2）店舗調査と面接調査

1999年から2003年までの店舗調査と面接調査は，大きく分けて4回にわたって行った。

最初の調査は1999年6月から8月にわたって，アンケート調査に参加した企業のうち7つの企業（総合スーパー3社：G1-G3，食品スーパー4社：S1-S4）の店舗を一つずつ訪問して行った。最初の調査では主に，店長，既婚女性正社員，既婚女性パートタイマー，そして労働組合幹部らに対する面接と，店舗の売場や後方の観察であり，販売や売場仕事などにも参加した。既婚女性正社員やパートタイマーとの面接の主な内容は，店舗や売場の労働力構成，パートタイマーの担当職務や正社員との業務分担，就業経歴，家族生活経験，職場生活，そして将来計画などだった。店長と労働組合の役員には，主にパートタイマーの活用政策に関して尋ねた。その際にまた，店舗の労働力構成およびパートタイマーの労務管理や従業員教育などに関する資料を提供してもらった。また，この時期に本書の事例企業ではない大手総合スーパー企業A社の女性従業員3人（管理職1人，パートタイマー2人）とも面接したが，その面接資料も参考資料として使用している。

2回目の調査は，2000年1月に1999年調査した七つの店舗の中の四つの店舗（G1，G2，G3，S3）を再び訪問し，主にマネージャーと主任を対象に行った面接調査である。この人々の大部分は男性だった。パートタイマーの直属の上司であるこの人々との面接の焦点は，パートタイマーの仕事に対する態度や能力に関する評価およびOJTを中心にしたパートタイマーに対する教育訓練，売場ごとの業務の主な内容と熟練形成構造などだった。またABCユニオンの役員に対する追加面接調査も実施した。

3回目の調査は，2001年7月にS3店を再訪問するとともに，G2社の新規店舗[13]（G2社の店舗の中で二番目の大型店舗）を訪問し，店長の1日の仕事の流れを観察すると同時に，1日を単位にスーパーの仕事の流れを調査した。その過程で売場観

序　章　日本におけるパートタイム労働とは

表序 - 4　企業，職位，性別面接調査参加者の人数

(単位：人)

	G1	G2	G3	S1	S2	S3	S4	A社	B社	C社	ABCユニオン	合計
パート	6	7	7	5	1	4	7	2		5		37(0)
平社員	1	2	1(1)			3(1)						4(2)
主　任	7(3)	4(1)	3(1)		1(1)	3(2)				1(1)		18(7)
マネージャー	1(1)	3(3)	2(2)					1		1(1)		6(6)
店長・副店長	2(2)	3(3)		1(1)	1(1)	1(1)	1(1)			1(1)		10(10)
人事責任者	1(1)	3(3)	1(1)		1(1)	1(1)			1(1)	1(1)		7(7)
組合専従者	2(2)	2	2(1)	2(2)	2(2)	1	2(1)	1(1)	3(3)	2(2)	9(7)	23(18)
合　計	20(9)	24(11)	16(6)	8(3)	6(5)	14(7)	10(2)	4(1)	4(4)	11(6)	9(7)	126(60)

注：（　）は男性。A社，B社，C社はすべて総合スーパー企業。

察や統括マネージャーレベルの中間管理者たちとの面接調査も実施できた。また，G2社の2泊3日の主任昇進候補者研修にも参加した。

　4回目の調査は，2003年7月から8月にかけて，S4社以外の事例企業の人事責任者（人事部長や人事次長）と労働組合役員，上部団体のABCユニオンの役員との面接調査だった。事例企業の人事責任者と組合役員との面接調査の焦点は，パートタイマーの労務管理全般を中心に，パートタイマーの活用に関するその企業の政策，総合スーパーを中心に急変しているパートタイマーの人事制度の変化に関するものであった。4回目の調査では本書の事例企業ではないが，1960年代以来日本のスーパーマーケット産業をリードしてきたB社の人事部長と労働組合の役員3人との面接調査を行った。当時B社は人事制度を改正し，パートタイマーを多数組合員化したので，その背景を調べることが目的だった。C社の調査は2004年12月から2005年2月に行った。

　以上4回の調査での面接調査に参加した人々を企業や職位ごとにまとめたのが表序-4である。多くの人々とは一回だけ面接したが，さまざまな職位の一部の人々や労働組合の役員たちとは面接後，飲み会，電話，Eメール，自宅訪問などによる追加調査を何度も行った。

　最後に，本書で引用する面接調査参加者の名前は，全て仮名であることをここで述べておく。面接参加者のうち事例店舗の既婚女性パートタイマーと既婚女性正社員の個人事項は巻末の付表1から付表6までを参考されたい。

23

5　本書の構成と特徴

本書の構成

序章と終章を除く本論は四つの章で構成される。各章の内容を簡単にまとめると次の通りである。

序章では，本書の研究課題や分析の視座，そして資料に関して紹介する。

第1章では，この研究の対象であるスーパーマーケット産業を中心に，パートタイム労働の量的，質的な基幹労働力化の現状について分析すると同時に，それに影響を与える要因を明らかにする。また，七つの事例企業や店舗を比較分析し，パートタイム労働者の基幹労働力化の類型化を図る。事例企業のパートタイマー基幹化の類型は，「補助労働力型」，「制限的基幹化型」，「積極的基幹化型」，「全面的基幹化型」に分けることができるが，これに影響を及ぼす最も基本的な要因は労働過程とジェンダーである。

続く第2章からは行為者の戦略的行為の具体的内容を考察する。これを通して行為者がおかれている家族および労働市場の状況が，行為者の戦略的行為にどのような影響を及ぼしているか，また，行為者の戦略的行為がどのようにパートタイム労働市場を再生産するかに関して分析する。企業，労働組合，そして主婦パートというパートタイム労働市場における三つの行為者はそれぞれ，パートタイマーは家族責任の専担者である主婦労働者であることを前提として，パートタイマーに仕事より家庭を優先するように保障する代わりに処遇は低くてもいい，または仕方ない，という考え方に暗黙のうちに了解している「主婦協定」に基づいて，行為戦略を展開する。

第2章では，コスト削減とパートタイム労働者の熟練増加，という矛盾したニーズを解決するための企業のパートタイマーの雇用管理戦略について分析する。企業の狙いは，パートタイム労働者に対して「職務と処遇の不均衡」を再生産するとともに，それに対する同意を得ることである。そのための戦略としては「制限的内部化」と「区別作り」を取り上げることができる。しかし，企業の戦略はパートタイマーの基幹化による「職務と処遇の不均衡」の問題を完全に解決できるものではないので，そのずれがパートタイマーの抵抗戦略の土台になる。

序　章　日本におけるパートタイム労働とは

　第3章では，パートタイム労働者の基幹労働力化とそれによる正社員代替という現実における，労働組合の対応戦略を類型化した上で，労働組合の対応戦略に影響を与える要因を究明する。労働組合の対応戦略は，パートタイム労働者の増加による「代表性の危機」を解決すると同時に，それが引き起こす可能性のある「アイデンティティの危機」，そして「賃金の危機」を最小限にすることから成る。労働組合の戦略は，「排除」，「選別的組織化」，「包括的組織化」，「全面的組織化」に分けることができ，基本的に企業のパートタイマー基幹化戦略によって左右されているといえる。

　第4章では，主婦パートタイム労働者の生活経験と家族的背景を考察すると同時に，彼女たちの状況解釈と対応戦略について分析する。ほとんどのパートタイマーは結婚や出産を機に正社員就業をやめた経験を持っており，現在は家族責任を専担している主婦労働者である。それゆえパートタイマーの対応戦略は，家族責任の遂行に支障がないように保障してもらうと同時に，店舗や売場に対する自分らの貢献度を認めてもらうことから出発する。パートタイマーの行為戦略は「受容戦略」と「抵抗戦略」に分けることができるが，両方の戦略は完全に分離されているというよりも，つながっているといえる。また，企業の「制限的内部化」装置の限界によって，職場ではパートタイマーの非公式権力が成立し，企業側が労務管理を変更せざるを得なくなる最も重要な要因になる。

　本書の結論である終章では，2000年代に入って大手スーパー各社が相次いで導入している改正人事制度に関して分析して，行為者戦略の相互作用が制度的変化にどのようにつながったかを論じる。

本書の特徴

　本書の特徴として，次の3点を取り上げたい。

　まずは，ジェンダー視点からの実証研究である。日本の労働市場でいわゆるパート的扱いをされる呼称パートタイマーの9割が女性（既婚女性は8割強）であるが，パートタイマーの基幹労働力化に関する実証研究では，ジェンダー視点に立った研究があまり多くない。しかし，誰がパートタイマーになるのかは，その社会のジェンダー規範や制度によるものであり，パートタイム労働市場が主に既婚女性で構成されるのは，その社会の性別分業が強いことを意味する。パートタ

イム労働の増加は主に雇い主のジェンダー化された戦略の結果であり，男性稼ぎ主イデオロギーに基づいた行為戦略をとるのは，労働組合も国家も同じである。そのためにパートタイム労働という就業形態を観察すると，労働市場の作動規則が，ジェンダー規範や制度と密接につながっていることがよく分かる。さらに，日本でパートタイム労働とは，労働時間の長さではなく，企業内の呼称が労働条件を決定する，既婚女性の非正規労働を意味する。つまり，日本におけるパートタイム労働は，ジェンダーに基づいた身分的労働であるので，ジェンダー分析を抜きにしてはパートタイム労働分析は不十分である。

　次に，行為者戦略というアプローチである。制度と構造は，人間の行為とその行為の相互作用によって作られ，また維持・変容されるものである。行為は，行為者の利害関係から，そして信念や規範から生まれる[17]。そのために社会現象を説明するためには，その現象に関わった行為者の行為に関して分析しなければならない。しかし，日本のパートタイム労働研究では，制度分析は豊富だが，行為者や行為の相互作用に関する研究は乏しい。また，パートタイム労働を管理および政策対象としてのみ見る傾向がある。そのために，職務と処遇の不均衡が拡大される矛盾した現実が再生産されるメカニズムが十分に説明できなかった。そして，そのような不平等によって不利益を受けている主婦パートタイマーたちが，自分の矛盾した状況にどのように対応しているかも分析することができなかった。制度と構造が人間の行為によって作られ，変わっていくものであることを見逃すと，現実の変化の兆しを見逃すことにつながる。本書はパートタイム労働市場の主な行為者たちの行為戦略を分析することによって，現実の再生産だけではなく変化の兆しを見つけようとしている。

　最後に，具体的で豊富な資料である。本書は長年にわたって調査で集めた資料に基づく実証研究である。本書の事例企業 7 社を含めて合計12社を対象に，本社や労働組合の本部だけではなく，事例企業に関しては九つの店舗調査もした。さらに各店舗の全ての売場，そして全従業員構成まで把握した。その過程で企業組織の各レベルにいる200人ほどの人々とも深層面接を行った。パートタイム労働に関する先行研究のほとんどは，店舗や売場などの労働現場レベルの実証研究を行わないか，行うとしてもいくつかの売場のケースだけを対象にすることが多かった。しかし，スーパーマーケットと言っても業態や企業，そして立地によっ

て，また同じ企業の店舗の中でも立地や売場によって，パートタイマー労働の現況には相当な差がある。本書は，豊富な資料を通じて，日本のパートタイム労働の真相と変化に関して，より詳しくダイナミックに分析する。

注

(1) 本書におけるパートタイム労働者の定義は，「勤務先においてパートと呼ばれる・称される労働者」である。日本ではおおむね三つほどの定義が併用されているが（労働時間が週35時間未満であること，1日または1週間の労働時間が当該事業所の一般労働者の所定労働時間より短いこと，そして勤務先における呼称），そのうち「勤務先における呼称」を基準にする理由は，企業内における労働者の地位や処遇に一番大きな影響を及ぼしているのが呼称であるためである。本書の研究対象であるスーパーの場合，所定労働時間が正社員と同じパートタイマーの処遇が正社員の処遇とは程遠いことが，それを立証している。

　呼称パートタイマーのうちフルタイム・パートタイマーの比率は，1970年代以降一貫して減少しているが，いまだに少なくはない。2001年現在呼称パートやアルバイトのうち30.5%（1992年35.7%）が週35時間以上労働しており（総務省統計局，労働力調査特別調査），2010年現在非正社員のうち週35時間以上労働するものの比率は40.0%（正社員89.11%）である（労働力調査詳細集計）。

(2) 出版年度を書いていない政府統計は，インターネットを通じて調べた数字である。

(3) 本書では，日本語と韓国語の文献は著者の「姓名，発行年」，英語の文献は「姓，発行年」で示す。

(4) 行為者の行為を理解することによって社会を説明しようとしたWeber（1905＝2010）は，近代の西ヨーロッパにおける資本主義の発達を促した要因の一つは，プロテスタントの宗教的信念だった，と分析する。地獄に対する恐怖と救済への切実な気持ちから生まれた禁欲主義が，資本主義精神と選択的親和力を持ったためである。しかし，社会は個別行為者の主観通りに形成されるわけではない。つまり，プロテスタントたちが求めたのは救済への確認であり，富の蓄積ではなかった。しかし，救済の可否は本人の努力とは関係なくすでに決まっている，という教理のために，神様が創ったこの世の繁栄への貢献を通じて救済の証拠を見つめるしかなかった。このようにプロテスタントの宗教的信念は資本主義の発達につながったのである。

(5) 家事や育児，介護などに対する責任を示す「家族責任（family responsibility）」というのは，ILOの156号条約（家族責任を有する男女労働者の機会及び待遇の均等に関する条約）によって広く知られている概念である（男性の家族扶養責任を指す概念

ではない)。ただし，ILOの条約におけるこの概念は，「被扶養者である子供」および「介護又は援助が明らかに必要な他の近親の家族」に対する責任を示すものだが，本論では家事責任も含める概念として使用する。

(6) 労働力供給構造の変化としては，女性の高学歴化およびライフ・スタイルの変化が注目された。高学歴化が女性の労働市場に対する志向・愛着を強め労働市場への参加を推進し，その結果フルタイムとパートタイムの両者の形態で女性の労働供給も増加するというものである（Blossfeld, 1997）。また，家族周期やライフ・スタイルの変化を強調する研究は，出生率の低下のため女性のライフ・ステージにおける初期育児期が短縮されることにより，女性の労働市場進出が強まったと指摘する。出生率低下と女性の教育水準の上昇が相俟って，女性自身が想定するライフ・スタイルが変化して，出生率の低下以前であれば労働市場を離れるはずの育児期の女性たちも，労働市場から離脱しないための方策として，パートタイム労働を選択する傾向があるとする（三富紀敬，1992）。

　ところで，供給要因に関する説明は，女性のパートタイム就業とともにフルタイム就業も増えることを前提にしている。しかし，1960年代以降，多くの先進工業国における女性の就業は，大部分がパートタイム労働を通して実現された。例えばイギリスの場合，女性のフルタイム労働が盛んになったのは1980年代後半になってからである（Hakim, 1997）。家族構造およびライフ・スタイルの変化に伴って主として現れた変化は，初婚年齢と初産年齢の上昇，結婚率と出生率低下，離婚率の増加による女性世帯主の増加などであり，女性のフルタイム労働供給の増加が予想できるものが多い。しかし，実際には多くの国家でフルタイム労働がそれほど増加しなかった。

(7) 1980年代から活発に行われた福祉国家に関するフェミニスト分析によって，福祉国家そのものがジェンダー化されていることが指摘され，ジェンダー化された福祉国家の政策の具体的内容が分析された（Orloff, 1993）。

(8) BeecheyとPerkins（1987）は，イギリスのコベントリ地域のパートタイム労働に関する彼女たちの調査研究が，女性主体を強調する理論的仮定に立脚している，といって，「労働市場に対する女性たちの理解というプリズム」を強調する（1987：144-9）。しかし実際の分析内容では，雇い主のプリズムはあるがパートタイマーである女性たちのプリズムに関する分析はない。

(9) 税制度と社会保険制度の主婦制度としての機能に関する詳しい内容は，大沢真理（2002）を参照されたい。

(10) 水町によると，拘束性が高いというのは，残業，配置転換，労働時間外の活動の制約，勤務時間の決定，転勤，休日取得などにおいて労働者側の自由度が低いことである。

⑾　2000年代初めごろまではフリーターは例外的存在であったが，2000年代以降青年労働市場の状況が悪化する中，フリーターが増えている。

⑿　調査に使用したアンケートは本書の付録にある。アンケート調査結果の詳しい内容は，金英（2001）を参考にされたい。

⒀　この店舗を選んだ理由は超大型店舗を観察するためである。G2社は生活百貨店というスローガンで華麗な店舗を多数運営していたが，1999年新規に出店されたこの店舗は東京23区内にある駅前店舗として直営売場だけの年間売上（2000年）が150億円，賃貸売場を含む店舗全体の売上が220億円以上，売場面積26,600m²，正社員63名，パートおよび非正規労働者700若干名，業務委託を含む店舗全体の労働者が1,100名に及ぶ超大型店舗である。

⒁　筆者は2003年以降もB社の組合と人事責任者に対する面接調査を３回行った。

⒂　表序－4における事例企業の人数は，2004～2005年に調査したC社を除くと，1999～2003年の間に面接した人数である。2003年以降筆者は，G1社とG3社の店舗をもう１店舗ずつ調査した（G1社店舗2006年12月～2008年2月，G3社店舗2005年2月）。またG1社の仕事と家庭の両立のための従業員懇談会（何でも話そう　育児懇談会○○）に参加したときに知り合った８人とG1社，S1社，S3社の女性店長や管理職5人，S2社のベテラン主婦パート４人に対して，オーラル・ライフ・ヒストリー調査や深層面接を行った。また本書の事例ではない食品スーパー３社の労組と，流通業の組合が多く加入している上部団体DEFユニオンを訪問し，パートタイマーの人事制度に関して調査した。2004～2008年間の店舗調査だけで面接した人々は，女性パートタイマー37人，平社員2人，主任5人，マネージャー2人，店長3人である。労組専従者30人ほどや各社の人事責任者とも面接した。

⒃　仮名の作成には特別なルールはなく任意に作成した。

⒄　Weber（1964）は，"人間の行為を直接支配するのは，観念ではなく，物質的またはイデオロギー的利害関係である。しかし，観念によって作られた世界像が，利害関係の動向によって進む行為の経路を，まるで転轍手のように変えることはよくあることである"（Weber, 1964: 280; Coser, 1971: 249から再引用）という。

第1章
スーパーマーケット産業とパートタイム労働
——主婦パートの基幹労働力化——

　第1章では，主婦規範を共有し，主婦制度の下で行動するパートタイム労働市場における行為者たち（パートタイマー・企業・労働組合）の行為戦略が展開されるフィールドをスケッチする。具体的には本書の事例企業および店舗におけるパート労働者の基幹労働力化の現状を検討し，類型化した上で，これに影響を及ぼす要因を探る。日本のスーパーマーケット産業では，パートタイマーが従業員の大多数を占める（量的基幹労働力化）だけではなく，パートタイマーの職域が拡大（質的基幹労働力化）し，正社員を代替している。現実には，スーパーの一線店舗は，正社員と変わりない労働時間で正社員と変わりない業務を，半分の賃金で担当している主婦パートたちによって維持されている。これから店舗や企業の具体的資料に基づきその現状を詳しく検討する。

1　スーパーマーケット産業の成長と主婦パート

スーパーマーケット産業の成長

　スーパーマーケットに関する日本の最初の定義は，"単独経営の下でセルフサービス方式を採用している総合食品小売店であり，年間売上が1億円（1日の売上は約27万円）以上である店舗"という，1958年日本セルフサービス協会によるものである（建野堅誠，2001：53-54から再引用）。この定義では，スーパーマーケットの規定要素として，経営方式（単独経営），販売方式（セルフサービス），販売品目（総合食品小売店），売上規模（年間1億円以上）が挙げられた。経済産業省の「商業統計」ではスーパーマーケットを，一定の基準以上の売場を確保し，セルフサービス方式で商品を販売する小売業態，と定義している（表1-1）。なお，スーパーマーケットは扱う商品によって総合スーパーと専門スーパーに分けられ

表1-1　主要な小売業態の定義

区　分		セルフサービス	取扱商品	売場面積	営業時間	従業者
デパート	大型デパート	×	衣・食・住商品をすべて取り扱うが，各商品それぞれが10%以上で70%未満。	3000㎡ 以上		50人以上
	その他デパート			3000㎡ 未満		
総合スーパー	大型総合スーパー	○		3000㎡ 以上		
	中型総合スーパー			3000㎡ 未満		
専門スーパー	衣料品スーパー	○	衣料が70%以上	250㎡ 以上		
	食品スーパー		食品が70%以上			
	住関連スーパー		住居関連が70%以上			
コンビニ	一般コンビニ	○	食品を扱うこと	30㎡ 以上250㎡ 未満	14時間以上	
	うち終日営業店				終日営業	

出所：経済産業省(2003)『商業統計表』

る。そして，スーパーマーケットは店舗を展開する地域範囲により地方スーパー，地域スーパー，全国スーパーに分類される。「地方スーパー」は三つ以下の都道府県に，「地域スーパー」は四つ以上の都道府県に，「全国スーパー」は四つ以上の都道府県，かつ東京，大阪，名古屋のうち二つ以上の都市に店舗を展開しているスーパーマーケット企業を指す。[1]

　1953年12月，東京に日本初のスーパーマーケットである紀伊国屋が誕生してからスーパーマーケットは急速に成長し，1964年には3,600余の店舗ができた。スーパー誕生期に業界をリードしていた企業の多くは非食品スーパーだったが，食品から衣類，耐久消費財まで総括的に取り扱う日本式総合スーパーが誕生，発展していく基礎になった。なお，この時期に大手企業を中心にチェーンストア経営方式に関する探究と準備が本格化していた。

　表1-2に提示したように，1964～2007年の間にスーパーマーケット産業は，店舗数38.1倍，従業員数29.7倍，販売額113.2倍，売場面積46.4倍に増加し，著しい成長を遂げた。その中で最も先に増加したのは販売額と売場面積であり，スーパーマーケット産業の急成長と店舗の大型化傾向を表している。その結果小売業におけるスーパー産業のシェアも大きくなり，同期間売場面積は3.4%から46.3%に，従業員数は2.3%から35.2%に，売上は4.7%から32.9%になった。

　表1-3から分かるように，1990年代まで日本のスーパー産業の成長をリードしたのは総合スーパー（General Merchandising Store）だった。総合スーパーは

第1章　スーパーマーケット産業とパートタイム労働

表1-2　スーパー産業の成長推移（1964～2007年）

		1964年	1974年	1982年	1994年	2002年	2007年
実　数	店舗数(千店)	3.6	12.0	89.0	140.0	147.0	137.0
	従業者数(千人)	89.4	268.3	830	1608	2621	2657
	売上(10億円)	392.4	4239.5	18518	38825	46070	44423
	売場面積(千㎡)	1341.9	7596.6	21740	39626	62272	70319
小売業における比率	店舗数(%)	0.3	0.8	5.2	9.3	11.3	12.1
	従業者数(%)	2.3	5.6	13.0	21.8	31.2	35.2
	売上(%)	4.7	12.7	19.7	27.1	34.1	32.9
	売場面積(%)	3.4	11.3	22.8	32.6	44.4	46.3

出所：1964～1982年：経済産業省「セルフサービス店統計表」各年版[2]，1994～2007年：「商業統計表」各年版

表1-3　総合スーパーと食品スーパーの成長推移（1964～2007年）

		1964年	1974年	1982年	1994年	2002年	2007年
総合スーパー	店舗数(店)	292	1046	1436	1804	1672	1583
	従業員数(千人)	19	102	179	272	384	378
	年間売上額(10億円)	97	1803	5246	9336	8917	7440
	売場面積(千㎡)	260	3065	6728	11394	14880	15850
食品スーパー	店舗数(店)	2567	9181	18169	16096	17692	17882
	従業員数(千人)	49	131	340	498	783	877
	年間売上額(10億円)	201	1910	8180	13198	15903	17054
	売場面積(千㎡)	791	3642	8033	10410	16397	19333

出所：表1-2に同じ

1964年から1994年の間売上が100倍近く伸び，売場面積も43.8倍伸びた。しかし小売業の業態の多角化や多様化が本格的に始まった1980年代から総合スーパーの成長の勢いは鈍くなり，長期不況に苦しんだ1990年代からは衰退の兆しを見せている。食品スーパーは2000年代まで成長を続けているが，1990年代からは成長率が低くなっている。ところが，総合スーパーと食品スーパーともに販売額の伸び悩みにもかかわらず，売場面積と従業員数は継続的に増加し，販売額の低迷を売場の大型化と労働力のパートタイム化で乗り越えようとしている様子がうかがえる。

スーパーマーケット労働者のパートタイマー化

表1-4は，1978年から1999年までの事例企業，およびスーパーマーケット業界における大手6社[3]（売上順位）の全従業員に占めるパートタイマーの割合（8時

表1-4　事例企業におけるパートタイマー比率の増加の推移(1978〜1999年，労働時間基準)

	上位6社	G1	G2	G3	S1	S2	S3	S4
1978年	36.8	36.8	38.6	38.3	36.9	80.2*	57.1	20.7
1989年	56.2	50.2	61.2	55.5	64.7	59.2	64.0	46.1
1994年	57.1	59.9	60.7	63.3	70.1	64.5	65.1	49.1
1999年	67.3	67.1	67.9	66.3	74.6	68.7	72.5	65.2

注1：＊1984年(実人員基準)。
注2：G3とS4の1999年の数値は1997年の数値(商業界「スーパー名鑑：本部編1998年版」)。
出所：日本経済新聞社『流通会社年鑑』各年版

間換算) をまとめたものである。S2社の1978年の数値を示すことができなかったものの，S2社の人事部から提供をうけた資料によると，実人員数を基準にした場合，1984年時点のパートタイマーおよびアルバイトの割合は80.2％である。なお，インタビュー調査によると，1970年代後半でも同じ程度であった。これからみるように，他の企業と比べてS2社のパートタイマーの平均労働時間が短いことを考慮しても，1970年代におけるS2社の8時間換算したパートタイマーの割合が50％を超えていたことは間違いない。

　業界全体からすると総合スーパーより食品スーパーのほうがいち早く従業員のパート化を図ったが，表1-4をみると，事例企業の場合必ずしもそうではない。1978年時点でS2社とS3社の従業員のうちパート比率は50％を超えていたが，S1社とS4社の場合は超えていない。その理由は，S4社は1997年の倒産とともに食品スーパーになった企業であり，倒産前は総合スーパー中心の企業だったからである。またS1社は，商品構成の中で衣料品の割合が高く，食品スーパーとはいいにくい面もある。しかし，S1社は自ら食品スーパー企業のアイデンティティを持っているので，それを尊重して食品スーパー企業に分類した。[4]

　面接調査によると，1970年代前半までパートタイマーは主に食品部門に配置された。非食品部門でパートタイマーが配置され始めたのが1970年代半ばである。食品部門でパートタイマーの量的な基幹労働力化が，早い時期に速い速度で進められていた一つの理由は，収益構造による労働過程の特性にある。1970年代に業界で売上がトップだったダイエーの，1978年の各部門別売上利益率 ((売上額−商品仕入れ額) ／売上額) は，衣類品が25.7％[5]，家庭用品が23.1％，食品が18.0％であり，部門別年間商品回転率は衣類品が10.6回，家庭用品が10.5回，食品が53.9

回であった。(『流通会社年鑑』1979年版)。食品の売上利益率は非食品の売上利益率の約2/3ほどであるが，その代わりに商品の回転率は5倍以上高く，食品部門が薄利多売であることを端的に示している。また，食品は単に仕入れたものを店頭に並べるのではなく，製造・加工作業が重要であることから，薄利多売のための商品を大量に製造・加工・販売するための低賃金労働者が大量に必要であった。これが，食品部門におけるパートタイマーの量的な基幹労働力化を推し進めた原因であった。

　また，食品部門，特に精肉と鮮魚部門では，原材料を仕入れて，販売できる状態に加工する作業が非常に重要であるために，この熟練の技術を安定的に確保し，統制するのが企業の解決すべき重要課題の一つであった。

　職人問題は当時の企業が直面していた状況を表している。1960年代前半までには，精肉と鮮魚部門での加工作業というのは，高熟練の職人だけができる作業だった。したがって，初期のスーパーマーケットの精肉および鮮魚売場では職人を雇っていたが，統制問題が直ちに深刻な問題として浮かび上がった。さらに，他の従業員に技術を伝授しないため，精肉および鮮魚売場は職人に完全に支配された形で運営される恐れが大きかった。そのため，経営側としては職人抜きで精肉と鮮魚売場が運営できる方策を考える必要に迫られ，その解決策が標準化を通じて職人の熟練技術を解体し，単純化された技術を従業員に教育することだった。各企業とチェーンストア協会は，食品部門の熟練労働を制度化された教育体系に吸収するために，専門学校を設立する一方で，各作業をできるだけ標準化し，作業マニュアルを作成した。売場内の各作業をマニュアル化するということは，短いOff-JTとOJTを通して労働者の訓練ができることと，誰でも簡単な教育訓練を通じてその作業ができることを意味する。スーパーマーケット企業は，正社員の訓練のための学校とパートタイマーの訓練のためのマニュアル化を，同時に進めていた。

　1980年代以後，総合スーパー企業は，熟練技術を店舗外部に集中させることでパートタイマーの量的基幹化を図った。つまり，食品部門の商品について店舗内で加工する比率を顕著に減らし，複数の店舗の商品を加工するための加工センターを設立し，包装まで済ませた状態の完成品を仕入れるのである。不況の中で総合スーパーの成長が限界に達した1990年代にはこの傾向が一層強まっており，

総合スーパー企業は食品を低価格で販売することで顧客を確保する戦略に基づき，食品売場を拡大している。総合スーパーより企業や店舗の規模が小さい食品スーパーは，このような総合スーパーの戦略に対して商品の質を高めることで対抗した。

パートタイマーの主婦化

　日本では一般的に，パートタイマーといえば，主婦の非正規労働者というイメージが強く，スーパー業界でも普段パートタイマーを一般人と学生とに区分して，一般人のうち女性を主婦パートという。では，スーパーにおける学生ではない女性パートタイマーのうち主婦労働者，つまり有配偶者の割合はどのくらいであろうか。スーパー企業が企業内への定着と基幹化を期待しているのは，主婦パートであるため，パートタイマーに占める主婦パートの比率を把握することは，その企業や店舗の労働力の安定性の指標ともいえる。しかし，全ての事例企業から，パートタイマーの婚姻状態のデータを集計していない，との回答であったため，実際にどのくらいの人々が言葉そのものの意味通りの主婦パート，つまり有配偶者であるかは確認できなかった。パートタイマーは扶養家族がいるかなどによって処遇が変わることがないので，企業は年齢以外のパートタイマーの個人情報が要らない。パートタイマー雇用契約書にも生年月日や性別を記入することになっているだけであり，それ以上の個人情報は書く欄がない。労働組合が持っている組合員のパートタイマーのデータにも婚姻状態や家族関係に関する情報はない。

　しかし，本書の事例企業ではないが，参考事例のC社は，アルバイトを除く一般人パートタイマーの婚姻状態に関するデータを集計していたので，ここではそのデータを用いて女性パートタイマーのうち有配偶者の比率を推定してみる。2003年から大手スーパー企業の労働組合はパートタイマーの組織化が本格化したので，C社もこの時期にパートタイマーの人事制度を改正し，一部のパートタイマーを組織する予定で，パートタイマーの個人事項を集計した。ただし，C社のデータでパートタイマーの年齢や婚姻状態に関するデータにおける合計人数は，一般人パートタイマー全体の人数より9.4％少ないので，実際のパートタイマーの婚姻状態とは多少ずれがある可能性がある。

第1章　スーパーマーケット産業とパートタイム労働

表1-5　事例企業・店舗におけるパートタイマーの性別分布(実人員)

(単位：%)

	企業全体				事例店舗(1999年)			
	女　性	男　性	学生など	計	女　性	男　性	学生など	計
G1，　2003年 2月	74.6	5.8	19.6	100.0	88.3	3.0	8.7	100.0
G2，　2003年 8月	82.0	18.0		100.0	57.7	9.2	33.1	100.0
G3，　2001年 3月	76.8	2.7	20.5	100.0	81.9	18.1		100.0
C，　2004年11月	73.1	10.1	16.7	100.0				
S1，　2003年 8月	76.0	4.7	19.3	100.0				
S2，　2003年 8月	71.7		28.3	100.0	64.8	4.2	31.0	100.0
S3，　2003年 5月	72.0	4.2	23.8	100.0	77.6	2.6	19.8	100.0
S4，　2003年 8月					88.4	11.6		100.0

注：C社の数値は8時間換算数値。G2社の数値は学生などを含めた全体パートの性別分布。
出所：企業内部資料

　まず表1-5での分類に関して説明する。「女性」と「男性」は，「学生など」
を除いたパートタイマーを性別で区分したものである。そして「学生など」とは，
学生，高齢者，一時的雇用者など，企業が一時的な就業者とみなし，企業内定着
を期待していない労働者であるが，学生が圧倒的に多い。特に，S2とS3の店舗
および企業全体におけるその数字は全員学生である。各社のデータを同じ基準で
揃えることができなかったことから，各社のデータに関して補足すると，G2社
のパートに関しては学生などを含めた全てのパートの性別分布しか把握できな
かった。G3店の一般人男性パートと学生なども店舗のデータ自体が区分してい
なかった。S2社も一般人パートは男女を区分していないが，人事部長とのイン
タビューによると，一般人パートのうち男性の割合は多くても5％未満であり，
S2店におけるその比率は4.2％である。最後に，S4店の数値では「学生など」の
女性が「女性」に含まれているが，店長から学生はほとんどいないと言われた。
参考事例のC社の数字は実人員における比率ではなく8時間換算時の比率である
が，実人員で一般人パートのうち男性の比率は10.4％であり，あまり差がない。

　表1-5の「企業全体」欄に示したように，各事例企業におけるパートタイ
マーの男女比率をみると，おおむね女性パートは70～80％，男性パートは5％前
後，そして学生などは25％前後といえる。このことから，スーパーマーケット企
業のパートタイマーの70％程度が，企業内定着が期待される一般人女性パートタ
イマーであることが分かる。しかし，同じ表の「事例店舗」欄に示された事例店
舗の数値をみると，G1店の女性パート比率は88.3％であるが，G2店舗のそれは

57.7％と大きな差がある。これから説明するようにそれは店舗の立地のためである。男性一般人パートではフルタイム・パートタイマーが多いが，G2店では20人の男性一般人パートのうちフルタイム・パートタイマーが8人もいる。このことは，C社の一般人男性パートの8時間換算の人数が，実人員の人数の85％（女性一般人パートのうちのその比率は71％）であることからも分かる。

　なお，男性パートは主婦パートより時間給が高い。2004年11月現在のC社の学生を除く一般人男性パートの平均勤続年数は2年11カ月，一般人女性パートのそれは4年11カ月である。しかし平均時間給（全国平均）は，社会保険加入対象であるか労働時間が週30時間以上（ロングタイマー）の男性パート883円，女性パート860円で，社会保険加入対象でないか労働時間が週30時間未満（ミドルタイマー）の男性パート875円，女性パート835円である。そして，月給の平均はロングタイマー男性152,082円，ロングタイマー女性134,031円，ミドルタイマー男性92,322円，ミドルタイマー女性82,219円である。勤続が短い男性の時間給がより高いのである。

　また，表1-5から分かることは，スーパーマーケットのパートタイマーは，主に女性と学生で構成されている点である。企業全体の数値よりばらつきが大きい店舗においても，男性パートの比率は10％以下であり，店舗ごとの差も大きくない。そして，女性パートの比率が低い店舗で高くなるのは，男性パートではなく学生などである。学生などの割合が最も高いのはS2社であるが，それは首都圏という立地と標準化戦略の結果である。

　続いて，女性パートの年齢分布をみる。表1-6に示した事例企業や店舗における学生を除く女性パートタイマーの年齢分布をみると，40代と50代の比率の合計が企業全体や店舗ともに70％前後であり，日本全体のパートタイマーの年齢分布よりも40代と50代への集中傾向が強い（2001年パートタイム労働者総合実態調査，55.7％）。面接によると，この数値も長期不況の影響で20代と30代が増えた結果であり，1990年代前半までは40代と50代の比率がもっと高かった。

　事例企業や店舗の女性パートタイマーの平均年齢は，いずれも42〜44歳であるが，S4店パートタイマーの年齢は，基幹パートだけを集計したため，他の事例店舗や企業より高い。S4店で補助労働力と分類されるアルバイトの平均年齢は35.8歳であり，基幹パートと補助パートの年齢には，大きな差がある。その理由

第1章 スーパーマーケット産業とパートタイム労働

表1-6 事例企業・店舗における女性パートタイマーの年齢分布(実人員)

(単位:%)

年　齢	企業全体			店　舗		
	G1社	C社	S1社	G2店	S3店	S4店
10代	1.0	1.5	1.7	1.9	4.0	0.0
20代	13.0	13.0	14.0	13.8	16.0	8.1
30代	17.0	14.0	17.4	13.8	8.0	8.1
40代	35.6	31.1	38.5	38.8	36.0	45.9
50代	33.3	39.9	27.6	30.6	32.0	37.8
60代		0.5	0.8	1.3	4.0	0.0
平均年齢	43.2	43.0	42.3	43.9	43.7	47.5

注1:年度は表1-5と同じ。
注2:G1社，G2店，S1社，C社―学生を除く女性パート全体における比率，S3店―直営売場の女性パート
　　(75人)における比率，S4店―女性パートのうちS4社が準社員と名付けている基幹パートにおける比
　　率。
出所:企業内部資料

　は，基幹パートになるためには，それなりの労働経験が必要であることもあるが，それだけではなく，両集団のライフ・ステージにも差があるためである。要するに，基幹パートは基本的にロングタイマーであるが，長時間労働が可能であるということは，子供が成長し，家事や育児への責任がある程度軽減されたことを意味し，女性パートタイマー本人の年齢もその分高くなる。本書のアンケート調査でも，週労働時間30時間以上のパートタイマーの平均年齢は47.8歳，週労働時間30時間未満のパートタイマーの平均年齢は44.8歳であった。また，インタビューにおいても，子供の成長に合わせて労働時間を延ばしたということは，よく聞く話だった。

　表1-7に出したC社のパートタイマーの性別年齢分布や有配偶者比率をみると，男性パートの7割以上が20代以下，女性パートの7割以上は40代以上である。平均年齢も15歳と差が大きい。上で述べたように，女性パートの平均勤続年数は4年11カ月だが，男性パートのそれは2年11カ月である。つまり男性は不況の影響でパートタイマーとして働くとしても，そのほとんどが労働市場進入期の若者に集中している。

　C社の一般人女性パートのうち有配偶者の比率は69.7%，男性のうちそれは8.4%である。表1-7で注目すべきであることは，40代と50代の女性パートのうち2割ほどが有配偶者ではないことである。ところで店舗調査によると，長期勤

表1-7　C社におけるパートタイマーの性別年齢分布および年齢別有配偶者比率

（単位：%）

	一般人パートタイマーの年齢分布		一般人パートタイマーの年齢別有配偶者比率	
	男　性	女　性	男　性	女　性
10代	13.7	1.5	0.0	2.2
20代	59.0	13.0	1.7	18.2
30代	13.8	14.0	7.8	59.2
40代	7.4	31.1	35.9	82.9
50代	5.8	39.8	57.9	82.4
60代	0.4	0.5	76.9	73.7
平均年齢	28.0	43.0		
全体における既婚者比率			8.4	69.7

出所：企業内部資料

続の長時間パートタイマーのほとんどがこの年齢層であり，基幹パートはこの年齢層に集中している。C社のデータから，女性パートの3割がいわば主な稼ぎ手としての夫がいない人々であるにもかかわらず，主な家計維持者ではない主婦パートであるとみなされていることがわかる。また女性の平均初婚年齢が2000年27.0歳（男性28.8歳），2005年28.0歳（男性29.8歳）であることを考えると，C社の30代女性パートのうち有配偶者の比率が59.2%であるのも特徴的である。

　以上のことからすると，スーパーで働くパートタイマーのうち7割から8割の人々が女性パートであり，女性パートのうち7割ほどが有配偶者である，と推定することができる。またスーパーのパートタイマーのうち半分が有配偶者の女性である。しかし，これから検討するように，有配偶者ではない3割の女性パートも，主な生計維持者がいる主婦パートとして処遇されている。[6]

2　事例店舗の紹介

　事例店舗におけるパートタイマーの基幹労働力化の状況を検討する前に，本研究の事例店舗について概観しておく（表1-8）。

　関東の郊外店舗であるG1店は，夜になるとほとんどお客さんがいない店舗であった。従業員は，正社員61人（女性27人，男性34人），パートタイマー230人，パートタイマーのうち女性（主婦パート[7]）は204人，男性は6人，学生アルバイト

第1章 スーパーマーケット産業とパートタイム労働

表1-8 事例店舗の概要（1999年5月）

	月間売上（万円）	売場面積（㎡）	正社員（人）	（うち女性）	パート（人）	（うち主婦パート）	駐車場（台）	出店時期（年.月）	営業時間	建物所有	地域	立地
G1	38016	7740	61	27	230	204	1200	86.5	10:00-21:00	自社所有	関東	郊外
G2	101825	11640	56	29	295	174	247	78.9	10:00-21:00	賃貸	首都圏	駅前
G3	20120	5745	27	14	160	133	0	67.4	10:00-21:00	賃貸	首都圏	商店街
S1	15267	1250	11	0	80	—	250	84.2	10:00-20:00	自社所有	東北	住宅街
S2	14500	921	15	0	71	45	27	73.4	10:00-21:00	自社所有	首都圏	住宅街
S3	19746	4784	25	10	106	80	900	82.9	10:00-21:00	自社所有	関東	住宅街
S4	21667	1459	14	1	95	84	270	75.8	10:00-22:00	賃貸	中部	住宅街

注1：G2,G3,S3の月間売上は1999年10月の売上，他の店舗は1998年度の年間売上を12で除して算出した。
注2：売場面積は賃貸売場（テナント）を含めた数字，売上は直営売場だけの数字。
注3：人数は実人員数，S1のパート人数は労働組合の推定数字なので，正確ではない。
注4：G3店食品売場は22時までの営業。
出所：筆者調査

は20人（女性9人，男性5人，未確認6人）である。G1店の売場面積のうち，直営売場の面積は4,316m²である。G1店は他の事例店舗に比べて売場面積や月の売上額に比較して正社員数が多い方であるが，売場面積を既存の2倍以上に拡大する全面改装計画があったため，（1999年）4月の定期人事異動の際，正社員をあらかじめ配置しておいた状態だった。改装工事の後，G1店の売場面積は2倍に，パートタイマーは380名ほど（2002年）までになったが，中でも食品部門のパートタイマーが多く増えた。G1店の正社員数が多いもう一つの理由は，企業の合併にある。G1社は企業合併で企業を持続的に拡大していたが，1996年にもG1店が属している地域の地方百貨店を合併した。地方企業を合併する場合，雇用承継した正社員の他地域への発令はかなり制限されるため，合併後の当分の間は正社員の割合が高くなる。2000年代初めごろまでG1社はN社員[8]の割合が他の企業に比して著しく低かったが，その理由も地方の企業を合併したことによる。

　首都圏の大都市に立地した駅前店舗であるG2店は，事例店舗の中で最も規模が大きく，広い駐車場も保有していた。従業員は，正社員56人（女性29人，男性27人）とパートタイマー295人，パートタイマーのうち，女性は174人，男性は27人，学生アルバイトは94人（女性58人，男性36人）である。しかし実際にはG2店のパートタイマーは320人ほどである。1990年代半ばに本社が，食品部門の品出しだけを専門にする子会社を作って，加工食品と日配売場では，その会社のパートタイマー（1日2時間労働）20人くらいが開店前に入って品出しや陳列をしている。

41

G2社はバブル経済期に生活百貨店というコンセプトを打ち出して，店舗を大型化，高級化し，総合スーパーでは普通取り扱わない高価なブランド商品の販売も始めた。さらに一部の大型店舗では，オーダーメイド商品の売場や映画館まで導入した。衣料品店出身のG2社は衣料品に集中しており，G2店は四つのフロアのうち衣料品売場が二つのフロアを占める。売場面積当たりの売上高は総合スーパー事例店舗の中で最も高く，食品スーパー店舗のレベルに達していた。店舗のすぐ裏には住宅街があるものの，この地域の住民は経済的に豊かであるため，主婦パートの供給が円滑ではないが，近くに大学があるので学生アルバイトが多い。

　G3店は事例店舗の中で最も古い店舗であり，特急電車が止まる駅ビルから5分もかからない距離にある首都圏の店舗である。売上規模に比べて正社員の数もパートタイマーの数も多い方である。従業員は正社員27人（女性14人，男性13人）とパートタイマー160人，パートタイマーのうち主婦パート133人，学生・シルバーなど27人（女性13人，男性14人）である。G3店は5階建ビルの地下1階から3階までの四つのフロアを使用しており，4階にはG3社の子会社が経営する家電売場が，地下1階の食品売場にはテナントの水産売場がある。古い店舗が一般的にそうであるように，1フロア当たりの面積がかなり狭く，駐車場もない。G3社は1970年代後半まで衣料品スーパーであり，[9]調査当時も食品の直営店舗の割合が低い方だった。G3店は徒歩で5分の範囲内に大手総合スーパーの店舗が二つもあり，そのうえ百貨店が二つある，事例店舗のうち最も競争の激しい地域に立地している店舗である。

　S1店は，1時間に1本普通列車が止まる田舎の小さな町の住宅街に位置している店舗であり，食品スーパーの事例店舗の中で唯一午後8時に閉店している。売上規模に比べて正社員の人数が少ないが，近くにS1店より大きな郊外店を出店する予定なので，S1店の正社員の一部がその準備のために移動していたためである。従業員は，正社員11人（すべて男性）と80人ほどのパートタイマーであるが，パートタイマーの中に学生はほとんどおらず，他の事例店舗と比べてパートタイマーの勤務時間が長い。S1店にはこの従業員以外にも子会社が運営するお惣菜売場に労働者が10人くらいいる。

　近くに大学がある首都圏の閑静な住宅街に位置しているS2店は，事例店舗のうち売場面積が最も小さく，従業員の規模も小さい。しかし，人数当たりの売上

や売場面積当たりの売上は事例店舗の中で最も高い。S2店は食品スーパー事例店舗のうち唯一東京都内の店舗であるため、単純な比較は適切ではない。他の食品スーパー店舗に比べて駐車場の面積も非常に狭い。しかしこれは東京都内にある住宅街の食品スーパー店舗の一般的な姿である。1998年に改装して店舗は綺麗になり、売場面積も若干広くなっている。従業員は正社員15人（全て男性）とパートタイマー71人、パートタイマーのうち女性48人（主婦45人、フリーター3人）、男性1人、学生22人（女性11人、男性11人）である。S1店と同じくS2店にもこの86人以外に、子会社が運営しているお寿司の売場とお惣菜の売場で働いている労働者が20人近くいる。

　電車の駅から多少離れている住宅街に位置しているS3店は、S3社の中で売上3位の店舗である。2階建てのビルを使用しており、1階は直営の食品売場、2階はすべて賃貸の衣料品関係であり、表1-8に示した面積のうち半分は賃貸売場の面積である。従業員は正社員25人（女性10人、男性15人）、パートタイマーは106人、パートタイマーのうち女性80人、男性3人、学生アルバイト24人（男性13人、女性10人）である。売場面積当たりの売上額はそれほど高くはないにもかかわらず、正社員の人数は食品スーパーとしては非常に多い。これは一時的なことではなく、S3店が出店した時からS3社の店舗の中で最も正社員が多かった（S3社の店舗当たり平均正社員数は15人）。その理由はショッピングセンターのコンセプトの下に多数の衣料品の売場を賃貸売場として取り入れていることにある。そのためにS3店は、食品スーパー店舗としては例外的に正社員4人と主婦のパートタイマー6人で構成する事務所を持っており、副店長も配置されている。また、筆者が訪問する少し前に本社の部署改編が行われて、長期勤続の女性正社員の2名が本社からS3店に移動しており、男性正社員の1人も昇進のための訓練のために臨時勤務中だった。なおS3店には子会社が運営している衣料品売場と旅行社がある。他のテナント売場とは異なって、この両売場の売上はS3店の売上に含まれるので、表1-8に提示したS3店の月間売上には、この両売場の売上も含まれている。旅行会社には男性正社員7人と主婦パート6人、衣類売場には女性正社員1人と主婦パート4人が働いている。

　S4店は出店時から夜間店舗としての許可を取っている店舗であり、事例店舗の中で営業時間が最も長い。近所に工場が多く、2交代、3交代をする製造業の

労働者を顧客として確保するために夜間店舗をオープンしたという。S4店の従業員は，正社員（女性1人，男性13人）と女性パートタイマー84人，男性パートタイマー11人で構成される。店長から学生アルバイトは少ないほうだと聞いたが，具体的な数字で確認することはできなかった。S4店は，S4社の店舗の中で売上実績が最もいいため，1997年の倒産時に整理されず生き残ることができた。この経験もあって，長期勤続のパートタイマーの店舗に対する愛着が非常に強い店舗である。

　総合スーパー店舗と食品スーパー店舗に分けて事例店舗の特徴をみると，総合スーパー店舗は駅前および商店街など通行量が多い所に立地している。一方，食品スーパー店舗は全て住宅街に立地している。食品スーパー店舗は総合スーパー店舗より比較的後で出店した店舗であり，売場面積当たりの売上実績は食品スーパー店舗のほうが高い。

3　主婦パートの量的基幹労働力化——事例店舗を中心に

　本節では事例店舗におけるパートタイム労働の量的な基幹労働力化の状況を比較し，量的な基幹労働力化のレベルに差をつける要因を探る。店舗および売場による量的基幹労働力化のレベルを比較するために，量的基幹労働力化のレベルを区分して分析するが，パートタイマーの労働時間の長さは多様であるために，実人員ではなく労働時間を基準にする。パートタイマーの労働時間の割合が全従業員の50％未満を「量的基幹労働力化レベル1」，50〜60％未満は「量的基幹労働力化レベル2」，60〜70％未満は「量的基幹労働力化レベル3」，70〜80％未満は「量的基幹労働力化レベル4」，80％以上の場合は「量的基幹労働力化レベル5」とする。

事例企業における正社員の所定労働時間

　量的な基幹労働力化の状況を検討するために，まず，事例企業の正社員の労働時間についてみる。多くのスーパーマーケット企業は正社員の労働時間を1年単位で管理する変形労働時間制度を採っている。業種の特性上繁閑の差が大きいので，これに合わせて労働力を配置するためである。勤務時間表をみると，正社員

第1章　スーパーマーケット産業とパートタイム労働

表1-9　事例企業における正社員の所定労働時間（1999年）

	労働時間				勤務日		有給休暇	
	1年	1カ月	1週	1日	週間勤務日	年間勤務日	下　限	上　限
G1	1920.0	160.0	36.9	8	5	240	10	20
G2	1968.0	164.0	37.8	8	5	246	10	25
G3	1944.0	162.0	37.4	8	5	243	10	20
S1	1992.0	166.0	38.3	8	5	249	10	20
S2	2000.0	166.7	38.5	8	5	250	10	20
S3	1937.5	161.5	37.3	7.75	5	250	10	20
S4	1944.0	162.0	37.4	8	5	243	10	20

注：最初に有給休暇が発生するのは勤続6カ月。
出所：ABCユニオン（1999）『労働条件総合実態調査』

の労働時間は1カ月単位でも1週間単位でも一様ではない。労使は1年間の労働時間とともに1日の労働時間も決めている。表1-9に示した数値のうち，1年と1日は各企業の労使が団体交渉で決めたものである。なお，1カ月と1週間の数値は，筆者が1年の労働時間を各々12と52とで除して算出したものであり，年間勤務日も1日の労働時間をもって年間労働時間を除して算出した。

　表1-9をみると，事例企業の正社員の年間労働時間は2,000時間から1,920時間の範囲であり，1週間の平均労働時間が40時間である企業は一つもない。年間勤務日数は240日から250日となっており，この労働時間には勤続6カ月後から発生する有給休暇も含まれている。つまり，G1社の勤続12年の正社員の年間労働時間1,920時間には有給の160時間（8時間×20日）が含まれている。総合スーパー企業の中で年間労働時間が最も長いG2の場合にも，6カ月目の年間有給休暇の日数は10日であるが，1年6カ月目には15日になり，休暇日数の上限も25日と他の企業より5日も多いので，事実上の勤務時間はG1に次いで2番目に短いといえる。

総合スーパーの事例店舗における量的な基幹労働力化の現況

　表1-10から表1-12を通じて，総合スーパー事例店舗のパートタイマーの量的基幹労働力化の状況を考察すると，まずは，スーパーマーケットの一線店舗がパートタイマー，特に主婦パートによって回っていることがよく分かる。パートタイマーの労働時間が店舗の全体労働時間で占める比率は70〜80％，主婦パートのそれは45〜78％に至る。[10] しかし店舗によって基幹化レベルやパートの平均労働

45

時間，主婦パートの比率などの差が大きい。G1店とG2店はパートの量的基幹化のレベルが4であるが（70.1％と73.4％），G3店のそれはほぼ5であり（79.8％），店舗全体のパートタイマーの月間平均労働時間は，G1店98.7時間，G2店85.9時間，G3店108時間である。ところが，このような店舗間の差にもかかわらず，部門および売場の量的基幹化の現状における共通点がある。食品部門の基幹化レベルは非食品部門のそれより高いが，部門内における売場ごとの差も大きいことである。さらに，パートタイマーの平均労働時間も食品部門が一番短い。

　まず，店舗間の差は立地と企業レベルのパート政策によるものである。つまり，G2店は経済的に豊かな地域に立地しているため，主婦パートのプールが小さいので学生アルバイトを多く雇っていて，主婦パートの比率が低い。またG1店とG2店のパートの平均労働時間がG3店より短いことは本社のパート政策のためである。すなわち，1990年代半ばから事例企業だけではなく総合スーパー大手企業の多くは，社会保険費用を節約するために年収が130万円以上になる長時間労働契約をできるだけ抑える方針を採択したためである。

　しかし，G3社はこのような業界の流れに乗ることができなかった。正社員の人件費負担が総合スーパー企業の中で一番高いためである。G3社は1990年代初めからも引き続き営業の実績が悪かったので，他の事例企業に比べて雇用の拡大が困難になり，正社員の新規採用を抑えざるを得なかった。その結果，正社員の平均年齢が徐々に上昇し，正社員の平均賃金も上昇した。例えば総合スーパー事例店舗の正社員の平均勤続年数が，G1店は9.2年（女性7.6年，男性10.6年，主任以上は11.9年），G2店は7.0年（女性4.1年，男性10.0年）である。ところが，G3店の主任以上の正社員（店長を除く）の平均勤続年数は18.2年（女性17.4年，男性18.8年）であり，企業の業績が良い総合スーパーなら平均的に勤続3年ほどで就く職位である主任の平均年齢は41歳である。これだけをみてもG3店舗の正社員の人件費の負担が他の事例企業よりどれほど高いかが分かる。店舗単位で人件費の負担を抑える典型的な方法は，中高齢の正社員を若い正社員に置き換えることと，正社員をパートタイマーに置き換えることである。ところが，企業全体で新規採用が抑制されたことにより，置き換えの対象となる若い社員が十分でない場合，人件費の抑制のためにできることは，正社員をパートタイマーに代替することしかない。

第1章　スーパーマーケット産業とパートタイム労働

表1-10　G1店におけるパートタイマーの量的な基幹労働力化

部門	売場	実人員(人) 正社員	うち女性	パート	うち主婦パート	労働時間比率(%) 正社員	うち女性	パート	うち主婦パート	月間労働時間 合計	1人平均週当労働時間 パート	うち主婦パート
総計(管理職含む)		61	27	230	204	29.9	13.3	70.1	63.3	32590	23.1	23.5
総計(管理職除く)		54	27	230	204	27.5	13.7	72.5	65.6	31470	23.1	23.5
GM1	計	18	12	68	59	29.5	19.6	70.5	63.4	9773	23.6	24.4
	インナー	2	1	10	9	23.5	11.8	76.5	70.6	1360	24.2	24.8
	キャンパス	1	0	2	1	44.6	0.0	55.4	33.1	359	23.1	27.7
	バンドラ	1	1	5	5	25.4	25.4	74.6	74.6	629	21.8	21.8
	ベビー	1	1	5	4	25.8	25.8	74.2	61.3	620	21.4	22.1
	ホビー	3	2	9	6	35.5	23.7	64.5	48.3	1353	22.6	25.3
	ルート80	0	0	4	3	0.0	0.0	100.0	82.1	448	26.0	28.5
	衣料オペレーション	0	0	3	3	0.0	0.0	100.0	100.0	357	27.7	27.7
	靴	1	0	4	4	32.1	0.0	67.9	67.9	498	19.7	19.7
	子供	1	1	5	5	24.2	24.2	75.8	75.8	660	23.3	23.3
	紳士	4	3	6	5	49.9	37.4	50.1	43.8	1282	24.9	26.1
	婦人	3	2	8	8	35.1	23.4	64.9	64.9	1368	25.8	25.8
	服飾	1	1	7	7	19.1	19.1	80.9	71.4	839	22.6	23.2
SS	計	12	6	32	30	36.3	18.2	63.7	60.4	5283	24.4	24.8
	AV	2	1	3	3	47.8	23.9	52.2	52.2	669	27.1	27.1
	スポーツ	2	1	4	4	44.4	22.2	55.6	55.6	720	23.3	23.3
	ドラッグ	1	1	5	5	25.1	25.1	74.9	74.9	638	22.2	22.2
	ホームファッション	3	1	6	5	42.1	14.0	57.9	48.2	1140	25.6	25.6
	化粧品	1	0	3	3	35.6	0.0	64.4	64.4	450	22.5	22.5
	家電	2	1	6	5	34.5	17.2	65.5	59.1	928	23.6	25.5
	時計・ステーショナリー	1	1	5	5	21.7	21.7	78.3	78.3	738	26.9	26.9
SSM	計	16	4	105	92	20.3	5.1	79.7	70.7	12618	22.3	22.5
	デリカ	2	0	19	16	14.4	0.0	85.6	74.8	2218	23.2	24.1
	ノンフーズ	0	0	3	3	0.0	0.0	100.0	100.0	300	23.3	23.3
	加工	4	1	15	12	31.6	7.9	68.4	55.5	2024	21.5	21.8
	食品チェッカ	2	2	25	23	11.3	11.3	88.7	84.4	2826	23.3	24.1
	水産	2	1	13	12	19.5	9.8	80.5	60.5	1641	23.6	23.1
	畜産	2	0	5	5	36.9	0.0	63.1	63.1	868	25.5	25.5
	日配	2	0	12	11	24.2	0.0	75.8	69.0	1322	19.4	19.3
	農産	2	0	13	12	22.6	0.0	77.4	70.4	1419	19.7	19.4
後方	計	8	5	25	23	33.7	21.1	66.3	61.3	3796	23.4	23.5
	SC	1	1	7	7	19.0	19.0	81.0	81.0	840	22.6	22.6
	システム	1	1	5	4	23.2	23.2	76.8	58.0	690	24.7	23.3
	商管	2	0	5	4	41.7	0.0	58.3	50.5	768	20.8	22.6
	総務	2	1	4	4	41.7	20.8	58.3	58.3	768	26.0	26.0
	総務教育	2	2	1	1	76.2	76.2	23.8	23.8	420	23.3	23.3
	販促	0	0	5	5	0.0	0.0	100.0	100.0	310	24.0	24.0

出所：事例店舗内部資料

　次に三つの店舗の共通点に関して説明する。食品売場のパートタイマーの平均
労働時間が短いにもかかわらず，非食品より食品部門の量的基幹化のレベルが高

表1−11　G2店におけるパートタイマーの量的な基幹労働力化

		実人員(人)				労働時間比率(%)				月間労働時間合計	一人平均週当労働時間	
		正社員	うち女性	パート	うち主婦パート	正社員	うち女性	パート	うち主婦パート		パート	うち主婦パート
総計(管理職含む)		56	29	295	174	26.6	13.8	73.4	47.6	34497.1	20.0	22.0
総計(管理職除く)		49	29	295	174	24.1	14.3	75.9	49.2	33349.1	20.0	22.0
衣料	計	15	12	50	35	34.2	27.4	65.8	50.7	7182.5	22.0	24.2
	ティーンズ雑貨	0	0	1	1	0.0	0.0	100.0	100.0	80.0	18.6	18.6
	ファミリーチェッカー	0	0	6	3	0.0	0.0	100.0	60.3	464.0	18.0	21.7
	子供衣料	3	2	5	5	46.8	31.2	53.2	53.2	1052.0	26.0	26.0
	寝具	0	0	3	2	0.0	0.0	100.0	55.6	360.0	27.9	23.3
	寝室	1	0	3	1	31.7	0.0	68.3	27.0	518.0	27.4	32.6
	紳士ファミリー	1	1	1	1	71.9	71.9	28.1	28.1	228.0	14.9	14.9
	紳士衣料	2	1	4	3	44.8	22.4	55.2	46.4	732.0	23.5	26.4
	紳士服飾雑貨	1	1	1	1	62.1	62.1	37.9	37.9	264.0	23.3	23.3
	美容	1	1	4	2	34.5	34.5	65.5	42.0	476.0	18.1	23.3
	婦人かばん	1	1	2	2	48.1	48.1	51.9	51.9	341.0	20.6	20.6
	婦人ファミリー	1	1	1	1	64.6	64.6	35.4	35.4	254.0	20.9	20.9
	婦人衣料	1	1	5	3	26.0	26.0	74.0	56.3	631.0	21.7	27.5
	婦人靴	1	1	3	1	42.9	42.9	57.1	23.6	382.0	16.9	19.0
	婦人服飾雑貨	1	1	6	4	24.1	24.1	75.9	60.1	681.5	20.1	23.8
	ベベ・ベビー	1	1	5	5	22.8	22.8	77.2	77.2	719.0	25.8	25.8
住生活	計	8	3	49	25	24.2	9.1	75.8	43.0	5417.6	19.5	21.7
	ホビカルチェッカー	0	0	6	4	0.0	0.0	100.0	61.9	409.6	15.9	14.7
	リビングチェッカー	0	0	11	5	0.0	0.0	100.0	57.4	867.0	18.3	23.2
	家事雑貨	1	0	6	3	25.7	0.0	74.3	41.1	638.0	18.4	20.3
	玩具	0	0	4	1	0.0	0.0	100.0	28.2	319.0	18.5	20.9
	携帯・AV・CD	3	1	5	4	46.3	15.4	53.7	49.2	1063.0	26.6	30.4
	写真	1	0	3	1	35.3	0.0	64.7	21.6	464.0	23.3	23.3
	食卓台所	1	1	3	1	40.1	40.1	59.9	24.4	409.0	19.0	23.3
	日用雑貨	1	0	7	4	20.9	0.0	79.1	41.3	784.0	20.6	18.8
	文具	1	1	4	2	35.3	35.3	64.7	38.8	464.0	17.4	20.9
食品	計	20	8	171	99	18.6	7.4	81.4	52.3	17644.0	19.5	21.7
	お惣菜	1	0	17	9	10.7	0.0	89.3	51.8	1530.0	18.7	20.5
	グロサリー	3	1	12	6	34.0	11.3	66.0	34.2	1445.5	18.5	19.2
	デイリー	3	1	9	7	39.2	13.1	60.8	49.3	1255.5	19.7	20.6
	ドラッグ	2	1	11	9	23.0	11.5	77.0	62.5	1428.0	23.3	23.0
	食品MG	0	0	1	1	0.0	0.0	100.0	100.0	95.0	22.1	22.1
	食品チェッカー	4	4	40	19	16.8	16.8	83.2	46.8	3902.0	18.9	22.4
	水産	2	0	18	9	17.1	0.0	82.9	44.5	1916.0	20.5	22.0
	畜産	1	0	15	4	12.1	0.0	87.9	27.6	1357.5	18.5	21.8
	畜産対面販売	2	0	10	4	31.5	0.0	68.5	44.0	1040.0	16.6	26.6
	天ぷら	0	0	17	13	0.0	0.0	100.0	77.5	1524.0	20.8	21.1
	農産	2	0	15	14	19.3	0.0	80.7	76.5	1702.0	21.3	21.6
	名店街	0	0	6	4	0.0	0.0	100.0	76.8	448.5	17.4	20.0
管理	計	6	6	25	15	31.7	31.7	68.3	39.2	3105.0	19.7	18.9
	ＢＳ	1	1	0	0	100.0	100.0	0.0	0.0	164.0		
	サービスコーナー	2	2	7	5	36.9	36.9	63.1	49.2	890.0	18.7	20.4
	ポップ	0	0	3	3	0.0	0.0	100.0	100.0	290.0	22.5	22.5
	商品管理	0	0	2	0	0.0	0.0	100.0	0.0	300.0	34.9	
	人事主任	1	1	0	0	100.0	100.0	0.0	0.0	164.0		
	直営など	0	0	12	7	0.0	0.0	100.0	60.6	809.0	15.7	16.3
	店事務	1	1	0	0	100.0	100.0	0.0	0.0	164.0		
	販促	1	1	0	0	100.0	100.0	0.0	0.0	164.0		
	販促MG	0	0	1	0	0.0	0.0	100.0	0.0	160.0	37.2	

出所：事例店舗内部資料

い理由は，本章の第1節で説明した通り，商品の特徴にある。薄利多売や高い商品回転率，低い利潤率のために必要とする労働の量が多いためである。表には出

表1-12 G3店におけるパートタイマーの量的な基幹労働力化

<table>
<thead>
<tr><th rowspan="4"></th><th rowspan="4"></th><th colspan="4">実人員(人)</th><th colspan="4">労働時間比率(%)</th><th rowspan="4">月間労働
時間合計</th><th colspan="2">一人平均週
当労働時間</th></tr>
<tr><th colspan="2">正社員</th><th colspan="2">パート</th><th colspan="2">正社員</th><th colspan="2">パート</th><th colspan="2">パート</th></tr>
<tr><th></th><th>うち
女性</th><th></th><th>うち主婦
パート</th><th></th><th>うち
女性</th><th></th><th>うち主婦
パート</th><th></th><th>うち主婦
パート</th></tr>
</thead>
<tbody>
<tr><td colspan="2">総計(管理職含む)</td><td>27</td><td>14</td><td>160</td><td>133</td><td>20.2</td><td>10.5</td><td>79.8</td><td>70.9</td><td>21655.0</td><td>25.1</td><td>26.8</td></tr>
<tr><td colspan="2">総計(管理職除く)</td><td>22</td><td>14</td><td>160</td><td>133</td><td>17.1</td><td>10.9</td><td>82.9</td><td>73.7</td><td>20845.0</td><td>25.1</td><td>26.8</td></tr>
<tr><td rowspan="21">衣料</td><td>計</td><td>14</td><td>12</td><td>65</td><td>58</td><td>23.0</td><td>19.7</td><td>77.0</td><td>72.2</td><td>9865.0</td><td>27.2</td><td>28.6</td></tr>
<tr><td>L/V4F</td><td>1</td><td>1</td><td>4</td><td>4</td><td>23.0</td><td>23.0</td><td>77.0</td><td>77.0</td><td>705.0</td><td>31.6</td><td>31.6</td></tr>
<tr><td>L/VBF</td><td>1</td><td>1</td><td>7</td><td>5</td><td>18.7</td><td>18.7</td><td>81.3</td><td>70.3</td><td>868.0</td><td>23.5</td><td>28.4</td></tr>
<tr><td>イレギュラー</td><td>1</td><td>1</td><td>3</td><td>3</td><td>31.0</td><td>31.0</td><td>69.0</td><td>69.0</td><td>523.0</td><td>28.0</td><td>28.0</td></tr>
<tr><td>インテリア</td><td>0</td><td>0</td><td>2</td><td>2</td><td>0.0</td><td>0.0</td><td>100.0</td><td>100.0</td><td>255.0</td><td>29.7</td><td>29.7</td></tr>
<tr><td>エプロン・ナイティ</td><td>1</td><td>0</td><td>1</td><td>1</td><td>50.2</td><td>0.0</td><td>49.8</td><td>49.8</td><td>323.0</td><td>37.4</td><td>37.4</td></tr>
<tr><td>スカート・スラックス</td><td>0</td><td>0</td><td>2</td><td>2</td><td>0.0</td><td>0.0</td><td>100.0</td><td>100.0</td><td>308.0</td><td>35.8</td><td>35.8</td></tr>
<tr><td>セーター・ブラウス</td><td>1</td><td>1</td><td>3</td><td>3</td><td>32.5</td><td>32.5</td><td>67.5</td><td>67.5</td><td>499.0</td><td>26.1</td><td>26.1</td></tr>
<tr><td>ファーシャ</td><td>0</td><td>0</td><td>2</td><td>2</td><td>0.0</td><td>0.0</td><td>100.0</td><td>100.0</td><td>294.0</td><td>34.2</td><td>34.2</td></tr>
<tr><td>ベビー</td><td>1</td><td>1</td><td>2</td><td>2</td><td>47.4</td><td>47.4</td><td>52.6</td><td>52.6</td><td>342.0</td><td>20.9</td><td>20.9</td></tr>
<tr><td>化粧品</td><td>1</td><td>1</td><td>3</td><td>2</td><td>34.5</td><td>34.5</td><td>65.5</td><td>52.7</td><td>469.0</td><td>23.8</td><td>28.7</td></tr>
<tr><td>玩具</td><td>0</td><td>0</td><td>4</td><td>3</td><td>0.0</td><td>0.0</td><td>100.0</td><td>85.9</td><td>425.0</td><td>24.7</td><td>28.3</td></tr>
<tr><td>靴</td><td>1</td><td>1</td><td>5</td><td>5</td><td>20.9</td><td>20.9</td><td>79.1</td><td>79.1</td><td>776.0</td><td>28.6</td><td>28.6</td></tr>
<tr><td>靴下</td><td>1</td><td>1</td><td>3</td><td>3</td><td>32.7</td><td>32.7</td><td>67.3</td><td>67.3</td><td>496.0</td><td>25.9</td><td>25.9</td></tr>
<tr><td>子供服・プチハウス</td><td>1</td><td>1</td><td>2</td><td>2</td><td>41.1</td><td>41.1</td><td>58.9</td><td>58.9</td><td>394.0</td><td>27.0</td><td>27.0</td></tr>
<tr><td>寝具</td><td>1</td><td>0</td><td>2</td><td>2</td><td>40.6</td><td>0.0</td><td>59.4</td><td>59.4</td><td>399.0</td><td>27.6</td><td>27.6</td></tr>
<tr><td>紳士服</td><td>2</td><td>2</td><td>3</td><td>2</td><td>47.2</td><td>47.2</td><td>52.8</td><td>35.3</td><td>686.0</td><td>28.1</td><td>28.1</td></tr>
<tr><td>紳士洋品</td><td>0</td><td>0</td><td>5</td><td>4</td><td>0.0</td><td>0.0</td><td>100.0</td><td>88.0</td><td>501.0</td><td>23.3</td><td>25.6</td></tr>
<tr><td>肌着</td><td>1</td><td>1</td><td>6</td><td>5</td><td>20.1</td><td>20.1</td><td>79.9</td><td>69.9</td><td>805.0</td><td>24.9</td><td>26.2</td></tr>
<tr><td>婦人服</td><td>0</td><td>0</td><td>2</td><td>2</td><td>0.0</td><td>0.0</td><td>100.0</td><td>100.0</td><td>503.0</td><td>29.2</td><td>29.2</td></tr>
<tr><td>服飾雑貨</td><td>0</td><td>0</td><td>2</td><td>2</td><td>0.0</td><td>0.0</td><td>100.0</td><td>100.0</td><td>294.0</td><td>34.2</td><td>34.2</td></tr>
<tr><td rowspan="10">食品</td><td>計</td><td>8</td><td>2</td><td>83</td><td>63</td><td>13.5</td><td>3.4</td><td>86.5</td><td>71.4</td><td>9617.0</td><td>23.3</td><td>25.4</td></tr>
<tr><td>ギフト</td><td>0</td><td>0</td><td>1</td><td>1</td><td>0.0</td><td>0.0</td><td>100.0</td><td>100.0</td><td>147.0</td><td>34.2</td><td>34.2</td></tr>
<tr><td>レジ</td><td>0</td><td>0</td><td>22</td><td>15</td><td>0.0</td><td>0.0</td><td>100.0</td><td>81.2</td><td>2235.0</td><td>23.6</td><td>28.1</td></tr>
<tr><td>加食</td><td>2</td><td>1</td><td>5</td><td>5</td><td>36.3</td><td>18.1</td><td>63.7</td><td>63.7</td><td>893.0</td><td>26.5</td><td>26.5</td></tr>
<tr><td>菓子</td><td>1</td><td>1</td><td>4</td><td>4</td><td>27.7</td><td>27.7</td><td>72.3</td><td>72.3</td><td>584.0</td><td>24.5</td><td>24.5</td></tr>
<tr><td>精肉</td><td>1</td><td>0</td><td>5</td><td>4</td><td>22.9</td><td>0.0</td><td>77.1</td><td>68.6</td><td>706.0</td><td>25.3</td><td>28.1</td></tr>
<tr><td>青果</td><td>2</td><td>0</td><td>14</td><td>7</td><td>20.1</td><td>0.0</td><td>79.9</td><td>40.9</td><td>1610.0</td><td>21.4</td><td>21.9</td></tr>
<tr><td>専売</td><td>0</td><td>0</td><td>1</td><td>1</td><td>0.0</td><td>0.0</td><td>100.0</td><td>100.0</td><td>95.0</td><td>22.1</td><td>22.1</td></tr>
<tr><td>惣菜</td><td>1</td><td>0</td><td>14</td><td>12</td><td>10.4</td><td>0.0</td><td>89.6</td><td>79.0</td><td>1554.0</td><td>23.1</td><td>23.8</td></tr>
<tr><td>日配</td><td>1</td><td>0</td><td>17</td><td>14</td><td>9.0</td><td>0.0</td><td>91.0</td><td>80.9</td><td>1793.0</td><td>22.3</td><td>24.1</td></tr>
<tr><td rowspan="3">後方</td><td>計</td><td>0</td><td>0</td><td>12</td><td>12</td><td>0.0</td><td>0.0</td><td>100.0</td><td>100.0</td><td>1363.0</td><td>26.4</td><td>26.4</td></tr>
<tr><td>サービス課</td><td>0</td><td>0</td><td>7</td><td>7</td><td>0.0</td><td>0.0</td><td>100.0</td><td>100.0</td><td>664.0</td><td>22.1</td><td>22.1</td></tr>
<tr><td>事務所</td><td>0</td><td>0</td><td>5</td><td>5</td><td>0.0</td><td>0.0</td><td>100.0</td><td>100.0</td><td>699.0</td><td>32.5</td><td>32.5</td></tr>
</tbody>
</table>

出所：事例店舗内部資料

さなかったが食品パートの労働時間の長さは月40時間から160時間までバラつき
が大きいが，衣料や住生活の売場ではパートタイマーの労働時間の長さのバラつ
きがそれほど大きくないことも同じ理由による。つまり，食品では非食品と違っ
て商品を仕入れて販売する作業だけではなく，店内における加工作業があるので，

ある程度の加工技術を身につけた労働者を必要とする。しかし、コスト削減のためにその労働力を全部正社員にするわけにはいかないので、長時間パートタイマーを雇う。また非食品部門の商品は売場に搬入された後、長時間おいて販売しても差し支えないが、食品の場合、短時間に販売を完了しないと、残りの商品は全て廃棄処分しなければならない。そのために食品部門は商品販売と労働力の投入が可能な限り一致（just in time）しなければ、企業としてはその差が損失になりかねない。よって、食品部門は非食品部門より労働力の編成をより細分化しながら販売見込みに沿って配置しようとするので、全般的には短時間労働者を多く必要としながらも、多様な時間帯に多様な労働時間で働く労働者が必要となる。

　同じ部門の中での量的基幹化のレベルの差は、売場の規模（総労働量や売上）、取り扱う商品の単価や粗利率、扱う商品の種類の数、労働過程の標準化（店内加工率）などによる。全体的に規模が大きい売場は量的基幹化のレベルも高い。売場規模は売上や総労働量を指すことであるが、売場規模が大きくなってもそれに比例して正社員を増やすことではないので、売上の規模が大きくなるとパートの量的基幹化のレベルが高まる。すなわち、売場の大規模化そのものがパートの量的基幹化につながることである。売場規模は非食品売場より食品売場の量的基幹化レベルが高い理由の一つでもある。

　AV、寝具、スポーツ、紳士服、婦人服などのように商品の単価と粗利率が高い売場では、パートの量的基幹化のレベルは低く、食品やカジュアル・ウェア、文具などのように商品の単価が低い売場では量的基幹化のレベルは高い。単価が高い商品については対面販売などの接客が求められることが多く、商品知識を身につける必要があるので量的基幹化のレベルが下がる。食品の粗利は15〜20%であるが、衣料品や住生活の粗利は25〜30%であることから、高賃金の正社員を配置することが可能になる。G2店の衣料品売場の量的基幹化のレベルが低い理由も単価の高い商品を多く販売しているためである。

　労働過程の標準化の程度と量的基幹化のレベルは比例するが、労働過程の標準化は店内加工の量や取り扱う商品の種類によって変わってくる。取り扱う商品の中でアウトソーシングの比率が高く店内における加工作業のレベルが低いと量的基幹化のレベルが高くなる。食品のうち非生鮮売場の量的基幹化のレベルが生鮮売場より高い理由がこれである。例えばG3店の精肉売場にパートタイマーが5

人しかいない理由は，アウトソーシングのためである。商品は全て加工センターからパックまでされた状態で入荷するので，人員をそれほど多く必要としない[18]。

　取り扱う商品の種類が多いと量的基幹化のレベルが下がるが，加工食品売場がその典型である。加工食品売場では店内加工作業はないが，取り扱う商品の種類が多く，管理する必要のある売場の面積[19]も広くて売上も高い[20]。加工食品売場で取り扱う商品の種類は，食品部門全体で取り扱う商品の種類の60〜70％を占めており，一つの売場であるが，食品部門全体の売上に占める割合は最も高い。そして，チラシに掲載される特売商品の中での取り扱い比率が高いため，頻繁に店頭の陳列の変更を迫られる。そのために正社員の配置が多くなり，他の食品売場と比べて量的な基幹化レベルが低くなる。S3社の場合，店長に昇進するためには加工食品を経験することが好ましいことになっている。

食品スーパーの事例店舗における量的な基幹労働力化の状況

　表1-13は，S1店を除く食品スーパー事例店舗の量的な基幹労働力化の状況をまとめたものである。売場ごとの労働力編成は確認できなかったが，面接調査によると，鮮魚，精肉，青果，惣菜（子会社），グロサリー，衣料，住居，レジ，事務室で構成されているS1店は，店舗レベルでも売場レベルでも量的基幹化レベルは5である。表1-13をみると，総合スーパーでもそうであったように，売場や店舗間にパートタイマーの量的基幹化レベルや平均労働時間の長さの差が大きい。なお食品スーパーの量的基幹化レベルが総合スーパーの食品部門のそれより低い。

　売場間の差は上で説明した通り，労働過程の標準化（店内加工率と取り扱う商品の種類の数）と売場規模によるものである。店内加工率が高く取り扱う商品の種類の数が多ければ正社員の配置が増えるし，売場規模が大きくなればパートタイマーの配置が増えるからである。これらの要因の中でも，食品スーパーで一番影響力が大きいのは店内加工率である。具体的にいえば，S2店の場合，精肉の商品は7割，鮮魚は3割，青果は2割程度が加工センターからパックされた状態で店舗に配達されるので，精肉は正社員2人，パート4人だけで運営できる。S3店の精肉に正社員が配置されていないのも，一切店内加工をせずに，加工センターから届く商品を陳列して販売するに留まるからである。S3店の鮮魚に正社

員が5人も配置され，量的な基幹化のレベルが2と一番低い理由も，パックされた状態で納品される商品の割合が2割強にすぎず，店内加工作業の量が多いことにある。加工食品売場の場合，取り扱う商品の種類の数が多い面からすれば，量的基幹化のレベルが低いはずだが，実際に事例店舗の加工食品売場の量的基幹化のレベルが高い理由は，売場規模要因によってその影響力が相殺されたからである。

　総合スーパーの食品部門より食品スーパーの量的基幹化のレベルが低いのも，店内加工率の差によるものである。本章の第1節で述べたように，パートタイマーに基幹労働力化をいち早く試みたのは食品スーパーだったが，不況や業態の危機を乗り越えるために，総合スーパーは食品売場の拡大やアウトソーシングによる低価格戦略を取っている。総合スーパーに比べて企業や店舗の規模が小さい食品スーパーは，高品質戦略で対応するため，1990年代に入って再び店内加工率を上げている。例えばS1社の生鮮売場は90％以上が店内加工である。食品スーパー業界の中で最も早く，最も徹底的に標準化戦略を追求して，1970年代からほとんどの商品を加工センターで製造してきたS2社さえ，1990年に入ってからは店内加工率を急速に高めている。その結果，食品スーパー事例店舗の生鮮売場には正社員が平均的に3人配置されているが，G1店とG2店の生鮮売場には平均して2人，G3店舗には平均して1.5人が配置されている。

　次に，食品スーパーの事例店舗におけるパートタイマーの労働時間の差は，主にS2店と他の店舗間の差であるが，これは立地による企業のパート政策の差によるものである。S2社は首都圏，S1社はX地方，S3社はY地方，S4社はZ地方の一つの県を中心に店舗を展開している企業である。全国的に出店する総合スーパーとは違って，食品スーパー企業の場合，三つ以下の都道府県に店舗を展開する地方スーパーが普通であり，本書の事例企業も同じである。そのために食品スーパーのパート政策やパート雇用の現状は店舗を展開する地域労働市場の条件に大きく影響される。つまり，首都圏企業や店舗の場合，地方企業や店舗より短時間パートを雇用する傾向があるが，それが地域労働市場の影響である。

　具体的にいえば，S2店の全パートタイマーの平均労働時間は1カ月78時間，主婦パートは80.8時間である。S2店のパートタイマーの大多数は，週20時間未満の労働者であり，長時間労働者はレジ（1日7.5時間），青果（1日8時間），鮮魚

第1章　スーパーマーケット産業とパートタイム労働

表1-13　食品事例店舗におけるパートタイマーの量的な基幹労働力化

		実人員(人)				労働時間比率(%)				月間労働時間合計	一人平均週当労働時間	
		正社員	うち女性	パート	うち主婦パート	正社員	うち女性	パート	うち主婦パート		パート	うち主婦パート
S2	総計(管理職含む)	15	0	71	45	31.1	0.0	68.9	43.6	8036.3	18.1	18.1
	総計(管理職除く)	14	0	71	45	29.7	0.0	70.3	44.6	7869.6	18.1	18.1
	レジ	0	0	24	16	0.0	0.0	100.0	75.6	1783.7	17.3	19.6
	グロサリー	4	0	19	9	30.7	0.0	69.3	31.4	2171.3	18.4	17.6
	ベーカリー	2	0	8	6	36.9	0.0	63.1	49.6	902.6	16.5	17.3
	精肉	2	0	4	2	49.7	0.0	50.3	25.9	670.2	19.6	20.2
	青果	3	0	7	5	46.7	0.0	53.3	30.5	1070.4	18.9	15.2
	鮮魚	3	0	9	7	39.3	0.0	60.7	41.5	1271.4	19.9	17.5
S3	総計(管理職含む)	25	10	106	80	25.0	10.0	75.0	61.1	16660.4	27.4	29.6
	総計(管理職除く)	23	10	106	80	23.5	10.2	76.5	62.3	16327.1	27.4	29.6
	レジ	3	3	21	11	17.2	17.2	82.8	54.7	2907.9	26.7	33.6
	ベーカリー	3	2	12	12	28.0	18.7	72.0	72.0	1784.5	24.9	24.9
	一般食品	2	0	11	5	21.3	0.0	78.7	40.5	1564.1	26.0	29.5
	菓子	0	0	3	3	0.0	0.0	100.0	100.0	365.5	28.3	28.3
	雑貨	0	0	3	3	0.0	0.0	100.0	100.0	376.3	29.2	29.2
	精肉	0	0	4	4	0.0	0.0	100.0	100.0	580.5	33.8	33.8
	青果	3	0	9	4	34.1	0.0	65.9	35.9	1467.4	25.0	30.6
	鮮魚	5	0	7	6	48.0	0.0	52.0	47.1	1736.1	30.0	31.7
	惣菜	3	2	20	18	16.6	11.1	83.4	77.2	3007.9	29.2	30.0
	洋風日配	0	0	6	5	0.0	0.0	100.0	84.2	610.6	23.7	23.9
	和風日配	0	0	4	4	0.0	0.0	100.0	100.0	526.8	30.6	30.6
	事務局	4	3	6	5	47.6	35.7	52.4	45.6	1399.6	28.4	29.7
S4	総計(管理職含む)	14	1	95	84	17.2	1.2	82.8	73.8	13180.5	26.7	26.9
	総計(管理職除く)	13	1	95	84	16.2	1.2	83.8	74.7	13018.5	26.7	26.9
	サービス	1	1	24	24	5.9	5.9	94.1	94.1	2756.5	25.1	25.1
	デイリー	2	0	9	8	26.4	0.0	73.6	62.8	1226.3	23.3	22.4
	ドライ	1	0	10	10	12.3	0.0	87.7	87.7	1322.0	27.0	27.0
	衣料	0	0	1	1	0.0	0.0	100.0	100.0	138.0	32.1	32.1
	家庭	1	0	6	6	18.0	0.0	82.0	82.0	900.0	28.6	28.6
	事務所	0	0	3	3	0.0	0.0	100.0	100.0	430.0	33.3	33.3
	精肉	2	0	7	3	26.5	0.0	73.5	38.3	1223.0	29.9	36.4
	青果	2	0	6	5	31.2	0.0	68.8	54.7	1037.0	27.6	26.4
	鮮魚	2	0	6	5	35.0	0.0	65.0	65.0	925.5	35.0	35.0
	惣菜	1	0	10	10	12.8	0.0	87.2	87.2	1267.8	25.7	25.7
	早朝管理	0	0	2	0	0.0	0.0	100.0	0.0	139.8	16.3	0.0
	大吉(寿司)	1	0	11	8	11.3	0.0	88.7	64.6	1430.3	26.8	26.9
	日用	0	0	1	1	0.0	0.0	100.0	100.0	115.0	26.7	26.7
	薬	0	0	1	1	0.0	0.0	100.0	100.0	107.5	25.0	25.0

注：S4店の場合一般人パートと学生パートを分けたデータが入手できなかったが，店長から，工場地域に
　　立地しているため学生アルバイトはほとんどいないといわれたので，女性パートタイマーを全部主婦
　　パートとして計算した。
出所：事例店舗内部資料

（1日8時間），ベーカリー（1日6時間），グロサリー（1日6時間）売場に各々1
人がいるのが全てである。しかし，S3店の全パートタイマーの1カ月平均労働

時間は118.8時間，主婦パートのそれは128時間であり，S2店より50％も長く，総合スーパー事例店舗の食品部門より約20％長い。S3店の女性パート92人のうち，ほぼ半分近い42人（45.7％）が週30時間以上働いており，そのうち18人の勤務時間は週35時間（正社員37.5時間）である。S4店全パートタイマー（労働時間が確認できなかった8人を除く）の1カ月平均労働時間は115.5時間，主婦パートのそれも同じく115.5時間である。女性パートのうち35人が週30時間以上働いていて，そのうち7人の週労働時間は35時間である。具体的なデータは提示できないが，面接調査によると，事例店舗のうちパートタイマーの平均労働時間が一番長いのはS1店である。S1店だけではなくS1社全体のパートタイマーの中で，週30時間以上働く者が半分近くになり，週20時間未満の者はほとんどいない。また，S1店は学生アルバイトが非常に少ない店舗でもある。

　S2店以外のパートタイマーの労働時間がこのように長い理由は，地方に立地しているからである。首都圏より地方は農業を含めた自営業者が多く，また賃金労働者でも処遇のレベルが高い人々が少ない。このことから，所得調整を行う必要があまりない主婦パートが多くなり，少しでも収入を増やすために長時間労働しようとする主婦パートが増えることになる。また，地方は首都圏より最低賃金が低く，最低賃金と連動するパートタイマーの時間給が低くなるため，就労調整を行うとしても首都圏の主婦パートより労働時間が長くなる[21]。同じ構造のためにG2店とS2店の主婦パートの労働時間は短い。さらに各種商品小売業の最低賃金[22]の適用の有無により平均すると，食品スーパーは総合スーパーよりパートの賃金が低い。食品スーパー事例店舗をみると，パートタイマーの採用時間給は，S2，S3，S4，S1の順であり，S1店のそれはS2店のそれより200円ほど低く，S3店やS4店より100円ほど低い。このような地域労働市場の影響のためにS2社は，社会保険のコストがかからない短時間労働者を中心に店舗が運営できるように標準化戦略を積極的に進めてきた。

　なお，S2社は学生を除く一般人パートの全員が労働組合の組合員であり，パートタイマーの賃金が毎年の春闘を通じて少しずつ上昇していることも短時間中心のパート活用戦略に影響を及ぼす。パートタイマーの95％を超えている主婦パートの大部分が「制度上の被扶養者」として働いているため，年間の所得を103万円未満になるように調整する傾向がある。よって，時間給が上昇するにつ

れて労働時間は短くなっている。S2の労組役員の話によると，労組が設立された1981年には，1日5時間または5時間30分働いていたパートタイマーが，2000年頃には1日3時間30分または4時間働いている。

地方のパートタイマーの平均労働時間が長いことをみてきたが，これは学生アルバイトでも同じである。直営売場のパートタイマーのうち，12.1％を占めるS3店の学生パートの月間労働時間は85.6時間であり，G1店の学生アルバイトの月間平均労働時間も84.5時間である。S4店では学生アルバイトがほとんどいない。しかし，東京にあるS2店のそれは71.1時間である。このように，学生アルバイトの労働時間までもが立地によって影響されるのは，企業は主婦パートの労働時間を基準に学生アルバイトを含めたパートタイマー全体の使用戦略を決めるからである。

S4店のパートタイマーの量的基幹化のレベルが高いことと関連して，G3店と同様に経営成績と営業時間の長さの影響も指摘しておくべきである。つまり倒産の後の会社更生の過程にあるS4社は，コスト削減のためにパートタイマーの割合を極大化していた。なおS4店は夜間型店舗なので営業時間が長い。営業時間が長くなると店舗運営のために要求される総労働時間も長くなるものの，正社員の数を増やすわけではないので，営業時間の延長はパートタイマーの雇用を拡大させる。G3店の食品部門のパートの割合が86.5％で高かったことも，食品売場が他の総合スーパー店舗の食品売場に比べて営業時間が長いことと関連がある。

続く第4節で述べるようにパートタイマーの量的基幹化は質的基幹化と非常に密接な関係がある。短時間労働者の熟練が高くなるのは限界があるため，正社員の配置を増やすしかない。正社員の比率が高くなると賃金コストを抑えることができないが，短時間パート中心のパート活用戦略を持っているS2社としてはこのような結果は避けられなかった。そのためS2社はレジだけは長時間主婦パートに任せると方針を決め，レジを任せた高卒女子社員の採用を1980年代後半から中断した。

S3店の売場のうち五つの売場は正社員が配置されていない。精肉，日配，菓子，雑貨の場合，加工食品の主任が菓子と雑貨を管理しており，店次長も手伝ってはいるが，基本的にはベテラン・パートタイマーが活躍している。正社員と同じかもっと優れた熟練をもつ長期勤続の長時間主婦パートが多いため，彼女たち

にリーダーという肩書きで主任の役割を任せられるからである。彼女たちは，販売計画を立てるときは店長や次長と相談するが，大抵は自分で判断して売場を運営している。S3店におけるパートタイマーの活躍は，勤続28年の正社員がいるにもかかわらず，勤続24年のパートタイマーがレジ主任であることからもよく分かる。[23]

　ところで調査を進めるうちにS4店で驚くべき事実が判明した。それは労働組合員であるパートタイマー（準社員）37人が，契約した労働時間を超えて働いており，それもかなり長い残業をしていることであった。[24]1999年10月に彼女たちは契約時間より１人当たり18.3時間も長く働いた。つまり契約労働時間通りならば，S4店の準社員の月間平均労働時間は131.9時間であるが，実労働時間は150.2時間になる。食品部門の正社員の残業は一般的な現象であり，サービス残業問題は[25]スーパーマーケット労組の重要な課題の一つでもある。またパートタイマーも時によっては30分くらいの残業をすることはある。しかし，時間給労働者であるパートタイマーの残業は普通のことではない。

　なぜ，S4店ではパートタイマーが毎日残業するのか。その理由は，店舗に愛着を持つ長期勤続者にある。S4店舗のパートタイマーのうち15年以上の勤続者が12人（20年以上が３人）いる。彼女たちは子供が手を離れた50代の女性であり，S4社が倒産して多くの店舗が売却や閉鎖されたことに大きな危機感を感じていた。２，３年おきに店舗を移動する正社員とは異なって，パートタイマーは店舗を異動しない。正社員が会社に愛着を持っているとすれば，パートタイマーは店舗に愛着を持っている。つまり，彼女たちにとって職場は「私のお店」なのである。[26]企業が倒産して「私のお店」が売却や閉鎖されるかもしれない不安があったが，幸い彼女たちの店舗は売却や閉鎖されずに生き残った。店舗が再び危機状態に陥らないために，ひいては元の栄光を取り戻すために，[27]彼女たちは自分で必要な仕事だと判断するか管理職から要請されると，どんなことでもやっていた。その結果の一部であるベテラン・パートタイマーの労働時間は想像を超える。1999年10月に，S4店で最も長時間働いたパートタイマーの労働時間は198時間であり，正社員の162時間より36時間も多い。二番目に長い人の労働時間は196時間である。[28]店舗に対する彼女たちの献身は店長もただただ感心するのみだった。

　店舗に献身的なベテラン・パートタイマーの存在によって，S4店は各売場に

正社員を1人か2人しか配置せずに売場を運営することが可能だった。正社員が1人もいないにもかかわらず事務室が運営できるのも，月200時間程度働く勤続20年以上のパートタイマーのおかげであり，パートタイマーが24人もいるレジに勤続3年の正社員が1人しか配置されないのも，事務室と同じパートタイマーがいるからである。事務室とレジの他にも，S4店のほとんどの売場にはベテラン・パートタイマーがいて，正社員の人数が減らせる構造になっている。ベテランパートの存在が，正社員配置の一つの基準となっていることを示唆している。S3店とともにS4店のこの姿は，パートタイマーの質的な基幹化と量的な基幹化がどのようにつながっているかをよく表している。

　以上をまとめると，パートタイマーの量的な基幹労働力化のレベルに影響を及ぼす要因は大きく分けて七つであり，地域労働市場，労働過程，収益構造，営業時間，売場の規模，正社員の人件費負担，パートタイマーの質的な基幹化である。企業や店舗が大企業の労働者の割合と所得水準が低い地方圏に立地すればするほど，取り扱う商品の店内加工率が低いほど，利潤率が低くて商品の回転率が高いほど，営業時間が長いほど，売場の規模が大きいほど，正社員の人件費負担が高いほど，パートタイマーの質的な基幹労働力化が進んでいるほど，パートタイマーの量的な基幹労働力化レベルは高くなる。ところで，この七つの要因の中で最も影響力が大きいのは，食品スーパー企業のパート政策の方向性を大きく決める地域労働市場であるが，パート雇用における地域労働市場というのは主婦パートの供給の問題であるため，これはジェンダー問題として捉えられる。

4　主婦パートの質的基幹労働力化——事例店舗を中心に

　パートタイマーが従業員の大多数を占めると，企業はパートタイマーの活用の極大化に駆られるようになる。これはパート労働者の熟練度の上昇，つまり質的な基幹労働力化につながっていく。また，パートタイマーの質的な基幹労働力化は労働市場の構造と正社員の働き方にも大きな変化を伴う。2000年に入り，総合スーパーの大手企業は相次いで正社員とパートタイマーの人事労務管理を統合する統合型人事制度を構築しているが，その制度改正の背景の重要な要因の一つがパートタイマーの質的な基幹労働力化である（金英，2009）。したがって，パート

タイマーの質的な基幹労働力化の進展の程度と類型，そしてこれに影響を及ぼす要因を把握することは全体労働市場における変化を説明するためにも必要である。

　先行研究はパート労働者の質的な基幹労働力化を進める要因として，作業場の構造と要求される技能の水準（中村恵，1989；本田一成，1993），人件費の節減のための企業の戦略（三山雅子，1990，1991；小野晶子，2000），そして労働組合（佐野嘉秀，2000）などに注目してきた。なお，先行研究は，質的な基幹労働力化の進展の程度を評価するために，質的な基幹化の定量分析を行ってきた。1990年代までは，主に産業レベルの規模推定（ゼンセン同盟，1991；脇坂明，1995b；パートタイム労働に係る雇用管理研究会，2000）だったが，2000年代に入ってからはパートタイマー個人レベルの熟練に関する分析も行われた（武石恵美子，2002；JILPT，2006）。

　しかし，第３節で見たようにパートタイマーの働き方は業態や立地によって相当に違いがあるので，質的な基幹化の定量分析も業態や立地などの差を考慮して，より具体的なレベルで把握する必要がある。パートタイマーの質的な基幹労働力化の状況を具体的に把握しなければ，パートタイム労働者の内部の多様性を見過ごしてしまう恐れがある。よって，本節では事例店舗における質的な基幹労働力化のレベルを具体的に測定し，その後の変化を予測する基礎として活用したい。そして，先行研究では主婦パートだけが質的な基幹労働力化の対象になることを認識しつつも，ジェンダーが基幹労働力化に及ぼす影響についてはそれほど注目していない。ジェンダーは量的基幹労働力化に大きな影響を及ぼすように，質的基幹労働力化にも大きな影響を及ぼしている。

質的な基幹労働力化のレベル分けの基準

　本書では労働時間と勤続を基準にパートタイマーの質的な基幹労働力化のレベルを分ける。つまり，パートタイマーを週当たり労働時間により20時間未満，20～30時間未満，30時間以上の三つのグループに分類し，それぞれをショートタイマー，ミドルタイマー，ロングタイマーと名付ける。パートタイマーの労働時間は，その就業の性格をよく表しており，[30]労働時間によって企業内の処遇も異なる。G1社の人事責任者によると，"今は店舗の営業時間が長くなっているので，企業にとっては，従業員が１日８時間働くか７時間働くかはそれほど大きな差ではない"，"週30時間以上働くとすれば，管理的仕事を任せるにも無理はない"。

第1章　スーパーマーケット産業とパートタイム労働

　なお，労働時間は所得の代理指標でもある。つまり，制度上の被扶養者としての
就業の可否が，主婦パートの就業の性格を規定する決定的な要因である。

　時間給が地域別最低賃金と同じ程度であっても，事例店舗で1週間30時間以上
働くと，年間所得は103万円を超えるので，ロングタイマーは税制や社会保障制
度上の被扶養者ではない。ロングタイマーの労働時間は，35時間前後が最も多く，
正社員の労働時間と大差のない場合も少なくない。税制や社会保障制度上の被扶
養者でない主婦パートは，所得増加のために積極的に労働時間を延長しようとす
るし，企業も担当業務の面では彼女らを正社員と同じレベルで扱っている。よっ
て，長期勤続者のロングタイマーは主任業務を担うことも少なくない。

　ミドルタイマーは，就業の期間が長く，安定的な傾向であるが，就業の性格は
一様ではない。パートタイマーの時間給は地域，売場，勤続，勤務時間帯，職務
資格レベルなどによって異なる。週労働時間が25時間で時間給が700円台の場合，
税制や社会保障制度上の扶養の範囲内で，つまり主婦という社会的な地位で働く
ことになる。しかし，時間給が800円台の場合は，ボーナスを除いたとしても年
間所得が103万円を超える。したがって労働時間という代理指標を用いる限り，
ミドルタイマーの中には税制や社会保障制度上の扶養の範囲内で労働する人と，
そうでない人が混在している。

　ショートタイマーの大部分は学生であるが，S2社のように地域特性のために，
主婦パートが多い企業もある。

　ここで注意すべき点は，税金や社会保険との関連はあくまでも配偶者が賃金労
働者である場合に限定されることである。配偶者が自営業の場合，話は異なる。
また，パートタイマーの労働時間は，パートタイマー自身が決めているわけでは
ない。多くの企業は最初からロングタイムでの採用はしない。業務能力および就
業意識が把握できていない状況で，ロングタイマーとして雇うことはしない。特
に，不況の下で強くなった企業の保険料負担回避の傾向は，パートタイマーの労
働時間に大きな影響を及ぼしている。面接のとき一部の店長，特に総合スーパー
の店長らは，本社から社会保険料負担のあるロングタイム契約は控えるようにと
言われている，と答えた。そのために，ロングタイマーになりたいミドルタイ
マーが多数存在している。また，パートタイマー本人も入社当時はまだ子供が小
さく，世話をしなければならない場合が多いため，一旦はミドルタイムで働いて

表1-14 パートタイマーの質的基幹労働力化のレベル区分

	ショートタイマー	ミドルタイマー	ロングタイマー
1年未満	補助労働力レベル	補助労働力レベル	新入社員レベル
1年-3年未満	補助労働力レベル	新入社員レベル	新入社員レベル
3年-5年未満	新入社員レベル	新入社員レベル	平社員レベル
5年-10年未満	新入社員レベル	平社員レベル	平社員レベル
10年以上	新入社員レベル	平社員レベル	主任レベル

出所：筆者作成

みてから決めようとする傾向がある。

　表1-14で示すように，本書では労働時間と勤続を基準に，パートタイマーの質的基幹労働力化のレベルを補助労働力レベル，新入社員レベル，平社員レベル，主任レベルの4つに分類する。企業は，ショートタイマーは学生アルバイト，ミドルタイマーは主婦という地位内で働くパートタイマー，ロングタイマーは主婦の地位を超えて働くパートタイマーというイメージを持っており，またそのように活用することができるように制度的な装置を施している。また，ロングタイマーを平社員とまったく同じレベルで使用しようともしている。後述するが，多くの売場は「主任＋平社員＋ロングタイマー」あるいは「主任＋（新入社員）＋ロングタイマー」を基本に運営されている。

　この分類方式の限界は，パートタイマーの労働時間が変わる可能性である。ロングタイマーからミドルタイマーに変わる例は多くないが，ミドルタイマーからロングタイマーになることは少なくない。なお，企業によってはロングタイマーとして入社ができないところもある。さらに，パートタイマーの質的な基幹労働力化は，企業のパート政策とも密接に関連しているので，同じ労働時間で，同じ期間勤務しても，熟練のレベルは企業によって大きく異なる可能性があるのは事実である。しかし，このような限界は労働時間の長さが一定ではないパートタイマーを対象にしているデータでは避けられない問題である。

　本書で使用する質的な基幹労働力化の各レベルの仕事ぶりは次の通りとする。補助労働力レベルとは，正社員の指示に従い，正社員の業務を補助するパートタイマーであり，いつでも代替可能な存在である。新入社員レベルとは，勤続3年未満の高卒正社員，あるいは勤続1年未満の大卒正社員レベルの業務能力を備えたパートタイマーであり，まだ1人で状況を判断しながら業務を遂行するには不十分なレベルである。随時，上司の判断によるか，作業マニュアルを見ながら広

第 1 章　スーパーマーケット産業とパートタイム労働

表 1 - 15　レベル別担当業務

	商品補充	商品加工	商品発注	陳列・ディスプレイ	新入パート教育	お客苦情対応	値下げ判断	新入正社員教育	作業割当	販売計画作成
主任レベル	○	○	○	○	○	○	○	○	○	○
平社員レベル	○	○	○	○	○	○	△	×	×	×
新入社員レベル	○	○	△	△	×	×	×	×	×	×
補助労働力レベル	○	△	×	×	×	×	×	×	×	×

○：いつもやる，△：たまにやる，×：やらない
出所：筆者調査

い意味での指示に従って業務を遂行する。平社員レベルとは，新入社員レベルを超えて，ある程度 1 人で判断業務が遂行でき，一部は副主任あるいは主任代行になるための訓練を始める正社員と同じレベルのパートタイマーである。主任は売場の営業活動全般について責任を持つ決定権者で，本社と店舗管理職の管理・監督の下で営業活動に関する具体的な判断を行い，部下の業務を指示・監督する存在である。主任レベルはそのような仕事ができるレベルのパートタイマーである。各レベルは当該のパートタイマーが現在担当している職務のレベルではなく，企業がその職務を担当させるか，または，必要な最小限の教育と支援があればその職務が遂行できるレベルという意味であり，「職能」概念によるものである。

　入社してから主任になるまでの期間は学歴と性別，そして所属売場によって異なる。 4 年制大卒の非食品部門の正社員であれば，早くて入社後 2 年，平均的には勤続 3 年で主任になる。しかし，高卒では，主任になるには10年ほどかかる。例えば，1999年現在，G1社の社員等級は11等級に分けられているが，高卒社員は最下位の 1 等級， 4 年制大卒社員は 4 等級として入社し， 5 ， 6 等級は主任である。平社員とは，普通 3 等級と 4 等級の正社員のことであり，高卒の 4 等級の正社員の平均勤続年数は13.1年（男性12.6年，女性13.2年），大卒のそれは3.1年（男性1.6年，女性4.3年）である。高卒の 4 等級正社員の平均年齢は40.5歳（男性42.6歳，女性39.9歳）である。中途採用者が多数含まれてはいるものの，この数値は学歴と性別によって主任になるまでの期間に相当な差があることを示している。大卒の正社員は平均3.2年で主任になるが，高卒の正社員は13.2年で主任になり，同じ 4 年制大卒であっても，男性は平均1.7年で主任になるのに比べ，女性は4.4年で主任になる。

　表 1 -15は，スーパーマーケットの売場における，主要な業務に関する理解の

ために作成したものである。売場ごとに具体的な業務内容は若干異なるが，スーパーマーケットの店舗で，各レベルに該当する従業員の業務領域をまとめると表1-15のようになる。各レベルに該当するパートタイマーの業務領域も同様である。

パートタイマーの労働時間と勤続

事例店舗におけるパートタイマーの質的な基幹労働力化の現状を把握するために，まずパートタイマーの労働時間と勤続状況を検討する。事例店舗におけるパートタイマーの労働時間分布（表1-16）をみると，業態および店舗によって差が大きい。概して食品スーパー店舗は総合スーパー店舗よりロングタイマーの割合が高く，40％前後になっているが，総合スーパーの店舗間，食品スーパーの店舗間においても差は大きい。すなわち，G3店のロングタイマーの割合は35.0％であるが，G1店とG2店は10％未満となっている。また，S2店はショートタイマーの割合が74.7％と他の事例店舗に比べて極端に高い。

各店舗におけるロングタイマーの80～90％ほどが主婦パートであるが，先述のようにロングタイマーとしての就業は制度上の被扶養者の位置を超えた就業でもあり，企業としてもこれらの人々に対しては正社員と同じレベルで活用しようとする。このようなロングタイマーの人数が，G3,S1,S3,S4店では正社員よりはるかに多い。言い換えるとG3,S1,S3,S4店は，主婦ではあるが事実上は主婦としての働き方をとっていない女性労働者に大きく依存しているわけである。

第3節では量的基幹労働力化に影響を及ぼす要因として店内加工を挙げたが，店内加工率とロングタイマーの割合は密接な関係にある。店内加工が多い場合，商品加工技術だけでなく，販売動向に関する正確な判断に基づく発注能力などを備えた，高熟練労働者がより多く必要になるためである。S2社は1970年代から標準化戦略を積極的に追求してきたが，これは立地のために最低賃金が高く，ロングタイマーの供給が豊富ではない条件とも関連している。50％にもならないS2社の店内加工率（1999年）は，食品スーパーとしては非常に低いほうである。半分以上の生鮮商品が，S2社の加工センターで包装され，1日2回配達されていた。このように店舗における商品の加工作業量が少ないため，ショートタイマーを中心とした店舗運営が可能だった。しかし，S2社も2004，2005年ごろか

第 1 章　スーパーマーケット産業とパートタイム労働

表 1 - 16　事例店舗におけるパートタイマーの労働時間分布

| 店　舗 | パートタイマー全体 | | | | | 主婦パートタイマー | | | | |
	ショート タイマー	ミドル タイマー	ロング タイマー	合　計	N	ショート タイマー	ミドル タイマー	ロング タイマー	合　計	N
G1	22.6	72.2	5.2	100.0	230	17.7	76.5	5.9	100.0	204
G2	47.7	43.9	8.4	100.0	285	28.1	62.8	9.2	100.0	164
G3	25.0	40.0	35.0	100.0	160	12.8	46.6	40.6	100.0	133
S1		53.4	46.6	100.0	49					
S2	74.7	21.1	4.2	100.0	71	77.8	20.0	2.2	100.0	45
S3	8.5	55.7	35.9	100.0	106	5.0	48.8	46.3	100.0	80
S4	5.3	53.7	41.1	100.0	95	2.4	56.0	41.7	100.0	84

注 1 ：S1の数字は，2003年現在の本社を含めたS1社の全従業員数を店舗数で割ったものであり，店舗当た
　　　りの正社員の平均人数は18人である。ショートタイマーはミドルタイマーに含まれているが，S1社
　　　でショートタイマーは例外的存在である。
注 2 ：従業員のうち勤続年数が確認できた人数のみを示し，表1-8の人数とは一致しない。
出所：事例店舗内部資料

らは，他社との競争のために店内加工率を高めると同時に，正社員比率を下げな
がらロングタイマーの採用を積極的に拡大している。

　G3社は正社員の人件費負担を抑えるため，1994年にパートタイマーの雇用管
理制度を改正した。1994年の改正制度の主な内容は，パートタイマーを労働時間
によってミドルタイマー（G3社における呼称は「パートタイマー」）とロングタイ
マーに，さらにロングタイマーを準社員，メイト社員，フレンド社員の 3 レベル
に分けて，パートタイマーも昇進できるシステムを設けたことである。その結果，
ロングタイマー比率は他の総合スーパー企業より高くなった。また，G3社は食
品部門だけでなく，衣料品部門でもロングタイマーを増やし，基幹労働力化しよ
うとしていることも特徴である。

　労働時間別に平均勤続年数をまとめた表 1 -17からは次のような特徴がみられ
る。

　第一に，S3社を除くと，ロングタイマーの平均勤続年数は，主任以下の正社
員の平均勤続年数より長い。特に，S2社の場合，主任以下の正社員の平均勤続
年数より 2 倍以上長い。

　第二に，労働時間が長いほど平均勤続年数も長く，ロングタイマーの平均勤続
年数はショートタイマーの 2 倍以上となっている。ロングタイマーになれるのは
入社後仕事能力を認めてもらってからであり，企業もロングタイマーに対しては
長期勤続を誘導する方向で労務管理をするためである。かつ，既婚女性がロング

表 1 - 17　事例店舗パートタイマーの労働時間別平均勤続年数

(単位：年，人)

		パートタイマー全体					主婦パートタイマー				
		ショートタイマー	ミドルタイマー	ロングタイマー	計	N	ショートタイマー	ミドルタイマー	ロングタイマー	計	N
G1	衣　料	2.94	6.22	8.80	5.59	68	3.89	6.33	8.80	6.17	59
	住生活	3.50	5.46	9.50	5.47	32	4.00	5.60	9.50	5.70	30
	食　品	3.50	4.25	11.75	4.35	105	3.90	4.40	11.75	4.61	92
	後　方	3.20	6.16	5.00	5.52	25	3.50	6.39	5.00	5.83	23
	全　体	3.29	5.20	9.58	5.00	230	3.86	5.38	9.58	5.36	204
G2	衣　料	0.82	5.60	6.76	4.14	50	0.72	5.60	5.56	5.04	35
	住生活	1.75	3.69	2.05	2.75	49	3.02	5.32	2.05	4.32	25
	食　品	1.10	2.87	4.77	2.10	161	1.99	3.13	5.34	3.00	89
	後　方	1.31	5.62	2.94	2.89	25	1.70	6.41	−	3.89	15
	全　体	1.19	3.78	4.90	2.64	285	2.01	4.30	4.98	3.72	164
S2		4.43	7.26	11.11	5.31	71	6.23	10.95	17.92	7.44	45
S3		2.78	2.65	8.98	4.94	106	4.75	3.65	9.24	6.31	80
S4		1.84	1.72	7.21	3.98	95	2.55	1.73	7.93	4.33	84

出所：事例店舗内部資料

タイマーになることは，制度上の被扶養者の立場から外れることであることから，ロングタイマーは就業意識も高く，長期勤続を志向する傾向がある。ただし，S2店の場合は，例外的にミドルタイマーとロングタイマーの平均勤続年数にほとんど差がないが，これはショートタイマーを中心とするS2社の雇用政策に起因する。

　第三に，全般的に主婦パートの平均勤続年数は，店舗の歴史と比例している。表1-8で示したように，事例店舗はG3,S2,S4,G2,S3,S1,G1の順に出店した。古い店舗には勤続年数が20年を超えるパートタイマーが多数存在し，彼女らが店舗の運営に重要な役割を果たしていた。ところが，G2店とS4店は店舗の歴史に比べて主婦パートの平均勤続年数が長くない。S4店の場合は，データの限界のために主婦パートと学生パートの区分ができなかったことと，企業の倒産により主婦パートの多くが退職したことの影響が大きい。しかし，S4店は10年以上の長期勤続者の割合が事例店舗の中で最も高く，倒産さえなければ店舗の歴史に比例する傾向が表れたと推測できる。G2店主婦パートの勤続が短い理由は，主婦パートの募集が円滑ではない地域労働市場の条件および，他の事例に比べてパートタイマーに対する処遇制度がきちんと整備されていないことである。[31]

第 **1** 章　スーパーマーケット産業とパートタイム労働

表 **1 - 18**　事例店舗におけるパートタイマーの質的基幹労働力化の状況

(単位：%，点，人)

		補助労働力レベル	新入社員レベル	平社員レベル	主任レベル	質的基幹労働力化指数	N
パートタイマー全体	G1	12.2	51.7	33.0	3.0	1.3	230
	G2	56.5	28.8	13.0	1.8	0.6	285
	G3	17.5	48.1	11.9	22.5	1.4	160
	G3*	16.9	47.1	26.5	9.5	1.3	—
	S1*	30.3	17.3	34.0	18.4	1.5	—
	S2	52.3	32.0	14.1	1.6	0.6	71
	S3	19.9	44.4	21.4	14.3	1.2	106
	S4	26.3	42.1	20.0	11.6	1.2	95
主婦パートタイマー	G1	6.4	53.4	36.8	3.4	1.4	204
	G2	36.6	42.7	18.3	2.4	0.9	164
	G3	0.8	57.9	14.3	27.1	1.7	133
	S2	40.0	42.2	15.6	2.2	0.8	45
	S3	7.5	48.8	26.3	17.5	1.5	80
	S4	26.2	38.1	22.6	13.1	1.2	84

注：G3*とS1*は企業全体の数字。なおG3社とG3店はパートタイマーの雇用区分を用いて
　　計算した。
出所：事例店舗・企業内部資料

　第四に，表には提示していないが，学生パートの平均勤続年数はおよそ1年未満であるが，G1店だけが2.1年と長い。事例店舗の中でG1店のみが郊外店であり，競合店が多くないためである。

パートタイマーの質的な基幹労働力化の状況と類型化

　表1-18は，事例店舗のパートタイマーの質的な基幹労働力化の状況をまとめたものである。質的基幹労働力化指数は，補助労働力から主任レベルまでに0点から3点までを与え，その平均を算出した。パートタイマーの質的基幹労働力化の状況は，勤続と労働時間の長さを基準に区分したため，ロングタイマーや学生パートの割合に大きく影響される。つまり，学生パートが多く，ショートタイマーが多いG2店とS2店では，パートタイマーの過半数が補助労働力であるが，学生パートが非常に少なく，直近1年間パートタイマーの新規採用がなかったG1店の場合，その割合は12.2％にすぎない。

　パートタイマーの基幹労働力化に関して，事例店舗は大きく四つのグループに

65

分けることができる。G2店とS2店は基幹労働力化の指数が低く，補助労働力率が50％以上と非常に高い。S1店は，基幹労働力化の指数と主任レベルのパートタイマー比率が最も高い。G1,G3,S3,S4店の基幹労働力化の指数は類似しているものの，G1店の場合補助労働力および主任レベルのパートタイマー比率が低く，新入社員レベルと平社員レベルに集中している。G3,S3,S4店は，主任レベルのパートタイマー比率が13％前後で類似しており，G1店よりはるかに高い。以上に基づいて各店舗の類型に名を付けると，S1店は「全面的基幹化型」，G3,S3,S4店は「積極的基幹化型」，G1店は「制限的基幹化型」，G2店とS2店は「補助労働力型」といえる。[32]

　四つに類型化される基幹労働力化の類型を決定する直接的な要因は企業の政策であるが，企業の政策には業態，立地，経営状況などが影響を及ぼす。まず，次のインタビューから分かるように，総合スーパー企業と食品スーパー企業とはパートタイマー，特に主婦パートの活用に大きな差がある。もちろん，全てのスーパー企業の管理職は，パートタイマーを正社員レベルで活用したい，と言う。しかし，パートタイマーを正社員のどのレベルまで活用したいのかに関しては，業態により一定の差がある。総合スーパー企業は，少数の補助労働力と平社員レベルのパートタイマーで十分，という立場である。一方，食品スーパー企業は，パートタイマーを平社員レベルで活用することを基本にし，できれば主任レベルまで活用しようとする立場である。実際に，事例店舗の中で食品スーパー店舗には全て，肩書きが主任（代行）であるパートタイマーがいるものの，総合スーパー店舗の中で肩書きが主任であるパートタイマーは，G3店の婦人服売場にしかいない。

　　あくまでも正社員は管理者を育てることで，パートタイマーに期待するのは，決まった事をちゃんとやってくれることですね。（G1店長）

　　基本的に正社員とパートとは，業務上では差はないんです。ただ差があるとしたら，正社員は会社の便宜で時間と場所が変えられることですね。私は，パートから正社員に転換できる制度があったほうがいい，と思います。本当に働く人はちゃんとした待遇を受けるべきですよ。（S3店長）

総合スーパーと食品スーパーのパートタイマーの活用の差は，総合スーパーのパートタイマーは，言われた通りにやればいいパートがほとんどだけど，食品スーパーのパートは，自分で判断してやらなくちゃいけないパートが多いはずです。（S2労組専従役員）

上で述べたように主婦パートの供給状況を規定する立地要因の影響は，特定の地方を中心に店舗を展開する食品スーパー企業間の差異として鮮明に現れる。例えば，首都圏企業のS2社は主婦パートさえショートタイマーを中心に雇用しており，量的な基幹労働力化には積極的な関心を見せているものの，質的な基幹労働力化には積極的ではない。ショートタイマー中心の雇用構造の下では，質的な基幹労働力化を進めることが難しいからである。しかし，非首都圏企業であるS1，S3，S4社は，主婦パートについて，ショートタイマーとして雇いたくても希望者が少なく採用が容易ではない。そのために，ミドルタイマーとロングタイマーを中心に雇用して，積極的に質的な基幹労働力化を進めている。

売場における主任レベルのパートタイマーの活用

パートタイマーの質的な基幹労働力化に関する最後の分析として，主任レベルのパートタイマーを中心に，各売場でのパートタイマー活用について検討する。検討の対象を主任レベルのパートタイマーとした理由は，長期勤続のロングタイマーをどのように活用しているのかが，パートタイマーの質的基幹労働力化に対する企業の政策を克明に示しているためである。売場におけるパートタイマーの役割は，基幹労働力化の各レベルの名称の通り，補助役から主任役までである。よって，売場単位のパートタイマーの活用類型は，基幹労働力化レベルの名称をそのまま用いて主任代替型，平社員代替型，新入社員代替型とする。長期勤続のロングタイマーを補助労働力として起用する企業・店舗はないので，補助型に関しては検討しない。

本研究の事例の中でパートタイマーの活用に最も積極的なのは，質的基幹労働力化の「全面的基幹化型」であるS1社であり，各店舗の副店長の役割をパートタイマーが担っている。加えてパートタイマーの主任も多く，パートタイマーの店長も2人（2003年8月現在）いる。しかし，S1店にはパートタイマーの主任が

いないので，S1社のパートタイマーの活用に関しては，企業の政策を論じる第4章で述べる。

表1-19は事例店舗における主任レベルのパートタイマーがいる売場をまとめたものであるが，主任レベルのパートタイマーは全員主婦パートである。

主任代替型

主任の肩書きを有するパートタイマーがいる店舗は，S2店，S3店，S4店のレジとS4店の雑貨やG3店の婦人服売場である。S3店の精肉，和風日配，洋風日配とG2店の天ぷらや雑貨売場などでは，正社員が配置されておらず，パートタイマーがリーダーという肩書きで事実上の主任の役割を担っている。S4社ではパートタイマーが主任役についている場合，主任と呼ばずにリーダーと呼ぶ。さらに，正社員がいても，ベテラン・パートタイマーが主任役についている場合もある。以下で検討するS3店のレジとS4店のレジ（サービス・カウンター）がそのケースである。

主任代替型のパートタイマーのケースとして，S3店のレジについて検討する。S3店は，パートタイマーもアルバイトも週5日勤務が原則であるので，表1-20に1日の労働時間のみ示した。S3店のレジは正社員3人，主婦パート11人，そして学生パート10人を合わせて24人で構成されており，男性は学生パート2人だけである。主婦パートおよび正社員の年齢は10代から50代までであり，勤続年数も1年未満から20年以上というように多様である。

S3店のレジでは，主婦パートの労働時間が非常に長い。1日7時間45分勤務の正社員とほぼ同じ7時間30分勤務の主婦パートが主任を含めて2人，7時間勤務の主婦パートは6人もいる。S3社の制度上の正社員の年間休日数は115日であり，パートタイマーの年間休日数は104日であるので，年間労働時間を計算すると，1日7時間30分労働しているパートタイマーの年間労働時間が正社員より20時間長い。

S3店のレジのパートタイマーの質的な基幹労働力化のレベル別分布は，学生パートは新入社員レベルである1人を除いて全員が補助労働力であり，主婦パートは主任レベルが2人，平社員レベルが3人，新入社員レベルが6人となっている。勤務時間帯は，正社員が遅番（昼間から閉店までの時間帯），パートタイマーが

第1章　スーパーマーケット産業とパートタイム労働

表1-19　事例店舗における主任レベルのパートタイマーの売場分布

店　舗	人　数	売　　場
G1	7	デリカ,日配,畜産,食品チェッカー,紳士,婦人,家電
G2	5	農産(2),食品チェッカー,婦人衣料,寝室
G3	19	惣菜(2),化粧品,　セーター・ブラウス,　スカート・スラックス,婦人服,紳士服,紳士洋品,靴,靴下,肌着(2),エプロン・ナイティ,子供服,L/V4F(2),L/VBF,玩具,事務所
S2	1	レジ
S3	13	青果,鮮魚,精肉(2),菓子,一般食品,レジ(2),惣菜(3),日配,雑貨
S4	11	青果,鮮魚,サービス(2),事務所,　惣菜(3),大吉(すし),家庭,ドライ

注：（　）の中の数字は人数。数字がない売場は1人。
出所：事例店舗内部資料

開店から午後の時間帯を，そして学生は夜の時間帯を担当している。

　S3店のレジの特徴は，勤続20年以上の正社員が2人もいるにもかかわらず，パートタイマーの坂口さん[33]が主任であることである。その理由について店長は，レジ部門にいる従業員のうち坂口さんが最も有能なためであると直ちに答えた。なお，坂口さんには正社員だった経歴があると付け加えたが，坂口さん本人とのインタビューによるとそのような経歴はなかった。レジ主任の仕事を，ベテラン・パートタイマーに担当させることは食品スーパー業界の一般的な傾向であるが，正社員がいるにもかかわらずパートタイマーに主任の業務を担当させることは，S3社がパートタイマーの基幹労働力化に非常に積極的であることを意味している。

　坂口さんが担当している業務は，他の一般的な主任の仕事と全く同じである。さらに，彼女は始業時間より30分ほど早く出勤し，また30分ほど遅く退社する。物品管理，人員管理，作業割当，服装の点検，客の流れのチェックおよび苦情対応などのさまざまな問題解決をしつつ，忙しい時間帯には本人も直接レジを打つ。勤務時間中には忙しく，時間の余裕がないため，本社へ送る報告書などの書類作業は家に持ち帰って行っている。

　坂口さんの苦痛の一つは，書類作業があまりにも多いことである。家に持ち帰って仕事をすることに関しては，店舗の現実だと理解しているものの，特別キャンペーンなどがない限り販売動向に大きな変化がないにもかかわらず，何らかの変化を把握して書類報告をしなければならない。坂口さんが言うもう一つの苦痛は，次のインタビュー内容から分かるように，正社員を教育するための時間

69

表 1-20　S3店レジの労働力構成

雇用形態	質的基幹労働力化レベル	勤続年数	一日の労働時間	年　齢	始業時間	終業時間
主任(パート)(坂口さん)	3	23.8	7.5	57.0	10:30	19:00
正社員		28.3	7.8	46.2	12:30	21:15
		0.1	7.8	22.3	12:30	21:15
		11.2	7.8	29.7	12:30	21:15
主婦パート	3	16.9	7.5	48.6	10:30	19:00
	1	2.8	7.0	23.9	13:15	21:15
	1	2.0	7.0	20.7	13:15	21:15
	1	0.8	7.0	19.2	9:30	17:30
	1	0.4	7.0	25.9	9:30	17:30
	2	8.3	7.0	38.7	11:00	19:00
	1	2.9	7.0	23.3	9:30	17:30
	2	6.7	6.5	42.9	9:30	17:00
	2	9.1	5.5	32.3	9:30	16:00
	1	4.9	5.0	43.4	10:00	16:00

注：学生パートは表に示さなかったが，1日4時間(17〜21時)勤務が8人と3時間(18〜21時)勤務が2人いる。学生の勤続年数は2.5年の1人を除いて全員1年未満である。
出所：G3店内部資料

が十分に与えられていないことである。スーパーマーケットで，ベテラン・パートタイマーが新入社員教育を担当することはよくあることである。筆者が面接した正社員の中で，新入社員の時期にパートタイマーからOJTを受けた人は少なくない。

　接客ということが，そんなに一日で教えられるものではないですよー。それでも，以前は，正社員が多かったので大丈夫だったけど，最近はちょっと教えて，仕事ができそうになったら，転勤，転勤，また転勤。正社員は，お店に来て一年半くらいになると転勤するんですよ。もう少し教えたいけど，会社が転勤させてしまうから，もっと教えることができないんじゃないですか。本当に残念です。(坂口，57歳，勤続24年，レジ主任)

　このようにS3店のレジにおけるパートタイマーの主任の仕事は，正社員の主任の仕事と何ら異なるところはないが，賃金は大きな差がある。24年勤続の坂口

70

さんの時間給は1,235円，税金を含む月給は201,459円であり，年間2カ月分の
ボーナスを含めた年間所得は280万円である。一方，勤続20年の正社員である事
務室勤務者および惣菜売場の副主任の年間所得は490万円で，坂口さんの賃金は
両者の57％にすぎない。なお，S3店のパートタイマーのうち坂口さんの時間給
が最も高く，勤続16年の精肉売場のリーダー（週37.5時間勤務）の時間給は950円
にも満たない。

　S4店の佐藤さんも坂口さんと似ているケースである。佐藤さんが勤務するS4
店のサービス・カウンター（レジ）では，勤続3年の女性正社員と佐藤さんの両
方がチーム・リーダーとなっている。しかし，実際の部門の責任者は労働組合の
中央執行委員でもある勤続21年の佐藤さんである。坂口さんのように佐藤さんも
決まった勤務時間を超えて働いている。佐藤さんの契約労働時間は1日7時間
（月21日勤務）だが，1999年10月の実労働時間は，正社員の所定労働時間162時間
よりはるかに長い196時間だった。佐藤さんの時間給は1,279円であり，それに時
間帯加給，曜日加給がつく。また月25,000円のリーダー手当や4,000円の皆勤手
当，年間30万円ほどのボーナスがあるので，残業をしない場合，年間所得は300
万円くらいになる。

平社員代替型

　平社員（一般社員）代替型とは，正社員の主任がいる状態でリーダーという肩
書きで，あるいは肩書きはなくても実際には主任補佐の業務を行っているパート
タイマーを指す。G3,S3,S4店のほとんどの売場，G1店の日配，精肉とG2店の食
品レジと寝具，青果に平社員代替型のパートタイマーがおり，この類型は数え切
れないほど多い。正社員が1人しかいない売場は基本的にこの類型にあたる。ま
た，正社員が2人いる売場でも生鮮売場や従業員の人数が多い売場の場合，正社
員の平社員1人とベテラン・パートタイマーが同じ位置付けになっている場合が
多い。S1店の場合もパートタイマー主任はいないものの，全ての売場に副主任
役のパートタイマーはいる。

　平社員代替型の事例として，表1-21をもとにG3店の女性カジュアル売場を検
討する。G3店の女性カジュアル売場は，スカート・ズボン売場とセーター・ブ
ラウス売場に分かれているが，この両売場は統合運営されていると同時に別々に

も運営されている。統合運営されているとは，部分的には，セーター・ブラウス売場の主任がスカート・ズボン売場まで管理しているという意味である。別々に運営されているというのは，基本的には売場が分離されており，交代勤務も別々に行われ，業務も分離されていることを指す。表1-21に示した労働者の中で，正社員主任の山本さんとスカート・ズボン売場の勤続19年のフレンド社員の三輪さんを比較する。山本さんは自分をセーター・ブラウス売場の主任であると紹介し，隣の売場であるスカート・ズボン売場をも管理しているのかという質問に，管理はしているものの，基本的には別であると答えた。スカート・ズボン売場のフレンド社員である三輪さんの答えも同様だった。

　業務内容も労働時間も正社員に比べて大差のない三輪さんは，フレンド社員の処遇区分の2級社員であり，G3社のパートタイマーの中で最も高い等級である。三輪さんは，発注から商品の搬入，売場の整理，ディスプレイ，伝票の処理などの仕事をしている。また現在は修理店にまわしているが，洋裁学校に通っていた経歴もあるため，以前は衣服の修理までも担当していた。彼女は筆者とインタビューしたG3店のパートタイマーたちが，パートタイマーの業務領域がどれほど広く，かつパートタイマーの業務能力がどれほど優れているのかをいう時に，代表的な例として挙げる人物であった。

　三輪さんが売場を運営していく上で，最も困っていることは人員不足であるという。それぞれ早番と遅番をしている2人のフレンド社員のみで売場を運営しなければならないため，2人が共に休日のとき，売場に誰もいない時間帯が発生してしまう。これは，1カ月に2，3万円ほどの商品が盗まれる結果になり，彼女の苦情の元である。また，人員不足のために，結果的にはパートタイマーである彼女がサービス残業をすることにもなる。隣の売場であるセーター・ブラウス売場には主任もおり，パートタイマーだけでも3人いるのでローテーションもスムーズに行われていることが，彼女の不満を増加させている。これらに加えて次のインタビュー内容から分かるように，正社員とは業務において大差がないにもかかわらず，処遇は大きく異なる点も，やはり受け入れがたい問題である。

　12年前にフレンド社員になったんだけど，最初は抵抗感が大きかったんです。去年までずっと辞めようかとも思いました。今はあきらめたんです。もう定年

第 1 章　スーパーマーケット産業とパートタイム労働

表 1-21　G3店女性カジュアル売場の労働力構成

売　場	雇用形態	質的基幹労働力化レベル	1日の労働時間	月間勤務日数	勤務時間帯	勤続年数
セーター・ブラウス	正社員(主任)(山本さん)		8	21	9:45-18:45 11:15-20:15	13年
	パートタイマー*	2	5	20	9:45-15:45	13年以上
	パートタイマー	2	5	18	10:15-16:15	13年以上
	パートタイマー	—	7	21	12:30-20:30	未　詳
スカート・ズボン	フレンド社員(三輪さん)	3	7.5	21	9:15-17:45	19年
	フレンド社員	3	7	21	12:30-20:30	10年

注 1 ：＊G3社の人事制度では，勤務時間が 1 日 5 時間以下の主婦労働者をパートタイマーと呼ぶ。
注 2 ：スカート・ズボン売場の年間売り上げを100とした場合，セーター・ブラウス売場の年間売り上げは116。
出所：G3店内部資料と面接調査（勤務時間帯と勤続年数）

に近いし，若い人に花咲かせてあげてもいいじゃないか。なんだかんだ言っても働けるだけでもいいじゃないか。今はそう思っているんです。（三輪，58歳，勤続19年，スカート・ズボン売場）

　1999年 6 月の賃金明細書をもとに，勤続13年高卒の女子社員（A社員）であるセーター・ブラウス売場の主任の山本さんと三輪さん[34]の賃金を本人たちから提供された賃金明細書をもとに比較してみる。G3社のフレンド社員の賃金は月給制であり，賃金構成項目も基本的には正社員と類似している。フレンド社員 2 級である三輪さんの1999年 6 月の賃金は，本人給117,057円，職務職能給40,143円，昇格加給13,895円，総額171,095円である。一方，山本さんの1999年 6 月の賃金は，本人給118,905円，職務職能給102,700円，業績給9,100円，職務手当5,500円，遅番手当15,400円の合計252,675円である。G3社は1990年から引き続き業績が思わしくなかったために，ボーナスが削減され，1999年G3社の賞与は，正社員1.8カ月分，フレンド社員0.7カ月分だった。これらから年間所得を比較すると，三輪さんは213万円ほど，山本さんは354万円ほどである。三輪さんの所定労働時間が 1 日7.5時間であることから，ボーナスを含めた三輪さんの時間当たり賃金は，山本さんの66％程度になる。[35]

新入社員代替型

　最後に，新入社員代替型の事例としてG1店の婦人服売場の事例（表1-22）を挙げる。G1店の婦人服売場は正社員が3人，パートタイマーが8人で，合わせて11人で構成されている。主任は勤続21年の男性であり，主任を除く全員が女性で，正社員の3人の社員区分は全員R社員である。パートタイマーの中でロングタイマーは1人のみであり，その他は全てミドルタイマーである。インタビューによると夕方の時間帯にまで勤務しているパートタイマーはロングタイマー1人しかいない。中規模の売場に正社員が3人もいるので，パートタイマーが夜の時間帯にまで勤務する必要がなく，食品売場のように作業量と販売動向との関係が密接でもないためである。

　G1店婦人服売場のパートタイマーの中で平社員レベルの主婦パートは，月149時間労働する上野さんである。彼女の業務は発注，商品の補充，売場の整理，ディスプレイ，商品管理，レジ，接客である。本人の話によると，婦人服売場では基本的にパートタイマー相互に業務の範囲は大差がない。全てのパートタイマーにはスーツ，スカート，ブラウス，ズボン，セーターなどの担当商品群があり，彼女はディスプレイを少し余分にするだけである。また，全てのパートタイマーに達成すべき販売目標が与えられるものの，達成結果に対する評価が賃金に反映されているわけでもないため，目標意識を持つように誘導する程度である。正社員とパートタイマー間の業務分担は基本的には差がないものの，正社員は特定の商品群を担当するのではなく，物事がうまくいかない場合に支援する役割をしている。つまり，パートタイマーは担当商品群のみ担当し，正社員は主任から平社員まで全員，婦人服売場全体の流れをみながら仕事をする訓練をしている。言い換えると，正社員は最初から売場全体を管理する訓練をしているが，パートタイマーはそのようなことはしないということである。

　とはいっても，婦人服売場で唯一のロングタイマーである上野さんが，他のパートタイマーと全く同じレベルで働いているわけではない。彼女は月149時間働いているので，開店時間である午前10時から他のパートタイマーが退社する午後6時まで勤務している。そのため，他のパートタイマーがいない時間には，他のパートタイマーが担当している商品群についても管理している。ともあれ，勤続13年のロングタイマーをこのレベルにしか活用しないことは，パートタイマー

第**1**章　スーパーマーケット産業とパートタイム労働

表1-22　G1店婦人服売場の従業員の勤務実態

雇用形態	質的基幹労働力化レベル	勤続（年）	月間労働時間（時間）	職務レベル
正社員	主任	21	156.7	
	平社員	3	156.7	
	平社員	1	156.7	
パート	3（上野さん）	13	149	3
	2	12	100	3
	2	8	105	2
	1	4	110	2
	2	8	100	1
	2	5	105	2
	1	2	119	2
	1	2	100	1

出所：G1店内部資料

　の基幹労働力化を一定の限界内で止めると同時に，パートタイマーの内部を均質的に基幹労働力化しようとするG1社のパート政策に沿ったものである。

　G1店舗で主婦パートにリーダーという肩書きで副主任の役割をさせている売場は，日配売場と精肉売場のみである。日配売場の主婦パートは，キャリア社員と呼ばれているフルタイム・パートであり[36]，精肉売場の主婦パートは，上野さんと同様に月に149時間労働し，フレックス社員と呼ばれているパートタイマーである。両売場には新入社員の正社員が1人しかいないため，年配の主婦パートに副主任の業務を担当させている。

　また婦人服売場のパートタイマー間の時間給の差を通しても，G1社のパートタイマーの活用戦略の一端をみることができる。G1社パートタイマーの賃金は，基本給＋地域給＋部門給＋資格給＋評価給＋時間帯加給＋曜日加給で構成されるので，婦人服売場のパートタイマーの時間給の差は評価給30円と資格給90円ぐらいしかない。そして，この賃金体系では婦人服売場でいくら長期間働いても，時間帯加給と曜日加給を除く時間給は830円が頭打ちである（午後5時以後から時間帯加給が1時間当たり200円追加，日曜日と祭日は曜日加給[37]）。つまり，非食品部門のパートタイマーは時間給830円を超える業務能力を習得する必要がない。その結果，勤続が長くなるほど正社員とパートタイマーとの賃金格差は拡大する。上野さんの年間賃金はボーナス10万円を合わせて170万円ほどであるが，労働組合が

75

提示したモデル賃金によると，勤続 9 年の高卒女子社員の1999年 8 月時点の基準内賃金は222,539円，年間賃金（ボーナスは年間4.5カ月）は369万円であり，上野さんの年間賃金の 2 倍以上になる。

　以上でみてきたように，パート労働者の量的な基幹労働力化が進められている中，質的な基幹労働力化も進められてきた。事例店舗と企業のパートタイマーの中で主任の業務が可能なパートタイマーは1.4〜18.4％，副主任の仕事までやる平社員の業務が可能なパートタイマーは14.1〜47.2％に至っており，この両集団を合わせると全正社員の規模よりはるかに大きい。しかし，第 2 章でみる賃金比較からも分かるように，基幹パートの賃金は類似の熟練レベルの女性正社員の50〜60％ほどである。スーパーマーケット産業全体が低賃金高熟練の労働力である主婦パートによって維持されているのである。

　パートタイマーの質的な基幹労働力化の各類型に差を生じさせる基本的な要因は，企業のパート政策だが，企業のパート政策に影響を与えるのは，労働過程（業態と店内加工），地域労働市場（立地），経営状況などである。総合スーパーよりも食品スーパーで，また首都圏あるいは大都市の企業や店舗よりも地方圏あるいは小都市の企業や店舗で，経営状況がよくないと，企業はパートタイマーの質的な基幹労働力化に積極的であり，パートタイマーの質的な基幹労働力化のレベルが高くなる。

5　主婦パートの基幹労働力化と女性正社員

　今までパートタイマーの基幹労働力化に関して分析してきたが，第 1 節でみたように，パートタイマーの基幹労働力化は，正社員がパートタイマーによって代替されることを意味する。正社員の中でも特に主婦パートによって真っ先に代替されるのは男性より女性なので，第 5 節ではスーパー企業における女性正社員の状況を検討する。

女性正社員の減少と配置
　表 1 -23で示したように，大手スーパー 6 社における従業員の正社員比率（労

働時間規準）は，1978年から1999年の間に63.3％から32.7％に低下した。ただし，全従業員に占める男性正社員の比率は35.6％から22.5％に，女性正社員の比率は27.7％から10.2％に低下し，男女の減少速度の差が大きい。割合は下がるが，この期間に男性正社員の人数は32,582人から45,048人へと増加したが，女性正社員は25,360人から20,486人へと人数自体が減少した。

事例企業における変化をみると，この期間における正社員の女性比率は，G1社は54.3％から35.7％，G2社は37.2％から30.5％，G3社は57.9％から39.3％（2000年），S1社は37.9％から10.3％，S2社は12.4％から6.5％，S3社は29.0％から25.1％，S4社は52.0％から26.3％（2000年）に低下した。S1社とS2社の場合，女性正社員は基本的に本社で事務を担当させ，店舗には配置しないとしていることから，これから事務のOA化とともにさらに減少する可能性がある。同期間に，事例企業で女性正社員の人数が増加したのはG1社とS3社だけである。この20年間に急成長したG1社は，1970年代には男性正社員より女性正社員が多かったが，1999年には男性は女性の3.5倍も増えた。

減少し続けている女性正社員がどこでどのような仕事をやっているかをみるために，表1-24と表1-25に事例店舗における正社員の性別・職位別売場所属を全て記載した。S1店のデータは入手できなかったが，11人の正社員のうち女性は1人もいない。全社的にみると，女性正社員はほとんど店舗で勤務しており，女性正社員のうち本社勤務者の比率は約5％であるのに対して，男性正社員のうちその比率は20～30％である。

表1-24と表1-25から四つの特徴が分かる。まず，総合スーパー企業と食品スーパー企業の間で，性比が非常に異なる。S3店を除くと，食品スーパー店舗では女性正社員がほとんどおらず，総合スーパーの店舗では正社員の約半数が女性である。食品スーパーのS3店に女性正社員が10人もいることは確かに例外的現象である。S3店にここまで女性正社員が多い理由は，第2節の事例店舗紹介で述べたように，S3店の構成が典型的な食品スーパーとは異なるからである。S3店は，子会社が運営している衣料売場や旅行社があるだけではなく，テナント店舗も多い。そのために管理的な業務が多く，正社員4人（うち女性3人）とパートタイマー6人で構成される事務所を持っており，管理職が3人になるほど，食品スーパーとしては正社員の人数が非常に多い店舗である。さらに調査直前に

表1-23 事例企業における女性正社員の減少の推移

(単位：人，％)

企業	男性正社員	女性正社員	従業員のうち正社員比	正社員のうち女性比	年度	企業	男性正社員	女性正社員	従業員のうち正社員比	正社員のうち女性比
大手*	32582	25360	63.2	43.8	1978年	S1	485	296	63.1	37.9
6社	45048	20486	32.7	31.3	1999年		1493	171	25.4	10.3
G1	3384	4013	63.2	54.3	1978年	S2***	1496	212	40.8	12.4
	10757	5976	32.9	35.7	1999年		1853	128	31.3	6.5
G2	5053	2988	61.4	37.2	1978年	S3	531	217	42.9	29.0
	3534	1553	32.1	30.5	1999年		1373	461	27.5	25.1
G3**	2277	3136	61.7	57.9	1978年	S4**	1250	1355	79.3	52.0
	1738	1676	36.7	39.3	1994年		1121	399	51.0	26.3

注1：＊1970年からの30年間で売上の順位の変更はあるが，上位6社に入る企業自体が変わらないことから，上位6社をまとめた。
注2：＊＊G3社は2000年，S4社は1997年に倒産したので，1994年の数字を使用した。ただし，両社の1994年における正社員のうち女性比率は2000年3月の数字（企業からの提供）。
注3：＊＊＊S2社の1978年の数字は1989年のもの。ただし，人事責任者とのインタビューによると，1970年代以降，正社員の女性比率が10％を超えたことはなかった。
出所：日本経済新聞社『流通会社年鑑』

本社の部署改編のため長期勤続の女性正社員2人が配置されたことも，女性正社員の人数を増やした要因である。

第二に，女性正社員は主に非食品に配置される。食品レジを除くと食品売場に配置されている女性正社員は，G1店2人（加工食品と水産の担当者），G2店3人（デイリーとグロサリーの主任，惣菜の担当者），G3店2人（菓子の主任と加工食品の担当者），S3店4人（惣菜の主任とベーカリーと惣菜の担当者）だけである。S3社全体の配置をみると，2003年6月現在店舗に配置された女性正社員の67.6％（男性正社員は0.0％）が，レジに配置されている。レジ以外には，惣菜に11.5％，ベーカリーに8.8％，青果に4.1％，鮮魚に2.7％配置されている。数は少ないが青果や鮮魚に女性の正社員が配置されたのは，10年くらい前からのことで，創業者が引退し2代目の社長になって方針が変わったからである。男性正社員は45.5％が鮮魚，29.8％が青果，14.2％が惣菜に配置されており，店舗に配置された正社員のうち女性の比率は31.8％である。

第三に，業態を問わず全ての店舗において，女性正社員の職位は低い。課長級以上の管理職には女性が1人しかおらず，担当者では女性が男性の2倍以上となっている。G2店とG3店では主任の男女の人数がほぼ同じであるが，G1店の場

表1-24　事例店舗における正社員の部門別・性別分布

		管理職		主任		担当者		計	
		男性	女性	男性	女性	男性	女性	男性	女性
G1	衣　料	1	0	5	5	1	7	7	12
	住生活	1	0	6	1	0	5	7	6
	食　品	1	0	7	1	5	3	13	4
	後　方	4	0	1	3	2	2	7	5
	計	7	0	19	10	8	17	34	27
G2	衣　料	1	0	3	6	0	6	4	12
	住生活	1	0	4	1	1	2	6	3
	食　品	1	0	5	3	7	5	13	8
	後　方	4	0	0	3	0	3	4	6
	計	7	0	12	13	8	16	27	29
G3	衣　料	1	0	2	6	0	6	3	12
	住生活	1	0	0	0	0	0	1	0
	食　品	1	0	5	1	1	1	7	2
	後　方	2	0	0	0	0	0	2	0
	計	5	0	7	7	1	7	13	14
S1	計							11	0
S2	計	1	0	5	0	9	0	15	0
S3	計	3	0	3	1	9	9	15	10
S4	計	1	0	8	1	4	0	13	1

合は男性が女性の2倍である。S3店の場合，13人の女性正社員の中で主任は2人だけである。特に，S3店の惣菜売場を除いて[38]，食料品部門の中核売場である生鮮売場（水産，畜産，青果，惣菜）の主任は全て男性である。ところで，S3店の惣菜売場の主任は本社バイヤーだった勤続23年の正社員であり，そのくらいのキャリアを持っている男性なら，少なくとも店長か副店長として店舗に着任するのが普通である。

　第四に，非食品でも売上が大きいか収益率の高い売場，いわゆる中核売場の主任はほとんどが男性である。G1店の場合，衣料品部門の中の紳士服と婦人服，住生活の中の家電売場などの主任は男性である。G2店においても，婦人衣料売場は紳士衣料マネージャーが直接管轄し，紳士衣料，AV売場の主任は男性である。G3店の紳士服売場は女性が主任であるが，衣料課長が直接管轄しながら女性の主任を置いている状況である。マネージャーを除けば基本的に衣料品部門に配置されている男性正社員は，エプロン・ナイティと寝具売場の主任2人しかない。そして，主任ではない男性正社員は，青果売場の新入社員1人しかいない[39]。

表 1 - 25　事例店舗における正社員の性別・職位別売場所属

店 舗	職 位	性 別	人 数	担当売場
G1店	管理職	男 性	7	店長，副店長，衣料課長，食品課長，住生活課長，総務課長，販促課長
	主 任	男 性	19	商品管理，水産，農産，畜産，デリカ，加工食品(2)，日配，婦人服，紳士服，キャンパス，靴，化粧品，インナー，家電，AV，スポーツ，ホビー，ホームファッション
		女 性	10	総務，総務教育，サービスコーナー，食品チェッカー，服飾，子供服，ベビー，雑貨，パンドラ，ドラッグ
	担当者	男 性	8	総務，商品管理，農産，畜産，物菜，日配，加工食品，趣味
		女 性	17	総務，システム，水産，加工食品，食品チェッカー，婦人服(2)，紳士服(3)，インナー，家電，AV，スポーツ，ホームファッション，子供服，時計・文具
G2店	管理職	男 性	7	店長，副店長，販促MG，食品MG，管理MG，衣料MG，生活MG
	主 任	男 性	12	畜産，畜産対面販売，農産，水産，薬局，生活家電，紳士衣料，子供服，家事雑貨，日用雑貨，おもちゃ，寝具
		女 性	10	BS，サービスコーナー，食品レジ，デイリー，グロサリー，携帯電話・AV，婦人靴，ベビー服，美容，人事主任
	担当者	男 性	9	畜産対面販売，農産，水産，デイリー(2)，グロサリー(2)，写真，AV
		女 性	19	販促，総務，薬局，サービスコーナー，食品レジ(3)，物菜，婦人かばん，婦人雑貨，紳士雑貨，子供服(2)，婦人衣料，紳士衣料，紳士カジュアル，婦人カジュアル，食卓・台所，文具
G3店	管理職	男 性	5	店長，衣料課長(2)，食品課長，事務局長
	主 任	男 性	7	精肉，青果，物菜，日配，加工食品，下着，寝具
		女 性	7	紳士服，セーター・ブラウス，イレギュラー，靴，化粧品，菓子，L/V4F
	担当者	男 性	1	青果
		女 性	7	加工食品，紳士服，子供服，ベビー服，肌着，靴下，L/VBF
S2店	管理職	男 性	1	店長
	主 任	男 性	5	青果，鮮魚，精肉，ベーカリー，グロサリー
	担当者	男 性	9	青果(2)，鮮魚(2)，精肉，ベーカリー，グロサリー(3)
S3店	管理職	男 性	3	店長，店次長，事務局長
	主 任	男 性	4	鮮魚，青果，ベーカリー，グロサリー
		女 性	1	物菜
	担当者	男 性	8	鮮魚(4)，グロサリー，物菜，青果(2)
		女 性	9	事務所(3)，ベーカリー(2)，レジ(3)，物菜
S4店	管理職	男 性	1	店長，
	主 任	男 性	8	デイリー，青果，鮮魚，精肉，ドライ，物菜，大吉(寿司)，家庭用品
		女 性	1	サービス・カウンター(レジ)
	担当者	男 性	4	青果，鮮魚，精肉，デイリー

注：(　)内は人数，人数が書かれていない項目は1人。

出所：事例店舗内部資料

女性正社員の企業内の地位

　続いて企業全体における女性正社員の地位に関して検討する。

　表1-26から正社員の性別・年齢別分布をみると，全ての事例企業ともに男性正社員は各年齢階層に分布しているが，女性正社員の約6割が20代である。このことから，多くの女性正社員が，結婚や出産を契機に仕事を辞めることが推測できる。表1-27に出した事例店舗における正社員の性別勤続分布や平均勤続年数をみても，男女正社員の勤続状況にあまり差がないのはS3店だけであり，男女間の勤続の差がはっきりしている。

　事例企業における女性正社員の中で既婚者の割合は，G1社と参考事例のB社だけ把握できたが，それぞれ27.2%（2003年8月）と17.0%（2003年2月，正社員のうち女性比率20.1%）である。労働組合の役員や企業の人事責任者とのインタビューによると，G1社は正社員のうち女子社員の比率が比較的高く，B社は比較的低く，総合スーパー企業の正社員のうち女性の比率は，平均的には2割強である[40]。また，食品スーパー企業より総合スーパー企業のほうが，女性正社員が少ない企業よりは多い企業のほうが，既婚者の比率が高いという。

　また，G1社では，女性正社員の中で既婚者が27.2%であり，30代以上が40.2%を占めることは，女性正社員の晩婚化や非婚化を示唆している。アンケート調査に回答した既婚女性正社員のうち20代は38%だったが，子供がいる人は半分（49.6%）にすぎなかった。

　事例企業における年齢分布の男女間の非対称性は，性別資格等級分布ではさらに鮮明である。表1-28に示した職能資格等級は，それぞれの企業が使用する固有の名称を数値化して表現したものであり，企業ごとに等級の数は少しずつ異なる。企業別に売場主任の等級をみると，G1社，S3社，S4社は主に4等級と5等級，S2社は主に6等級，G3社は主に4等級と3等級の一部である。表1-28の分布をみると，女性正社員は，売場の主任レベル以下に集中しており，マネージャーレベルにはほとんどいない。しかし，店舗の現状がそうだったように，業態による差があり，総合スーパー企業では主任レベルの女性正社員が多くいるが，食品スーパー企業では，女性正社員の中には，主任レベルさえほとんどいない。つまり，G1社では女性正社員の4割程度が主任レベルの4，5等級であり，G3社も似た状況である。しかし，S2社の場合，主任レベルにあたる6等級以上が，

表 1 - 26 事例企業における正社員の性別・年齢別分布と平均年齢・勤続(1999年)

(単位:年, 才, %)

企 業		平均勤続年数	平均年齢	10代	20代	30代	40代	50代	合 計
G1	男性	10.5	36.1		33.0	29.9	26.3	10.8	100.0
	女性	7.0	30.6	1.0	58.8	24.6	9.3	6.3	100.0
G2	男性	16.1	38.6	0.5	28.2	19.4	38.8	13.2	100.0
	女性	6.8	26.5	10.7	69.5	14.3	3.9	1.6	100.0
G3	男性	18.4	40.8		20.9	24.1	26.8	28.3	100.0
	女性	12.6	33.6		54.4	14.2	17.6	13.9	100.0
S1	男性			2.9	28.7	31.6	28.1	8.7	100.0
	女性			13.9	60.3	12.9	6.7	6.2	100.0
S2	男性	10.1	34.5	0.7	35.0	35.4	23.2	5.9	100.0
	女性	6.4	28.2	5.7	68.0	18.0	4.9	3.3	100.0
S3	男性	11.5	35.1	0.6	37.6	29.9	26.0	5.9	100.0
	女性	6.9	27.5	13.5	61.7	14.8	7.2	2.8	100.0
S4	男性	12.3	36.6	0.2	22.3	46.7	28.1	4.9	100.0
	女性	7.0	28.9	0.0	62.5	32.1	5.4	0.0	100.0

注:G3社は2000年, S1社は2003年の数値。G3社の勤続年数は1998年組合員の数字, S4社の数字は組合員だけの数字。

出所:事例企業内部資料

全ての女性正社員の7.4%(122人中9人)にすぎず, S3社のそれも6.8%である。S4社の資格等級は9等級まであるが, 入手した数値が組合員だけのものである。6等級の女性正社員2人のうち1人は労働組合の委員長であり, 1999年の時点では女性の店長はいなかった。[41]S4社の女性社員の85%が担当者である。G1社もG3社もマネージャーレベルでは女性正社員はほとんどおらず, 女性正社員が主に下位等級に分布しているという点では, 総合スーパー企業も食品スーパー企業も同じである。

女性正社員の地位に関する総合スーパー企業と食品スーパー企業との差は, 売場構成や昇進のルートとも関連している。総合スーパー企業は, 大卒の女性正社員を相当数採用するが, 食品スーパー企業ではほとんど採用しない。食品スーパー企業における昇進コースは, 一般的に生鮮売場の主任を経て, 加工食品売場を経験して店長に昇進するルートである。そもそも, 生鮮売場に女性正社員を配置しない食品スーパー企業[42]にとっては, 主任を期待する大卒の女性正社員の採用は検討の余地もない。食品スーパー企業は, 伝統的に高卒の女性正社員を採用して, レジ部門に配置してきたが, 前でみたように, 1990年代半ばからレジ主任は長時間のベテラン・パートへの代替が進んだことから, 女性正社員の採用を極端

表 1-27 事例店舗における正社員の勤続別・性別分布と平均勤続年数

		5年未満		5~10年未満		10~15年未満		15年以上		合　計		平均勤続年数	
		男性	女性	男性	女性	男性	女性	男性	女性	男性	女性	男性	女性
G1	衣　料	1	6	4	3	0	2	1	1	6	12	8.3	6.3
	住生活	0	3	3	2	2	1	1	0	6	6	10.0	5.7
	食　品	3	2	7	1	0	0	2	1	12	4	7.8	7.0
	後　方	1	0	2	2	0	2	0	1	3	5	4.3	13.4
	管理職	0	0	1	0	0	0	6	0	7	0	20.3	−
	計	5	11	17	8	2	5	10	3	34	27	10.6	7.6
G2	衣　料		10	2	2	1	0	1	0	4	12	10.0	2.3
	住生活	1	2	2				3	1	6	3	11.6	8.3
	食　品	8	6	3	2			1		12	8	3.8	3.0
	後　方		2		2		1			0	5	0.0	6.3
	管理職						1	5		5	1	23.1	11.3
	計	9	20	7	6	1	2	10	1	27	29	10.0	4.1
S2	計	6	0	5	0	4	0	0	0	15	0	5.8	−
S3	計	3	3	4	0	0	1	8	4	15	8	12.6	12.3
S4	計	4	1	2	0	2	0	5	0	13	1	11.1	3.0

出所：事例店舗内部資料

に減らしたか，中断している。

　しかし，非食料品売場，特に衣料品売場が多い総合スーパーの場合，大卒の女性正社員を採用して衣料品部門や総務，教育などの部署に配置している。特に，均等法施行の影響により，1990年代以降四大卒女性の採用が増えた。例えば，G1社において，4等級の女性正社員2,649人の中で四大卒は2,146人，短大卒と高卒が503人である。このように大卒女性が多数採用されても，女性正社員の職能等級は非常に低く，女性正社員のうち6等級以上は4.4％に過ぎない。

家族責任とガラスの天井

社員区分制度　女性正社員の等級が低い一次的理由は，転勤範囲によって昇進を
と女性正社員　制限する社員区分制度にある。全ての事例企業は，転居を伴う転勤をしない社員のA社員（またはL社員）に属する社員は主任まで，複数の都道府県の一定範囲内で転勤する社員のR社員（またはZ社員）は部門マネージャーまで[43]しか昇進できないが，全国どこにでも転勤するN社員には昇進制限がない。なお職能等級が同じであっても社員区分によって賃金が異なる。例えばG1社の場合，N社員の賃金を100とすれば，R社員の賃金は95，A社員の賃金は90である。G2社

表 1 - 28　事例企業における正社員の性別・資格等級別分布(1999年)

(単位：%)

等級	G1		G3		S2		S3		S4*	
	男性	女性	男性	女性	男性	女性	男性	女性	男性	女性
1	0.1	0.2	2.0	15.1	0.0	0.0	0.6	14.4	3.3	21.4
2	0.5	2.0	7.2	27.4	1.9	6.6	2.1	25.3	8.8	26.8
3	1.1	5.1	14.0	36.1	2.5	20.5	19.4	36.2	18.1	35.7
4	19.4	49.7	24.6	19.3	21.9	39.3	21.5	17.2	30.7	12.5
5	32.1	38.6	8.3	1.3	21.5	26.2	21.9	6.1	17.4	0.0
6	17.6	3.2	10.1	0.5	25.3	7.4	20.8	0.7	21.6	3.6
7	15.7	0.9	8.3	0.2	11.0		11.8			
8	4.1	0.2	5.7		10.2		1.8			
9	6.1	0.1	3.8		3.5		0.1			
10	2.6		4.9	0.1	1.9					
11	0.6		9.3		0.4					
12			1.8							
合　計	100.0	100.0	100.0	100.0	100.0	100.0	100.0	100.0	100.0	100.0

注：＊S4社の資格等級は9等級まであるが，この数値は組合員だけの数値であるので，6等
　　級までしかない。
出所：事例企業内部資料

の場合それぞれ100，98，95である。

　その制度のために大卒女性正社員がいくら多くても，彼女らが結婚や出産のと
きに家族生活のためにA社員を選択するとすれば，主任までしか昇進できない。
表 1 -29によれば，1999年現在G1社の女性正社員の41.1％はA社員であり，N，R
社員はほとんどが20代に集中している。これは，G1社が1990年代後半以降，定
期採用に際してA社員選択を許容しなかったことによる。実際に7人であるG1店
女性N社員の勤続年数は，5年1人，3年2人，2年2人，1年2人である。新
規採用がほとんどないG3社の場合，2000年3月現在女性正社員の転勤範囲別分
布はN社員8.7％，R社員3.0％，A社員88.3％である。S1社でも2003年8月時点
で，女性N社員の82.7％が10代と20代である。しかし，家族責任を専担している
女性に転居を伴う異動は考えにくいことから，女性正社員はN，R社員として入
社したとしても，その多くが結婚または出産を契機にA社員に転換している。

　ところで，G1社正社員の等級別平均勤続年数をみると，性別と学歴によって
昇格に相当な差がある。例えば1999年現在4等級の場合，短大卒および高卒の女
性正社員の平均勤続年数は13.2年，男性のそれは12.6年である。しかし大卒の女
性正社員のそれは4.3年，男性は1.2年である。また5等級の平均勤続年数が男性

第1章　スーパーマーケット産業とパートタイム労働

は6.7年，女性は8.2年である。[44] G1社の人事制度によれば，高卒は1等級，短大卒は2等級，大卒は4等級として入社するので，大卒の4等級はまだ昇格していないということである。さらに，人事責任者や労働組合の役員との面接によると，採用の段階では男性より女性が多い。女性のほうが成績が良いからである。つまり，4等級で大卒女性の勤続年数が大卒男性の勤続年数より3.5倍も長いことは，新規採用が少ないためではない。またG1社の制度によると，A社員は5等級以上に昇格できないので，5等級女性正社員の平均勤続年数は家族形成期に退職しなかった既婚女性正社員の規模によるものになる。[45]

　社員区分制度がもたらす一つの結果である賃金における性別格差はどうなるだろう。やや古いがG3社の1991年のデータで検証してみよう。表1-30と表1-31はG3社労働組合が1992年の春闘のために作成したものである。組合員の賃金だけが示されており，店長，本社の部長級以上の賃金は含まれていない。年齢別賃金額はメディアンである。G3社は1980年代まで女性正社員はほとんど高卒を採用していたので，労組も女性正社員に関しては高卒者の実態をまとめている。女性の標準労働者については35歳以上の者が極めて少ないため，労働組合の資料には35歳までの賃金のみが表示されている。5歳刻みに表を作成したので一部の年齢の昇格加給が省略されたが，男性の昇格加給は22歳と23歳で3,000円ずつであり，女性の昇格加給は20～22歳1,000円，23歳3,000円，24歳6,000円である。男性の家族手当は，25歳では13,500円，27～29歳では17,500円である。表1-30には扶養家族の人数があるが，表1-31にはない理由は，労働組合の資料がそのように作成されているからである。つまりG3社労組は，男性は家族を養う存在であるが，女性はそうではない，と思っているということである。しかし，第3章で検討するようにそのような考え方はG3社労組だけではなく，事例企業皆がそうである。[46] 男性の住宅手当は25歳から19,000円，女性の住宅手当は21歳から7,000円である。

　G3社の正社員の賃金体系には，表1-30と表1-31に出した賃金以外に，基準内賃金として，業績給と職種手当があり，[47] 基準外賃金として，時間外割増手当，遅番手当，昼食補助手当，通勤手当，単身赴任手当，社宅援助金，暖房手当，初売手当，生鮮手当などがある。賞与の対象になる項目は，本人給，職能職務給，業績給と職種手当である。1990年代初めごろは年間5カ月分の賞与が支給された。

85

表1-29　G1社女性正社員の年齢世代別・社員区分別分布（1999年）

（単位：%）

	N社員	R社員	A社員	合　計
全　体	21.8	37.1	41.1	100.0
10代・20代	18.5	28.1	15.8	62.4
30代	2.8	6.6	13.3	22.7
40代	0.4	2.1	6.4	8.8
50代	0.1	0.3	5.7	6.1

出所：G1社内部資料

人事考課によって決まる「職務手当」は，担当者と主任のJL層なら，Cランク3,500円，Bランク5,500円，Aランク25,500円，S層（統括マネージャークラス）なら，Bランク36,300円，Aランク47,200円，M層（店長クラス）73,000円，E層（本部の部長クラス以上）はCランク73,000円，Bランク99,000円，Aランク134,000円である。

　G3社労働組合の「労働協約集」から，1999年現在の手当金額をみると次のようになっている。まず「単身赴任手当」は，S層以下25,000円，M層以上35,000円であり，「通勤手当」は15,900円が上限である。「暖房手当」は東北地方と北海道で勤務する従業員に支給する手当であり，五つの地域区分，有扶養者，単身生計者，無扶養者の三つに分け，月300～14,600円を年間5カ月分支給する。「業績給」の場合JL職の担当者の業績給は1994年度に廃止され，1994年以前に入社した担当者に対しては調整給として支給していたが，その金額は1997年現在，等級によって5,100～15,000円だった。1997年現在の主任クラス以上の業績給が年収で占める平均値は，JL層2級7.5%，JL層2～5級11.5%，S層15.0%，M層とE層は20%である。

　このようなさまざまな手当と業績給が含まれていないこと，またG3社では本人給と職務職能給はN社員の賃金額を100とした場合A社員の賃金額が95になるように差をつけていることを念頭に置きながら，表1-30と表1-31に提示されたG3社における正社員の標準労働者の賃金をみると，次のような特徴がみえる。

　まず，年齢給ともいう本人給は50歳になるまで上昇するが，月例賃金における比率は下がる。

　第二に，大卒男性の賃金は50歳まで早いスピードで上がり，50歳になると入職給の3.25倍にもなるが，高卒女性の賃金は25歳以降あまり上昇せず，35歳の賃金

第1章　スーパーマーケット産業とパートタイム労働

表1-30　G3社における大卒男性標準労働者(N社員)の年齢別基準内賃金(1991年，東京地区)

(単位：100円)

年　齢	扶養家族	本人給	職務職能給	昇格加給	基本給計	職務手当	家族手当	子女教育手当	住宅手当	月例基準賃金
22		1056.0	734	30	1790.0					1820.0
25	1	1098.0	911		2009.0	55	135		190	2389.0
30	3	1200.0	1375		2575.0	55	215		190	3035.0
35	3	1297.0	1900		3197.0	363	215		190	3965.0
40	3	1391.0	2250		3641.0	363	215		190	4409.0
45	3	1489.5	2849		4338.5	363	215	50	190	5156.5
50	1	1576.5	3514		5090.5	363	215	50	190	5908.5

表1-31　G3社における高卒女性標準労働者(A社員)の年齢別基準内賃金(1991年，東京地区)

(単位：100円)

年　齢	本人給	職務職能給	昇格加給	基本給計	職務手当	住宅手当	月例基準賃金
18	959.0	486		1445.0			1445.0
20	965.0	542	10	1507.0			1517.0
25	1047.5	959	60(24歳)	2006.5	55	70	2131.5
30	1143.5	959		2102.5	55	70	2227.5
35	1136.0	1023		2159.0	55	70	2284.0

出所：G3社労働組合内部資料

は18歳の賃金の1.58倍にしかならない。22歳の賃金と35歳の賃金を比較すると，大卒男性は2.17倍，高卒女性は1.36倍（高卒女性の22歳のときの月例基準賃金は，167,950円）である。

　第三に，大卒男性の職務職能給は50歳まで勢いよく上昇するが，高卒女性のそれは25歳以降あまりあがらない。また，高卒女性の職務手当は25歳で5,500円になってそれ以降は上昇しないが，大卒男性のそれは35歳で36,300円にもなる。これは学歴によるものではなく，N社員とA社員の差，つまり社員区分による差である。上で述べたようにA社員は職能資格ではJL層，職位では主任までしか昇格・昇進できないためである。上で述べたように大卒女性もそのほとんどは家族形成後A社員に転換するので，この構造は同じである。

　第四に，大卒男性は30歳から月21,500円支給されている家族手当が高卒女性にはない。さらに大卒男性の住宅手当は月19,000円であるが，高卒女性の住宅手当は7,000円である。これは学歴によるものではなく，性別によるものである。家族手当は世帯主だけに支給される。ところで，表1-31では高卒女性の住宅手当

87

が7,000円となっているが，実はこの金額はその女性の従業員が独身であるのを前提にした金額である。つまり，G3社の制度で独身住宅手当は「本人が賃貸契約者である住宅，または本人が所有する住宅に居住する独身者に支給する」手当である。なので平均的ライフ・ステージにいる女性なら20代半ばから住宅手当はないことになる。

　結果的に，25歳で高卒女性A社員の月例賃金は大卒男性N社員のそれの89.2%だったが，35歳になると57.6%に過ぎない。G3店で行った面接によると，女性正社員の賃金は統括マネージャークラスのS層にならない限り，30歳以降はほとんど伸びない。だから35歳以上では賃金格差がさらに大きくなる。ところで，このような賃金格差に実は学歴の影響が大きくなく，主にジェンダーによるものであることをもう一度強調しておきたい。大卒男性と高卒女性の賃金格差を生み出す原因は，転勤範囲による社員区分と世帯主かそうではないかによって発生するものだが，その二つがまさにジェンダー要因である。

家族形成と社員区分転換　結婚または出産を機に，社員区分をN社員またはR社員からA社員に転換した女性正社員のケースは，大卒の既婚女性正社員がいるところなら数多くある。G1店総務教育主任の久保さんは，結婚前はN社員として東北地方で勤務していたが，結婚後夫の勤務先のために現在勤務している地域に引っ越しながらA社員に転換した。下に引用したように面接のとき彼女は，A社員に転換したときの悔しさを強く語った。入社の翌年に5等級の主任になったので，A社員への転換は会社人としての将来をあきらめるのと等しいことだったが，結婚生活をあきらめない限り仕方ない，と思って受け入れるしかなかった。 G1店の店長も，社員区分制度のために，有能な久保さんがマネージャーに昇進できないことを，とても残念に思っていた。彼は，有能な人材は転居を伴う転勤をしないとしても，マネージャーの仕事ができるため，社員区分制度が必ずしも合理的だとは思っていない，と話した。そのような制度の下で女性正社員たちは"後から入ってくる男子社員にどんどん抜かれてゆき，プライドを捨てて仕事をするジレンマに陥り""辞めざるをえなくなる"。

　（結婚してA社員に転換したときどんな気分でしたか——筆者）　悔しくて，悔しくて，堪らなかったです。この人はそのままなのに，どうして私はこのよ

うにあきらめなくちゃいけないか，と思われてすっごく悔しかったです。私，今5等級ですが，A社員は5等級までしか昇格ができないから，私にはもう将来がないんですよ。それに前の店舗のときは婦人服の主任だったけど，結婚して社員転換して，今の店舗に来てからは教育になったんですね。私は売場のほうがもっと好きです。後方より生き生きして。教育部門はできたばかりで業務内容も不明確なところがありますし……。（久保，G1店正社員，大卒，29歳，勤続7年，総務教育主任）

　女性が結婚し，正社員として長く続けてゆくことは，家庭環境が働きに出やすいものであっても，社会が受け入れてくれていないため，現状は非常にむずかしいと思う。例えば，当然のことであると思うが転勤ができない社員は昇格のチャンスが少なく，後から入ってくる男子社員にどんどん抜かれてゆき，プライドを捨てて仕事をするというジレンマに陥り，それに勝つことができずに辞めざるをえなくなる。もう少し既婚女性が活躍できるポジションを（パート，定時社員を含めて）作っていかないと，女性の資質を社会が潰してしまうことになり，女性の自立は難しいと思う。（アンケート，正社員，35歳，大卒，無子女，去年年収330万円，夫：短大卒，去年年収350万円）

社会が既婚女性の継続就業を支援してくれないのは制度の面だけではない。以下に引用したように，周りの人々が，女性は仕事より家庭を優先すべきだから，"はやく帰れ，帰れ"と"変に気を遣ってくれ"，"仕事に集中ができない"くらいにもなる。制度は人々の考え方（観念）に基づいてできるものであり，制度はまた人々の考え方を維持するものなのだ。

　結婚していると，本人やそのパートナーは特に何も意識していないのに，周囲（上司・同僚など）が変に気を遣ってくれることがある。（女性の残業，出張等）結婚したならば女性のほうが仕事をしていても，先に家に帰っていたほうが良い，食事の支度は女性がすべきという考え方の人が多いようである。（アンケート，正社員，27歳，大卒，無子女，夫：大卒）

結婚するまでは残業しても周囲の人からは何も言われずに仕事ができた。し
かし，結婚したら「はやく帰れ，帰れ」と他の課から言われる。定刻の18時で
帰りたいのは自分もよくわかっているが，仕事をきっちり終わらせて帰らない
といけない課であるのに，非常に迷惑な言葉に感じる。その人の考え方は，女
の人は夫より早く帰らないといけないとか，女が遅くまで働くなんて，という
考え方の人が多すぎて仕事に集中できないでいる。(アンケート，正社員，27歳，
短大卒，無子女，夫：高卒)

　1999年の時点では稀なケースだったが，G2店の営業企画担当者の萩原さんは
面接当時育児短縮勤務中だった。彼女は転勤する時期に結婚したし，結婚直後妊
娠して，出産後育児休業を取った。育児休業が終わった後，育児短縮勤務を申請
するときA社員に転換した。萩原さんの経験は，1990年代半ばに育児休業後復帰
する女性正社員の状況をよく見せてくれるので，少々長いが面接の内容を下に引
用した。萩原さんの話から分かるように，育児休業をとった女性正社員に会社は
あまりやさしくない。会社が持っている両立制度に関して人事部自体がよく分
かっていないだけではなく，復帰の連絡さえしない。さらに，親と夫の協力を得
なければ働き続けるのは難しい，とさえ言う。そんな雰囲気の中，正社員の身分
を維持しながら短縮勤務ができるだけで幸いだと思って，社員区分を転換するこ
とに関して悔しい思いをする余地もない。萩原さんは筆者に，育児短縮勤務期間
が終わるとパートになるしかないだろうと思っている，とまで言っていた。

　(育児休業が終わって復帰するとき，復帰可能かどうか不安感はなかったで
すか──筆者)　ありました。会社からなにも連絡がないから，こっちから，
どうしたらいいか，と思いました。ちょっと過去の話だけれど，育児給付金が
出ますよね。すごい遅れで……。休みに入るときに書類がそろっていなかった
という，結果的にそういう話だったんですけど。あの頃の人事チーフに「これ
でいいんですか」と聞くと，わかってないみたいで，今でもそうなんですが，
短縮勤務のことを「そんな勤務の仕方があるんだ」と偉い人がみんな言ってい
るくらいだから。
　(育児短縮勤務制度はどうして知りましたか──筆者)　組合から冊子が出て

いてあれで知りました。人事の方にこちらから逆に，あれに書いてあるから調べてください，と言った感じだったんだけど。出産のときも，育児休職の給付金をもらう書類も全然もらってなかったから，お金が入るべきときに入ってこなくって，やっぱりこちらは休職をしている身だから，会社って冷たいなと思いましたが，復職に関してもこっちから問い合わせて，そうなんですか，という感じで。今は違うみたいなんですが。ちゃんとサポートの方から連絡が行くと聞いているのですが。私たちのころって，全然そういうのがなくて自分の方から働く姿勢を見せなくちゃ，という感じで不安は不安ですよね。会社から何にもなくて，こっちから，本当に働けるかどうかわからないところで話をしていかなければならないところがあるから。

　（短縮勤務を申請して人事部長との面談のとき）親とか夫とか巻き込みながらやっていかないとできないだろうなー，みたいなことを逆に言われてしまって，そんなこと言われるの，とやっぱり思いましたよね。親の助けを求めなさい，みたいに言われたので……，もちろん心配してくださったのだと思いますが，すぐ行ってこれる距離でもないし。休職した後働きますと言ったときに，けっこうドキドキしながら言っていたんだけれど。そのときは，あんまり助けを求められない，と思っていて，親だって近くないから，自分たちでなんとかしなければ，という意気込みで行ったら，制度そのものに対してどうのこうのはなかったが，そんなこと言われてしまって。人事部長は過去の例を見ているので，いろいろあったのでしょうが，本音が出たのかなー，と思いましたが。(萩原，G2店，A社員，大卒，32歳，勤続10年，営業企画担当者)

　萩原さんが育児短縮勤務を始めたのは1996年だったが，人事部もその制度をよく理解していなかったようである。1990年年代初めごろからほとんどの事例企業は，子供が3歳または6歳になるまで，1日1時間から3時間までの短縮勤務ができる制度を設置したものの，利用者は多くなかった。[48] G2社では1997年まではほとんどいなかったが，1998年36人，1999年41人が短縮勤務を申請した。G1社は1999年の調査では10人ほどだった。ところが，1990年の1.57ショック以降少子化問題に対する政策的取り組みが進んだ結果，2000年代から本格的に使用者が増えた。G1社の育児短縮勤務者は2003年には83人，2007年には243人になった。[49] し

かし，終章で述べるように，両立支援制度の使用増加はA社員と主婦パートをひとつの社員区分にする人事制度改正の背景になる。

　しかし，以下に引用したように，実際に短縮勤務中なのに勤務時間が短縮されず，いつもサービス残業をやって残業手当ももらえない，ということもある。さらに勤務時間帯も保育園に子供を迎えに行く時間に間に合わないこともしばしばある。これでは，何のために短縮勤務制度があるか分からない，と言うしかなくなる。

　　私は，去年まで産休していました。それで，仕事をすることになったので，1年間短縮勤務を希望しました。でも，仕事をするようになったら，売り場の従業員は私とパートさんだけで，上司の人からはいろいろ他の用事をいわれ，自分の仕事ができず，いつも時間外になり，残業手当もつかず，毎日が仕事で終わっていくようです。家に帰ると子供と触れ合う時間もなく，夫にも私が何時に帰ってくるかわからないため大変迷惑をかけています。なんのために短縮勤務制度があるのかわかりません。正社員だからといって，がまんしないといけないのでしょうか。女性がたくさんいる職場だったら，託児所を作って欲しいです。いろいろ言いたいことがありますが，家庭と仕事と育児の両立はどれかが犠牲を伴うと思います。（アンケート，正社員，27歳，高卒，末子0歳，夫：高卒）

1.　会社で育児勤務支援制度などがあり，私も今はその制度を利用していますが，売場によってはなくても同じようです。残業などは時々あり，給料，ボーナスはその分（時短分）引かれてしまうので，その制度を使っている期間はあまり良いとは思いません。（正社員という立場のため，時間通りに帰れない事や営業時間延長の場合の残業等）その分はキャリアさんとは変わらないのに，仕事は正社員で少し不自由です。

2.　産休が終わり復帰する際，通常9：45～4：45で他の方は労働していますが，私の場合は「その時間帯ならいらない」と言われ，やむをえず10：30～5：30の時間帯になりました。残業もすると6時を過ぎ子供を迎えに行くのも。6：30過ぎる事が多く，家庭の方に負担がいきます。（アンケート，正社

員，27歳，高卒，末子3歳，夫：高卒）

　均等法以降入社した大卒女性たちの悩みが，社員区分転換というガラス天井
だったとすれば，下に引用した土田さんとG1店の店長の話のように，均等法以
前に入社した女性の場合，結婚退職を強要されるか，育児休業後復帰自体が難し
かった。社内結婚をしたG1店の店長が言うように，女性が家族責任を全部背
負ってくれるから，男性にとっては幸いだと言えるのかもしれない。

　　私も以前一緒に勤務した人から聞いた話ですけど，その方が以前勤務した店
　舗の同僚が，育児休業をした後復帰するために店長と面談をしたら，店長から，
　貴方の席にはもう他の人が入っているので，戻ってくると配置するところがな
　いから，なんとかこのまま退職してくれないか，といわれて復帰できなかった，
　と聞いたことがあります。（静かな声で）そんな場合がたま～にあるらしいです。
　（土田，G1店，A社員，高卒，46歳，勤続26年，総務主任）

　　家内とは社内結婚でした。結婚してからも働きましたが，子供ができて辞め
　るしかなかったです。当時は今のような育児休職制度がなかったし，出産休職
　制度もなかったです。私たちのように親から離れて都会で住む夫婦は，家内が
　直接子供の面倒を見るしかなかったです。保育園も，今は道を歩くと保育園の
　看板があちこち見えますけど，当時は本当に保育園も少なかったんですね。
　（今も女性の正社員はほとんど同じパターンじゃないですか？――筆者）逆に
　言えば，だから私たち男にはよかったかも知れません。女性が全部やってくれ
　ますから。（G1店店長，大卒男性，43歳，勤続23年）

　ところで，女性正社員の社員区分転換は家族形成のために本人が選択するだけ
ではない。S3店惣菜売場の橋本さんの話から分かるように，S3社はある日急に
多くの女性正社員をA社員に転換した。その理由に関して組合に確認したが，既
婚女性の場合実際に転勤が難しいからだ，と言われた。またアンケートの自由意
見に書かれたように，企業によっては，女性には結婚したら昇格試験をうける機
会さえ与えないこともある。結婚とともに女性正社員の会社人としての将来は全

く終わってしまうのである。

　（結婚するときA社員に転換しましたか――筆者）　いいえ。本社にいるうち
にある日急に，女子社員は全員A社員に転換しろ，と強要されたのです。もと
もと私はR社員だったんですよ。男は全部そのままで，女は全部A社員になっ
たんですね。そして，私はうちの旦那が部長になったため，急に本社から店舗
へと異動になったです。2年前に。最初は泣きながら泣きながら通いました。
うちの会社では女は将来がありません。このままに行くことでしょう。展望が
ないから私も希望がなくなりました。(橋本，S3店，A社員，高卒，38歳，勤続20
年，惣菜売場副主任)

　会社の，結婚を機に昇格試験を受けられないという現状の制度に納得がいか
ない。(女性の場合) 結婚した女性には仕事の充実感，達成感が得られないとな
ると意欲も薄れ，疎外感を感じる。結婚という枠にとらわれず平等に試験制度
の実施を希望。目標を持って職務を遂行できる会社で働けることを希望する。
(アンケート，正社員，24歳，大卒，子なし，夫：大卒)

　子供がほしいですが，出産となると退職することになり，生活が苦しくなり
そう。不況もまだまだ続きそうなので子供が作れない。正社員のままでも，出
産から何年かは時間短縮制度などがないと保育園にも預けられない。(アンケー
ト，正社員，29歳，大卒，去年年収350万円，夫：大卒，去年年収500万円)

管理職の目線　　　結婚または出産を機に，会社人としての将来をあきらめなければ
　　　　　　　　いけない女性正社員に対して，彼女たちの上司はどのような思い
を持っているだろう。育児休業使用後の復帰に関してどう思うかを何人かの店長
に聞いたところ，次のような反応が出てきた。店長たちの反応は，その企業にお
ける女性比率と密接に関連していることが興味深い。つまり，店舗の正社員のう
ち女性の比率が5割前後の総合スーパー店長らは，食品スーパーの店長らより両
立支援制度使用に関して寛大である。また食品スーパーの中でも女性正社員がい
ないS2店の店長と，女性正社員が多いS3店の店長の態度が大きく違う。女性正

社員がある程度いる企業の店長にとっては，両立支援制度使用は店舗の運営責任者として対応しなければならない日常的問題であるが，女性正社員がほとんどいない企業の店長は，両立制度そのものを非正常的なものと思うようである。このようなことは，現実では仕事と家族の両立があくまでも女性の課題であるのを意味する。

　　今の時代はただ普通に働く人さえ仕事続けるのが難しい時代です。そんな贅沢言うんじゃないですよ。（S2店店長，N社員，男性，大卒，37歳，勤続15年，鮮魚売場出身）

　　制度としてはそうなっている（使える──筆者）ことは分かりますけど，実際には，難しいです。1年も空けて置くにはいかないし，他の人で埋めておいた状態で戻ってくると……。育児休業も取ったからちょっと辞めてくれないか，と言うこともありでしょう。（S3店店長，N社員，男性，大卒，N社員，42歳，勤続20年）

　　正直に言って，育児休業で空きができると，非常に困ります。やっと人を配置して仕事に慣れそうになると戻ってくるわけですから。だから，元のポストへの復帰はちょっと難しいです。そして，一人二人ならお店の中で売場を調整したりすることができるけど，それ以上になるとお店での調整は難しい……。特に売場とか部門単位で考えると絶対解決策は出ません。なのにマネージャーや主任たちはそう考える傾向がありますね。（G1店店長，　N社員，男性，大卒，43歳，勤続21年，紳士服売場出身）

　　なに，組合がそうすると決めたのに，店長が何でできるできないと言うんですか。それは店長が決めることではありません。そしてですね，お店でそのくらいの調整もできないなら，それは管理職としての能力がないということですよ。調整すれば良いです。（G2店店長，N社員，男性，大卒，43歳，勤続21年，元組合役員）

理由が家族形成であれ，会社の強要であれ，ほとんどの既婚女性正社員は，転居を伴う転勤をしないA社員になって，主任以上には昇進できないのが現実である。だが，G1店の店長も言ったように，A社員でも主任以上の仕事が不可能であるわけではない。ところで，企業はどうしてこのような制度を設置して女性正社員に不利益を与えているのだろうか。G2社人事マネージャーによると，その理由は，企業にとっては多様な層の従業員が必要だからだ。すなわち，企業は，管理職候補者ではないが，パートタイマー管理を含めて現場を繊細に管理する存在として女性正社員を必要とする。そして，結婚・出産時に辞めるかA社員に転換するだろうと予測しながらも，女性が男性より仕事が上手なので，社員区分を転換するまでは頑張ってもらうつもりでN社員として採用する。

　　筆者：すべての正社員がN社員である必要はないんじゃないですか？

　　G2マネージャー：必要ありません。正社員がすべて店長になることもありませんし。実際に会社の立場からすると，N社員の範囲が狭くなるのがいいです。

　　筆者：そうであれば最近すべての正社員をN社員として採用する理由は何ですか？

　　G2マネージャー：昇進展望がなければやる気がなくなります。俺はここで，主任で終わりだ，と思えば熱心に働きたくないでしょう？　適当にさぼっても首にはならないし一生懸命働かないです。

　　筆者：そうであれば女子社員が結婚してA社員に転換するのは会社にとっては役に立ちますね？

　　G2マネージャー：そうですね。男たちは店長まで，うん，場合によってはもっと上まで見ながら熱心にやりますけど，女性はそんなことできませんね。

　　筆者：どうして女性を採用するんですか？　長く勤められないのに……。

　　G2マネージャー：ですけど，実はスーパーの仕事は女性のほうがうまいです。女性のほうがもっと繊細で優秀なんです。だけど女性はいつ結婚して子供作って辞めるかわからないので，会社にとっては厄介なところがあります。やっと育てておいたらやめるとなると会社にとっては損ですからね。(G2社人事部管理職，N社員，男性，大卒，42歳，勤続20年)

女性正社員の目線　アンケート調査によると，既婚女性正社員が職場生活に関して一番不満に思うことは，「昇進・昇格可能性」であり，その次が「業務量と比べた賃金水準」と「職場の将来性」である。ところがこの三つは全部ひとつにつながっている。「職場の将来性」が良くないのは「昇進・昇格可能性」が低いからである。「業務量に比べた賃金水準」に対する不満が高いのも，正社員の賃金項目のうち年齢給と勤続給の割合がどんどん低くなる反面，職務給，職能給，業績給の割合が高くなる現実の中，昇進，昇格ができなければ賃金も上がらないためである。そうであれば，家庭との両立のために，本人も大変で，会社人としての将来性もない中で，正社員の身分を維持しようと頑張っている彼女たちは，どのような思いでいるのだろうか。下に引用した話からすると，彼女たちは，本人の経済的自立性を追及すること，世の中とのつながりを維持すること，生活の豊かさへの追求などのために働いている。また昇進・昇格の可能性，賃金上昇の可能性が非常に低いにもかかわらず，どうしても正社員の身分を維持しようとする理由は，まずパートタイマーの低賃金である。

　　別に仕事するのがいやじゃなかったし，結婚しても子供を産んでも仕事するのは当然だと思いました。……子供が保育園のとき夫が，仕事辞めろ，と言った時期がありました。その時期本当に大変でしたよ。（どのように説得しましたか——筆者）説得したというよりも……。子供は大きくなるし，大きくなると親を離れていくんじゃないですか。自分の収入はあるべきですよ。夫がずっと給料を持って来る保障がないじゃないですか？（堀口，G2店，A社員，大卒，46歳，勤続23年，携帯売場主任）[50]

　　私は仕事するのが好きです。それが何でも。遊ぶのは好きじゃないです。ばりばりと働くことから充足感を感じます。（武田，G2店，A社員，高卒，25歳，勤続7年，事務室担当者）

　　高校卒業して自動車整備工場で勤めましたけど，結婚してやめました。5年間専業主婦をしましたが，家にいるからすごく寂しかったです。世の中から遠くなる気分というか，私だけが一人ぼっちになって残される気分でした。（相

馬，G1店，A社員，高卒，50歳，勤続1年，総務担当者。パートタイマーから正社員に転換，パートタイマーとしての勤続12年）

　だけど，子供はいつか大きくなるんじゃないですか。今は託児代でお給料がほとんど消えちゃうけど，子供が大きくなったあとはそんなにお金はかかりません。今辞めるとパートになるしかないけど，パートで働いてはあまり稼げないんじゃないですか。だから将来を考えて今はつらくても我慢していることです。（山本，G3店，A社員，高卒，31歳，勤続13年，セーター・ブラウス売場主任。遅番が多いので2歳の子供を24時間託児所に預けている）

　新婚のときからうちの旦那に言いましたよ。私がやめるとこれ（右手で親指と人差し指をつけて丸くした——筆者）がなくなる。貴方の小遣いも減る。だから何も言えない事ですよ。さらに今は子供たちにすごくお金がかかる時期です。子供の教育でもまともにしようとすれば，私に，やめて，とは言えないですね。（橋本，S3店，A正社員，高卒，38歳，勤続20年，惣菜売場副主任）

　しかし，パートタイマーより高賃金という魅力があるとしても，パートタイマーがいない時間を埋める存在である正社員として働くのはそう簡単ではない。土日勤務やシフト勤務（主に遅番勤務）のために家庭と仕事の両立が難しいからだ。アンケート調査によると，既婚女性正社員の74.5％は，本人が主に家事を担当していると答え，56.3％が主に育児を担当していると答えた。土日勤務に遅番勤務までする彼女たちが，仕事と家庭を両立できた秘訣はどこにあったのだろうか。関口さんと前原さんの話のように，その秘訣は他の女性の支援である。筆者は1998年から2003年まで事例企業ではない企業の従業員まで含めて，スーパーで働いている母親である女性正社員を20人以上インタビューしたが，周りの他の女性の支援なしに保育園だけで子供を育てている人は，1997年に出産した山本さんと1996年出産した萩原さんだけだった。また彼女たちから聞いた先輩や同僚のケースでも保育園だけで子育てをした人はいなかった。

　子供が3人ありますが，実家の母が面倒を見てくれました。母がいなかった

ら仕事は辞めましたね。(関口, S3店, A社員, 高卒, 38歳, 勤続20年, 事務所担当者)

　義理のお姉さんが子供の面倒を見てくれました。私が妊娠したとき, お姉さんが, 自分が子供を育ててあげるから近くに引っ越してきて, と言ってくれて, 引っ越しました。子供が2歳まではお姉さんが自分の家で世話してくれて, 2歳からは保育園に入れましたけど, 保育園への送り迎えはお姉さんがやってくれました。土曜日も日曜日もお姉さんに預けました。お姉さんがいなかったら正社員は辞めるしかなかったですね。(前原, G1店, A社員, 高卒, 41歳, 勤続16年, 子供服売場主任)

　アンケート調査に回答した既婚女性社員のうち, 子供がいない人が半分(49.6%)である(20代38.0%, 30代39.6%)。母親である女性正社員に, 子供が小学校に入学するまで, 本人の出勤時の主な育児担当者が誰だったかを聞いたところ, 43.2%が家族(親41.4%, 夫1.8%), 38.8%が保育園＋幼稚園, 14.7%が保育園＋幼稚園＋家族と答えた。現在の末子の年齢が6歳未満の正社員のうち, 出勤時の主な育児担当者が保育園である, と答えた人は57%である反面, 現在の末子の年齢が6歳以上の人のうちかつてそうしていた人の比率は19%しかなかった。このような結果は, 1990年以降少しずつ保育園が充実してきたことの証明でもある。しかし, 親族の女性の支援を得ることがどんどん難しくなってきた家族生活の変化を考えると, 男性の積極的な育児参加がない限り, 結婚と出産の延期および少子化は避けられないことも示唆している。特に流通業の正社員にはシフト勤務や土日祭日勤務が当然のように要求されるので, 身内が育児を手伝ってくれない場合, 正社員として仕事を続けるのは難しい。その分, 夫の協力も大事である。そして, アンケートの自由意見には, 家族の協力とともに社内に保育園を設置したり, 自治体が延長保育をやってくれるよう切望する回答も多かった。

　流通業界で働いている以上, 日曜, 祭日は仕事が当たり前ですが, 現状の認可保育園では日曜, 祭日は保育をしてくれません。そのようなときは預け先がなく困ってしまい, 子供が出来ると会社を辞めてしまう人も多いようです。

（幸い私は実家が近いためよく預けていますが）そのような人も安心して働けるような保育施設を業界として作って頂くことができると，両立もとても楽になります。大きな会社や病院等では会社内に保育施設を設置しているところもあり，うらやましく思います。（アンケート，正社員，28歳，大卒，末子1歳，去年年収100万円，夫：大卒，去年年収400万円）

　（前略）　保育園に関しては自治体による格差が大きいと思います。私が通わせている保育園は7時30分から18時までで，延長保育は認めていません。土（午前中のみ），日・祝日は預けられず，流通業に従事する者にとっては不便を感じます。いまのところ土日休みの夫（とはいっても土曜日は仕事がはいることもある）と両方の親に頼りながら（電車で30～40分の所にいます。近い？遠い？）私は働いているという状況です。男性が子供を持ってもこれほどまでに自分のこと以外で考えることはないでしょうから，女性だけが，という不公平感は少しあります。（後略）　　（アンケート，正社員30歳，大卒，末子3歳，去年年収284万円，育児短縮勤務中，夫：大卒，去年年収350万円）

このような状況なので，仕事と育児の両立の困難さのために泣きながら仕事をやめざるを得ない，と決断する人々もいる。反面，同じ困難に直面していても，"この不況の中，女性が正社員の仕事を見つけるということは困難だと思う"のでどうしようもなく働き続けるしかないと判断していると答えた人々もいた。

　まず，この状態で正社員で働きつづけることはむずかしいということ。子供を預けるにしても保育園では時間も夜遅くまでは無理だし，日曜，祭日も預かってもらえない。近くにサポートしてくれる両親等がいないと，女性が働くということは本当に無理に近い。その状態を続けてきて思うことは，子供の教育をどのようにしていったら良いかという迷い。今は託児所に預けているが，同年代の友達を作ってあげないといけないというあせり。そこまでして子供を犠牲にしていいのか。などと考えると責任の重い正社員，まして主任では続けることは本当にむずかしい。間違っていることをしていると思っていないが，社会の目もそこまで無理して働かなくともとか，子供がかわいそう等いわれる

第**1**章　スーパーマーケット産業とパートタイム労働

ことも多い。今回退職しようかと思うが，次に働く時はアルバイトかパートタイムで責任が少ない方を選ぶと思う。会社に託児所があると働けると思うし，幼稚園から会社の託児所へ帰ってくるようになればいいのに，と何度も思いました。(アンケート，正社員，36歳，高卒，末子3歳，去年年収400万円，夫：大卒，去年年収600万円)

さらに，高木さんの経験は，子育てだけではなく家事を分担するつもりがない夫の存在も，女性が正社員として働き続けることを難しくする要因であることを語っている。[51] 40歳を超えるまで正社員として働き続けるように支えてくれたのは何ですか，という筆者の質問が終わる瞬間出てきた，離婚したからです，という高木さんの答えに，筆者は多少驚いたが，よく考えてみると，それが女性の現実である。[52] アンケート調査で離婚したと自己紹介をした人も，両立のために家族の協力が大事である，と強調した。育児短縮勤務をしている萩原さんが聞いた，正社員の身分を維持したければ，親と夫の協力が必要だ，という人事部長の発言もそのような現実を反映したものだっただろう。

　(正社員として働き続けるように支えてくれたのは何ですか──筆者)　離婚したからです。別れた夫は同じくスーパーで働いている人だったけど，お互いに事情を分かりながらも，私が遅番勤務をやって夜遅く帰宅するまで，なに～もやらずに待っている人でした。私が夜遅く帰宅して，そのときから夕飯の支度をして呼ぶと来て，ご飯だけ食べて行っちゃう，そんな人でしたよ。我慢して我慢したけど，まぁ，幸いに子供もなかったから，離婚しました。離婚したらほんとう～に楽でよかったです。(高木，A社正社員，高卒，42歳，勤続24年，事務所主任)

今あきらめるとパートの仕事しか貰えないから，パートで働くとあまりにも収入が低いから，他の女性の手助けに頼りながら我慢して頑張るけれど，彼女たちに約束されるのはパートより高く，しかし男性正社員にはまるで及ばない賃金しかない。男性の後輩たちがマネージャーに店長に昇進していくのを見ながら，"私は女だから"，"私には家庭があるから"，と言いながら自分を慰めつらい気持

101

ちを収めるしかない。しかし，会社は彼女たちに，そこまで頑張る必要はない，家族形成期に一旦退職して，低賃金・高熟練の主婦パートとして戻ってきてほしい，と考えているのを下に引用したG2社人事マネージャーの発言がよく示している。

　　本人たちも，旦那さんにある程度の稼ぎがあれば，正社員よりパートとして働くのが楽です。周りの視線のためだけではなく，本人たちもパートが楽だ，といいますね。だから会社にとっては，スーパーとか小売業で働いた経験がある，優秀なパートタイマーをよく選んで使うのが役に立ちます。(G2社人事部管理職，N社員，男性，大卒，42歳，勤続20年)

　そのような企業の狙いを反映しているのであろうが，筆者が面接した主婦パートの2割程度が，結婚前スーパーやデパートなどの小売業の正社員だった。第4章でみるように，アンケート調査に回答した主婦パートタイマーのうち83.4%が結婚する前には正社員だった。そして結婚後出産までに正社員だった人々は29.9%，専業主婦だった人々は49.9%，出産後子供が小学校に入るときまで専業主婦だった人々は62.5%である。そして正社員のうち子供がいる人々は半分（スーパー企業の女性正社員のうち既婚者の比率はおおむね20%）である。すなわち，女性正社員と主婦パートは別な集団ではなく，ライフコースにおけるステージが異なる同じ集団であるのだ。

6　基幹労働力化とジェンダー

　本章ではスーパーマーケットの第一線の店舗の現状を根拠にパートタイマーの基幹労働力化の実態とそれに影響を及ぼす要因を分析した上で，パートの基幹労働力化によって著しく縮小している女性正社員の状況を検討した。

　基幹労働力化に影響を及ぼす要因分析の結果は，労働市場における行為者の戦略の重要性と行為戦略におけるジェンダー要因の影響力を示唆している。すなわち，パートタイマーの基幹労働化に一番大きな影響を及ぼした要因は企業のパート活用政策であるが，企業の政策は地域労働市場および労働過程の特性に大きく

影響される。ところで，地域労働市場という要因はジェンダー要因と同義である。ほとんどのパートタイマーが家族責任に縛られている主婦労働者であり，地域の産業構造やサラリーマンの比率などが主婦労働力の供給に直ちに影響を与えるからである。

　しかし，正社員とほぼ同じ労働時間で，正社員とほぼ同じ仕事を担当している主婦パートの人数が，正社員の人数より多い。主婦労働者の基幹労働力化の現実は，パートタイマーは主たる生計維持者がいる被扶養者である，というパートタイム労働に関する通念に根拠が乏しいことをよく示している。労働者の処遇が，仕事における成果や責任ではなく家族における地位によって決まることは，合理性に欠けることである。また，第4章で詳しく述べるように，働きぶりや職域，そして仕事に対する責任の面で正社員とあまり差がない，質的な基幹労働力であるロングタイマーの中には，本人が生計維持者である人が多く，夫が自営業者であるため，主婦制度とは無関係な人々が多数存在している。にもかかわらず，相変わらず強い影響力を及ぼしているパートタイマーは被扶養の主婦，という観念は，被扶養の主婦とは程遠い多くのパートタイム労働者を，低賃金・高熟練の労働に追いやっている。

　つまり，スーパー産業におけるパート労働者の基幹化の現状は，ジェンダー・ポリティックスを分析せずには，労働市場の構造が十分把握できないことを示唆する。日本のパート労働者の大多数が既婚女性であり，基幹化の対象になるパートタイマーは基本的に主婦パートである。主婦制度が，既婚女性の就業選択を制限するだけではなく，主婦制度とはほど遠い状況に置かれている既婚女性を基幹パートとして使用できるようにするイデオロギーとなっているからである。よって，主婦パートの基幹化は，ジェンダーが労働市場でどのように作動しているのかをよく表している。

　さらに，パート労働者の基幹化は，熟練の上昇を内部労働市場の労働者のものとして，外部労働市場の労働者を非熟練労働者として扱ってきた，労働市場分節論の従来の論議について再考を求める。また，パート労働者の基幹化はパートタイマーが企業内に定着した結果であるので，外部と内部の基準自体を改める必要性を提起する。

　程度の差はあっても全てのスーパーマーケット企業は厳しい競争の中で生き残

るためにパートタイマーの基幹労働力化をより一層進展させようとしている。しかし，パートタイマーの熟練度の水準を向上させ，かつ基幹労働力化されたパートタイマーに売場を任せるためには，パートタイマー本人たちの同意が必要である。パートタイマーに企業が求めるレベルの熟練を身に付けようとする同意と自発性を生み出さない限り，企業の狙いは実現されにくい。よって，パートタイマーを積極的に活用しようとする企業の意志は，パートタイマーの賃金および雇用管理制度を通じて具体化されねばならない。続く第2章では企業のパートタイム労働の使用戦略に関する検討を通じて，基幹労働力化の誘引装置について分析する。

注

(1) この分類法は日本経済新聞が毎年行っている小売業実態調査のものであるが，小売業界内での一般的な分類でもある。

(2) 「セルフサービス店統計表」は経済産業省調査統計部から提供された。この場を借りて深く感謝の意を表す。

(3) 1990年代半ばから順位の変動はあったが，1960年代から2000年代初めごろまで大手6社の構成は変わらなかったので，大手5社ではなく大手6社をまとめた。

(4) S4社とS1社の商品構成のうち食品の比率は，1989年39.5％と55.6％，1994年44.6％と53.1％である。また，1997年のS4社のそれは58.6％，1999年S1社のそれは61.4％であり，『商業統計表』の定義によると食品専門スーパーとはいえない。

(5) ダイエーの衣類品売上利益率は他の企業に比べて低い方だが年間商品回転率は高い方だった。2位企業の売上利益率は28.1％，年間商品回転率は6回，3位企業はそれぞれ29.7％と7.1回だった。

(6) 厚生労働省のパート総合調査によると，2011年現在，女性パートタイマーのうち有配偶者の比率は73.1％（2006年76.5％，2001年72.6％，1995年77.6％）であり，男性パートタイマーのうちその比率はそれぞれ54.5％，42.1％，37.8％，40.7％である（厚生労働省，2003，2013）。

(7) パートタイマーの婚姻状態が確認できるデータがないので，学生ではない一般人女性パートを主婦パートとみなす。面接調査によると，一般人女性パートのほとんどは既婚女性（離婚・死別を含む）である。

(8) 事例企業の正社員は，転勤範囲により分類され，昇進の上限も決まっている。転勤範囲でみるとN社員は全国，R社員は隣接の県，A社員またはL社員は転居をせずに通

勤できる範囲である。昇進上限は，N社員はなし，R社員は部門責任者（課長，マネージャーまたは統括マネージャー）まで，A社員は売場の責任者（主任，売区長またはマネージャー）までである。食品スーパー企業の場合全国に店舗があるわけではないので，社員区分はN社員とA社員となっている。しかし，N社員といっても転勤範囲は，事実上総合スーパー企業のR社員と同じか狭い。

(9) G3社は1977年秋以降，衣料品の売上不振のために大変苦しんだのち，1980年ごろS3社などの支援を受けて顧客動員力の大きい食品売場を設置した。

(10) 2節で述べたようにG1店は改装のために正社員が予め配置されており，改装後食品部門を中心にパートタイマーが150人くらい増えたので，食品と衣料売場で量的基幹労働力化のレベルはひとつ上になったはずだが，利用できるデータが改装直前のデータであるため，ここでは1999年5月時点の現状に関して分析する。

(11) 部門は食品，衣料，住生活，後方などを指し，売場は部門の下の畜産，農産，婦人服などを指す。

(12) ちなみに例外的とも思われる売場・部署であるG1店の総務教育と衣料オペレーション，G3店の婦人服売場に関して説明する。

G1店の総務教育には，正社員が4人も配置されているが，パートタイマーは1名しかいない。それは1990年代後半，従業員教育を強化するために，本社の教育機能を店舗に移したためである。総務教育の仕事は，新たに入社したパートタイマーに対して，入社初期の基礎教育，レジスターや発注機の使用方法などを教えることである。実務教育は，全て売場に配置された後にOJTにより行われる。

G1店の衣料品部門の中で正社員が配置されていない唯一の部署である衣類オペレーションは，商品を販売する部署ではなく，衣料品部門全体のレジ，事務，お客案内，品出しを主要業務とする部署である。G1社は，業務ごとに部門や売場を統合していく新たな運営方法を企画して，そのモデルケースとして10店舗にオペレーション部署を設置した。1999年夏ごろは，この部署はまだ本格的に運営されていなかったが，2003年5月には全店舗の全ての部門にオペレーション部署が設置された。しかし，後に，オペレーション部署がそれほど合理的ではないと評価されるようになった。

G3店の婦人服売場には正社員が1人もおらずパートタイマーだけ4人いるが，実はメーカーから派遣されたフルタイマーの派遣社員が2人（表1-8と表1-12には含まれていない）もいるのである。完全に正社員と同じ役割をするこの2人と長期勤続の長時間パートタイマー2人（月161時間と147時間労働）が売場を回しているので，事実上の労働力構成は他の店舗とあまり差がないのである。

(13) 正社員担当者の具体的勤続年数は分からないが，社員等級は1等級6人（うち男性1人）と2等級2人なので，G3店の正社員全体の勤続年数は男性20年，女性10年く

らいになると推測できる。

⑭ 1999年G1社の正社員の平均年齢は34.9歳（男性37.1歳，女性31.1歳），平均基準内賃金は314,143円（男性357,234円，女性237,582円）であり，G2社の正社員はそれぞれ35.2歳（39.0歳，26.8歳），309,474円（352,068円，213,000円）である。一方，G3社は1995年時点ですでに36.6歳（41.0歳，32.0歳），316,951円（426,059円，204,449円）である（日本経済新聞社，『流通会社年鑑』）。

⑮ 例えば，G1店のお惣菜売場の19人のパートタイマーの月労働時間は160時間1人，119時間2人，110時間1人，100時間9人，90時間4人，70時間1人，60時間1人である。G2店のお惣菜売場のパートタイマー17人の月労働時間は，140時間1人，105時間2人，100時間2人，90時間1人，80時間2人，72時間2人，70時間1人，64時間2人，60時間2人，48時間1人である。またG3店のお惣菜の売場にいる14人のパートタイマーの月労働時間は，147時間3人，105時間2人，100時間1人，95時間2人，90時間1人，88時間1人，80時間1人，76時間1人，60時間1人，56時間1人なのである。

⑯ 売場規模が小さく正社員がいない売場は，隣の売場の正社員主任が一緒に管理する売場である。

⑰ G2店の婦人鞄売場ではルイヴィトンなどのブランド・バッグも売っており，筆者が訪問したG2社のもう一つの店舗では背広のオーダーメイド売場もあった。

⑱ G3店の食品売場では，ほとんど正社員を1人ずつしか配置しないにもかかわらず，青果の正社員が2人となっているのは，青果主任が職人的存在であり，彼は商品の半分くらいを市場から直接仕入れるからである。

⑲ 食品とか住生活用品など多段陳列をする場合，売場面積はショーケースのフェース単位（1フェースは30cm）で数える。

⑳ ほとんどのスーパーでは加工食品と日配売場が食品部門の中で最も売上比率が高い。S2店の場合，店舗全体の売上に対する各売場の売上比率は，日配30%，加工食品28%，青果18%，精肉13%，鮮魚11%，ベーカリー6.5%である。

㉑ 男性パートと違って女性パートの時間給は，人的資本で説明できる部分が小さく，地域の最低賃金と非常に緊密に連動している。それゆえ，企業が労働力不足で悲鳴を上げていた1990年でさえ，女性パートの時間給は地域の最低賃金より100円ほど高い水準で止まっていた（永瀬信子，1995：111,124）。

㉒ 最低賃金は都道府県を基本に，業種別の最低賃金を適用する。各種商品小売業の地域別最低賃金がある都道府県に立地する総合スーパーはそれが適用されるが，そうでない総合スーパーと食品スーパーは地域別最低賃金が適用される。

㉓ 店長によると，彼女が最も能力があるので主任にした，ということである。パート

タイマーの教育を担当するとはいえ，レジに正社員が3人もいるのは意外な感じだが，そのうち1人は入社したばかり（前月）の新入社員であり，基礎教育が終わると異動する予定なので，事実上の正社員は2人である。

⑷　非組合員のパートタイマーに関しては確認できなかった。

⑵　残業がほとんどない非食品部門とは異なり，食品部門の正社員は残業が非常に多い。S3社の正社員の1999年の部門別・月別残業データによると，残業が最も少ない7月の正社員の1人当たりの平均残業時間は6.7時間，最も多い8月の平均残業時間は13.2時間である。しかし，部門別の残業時間にはかなり差がある。1999年8月の場合，鮮魚18.5時間，青果18.3時間，惣菜16.5時間，雑貨11.4時間，ベーカリー6.4時間，レジ5.0時間である（しかし，いずれもS4店の主婦パート（準社員）の平均残業時間より短い）。

　ただし，この数値は，残業手当が支払われた残業時間だけを集計したものであり，店舗ではサービス残業が問題になっている。食品部門の仕事の量は，決まった労働時間に終わる程度ではないにもかかわらず，企業側は人件費の節減のために残業0の方針を掲げ，残業をしないように第一線の店舗に要求している。このような状況で残業手当を請求することは，本人と上司の無能さを自ら主張することと同様に扱われる恐れがある。その結果，多量のサービス残業を生み出しているのである。

　S2社の正社員の残業データをみると，平均残業時間はどんどん延びている。1997年50.2時間だったのが2002年には61.7時間（2001年63.9時間）になり，1997年から2002年の間に残業時間は20%以上増えた。また，スーパーが最も忙しい1月の場合70時間を越える年度もある（S2社正社員の残業がここまで多い一番の理由は，長時間パートタイマーの採用を抑制していることにある）。しかし，実際の残業のうち残業手当を申請したのは半分にもならない。申請率が最も低かった1999年の申請率は42.3%，最も高かった1997年は49.6%だった。

⑵　この表現（「私のお店」）は，インタビューの中で彼女たちが使用したものである。

⑵　倒産する前のS4社は，海外市場開拓に成功した地方企業の事例として，日本の国内で注目されていた。海外に超大型店舗を多数運営していたS4社は，倒産直前には中国の上海に企業の本社を移転する計画を持っていたので，S4社に就職していた若い労働者の中には，外国で働きたくてS4社に就職した人も多かった。

⑵　これを勤務日数の21で割ると，この2人は1日に9.3時間と9.4時間も働いていたことになる。筆者はこの2人ともインタビューをしたが，この長時間労働は明らかに自発的なことだった。まず198時間働いたパートタイマーは，S4店の隣に居住している50代後半の独身の女性であった（2年前夫と死別，子供たちは成長して自立）。彼女は帰宅後も常に店舗のことを気にして，夕食後自ら電話をかけ，その時点の店舗の状

況を確認して，必要と判断されると再び出勤していた。196時間勤務していたパートタイマーの場合は，夫がいたが，行動は同様であった。S4店の調査に際して，筆者が驚いたことの一つは，ベテランのパートタイマーたちが，より多くの仕事をこなすために，誰も見ていない後方では走りながら仕事をしていることだった。しかし，そのような彼女たちの賃金は，2000年4月から実施された改正賃金制度により引き下げられた。

⑵⑼ 主婦パートの献身はS4社に特別なことではない。筆者は1999年5月にABCユニオンの流通部会が開催した，1泊2日のパートタイマー交流会に参加したことがある。加盟組合ごとに何人かのパートタイマーが参加して，100人以上（ほとんど主婦パート，全員女性）が集まった交流会だった。主婦パートたちの意見交換の話を聞いて私が驚いたのは，会社に対する自己同一視だった。どうしてあの低賃金労働者たちが，お店の売上を伸ばすためにそこまで真剣に悩むのか，どうして会社の利益を自分の利益のように思えるのか，私は2日間ずっと考えざるを得なかった。

⑶⑽ 先行研究（ゼンセン同盟，1991；林大樹，1991；国際産業・労働研究センター，1992）によると，パートタイマーの担当業務および就業意識について，最も説明力を持つ変数は労働時間であるが，この点については筆者のアンケート調査でも確認された。

⑶⑴ 正確にいうとG2社は，制度が整備されていないというより，制度の実施が中断された状態だった。1990年代半ばからG2社は経営上苦戦を強いられていた状態であり，そのためパートタイマーの賃上げがほとんど中断されていた。さらにG2社は個店主義が強いため店舗別の差が大きい企業であるが，G2社内でもG2店はパートタイマーの処遇制度の運営が円満ではない店舗だといわれていた。

⑶⑵ G1社は，学生パートを除く一般人パートに関しては職務能力を評価し，四つの職務等級に分けているが，G1店における勤続年数が1年を超える一般人パート196人のうち，職務等級4は1.0％，職務等級3は7.2％，職務等級2は30.1％，職務等級1は61.7％である。G1店における職務等級3に属する主婦パートたちの売場での役割や勤続年数などをみると，職務等級3は，本節での主任レベルと判断される。

⑶⑶ 面接対象の名前はすべて仮名である。面接対象の個人事項は〈付表1〉から〈付表6〉を参照すること。

⑶⑷ 三輪さんの勤務時間は，現在では1日7時間であるが，5年前までは1日5時間であった。

⑶⑸ G3社はロングタイマーと正社員の賃金格差は他の事例企業より小さい。G3社の業績不振で正社員のボーナスが少ないことも一因であるが，G3社のロングタイマーの賃金は他の企業に比べて高いほうでもある。人事部次長とのインタビューによると，

労働組合が強いためであるという。G3社のロングタイマーは全員組合員である。

⑶⑹　キャリア社員の年間労働時間は正社員のそれより40時間も長い。

⑶⑺　日配のリーダー（キャリア社員）の時間給は1,100円，精肉のリーダーの時間給は870円。

⑶⑻　G2店の惣菜売場は子会社が運営しているが主任は男性である。

⑶⑼　この新入社員本人との面接によると，彼は学生の時期G3店の青果売場でアルバイトをしたが，職人的存在であるG3店青果売場主任の仕事ぶりにほれて，この人から仕事を教えてもらいたい，と思って入社を決めた。

⑷⑴　参考事例のC社の正社員の女性比率は28.7％（2004年）。

⑷⑴　2003年6月には7等級の女性の店長が一人誕生していた。S4社の2003年6月の等級別・性別社員分布をみると，女性正社員のうち担当者の比率（1～3等級）は66.7％に若干下がった。

⑷⑵　一般的にこの問題に関して，生鮮売場は筋力を必要とする労働が多いためだ，と言われている。しかし，生鮮売場で平均的な女性の筋力で難しい作業は，鮮魚売場のマグロおろしぐらいしかない。そして，現状でもマグロおろしを除く全ての力仕事を主婦パートがやっており，筋力のために女性が配置できないわけではない。実際に，S1社では，1990年代に入ってから20代の女性正社員を生鮮売場に配置しており，それを条件として採用している。ところが，多くの新卒者の女性が，生鮮売場を忌避するのも事実である。精肉や鮮魚売場は臭いや寒さ，青果売場は力作業のため忌避の対象となる。結局，企業側も若い女性たちも，中年女性は3K仕事も仕様がないが，若い女性はやるべきではないという認識を共有しているわけだが，それは流通業だけの現実ではない。

⑷⑶　大卒であれば遅くても入社後3～5年くらいで主任になることが期待される。

⑷⑷　正社員のうち女性の比率が9.4％にしかならないが，S4社でも全く同じことがみえる。等級別・性別の平均勤続年数（2003年6月）をみると1等級男性1.98年，1等級女性3.74年，2等級男性3.74年，2等級女性5.46年，3等級男性7.59年，3等級女性8.14年，4等級男性13.38年，4等級女性12.43年であり，昇格にかかる期間が男性より女性のほうが長い。

⑷⑸　G1店正社員である久保さんは大卒女性だが，入社2年目，勤続1年で5等級に昇格して売場の主任になった。しかしその後10年も経った2003年の時点でも5等級主任のままであった。

⑷⑹　G3労組が設定している男性労働者の年齢別扶養者数は，25歳で1人，27歳で2人，30歳で3人となっている。つまり，男性労働者は25歳で結婚し，27歳で第1子，30歳で第2子が生まれるという設定なのである。さらに，扶養家族の数は，46歳で2人，

49歳で1人に減り，子女は高校を卒業すると親から自立すると設定されている。このような男性労働者の家族周期は，G3労組独自の設定ではない。35歳標準労働者というのが製造業の基準であるのに対して，流通業では30歳標準労働者を基準にしている。

(47) デザイナー，建築士，薬剤師に支給される手当。

(48) G2社の関東ブロックにおける短縮勤務者は1991～1994年3人，95年6人，97年7人，98年3人であり，重複者を除くと9年間で18人がこの制度を利用した。

(49) G1店の久保さんは2001年11月に出産して1年育児休職をした後，2002年11月から2年間育児勤務をした。2003年8月の時点でG1店だけで4人の女性正社員が育児勤務をしていた。

(50) 勤続23年の大卒者であり，店長や食品マネージャーや販促マネージャーよりも先輩の堀口さんが主任であることは，スーパー企業における女性正社員の位置を端的に示している。年収が彼女の4倍近い彼女の夫は，彼女の仕事を小遣い稼ぎだと思っていて，そんなに働く必要があるか，と言いながら"いつも馬鹿にしている"。

(51) 永瀬伸子（1997）の研究によると，既婚女性の正社員就業選択に一番説明力が高い変数は「（子供の）祖母との同居」である。

(52) 筆者が韓国で行った，不当解雇に抵抗し510日を超える長期闘争を行った既婚女性たちとの面接でも，夫は闘争への参加を妨害する要因の一つだった。

第2章
企業の行為戦略
──制限的内部化と区別作り──

　本章では，企業がどのようにパートタイマーの熟練の向上と「職務と処遇の不均衡」の再生産を同時に追求しているかを分析する。つまり，低賃金労働者の熟練の向上という矛盾を合理化するために必要不可欠な，差別的処遇に対するパートタイマーの同意を，どのように創出しているかを具体的に究明する。その上で，企業によるパートタイマー労務管理が男性稼ぎ主型ジェンダー・システムに基づいていることを明らかにする。あわせて質的基幹労働力化の両極端にある二つの企業のパートタイム労働の使用戦略を比較分析し，企業の行為戦略がジェンダー・システムに基づいていることを再確認する。

　企業戦略の分析のために，筆者が作った「区別作り（demarcation）」と「制限的内部化（limited assimilation）」という概念を使用する。「区別作り」とは，企業が，大多数のパートタイマーが家族責任に縛られている存在であることを認めた上で，正社員とパートタイマーの働き方に違いを設けることを意味する。「内部化」とは，内部労働市場の基準として挙げられる昇進・昇格，外部労働市場に比べ相対的に高い賃金，安定した雇用などがパートタイマーに適用されることを意味し，制限的内部化とは，全面的な内部化ではないという意味で使用する。さらに制限的内部化を，「選別的内部化（selective assimilation）」と「擬似内部化（pseudo-assimilation）」に区分する。「選別的内部化」とは，パートタイマーの全てではなく一部を選抜して内部化することを意味し，「擬似内部化」とは，選ばれたパートタイマーに適用される内部化の規則は，正社員のそれと似ているように見えるが，本質的には異なるものであることを表す概念である。

表2-1 企業がパートタイマーを採用する理由

(単位：%)

	全　産　業				小　売　業		
	1990年	1995年	2001年	2006年	1995年	2001年	2006年
人件費が割安だから	21.0	38.3	65.3	71.0	48.8	68.9	75.8
1日の忙しい時間帯に対処	36.4	37.3	39.3	39.5	54.5	45.4	43.8
簡単な仕事だから	33.9	35.7	31.4	36.8	35.2	34.0	44.7
一時的な繁忙に対処	5.5	9.3	27.3	23.8	10.9	25.8	22.9
人を集めやすいため	25.7	19.9	17.8	29.5	29.7	25.3	42.8
仕事が増えたから	39.6	29.8	17.1		31.2	16.0	
雇用調整が容易だから		12.4	16.4	21.9			17.8

出所：厚生労働省「パートタイム労働者総合実態調査」各年版

1　企業の課題──二兎を追う

　1970年代のオイル・ショック以降の日本では，女性の労働力化と労働力の女性化が進んでおり，その中心には有配偶女性のパート化がある。パートタイム労働市場の成長は1990年代以降の長期不況とともにさらに顕著になっており，2010年現在の短時間労働者は，非農林業における全労働者の26.6%，女性労働者の43.0%に至っている。第1章でみたように，スーパーマーケット業界では，パートタイマー比率は労働時間基準でみても従業員の70〜80%の水準である。

　企業がパートタイマーを増やす理由が賃金コストの削減であることは，ある意味常識かもしれないが，表2-1によると，その傾向が1990年代以降に本格的に強くなったことが分かる。すなわち，全産業における「人件費が割安だから」パートタイマーを雇う企業は，1990年には21.0%に過ぎなかったが，2001年には3倍以上に増えた。2006年の調査では，「仕事が増えたから」という選択肢自体がなくなる一方で，「一時的な繁忙に対処するため」や「雇用調整が容易だから」と回答する企業がますます増えている。1990年代以降，パートタイマーはコスト削減だけではなく雇用調整の対象にもなっている。小売業の回答の傾向は全産業と大きな違いはないが，人件費の節約とともに1日の繁忙時間帯対策としてパートタイマーを採用するという回答が多いことから，パートタイマーの量的な基幹化が進んでおり，1日の業務量が時間帯によって大きく異なる小売業の特徴がうかがえる。

第**2**章　企業の行為戦略

　賃金コスト削減のためにパートタイマーを雇用するということは，パートタイマーと正社員の賃金格差が大きいことを意味し，実際に賃金格差は拡大してきた。2010年現在，正社員より労働時間が短い女性短時間労働者の平均勤続年数が5.4年にまで伸びたにもかかわらず，賞与を含む時間当たりの賃金は，女性一般労働者の59.8%，男性一般労働者の41.1%に過ぎない（所定内賃金ではそれぞれ69.7%と49.2%，『賃金構造基本統計調査』）。これに賃金の10%ほどになる退職金と12%程度に相当する社会保険費用，その他もろもろの企業福利費用を合わせると，パートタイマーと正社員の賃金格差はさらに拡大する[1]。

　しかし，全てのパートタイマーが低熟練労働者であれば，仕事を任せるには限界があるので，どんなに安い労働力でも，企業はパートタイマーを無原則に増やすことはできない。パートタイマーが従業員の大多数を占めるスーパーマーケットではなおさらのことである。すでにみた通り，スーパーマーケット企業は，パートタイマーの量的な基幹化とともに質的な基幹化も進めており，2000年代に入り，人事制度の改正を行ってパートタイマーに小規模店舗の店長まで任せようとしている（金英，2009）。ところで，職務と処遇の不均衡の拡大ということは，パートタイマーにとっては安い賃金でより難しい・責任のある仕事をやることだから，多くのパートタイマーはこの現象に不満を持つ可能性が高く，これが長続きするのは容易ではないはずである。しかし，現実には職務と処遇の不均衡という矛盾した現象が拡大再生産され続けている。なぜ，このようなことが起こるのか。なぜ，矛盾は爆発しないのか。

　日本では，正社員は内部労働市場に，パートタイマーは外部労働市場に属しているために賃金決定の原則が異なる，とよくいわれる（パートタイム労働に係る調査研究会，1997：47-48）。言い換えるなら，適用される賃金制度が違うために賃金格差が発生するというのである。このように労働市場の分節を語るとき，外部労働市場の労働者は未熟練労働者だという前提がある。しかし，同報告書も認めているように，日本のパートタイマーを未熟練労働者だと規定することはできない。とすると，外部労働市場に属する低賃金労働者の熟練度が向上するメカニズムとは何なのだろうか。

　低賃金労働者に予想される低熟練と定着性の問題に対する企業の対策としては，大きく分けて二つが考えられる。

113

一つは，仕事を高度に標準化する，つまり脱熟練化して代替性を高めることである。この場合，企業内定着と熟練度が低いことはそれほど問題にはならないだろう。しかし，サービス産業の場合はいかに標準化したとしても，標準化ができない部分が残る。まして日本の企業のように組織内統合力を重要視する場合，標準化による脱熟練化は一定の限界を内包しているといわざるを得ない。

　もう一つは，パートタイマーの熟練水準を上昇（質的基幹労働力化）させることである。ところが，パートタイマーの質的基幹労働力化は，正社員と同じように労働者の移動に伴う費用を上昇させる。そのため，基幹労働力化にあわせて企業は，パートタイマーを企業内に定着させなければならないという課題を抱え込む。基幹パートを正社員と同じように内部労働市場に吸収すれば低定着性という問題は解決できるが，パートタイマー雇用の本来の目的だった人件費節減が達成できなくなってしまう。したがって，企業は正社員とは違う方法，つまり「割安のやり方」で高熟練のパートタイマーを企業内に定着させる装置を模索しなければならない。

　割安のやり方として考えられるのは，全部ではなく一部のパートタイマーに対して熟練の高度化の可能性を与える（選別的内部化）のと同時に，勤続が長くなるほど，熟練が高くなるほど，正社員とパートタイマーの賃金格差が大きくなる仕組み（擬似内部化）である。これによって，企業はパートタイマー熟練の向上とコスト削減という二兎を追うことができる。しかし，このような制度は，本質的に職務と処遇の不均衡を前提にしたものなので，パートタイマーの全面的同意を得ることは難しい。従って，企業は残存する抵抗の可能性に対処するための装置も同時に設けなければいけない。同意獲得装置には，パートタイマーのほとんどが家族責任の専担者の主婦労働者であることが利用される。

2　選別的内部化——パートタイマーの雇用区分

パートタイマーの等級化，序列化

　パートタイマーが従業員の大多数を占めるスーパーマーケット企業は，パートタイマーをひとつの集団として扱うと同時にひとつの集団としては扱わない。企業がパートタイマーを一集団として考えるのは，正社員ではないことを強調する

第**2**章　企業の行為戦略

ためである。一方パートタイマーの量的・質的な基幹化の下で，企業はパートタイマーを区分して管理する必要に直面することになり，1970年代中盤以降，この区分は制度として整備されてきた。

　一般的にいって，スーパーマーケット業界では非正規従業員を嘱託，契約社員，（さまざまな名称の）パートタイマー，アルバイトに分けている。嘱託と契約社員の多くはフルタイマーである。しかし全員がフルタイマーではない。アルバイト[2]は短時間労働者である。パートタイマーの労働時間はさまざまであり，フルタイマーも含まれる。つまり所定労働時間が週40時間であるG1社のキャリア社員もパートタイマーと分類される。パートタイマーに共通するものは，相対的な意味であれ絶対的な意味であれ，労働時間の長さではない。時間給か月給かという賃金形態でもない。その共通点は，いわゆる「パート的扱い」であり，「パート的扱い」の土台は性別と婚姻状態，つまりジェンダーである。第１章でみたように，パートといわれる従業員のほとんどは主婦パートである。[3]これから検討していくように，パート的扱いの核心は主婦協定に基づく労務管理，つまり制限的内部化と区別作りである。ところで，パートタイマーは人事制度上の名称ではない。人事制度上の彼女らの名称は企業によってさまざまであり，たとえばフレックス社員やフレンド社員などと呼ばれる。しかし，管理職や組合の役員たちが彼女らを一括りで指すときには「パート」と呼ぶ。

　企業は呼び方と処遇によってパートとアルバイトを必ず区分する。下に引用したインタビューからも分かるように，アルバイトはまさに指示された仕事を指示通りに行う未熟練労働力であり，雇用調整が必要である場合真っ先に対象になる従業員である。彼女・彼の異動は店舗や職場にほとんど影響を与えない。しかし，いわゆるパートは，不安定雇用の対象とはいえない。パートは，自分の責任で判断業務を行うことが期待される基幹労働力であり，彼女の異動は作業場の円滑な運営に支障を来す。また，学生は全てアルバイトに分類されるが，主婦の短時間労働者の全てがパートに分類されるわけではない。表２-２から分かるように，一部の主婦短時間労働者はアルバイトに分類される。

　学生なんかは今日来たとしても明日来るかどうか分からないやつらで，来なくてもこっちも関係ないけど，主婦パートは違いますね。(B社労組の専従役員，

115

男性，40代後半）

　△△さんは，アルバイトじゃなくフレンド社員だから，アルバイトに仕事を指示しなければならないので，私たちの期待も大きいです。(S3店店長)

　フレックス社員になると責任が生じるのがイヤで，何とかアルバイトでいたいという人もいます。(S4労組書記長)

　フレンド社員は，基本的に売場の管理者になれる能力を持っている人という基準で作られた制度です。中途入社した社員というような位置づけですね。だから退職金も設け，雇用契約も期間の定めのない契約にして……(G3労組書記長)

　表2-2は，事例企業の就業規則から，非正社員の各カテゴリに対する定義を整理したものであり，表2-3は非正社員の雇用契約条件をまとめたものである。就業規則という企業の公式文書が，さまざまなカテゴリの非正社員の存在をどのように規定しているかをみると，次のことがいえる。[4]
　第一に，労働時間の長さを問わず，ほとんどの企業で非正社員は雇用契約期間が1年以内の従業員である。つまり，事例企業では正社員と非正社員を区分する一次基準は，労働時間の長さや職務ではなく，雇用契約期間の定めである。次のやりとりからよく分かるように，有期雇用契約は企業が非正社員を統制する最も有力な手段の一つである。

部長（元人事部長）：(少し顔色を窺う表情で)[5]　最近どうだ？
社員（教育担当の女性正社員，最近店舗を巡回しながらパートタイマー教育を
　　行っている）：(無愛想な表情で)　一番困ったことは，私が解決できない相談
　　を受ける時です。
部長：何の話だい？
社員：店長やマネージャーたちが，自分が部下に指示したことを自分はしない
　　とか，お客さまに挨拶することもそうだし，管理職たちが誰かにきつく当た

第**2**章　企業の行為戦略

表 2 - 2　事例企業のパートタイマー雇用区分別定義

	企業の雇用区分	就業規則上の定義
G1	契約社員	1年契約のフルタイム従業員，店舗保安，生鮮技術職，薬剤師，ナイト・マネージャー，スタッフ，商品部の専門職または60歳定年後の再雇用者
	キャリア社員（パ）	1年間契約のフルタイム従業員，準社員の位置付け
	フレックス社員（パ）	契約期間6カ月以内の従業員で，定められた勤務時間に包括的指示あるいは具体的指示に基づき業務を遂行，責務を完遂する者
	アルバイト	決められた勤務時間に上司の指示に基づき勤務する者
	学生アルバイト	高校，大学に在学する学生で契約期間3カ月以内
	シニアアルバイト	契約期間6カ月以内，原則60才以上
	季節アルバイト	2カ月以内の短期間採用者
G2	専門社員	特定の委託業務
	契約社員	選考審査に合格，所定の決裁を経て採用された従業員
	フレンド社員（パ）	1週間の所定労働時間が通常の労働者の所定労働時間に比べ短い者。フレンドAとBに分けられる
	アルバイト	高等学校以上の各種学校に在学中の学生で，個別契約で定める所定労働日および所定労働時間勤務が可能な者
G3	フレンド社員（パ）	長期に勤務可能なメイト社員の内，本人が希望し会社が部門の管理者になれる能力があると認めた者
	メイト社員（パ）	長期に勤務可能な準社員の内，会社の登用試験に合格した者
	準社員（パ）	1週5日以上，4週間平均して1日6時間以上8時間以下勤務可能な者
	パートタイマー（パ）	1週5日未満，または4週間平均して1日6時間未満の勤務者
	アルバイト	1日8時間以下勤務する者
S1	通称：ストア社員	次の各号に該当し，所定の決裁によりストア社員群として雇用契約を締結した者　1．自宅から通勤可能な店舗ないし事業所に勤務する者　2．勤務日数，時間帯などの労働条件に対し個別に契約し勤務する者　3．雇用期間は1年以内
	エキスパート（パ）	通勤可能な店舗間の異動に応じられ，加えて1週33時間以上の勤務契約を行い同時に交代制勤務等会社が必要とする勤務条件に対応できる者
	パートナー（パ）	1日6時間30分以上，週5日以上勤務する者
	ヘルパー	1日6時間未満，特定の期間，曜日，時間帯に勤務する者
S2	通称：パートナー社員	所定の決裁によって採用され，パートナー社員の身分を有する者
	フレッシュ・パートナー1（パ）	1週の所定労働時間が30時間以上35時間以下かつ1日の所定労働時間は8時間以下，社会保険，雇用保険加入
	フレッシュ・パートナー2（パ）	週3日以上の勤務契約者の中で1週の所定労働時間30時間未満の者
	ナイスパートナー	大学等に在学する高卒以上の勤務契約者または週2日以上の勤務契約者
	ユースパートナー	ナイスパートナー以外で高校在学中の勤務契約者
	ホリデーパートナー	日曜日および休日だけの勤務，または実労働時間6時間以上8時間未満
S3	パートナー社員（パ）	原則15才以上，1日の実労働時間7時間45分未満の者。または特定日の特定時間に勤務する者で，次の各号のいずれかに該当する者。ただし1日の実労働時間が4時間未満の者は除外する。1）2カ月以内の期間を定めて雇用された者。2）6カ月以内の期間を定め雇用される者。3）上の2項以外で特定の期間を定めて雇用された者。4）特定の期間を定めず雇用された者。
	アルバイト	実労働時間が4時間未満の者，および学生アルバイト
S4	フレックス社員（パ）	1年間契約で従事することを前提に雇用された者
	アルバイト	就業規則なし

注：（パ）は事例企業の現場でパートと分類している労働者を指す。
出所：事例企業就業規則

　　るとか，そんなことです。

部長：直接抗議しろ，と言えばいいじゃん。そんな奴らは怒られるべきだよ。

社員：（不満そうに）　そんなこと指摘した人々は，みんな次の契約更改のとき

117

クビになったから，自分では言えない，と言ってるんですよ！

部長：そんなことないよ。本当だ。G2社ではそんなことはない。

社員：（苛立ちながら）　そんなことが実際にあるかないかじゃなくって，パートタイマーたちにそう思わせたことが問題じゃないですか！　パートたちは本当にそう思っているんですよ！　だから不満があっても言えないんですよー！

（2003年9月，G2社人事部の飲み会）

　第二に，非正社員はまずフルタイマーとパートタイマーに区分され，パートタイマーもいくつかのグループに分けられるが，非正社員内の区分線は労働時間および契約期間である。非正社員内のさまざまなグループ区分は，各集団の労働者に対して企業が付与する重要度を反映するものであり，序列を形成するものでもある。かつ，それは店舗でそれぞれの労働者にどのようなレベルの責任を与えるかを区分する基準にもなっており，G1社とG3社の定義によく表れている。曖昧な表現ながら，G1社の就業規則において，フレックス社員は「包括的指示または具体的指示に基づき」業務を遂行する従業員であり，アルバイトは「上司の指示に基づき」業務を遂行する従業員，となっている。G3社のフレンド社員は，「部門の管理者（売場主任──筆者）ができる」と企業が判断する従業員であり，メイト社員は「準社員の内，登用試験に合格した」従業員である。

　この区分線はパートタイマーたちが，お互いを区別して序列化する基準でもある。そのため，パートタイマーたちに売場の人員構成を訊ねると，決まって企業の区分線に基づいて答えてくれた。例えば，G3店での面接において，売場の人員構成を質問すると必ず，（正）社員○名，フレンド社員○名，メイト社員○名，準社員○名，パートタイマー○名，アルバイト○名と分けて答えた。アンケート調査に書かれた不満事項の中に，"正社員，フレンド，メイトと区別されているが，賃金の差はなく（F・M社員間），仕事の内容が同じであること"という回答がある。このことから分かるように，パートタイマー内部の各集団は，賃金をはじめとするもろもろの労働条件や企業内の地位などにおいて位階序列を形成しているため，本人たちにとって自分がフレンド社員であるかパートタイマーであるかは大変重要な区分線である。しかし，企業の管理職，労働組合幹部たちは，意識的に雇用管理制度に関して説明する場合を除いて，彼女たちをひとまとめにし

て「パート」と呼んでいる。

　第三に，パートタイマーの活用に積極的な企業は，そうではない企業に比べてパートタイマーの雇用区分をより細分化し，パートタイマー内の各集団の定義をより具体化しており，定義自体から基本的労働条件を明示する傾向がある。パートタイマーの活用に消極的な企業であるG2社のフレンド社員の定義は，正社員より労働時間が短い，ということしかない。「制限的基幹化型」のG1社のフレックス社員の定義もいたって曖昧である。一方，事例企業の中でもパートタイマーの活用に最も積極的な「全面的基幹化型」のS1社の場合，パートタイマー全体をストア社員と呼び，各集団の転勤や配置転換の有無，シフト勤務の有無まで細かく規定している。「積極的基幹化型」であるG3社の場合も同様で，登用基準，期待する役割，労働時間などが細かく規定されている。

　第四に，名称自体からパートタイマー内部の集団が，階層化していることが理解できる。つまり，アルバイトはアルバイト以上ではなく，パートは何らか名前の付いた「社員」と呼ばれる。このように，呼称を通じて彼女たちは，正社員ではないが企業に定着することが期待される集団として分類され，アルバイトはそうではないことが分かる。パートタイマーの名称に，友達や同僚を意味する英語の単語が多くあてられているのが興味を引くが，これは彼女たちが正社員の同僚という点を強調するものといえる。

　第五に，ほとんどの企業では一般人パートと学生パートを区分して[6]，学生はアルバイトに分類されている。就業規則上，学生と一般人を区分しない企業でも，実際にはアルバイトについては学生と一般人を分けており，学生はアルバイトとしてしか雇用しない。学生には企業定着性を期待できないため，彼女・彼らは特別に雇用管理の対象となっていない。

　最後に，S1社のパートタイマーであるエキスパートは，パートタイマーであるにもかかわらず，店舗異動とシフト勤務が最も核心的な勤務条件として規定されている点が特徴的である。後で詳しくみるが，この二つの条件は他の事例企業のみならず，スーパーマーケット企業におけるパートタイマーと正社員の勤務条件の決定的な違いである。

　上で，パートタイマーに分類される従業員の共通点はパート的扱いであると述べたが，パートタイマーの雇用契約条件をまとめた表2-3を通じて，いわゆる

119

表2-3　事例企業における非正社員の雇用区分別契約条件

		雇用契約期間	試用期間	労働時間	変形労働時間制	異動・配置転換	賃金形態
G1	契約社員	1年	×	1日8時間	○	○	月給
	キャリア社員	1年	×	1日8時間	○	○	時給
	フレックス社員	6カ月	×	月150時間未満，個別契約	○	○	時給
	アルバイト	2，3，6カ月	×	個別契約，シニアアルバイト月間120時間未満	18才以上○	×	時給
G2	契約社員	1年	2カ月	個別契約	○	○	月給
	専門社員	1年	2カ月	個別契約	○	○	月給
	フレンド社員	6カ月	3カ月	月130時間以下，特別な場合164時間	○	×	時給
	アルバイト	2カ月	×	個別契約	×	×	時給
G3	フレンド社員	期間なし	2カ月	週5-6日以下，1日6-7時間	○	×	月給
	メイト社員	1年	2カ月	週5-6日，1日6時間	○	×	月給
	準社員	1年以内個別契約	2カ月	週5日以上，4週平均1日6-8時間	○	×	時給
	パートタイム	上と同じ	2カ月	週5日未満又は4週平均1日6時間未満	○	×	時給
	アルバイト	上と同じ	2カ月	1日8時間以下	○	×	時給
S1	エキスパート	1年未満	3カ月	1日7.5時間，週5日	○	○	月給
	パートナー	上と同じ	一定期間	1日6.5時間，週5日	○	×	時給
	ヘルパー	上と同じ	×	1日6時間未満	○	×	時給
S2	フレッシュ・パートナー1	12カ月	最初15日	週30-35時間	×	○	時給
	フレッシュ・パートナー2	6カ月	上と同じ	週30時間未満	×	○	時給
	ナイスパートナー	6カ月	上と同じ	週2日以上勤務	×	○	時給
	ユースパートナー	6カ月	上と同じ	個別契約	×	○	時給
	ホリデーパートナー	6カ月	上と同じ	日曜・休日勤務1日6-8時間	×	○	時給
S3	パートナー社員	個別契約＊	無期間契約時3カ月	1日7時間45分未満	8，12月○	○	時給
	アルバイト	6カ月	×	1日6時間未満	上と同じ	×	時給
S4	フレックス社員	6カ月		1日7時間以上-A，6-7時間-B，6時間-C，4時間未満-D	○	○	時給
	アルバイト	3カ月		1日2時間	○	○	時給

注：＊就業規則には個別契約と書かれているが，実際には期間を定めないのがほとんどである。
出所：事例企業就業規則

パート的扱いをより詳しく検討する。パートタイマーの雇用区分別定義そのものに，契約期間と労働時間が明記されているケースが多かったように，当然雇用区分ごとに契約条件も違うので雇用区分別にまとめた。表2-3をみると，以下の特徴を挙げることができる。

　第一に，労働時間の長さがパートという呼び名の基準ではない。つまり，G1社のキャリア社員，G2社のフレンド社員の一部，G3社のフレンド社員と準社員の一部は正社員と労働時間が同じである。しかしながら，彼女たちの通称はパート（タイマー）である。第1章でみたように，所定内労働時間が正社員より短い

としても，有給までを含めると年間の実労働時間が正社員より長くなるケースも結構ある。例えば，S1社のエキスパートの半分近くが，残業代が支払われないマネージャー以上の役職に就いているため，1日の労働時間は7時間30分となっているが，彼女たちの実労働時間が部下である正社員の労働時間より短いとはいえない。S2社のフレッシュ・パートナーの1／3程度の実労働時間は，正社員の所定労働時間と同じか，それ以上である。S3社のパートナー社員の中には1日の労働時間が正社員より15分短い7時間30分の労働者が多数いるが，彼女たちの年間有給休暇日数が正社員より10日も少ないため，年間の実労働時間は正社員と差がない。

第二に，企業は就業規則にパートタイマーの契約条件を実際の運用よりはるかに厳しく定めて，万が一起こりうる抵抗や公式的な問題提起を防ぐために，予め釘をさしている。それは，変形労働時間制，勤務地異動と配置転換，そして試用期間の三つで説明できる。

まず，S2社を除き全ての事例企業の就業規則が，パートタイマーに変形労働時間制勤務があり得ると明記している。パートタイマーに適用される変形労働時間制勤務とは，「会社の都合によって必要な場合，1日8時間，週40時間を越えて勤務させることができる」となっている。これは年末や特別セールなど繁忙期に企業の都合に合わせて雇用量を調整するためのものであり，S2社も必要なら所定労働時間を超える勤務を要求する。1日8時間，週40時間を超える勤務が多くのパートタイマーに一般的ではないが，主任レベルのパートには珍しくもない。S3店の坂口さんの例のように，何かの肩書きでも持つことになれば，仕事を家に持って帰るのが普通である。

次に，就業規則では，G2とG3を除く全ての事例企業がパートタイマーに対しても，転居を伴わない店舗の異動と配置転換が可能であり，正当な事由なく拒否はできないと明示されている。しかし，実際にはパートタイマーに店舗異動を命じることは一般的にはできない。何よりもパートタイマーを雇い入れる主体は本社ではなく店舗なので，店舗異動そのものが成立しない。そのために，事例企業の「パート」のうち店舗を異動するのは，採用が本社で行われるS1社のエキスパートだけである。それゆえパートタイマーに適用できるのは，部門間の配置転換だが，それも後でみるように，実際には非常に限定的である。

最後の試用期間も，現実的には「予めさしておいた釘」であり，雇い止めを容易にするための安全装置である。全てのパートタイマーに適用される有期雇用契約自体が，契約終了時毎に企業の必要に応じて再契約の可否を決定するという意味であり，事例企業の「パート」の就業規則には全て雇用契約の自動更新を禁止する条項が入っている場合もある。しかし，企業側は主婦パートに関しては信頼性の高い労働力と評価しているので，実際には契約の自動更新が多い。解雇に否定的な日本の雇用慣行もあり，"どっちみち一旦雇い入れたら本人が辞めたいというまでは追い出すことも難しく，有期雇用にしてもあまり実効性がない"（S3社人事責任者）という。したがって，試用期間を設け，パートタイマーに「貴女は試用期間中」と申し渡すことは，万が一起こりうる雇い止めを労働者におとなしく受け入れてもらう役割を果たす。

　第三に，アルバイトは企業の労務管理において「残余範疇」といえる。パートタイマーの契約条件はそれなりに定まっているが，アルバイトの契約条件は完全に店舗に委ねられている。これは労働時間と試用期間の二つのことからいえる。アルバイトの労働時間は大変曖昧であるが，総合スーパー企業は特に曖昧である。実際，店舗での契約をみると，大多数のアルバイトの労働時間はいわゆるパートより短いものの各自バラバラであり，中には1日8時間も仕事する者もいる。また，半数以上の企業がパートに対しては試用期間を定めているが，アルバイトに試用期間が定められているケースはほとんどない。G3社のアルバイトに試用期間が定められている理由は，G3社ではいわゆるパートとアルバイトの就業規則が同じであるためである。アルバイトに試用期間がないのは，アルバイトでの採用そのものが試用的なものであるためである。パートはアルバイトから選抜されることも多く，企業や店舗によっては，最初はアルバイトとして採用して働かせてみてからパートに転換することも少なくない。例えばS1社のパートナー社員の就業規則から試用期間に関する説明をみると，試用期間には他の企業におけるアルバイトと同じ位置付けとなるヘルパー契約をすることになっている。S3店の店長は，最初からパートナー契約をすることはなく，最初はアルバイトとして仕事をさせた後に，仕事ぶりをみてパートナー契約に移行する，と言った。

　以上でみたように，企業はパートタイマーの内部をいくつかの集団に分けて等級化・序列化する。その目的は，パートタイマーに賃金および職務の向上の可能

性を提示することにより，熟練を高める動機付けをし，その結果，熟練度が高くなった一部のパートタイマーだけを内部化することである。

選別的内部化比率

続いて，パートタイマーの中で，どの程度が内部化の対象となっているかを検討する。表2-4は，事例企業における非正社員の雇用区分別の規模や内部化のレベルをまとめたものである。内部化のレベルは筆者が会社の制度を基準に評価したものであるが，人事責任者や組合の専従役員との面談を通じても同じ評価が確認できた。内部化レベルを判断する基準としては，職能等級の数，昇進の可能性，賃金上昇の幅，労組の加入資格を用いた。労組の加入資格を基準として用いたのは，それが雇用の安定および賃金に及ぼす影響が大きいためである。

組合員であると同時に人事制度上，職務および賃金の上昇規則がある場合に○をつけた。○の場合，売場主任の職務を担当するレベルまで期待され，正社員のそれとは違うものの多少の処遇の向上規則がある。また，組合に加入していないか，加入していても職務や処遇の上昇のハシゴの高さがあまり高くない場合は△とした。△は，新入社員のレベルを超えた一般職社員レベルの職務を円滑に行うことが期待される層であり，長期勤続は期待されるが熟練向上はそれほど期待されない。×は上昇規則が適用されないパートタイマーであり，管理職たちはこの層をアルバイトという傾向がある。G2社の場合，パートタイマーとアルバイトを区分した数値が得られなかったため，フレンド社員・アルバイトとした。全体的には，G2社のフレンド社員の位置と処遇は，G1社のフレックス社員である主婦パートであり，雇用管理のさまざまな面において類似した存在である。

表2-4をみると，まず，企業は全てのパートタイマーを内部化するのではなく，一部のパートタイマーだけを内部化していることが分かる。特に，学生が含まれるアルバイトは，全く内部化の対象とはなっていない[10]。そして，内部化の対象とされるパートタイマーであるほど，内部化のレベルが高いパートタイマーであるほど，勤続年数も労働時間も長い。

第二に，総じて総合スーパー企業より食品スーパー企業のほうが内部化対象となる非正社員の比率と内部化水準が高い。○に限定すると，G1社とG2社のパートタイマーの中で内部化対象の比率は1％にも満たず，一番高いG3社の場合で

表2-4　事例企業における非正社員の雇用区分別内部化レベルと雇用規模

(単位：%，歳，年)

		内部化レベル	比率（人数）	比率（労働時間）	平均年齢	平均勤続
G1	契約社員	○	0.4			
2003.2	キャリア社員	○	0.8			
	フレックス社員	△	79.3			
	アルバイト	×	19.5			
	計		100.0			
G2	契約社員	○	3.2	5.9		
2003.2	専門社員	○	3.0	5.6		
	フレンド社員・アルバイト	△・×	93.9	88.5		
	計		100.0	100.0		
G3	フレンド社員・メイト社員	○	20.6	28.6	46.2	10.2
2001.3	準社員	○	12.1	15.8	40.1	4.0
	シルバー・パートタイマー	×	3.3	3.4	62.5	4.1
	パートタイマー	×	47.1	41.7	43.6	3.3
	アルバイト	×	16.9	10.5	21.2	0.5
	計		100.0	100.0		
S1	エキスパート	○	8.8	12.6		11.1
2003.8	パートナー	○	37.7	48.6		
	ヘルパー	△	34.3	38.9		
	学生ヘルパー	×	19.2	0.0		
	計		100.0	100.0		
S2	フレッシュ・パートナー1	○	3.8	7.5	49.8	13.9
2003.8	フレッシュ・パートナー2	△	67.9	69.7	46.2	5.1
	ナイス・パートナー	×	11.5	10.1	20.7	1.1
	ユース・パートナー	×	16.7	12.7	16.8	0.3
	ホリデー・パートナー	×	0.1	0.0	28.8	1.8
	計		100.0	100.0		
S3	パートナーT	○	8.9	13.2	52.0	16.0
1999.1	パートナーS	○	14.5	21.1	41.0	3.0
	主婦アルバイト	△	48.9	44.3	44.0	2.0
	学生アルバイト	×	27.7	21.4	17.0	
	計		100.0	100.0		
S4	フレックス社員A	○	19.2		42.9	5.6
2003.8	フレックス社員B	○	21.1		44.2	5.0
	フレックス社員C	○	6.3		44.7	3.0
	フレックス社員D	△	4.4		49.0	3.0
	アルバイト	×	49.0			
	計		100.0			

注：G1社の数値は，総合スーパーだけの数字ではなくG1社グループ全体の非正社員の数値。G1グループ
　　では総合スーパーと食品スーパーだけでなく，ディスカウント・ストアなど流通業のさまざまな業態
　　が含まれている。
出所：事例企業内部資料

あっても30%を少し上回る程度である。しかし，S1社とS4社のそれは50%に近い。総合スーパー企業より食品スーパー企業のほうが，パートタイマーの質的な基幹労働力化に対して積極的であることがここでも確認できる。

　第三に，同一業態であっても企業間の差が大きく，パートタイマーの質的基幹労働力化の水準が高い企業はパートタイマーに対する内部化水準も高い。事例企業のパートタイマーのうち売場の主任までの仕事が期待される人々（○の比率）は，質的基幹労働力化水準が低いG1社とS2社はそれぞれ0.8%，3.8%である。G2社の場合○は契約社員と専門社員だけであり，いわゆるパートの中には○がない。一方で，事例企業の中でパートタイマーの質的基幹労働力化が最も高いS1社のそれは，46.5%にも達しており，S3社とS4社もそれぞれ23.4%と46.6%となっている。この事実は，パートタイマーの質的基幹労働力化と内部化の間には高い相関関係があること，すなわち内部化という誘引剤を提供しないまま，企業がパートタイマーを質的基幹労働力化することは難しいことを物語っている。

　総合的にみると，事例企業における主婦パートの内部化の範囲やレベルは質的な基幹化類型によって異なる。「全面的基幹化型」（S1社）では○の比率も△の比率も高く，学生を除くほとんどの主婦パートを広く深く内部化しており，「補助労働力型」（S2社）と「制限的基幹化型」（G1社，G2社）では，△の比率が非常に高く，ほとんどの主婦パートを浅く広く内部化している。「積極的基幹化型」（G3社，S3社，S4社）では，全般的に内部化の対象とする主婦パートとそうではない主婦パートを明確に区分しており，○の割合が23〜46%であり相当に高い。

3　擬似内部化(1)——パートタイマーの教育訓練と評価

　パートタイマーの質的基幹化を図るためには，積極的な教育訓練が必要となるが，教育効果は教育を受ける側の自発性と積極性に大きく影響される。したがって，企業はパートタイマーが高い水準の技能を自発的に身に付けるように仕向ける必要がある。そのために企業が実施しているのが，人事考課および資格制度であり，人事考課における評価と資格レベルを賃金と連結させている。また，資格レベルは職位と仕事上の役割につながっているため，資格制度はパートタイマー内部の昇進ハシゴを意味しており，積極的で自発的に教育訓練を受けようとする

動機付けになっている。本節では，企業がパートタイマーにどのような内容の教育をどのような方法で行っているのか，さらに教育と資格制度がどのように関連しているのかを見ていく。

パートタイマーの教育訓練体系

正社員の採用は本社が行うが，パートタイマーの採用は特別な場合を除くと店長の権限であり，面接で採用が決まる。応募者が履歴書を持参してくると（持参しない場合もある），総合スーパー店舗では管理課長が，食品スーパー店舗の場合は店長か次長が面接を行う。新店オープンのための一括採用の場合はおよそ100名以上，大型店舗の場合300〜500名くらいをまとめて採用するため，本社人事部および近隣店舗の管理職たちの支援をうけて面接が行われる。面接は大体30分から1時間程度をかけて行われるが，長くても1時間30分を越えることはない。面接時の質問内容は応募の動機，家族状況など，安定的な勤務が出来るかどうか判断するための質問と，どの売場での仕事を希望するかなどが中心である。

S2社のパートタイマー面接表を見ると，志望動機，職務経験，S2社での仕事経験，自宅から店舗までの距離，通勤方法，現職の有無，年収，職種の希望，勤務可能日数，休日出勤の可否，年末・年始の勤務の可否，棚下ろし参加時間，希望する休みの曜日，勤務予定日，将来の売場変更の可否などが本人に確認する事項となっている。さらに，面接表の裏面には，面接者の意見を記録するようになっている。

採用後の教育訓練は，Off-JTとOJTに分けられる。日本企業の社内教育が伝統的にOJT中心だったように，スーパーマーケット企業も同じであり，パートタイマーに対しては特にその傾向が強い。以下ではまずパートタイマーに対する教育訓練をOff-JTとOJTに分けて考察し，続いて評価制度である人事考課制度について検討する。

Off-JT　パートタイマーのOff-JTは三つに大別される。最初は，採用直後に店舗内で行われる勤務全般に関する教育で，大抵2〜3時間程度のものである。レジに配属される予定のパートタイマーには，POS機の操作の教育をさらに2〜3時間程う。教育は事務所に所属する教育担当の社員か，レジ主任（女性正社員）によって行われる。ただし，レジに女性正社員が配置されていない

食品スーパー企業では，パートタイマーの主任に教育を任せることもあるが，店長か本社の人事部職員が出張してきて教育を実施することもある。教育の内容は，出退勤時のタイムカードの入力，退勤時の所持品検査，身だしなみ，化粧，ヘアースタイル，売場での接客態度，会社で使われる基本用語，挨拶の動作などが中心である。「お客さまは神さま」という日本の商業界の風土に基づく，顧客に対する態度と言葉使いは重要な教育内容となっている。併せて，顧客に対して守れない約束を絶対にしてはいけないこと，顧客に嘘をついてはいけないことなどが強調される。

　次に，生鮮食品売場のパートタイマーに対する技能教育は，主に鮮魚，精肉売場のパートタイマーを対象としている。ほとんどの事例企業では，パートタイマーに対しても資格制度を導入しており，中でも鮮魚売場の資格は最終的にOff-JTを通して認定される。例えば，鮮魚売場が要求する技能の一つである刺身を作る技能は，基本的にはOJTによって教育される。しかし，刺身の加工技術は売場主任のOJTだけでは教育が完結できないため，一定水準に達したパートタイマーの何人かを，本社が実施する集合教育に派遣してOff-JTを受けさせる。その後のテストによって１級または２級の資格を与える。惣菜売場の場合も新しいメニューが開発された場合に，パートタイマーたちにOff-JTを実施することもあるが，最も一般的な方式は正社員の主任にOff-JTを実施した後，主任がパートタイマーにOJTを実施するやり方である。店内加工の割合が徐々に少なくなってきた精肉売場では，正社員でさえもOff-JTの期間が急速に減少したことから，パートタイマーに対するOff-JTはほとんど実施されていない。

　三番目は，リーダーなどの下級役職についているパートタイマーに対する教育である。一般的にパートタイマーに対しては，スーパーマーケット業界で数値教育と呼ばれる，より大きな利益を上げるための収益構造に関する教育はほとんど施されることはない。しかし，パートタイマーに売場の管理を任せる以上は数値教育を行わないわけにはいかず，その内容は主任の正社員に対する教育とほとんど違いがない。違いがあるとしたら，正社員には２〜３日の集合教育を行うのに対して，パートタイマーの教育時間はそれより短いということである。

　以上みてきたように，正社員と比較するとパートタイマーに対するOff-JTは大変制限的であり，かつ短時間である。新入正社員に対するOff-JTの内容は，

企業に対する従業員の人格的統合を主な内容にしている。また，正社員が昇進前後に受けるOff-JTの内容は必要な技能，知識だけではなく，必ず現在のマーケット状況とその中で自分たちの企業が置かれている状況に関する講義などを通して，自社の繁栄発展のために身も心も捧げて頑張るよう教育される。これによって正社員を企業に統合し，いわゆる「○○マン」を作り上げていくのである。ところがパートタイマーにはOff-JTを最小限に留めておくということは，企業側がパートタイマーを人格的に統合する必要性が低い，と判断しているのではないだろうか。

OJT 　前述した三つのOff-JTを除くと，パートタイマーに対する教育は全てOJTによって実施される。OJTとは文字通り作業場での実際の作業を通して教育をすることであり，教育担当者によって教育方法や内容が大きく異なってくる可能性がある。ところが，チェーンストアは作業の標準化を前提に運営されているため，企業はOJTを教育者個人に全てを任せず，OJTの各段階と内容まで本社が細かく整理して，誰が教育しても同じ結果が生じるように準備している。そのためにOJTの内容は徹底的に標準化された言葉で文書化されるが，それが「職務資格要件書」または「資格別作業項目表」などである。なお，企業はOJTが適切に行われ，パートタイマーが目標とする技能または熟練レベルに到達したかどうかを評価する。OJTに対する被教育者の学習姿勢および教育結果は，人事考課と職務等級に結び付いている。

　OJTは，初めは定型業務（単純業務）を担当させ，徐々に判断業務，続いて管理的業務へと業務水準を上げていくやり方で進んでいく。加工食品売場のOJTの実施状況をみることとする。まず，売場の清掃，整理，商品の補充陳列，賞味期限のチェックなどの業務を担当させ，それらの業務に慣れたら，欠品チェック，POP作成およびチェック，商品別陳列面積の決定などの業務に移っていく。続いて，レギュラー商品の発注を任され，次に特売商品の発注，販売計画の作成などに業務分野を拡げていく。パートタイマー内部の雇用区分を，昇進階段のように設定している企業では，昇進によって業務水準が高くなる方式を採っている。学生ではないパートタイマー全員に，判断業務である発注業務を担当させる政策を採用しているS1社では，パートタイマーには，売場に配置されるとすぐにレギュラー商品のうち，少なくとも一つ品目を担当させ，時間の経過とともに上司

第**2**章　企業の行為戦略

の判断によって，担当商品群を増やしていくという方式でOJTを進めている。

人事考課

正社員の人事考課　事例企業の正社員の賃金体系は，職能給を中心に属人給（年齢給）と職務給（業績給または職位給）が並存する体系であり，職級の高低によって賃金項目の構成および構成比率に差がある。下位等級の正社員の賃金は職能給と年齢給が中心となっており，職級が上がるに従って職能給または年齢給の割合が小さくなり，業績給の比重が高くなる。職位でいえば，売場主任クラスまでは，年齢給と職能給が中心となっているが，部門の責任者である統括マネージャー[14]以上では，業績給の比率が高くなっている。さらに，長引く不況の中で能力主義が強調された結果，事例企業では属人給を廃止したり，廃止されないまでも賃金に占める割合を低くしたり，上限年齢を制限して，属人給の年齢間格差を大幅に小さくした[15]。ところで，職能給体系は人事考課という評価装置を伴うものである。スーパーマーケット企業は，内部化の対象としているパートにも人事考課を実施する。しかし，パートタイマーに対する人事考課は正社員の人事考課を簡単にしたものであるから，その原型となる正社員の人事考課について検討を加える。

　G2社の「人事規定集」によると，人事考課は，「職能資格制度を基礎にして，社員の一定期間の成績，能力，勤務態度，人物について自己評価を含んだ多面的角度から評定し，これに基づいて給与，賞与，昇格および配置等において公正な処遇をはかるとともに能力開発を一層促進し，社員の能力の完全発揮とモラールの昂揚に資することを目的とする」ものとされる。全ての事例企業において，人事考課は1年に2回実施されている。

　日本の企業一般がそうであるように，事例企業における正社員の人事考課は，業績考課，能力考課，情意考課から成り立っており，企業ごとに職能等級または地位によって考課の構成比が異なっている。スーパーマーケット業界では一般的に，業績考課は前年比の販売実績，能力考課は自分の等級に該当する職能等級要件書に明示されている基準に基づき評価される。情意考課は勤務態度に対する評価である。

　表2-5に示したG2社の場合，正社員の人事考課の内容は業績達成度，職務遂

表 2-5　G2社における正社員人事考課評価項目および構成比

(単位：%)

適用職階，職務	評　定　要　素					合　計
	業績達成度	職務遂行度	経営理念の実践	職務遂行度・執務態度	部下または後進の指導育成	
A職1,2(10-11級)	80	10	10			100
M職1,2(8-9級)	70	20	10			100
S職1,2(6-7級)	60			30	10	100
D職1,2(4-5級)	50			40	10	100
J職(1-3級)	40			60		100

出所：G2社「人事規定集」

行度，経営理念の実践，執務態度，部下または後進の育成という五つの項目から構成されている。この中の業績達成度は業績考課，職務遂行度および部下・後進の育成指導は能力考課，経営理念の実践と執務態度は情意考課と考えることができる。職階および職務に挙げられているA職は経営職群であり，該当する職位は本部長，部長，室長，次長，大型店の店長が該当し，M職は管理専門職群で中型店店長，スーパーバイザー，バイヤー，ディストリビューター，（統括）マネージャー，営業・管理専門スタッフが該当する。上級専任職群に分類されるS職は小型店の店長，（統括）マネージャー，スーパーバイザー，バイヤー，ディストリビューター，売場主任，専門スタッフが，初級専任職群および上級一般職群と名付けられたD職は，売場主任，専門スタッフ，販売・事務スタッフがこれに該当する。最後の初級一般職群と名付けられているJ職は売場の担当者クラスである。括弧内は職能資格等級であり，職位と職能等級相互の関係を示している。

　人事考課の項目別構成比率を検討すると，業績考課の比率はJ職では40％であるが，上位職に行くに従って高くなり，A職では80％に達し，職級が上がるに従って数値結果に基づいて評価する傾向を見ることができる。反対に情意考課の比率は下級職であるほど高く，成果よりも上司の指示に従い，真面目に努力しているかが重視されている。そして，経営職群と管理専門職群では経営理念の実践という情意考課の項目が設定されている点が特徴的である。

　企業によって具体的な内容は異なるものの，店舗の正社員に対する人事考課のプロセスは次の通りである。まず本社が定めた部門別の職務内容を整理した表がある。被考課者はその表に基づき上司との面接の上，当期の自分の達成目標を自己申告する。その半年後に，被考課者が自分の目標の達成度を自らが評価して上

第**2**章　企業の行為戦略

表2-6　G2社における人事考課の評価基準と評語

評語	レベル	評価基準
S	特に優秀	優れた能力を発揮し，担当職務に期待される水準を大幅に上回る成果をあげた。上位等級への昇格が見込まれる。
A	優　秀	よく能力を発揮し，担当職務に期待される水準を上回る成果をあげた。
B1	標　準	資格にふさわしい能力を発揮し，担当職務について期待通りの成果をあげた。
B2	標　準	資格に要求される能力や担当職務についてやや期待はずれの結果となった
C	要努力	資格や職務に要求される水準の成果をあげることができなかった。今後の努力を期待する。
D	特に要努力	資格や職務に要求される水準をほとんど満たすことができなかった。今後，一層の努力を要する。下位等級への降格を検討する。

出所：G2社「人事規定集」

表2-7　G2社における人事考課の評価区分比率

職　階		絶対評価	相対評価				絶対評価
		特に優秀	優　秀	標　準	標　準	要努力	特に要努力D
A職	評　語	S	A	B1	B2	C	D
	評価区分比率	Aの中より特に優秀なもの（全体の5％以内）	20％	30％	30％	20％	Cの中より特に優秀なもの（全体の5％以内）
M・S職	評　語	S	A	B1	B2	C	
	評価区分比率	Aの中より特に優秀なもの（全体の5％以内）	20％	30％	30％	20％	Cの中より特に優秀なもの（全体の5％以内）
D職	評　語	S	A	B		C	
	評価区分比率	Aの中より特に優秀なもの（全体の5％以内）	20％	60％		20％	Cの中より特に優秀なもの（全体の5％以内）
J職	評　語	S	A	B		C	
	評価区分比率	Aの中より特に優秀なもの（全体の5％以内）	15％	70％		15％	Cの中より特に優秀なもの（全体の5％以内）

出所：G2社「人事規定集」

司と再び面接をして，評価の修正または認定が行われ，店長または本社人事部に伝えられる。このプロセスは，パートタイマーの場合でも全く同じである。

　G2社の事例でより詳しく検討すると，まず，人事考課のためにはチャレンジ目標を決めてそれを基準に考課を行う。「半期毎に目標設定，目標の進捗状況把握のために用いるもので，それぞれの期初に作成し，記入内容は，当該期間の成績評価の基準資料となる。第一次評定者はチャレンジ目標の記入内容を検討し，フィードバックしなければならない。目標制定及びフィードバックは第一次査定者と被考課者との面接で行う」。被考課者も自己評価をすることになっており，「チャレンジ目標に対する当期の重点目標の達成度合，あるいは特に考課に反映してほしい点，努力した点について具体的且つ簡潔に記入する」。

　なお「本人評価として，業績達成度については，チャレンジ度（A～C），達成

131

度（S~D），その他の項目については，達成度（S~D）の評語を記入する。」「評定者は次の基本事項により評定する。①被考課者の自己評価の内容を検討する。②チャレンジ目標における当期重点目標の達成状況に基づき評価する。③成績評価に当たっては，当期の目標達成への努力度，即ち目標達成に至るプロセスでの努力についても併せて評価する。④ラインの数値責任者（担当者）については，経営数値指標のうち，それぞれに課せられた数値目標の達成度について評価する。⑤役職者については人材育成（部下育成）面の評価をする。⑥スタッフの評価については，政策遂行度合，政策浸透度合，問題改善度合，問題解決度合などを中心に評価する。」（G2社「人事規定集」）

　表2-6と表2-7に提示したように，G2社正社員の人事考課は，6つのランクで行われるが，そのうちSとDは絶対評価であり，A~Cまでは相対評価である。面接によると降格の対象になりうるDレベル評価は，よほどのことがない限り与えない。S評価の場合も頻繁にあることではない。

パートタイマーの人事考課　事例企業におけるパートタイマーの評価は，能力考課を基礎とする職能等級評価と勤務態度評価および業績評価の三つに分かれているのが一般的である。管理職や組合の役員たちは，パートタイマーに関しては，職能等級評価を資格制度，勤務態度評価と業績評価を人事考課というので，本書でもその区分を受け入れて，まず勤務態度評価と業績評価に関して検討する。第4節でパートタイマーの賃金制度に関して検討するが，職能等級評価の結果によって資格給が，勤務態度評価と業績評価の結果によって評価給が決まる。

　パートタイマーの人事考課の例としてS2社とS4社のケースを検討する。まずS2社の人事考課は成績考課と執務態度考課から構成されるが，割合は資格等級によって異なる。つまり，フレッシュとシニア資格のパートタイマーの場合，成績考課が40％，執務態度考課が60％であるが，一般職社員または主任の仕事を期待されるリーダーとキャリア資格のパートタイマーは反対である。執務態度考課は表2-8の基準により行うが，言われた通りの仕事をまじめに誠実にやっているかを評価するもの，といえる。人事考課の結果は，勤続給と賞与，そして昇格の要件に反映される。

　S4社のフレックス社員の人事考課表も，目標管理と勤務態度評価の二つの項

第**2**章　企業の行為戦略

表2-8　S2社パートナー社員の執務態度考課表

考課要素	No	考　課　要　素
規律性	1	会社の規定・規則に従っているか。
	2	身だしなみは，整っているか。
	3	公私混同はなかったか。
	4	従業員買物は，ルール通り行っているか。
	5	誰とでも挨拶ができ，トラブルを起こさなかったか。
	6	前向きに仕事に取り組んでいるか。
協調性	7	社員・同僚と協力し，円滑に仕事をしていたか。
	8	利己的な態度を取らなかったか。
	9	共通課題に向かって努力していたか。
責任性	10	与えられた業務を最後までやり遂げようとしたか。
	11	自己の責任を回避することはなかったか。
	12	誤りは素直に認め，改める姿勢はあったか。

出所：「S2労働組合　組合員手帳別冊(平成11年度版)」15頁

目から構成されている。目標管理は，被考課者本人が売場業務をより円滑に行うために，今後半年間で達成しようとする三つの目標を定め，これに対して評価を行うものである。目標管理評価表には，被考課者本人が決める業務目標と達成水準を記入する欄があり，さらに「達成のためにどのような努力をしたか（経過）」を記入する欄と，これらの結果に対する本人評価，上司評価の欄がある。その右側には，三つの目標それぞれに対して20点満点の評価（評価ランクは五つ）を行い，合計点を記入する欄がある。目標管理評価表の下段には勤務態度評価表があるが，表2-9がそれである。

　合計20の項目からなるS4社のパートタイマー勤務態度評価の表は，挨拶・身だしなみ・基本対応，勤務態度，チームワーク・コミュニケーション，組織運営への協力度・企画度の4項目に分類される。これらの内容は，指示されたことを誠実に行い，かつ職場の同僚と円満な人間関係を築いているかを評価するものである。最後の項目（組織運営への協力度合いや企画度）は，S4社のパートタイマーの呼称がフレックス社員である理由をよく示している。パートタイマーは，日常的にコスト意識を身に付けることが求められ，月度の繁閑に対応する柔軟な契約をしなければならない。そればかりでなく，決まった時間帯だけに仕事をすればよいのではなく，会社がパートタイマーを集めにくい朝（開店前）の時間帯と夕方の時間帯に勤務すること，店舗で緊急事態が発生したとき，進んで協力することが，人事考課の内容に含まれている。まさに，「柔軟な（フレックス）」勤務態

133

表2-9　S4社フレックス社員の勤務態度評価表

	項　目	本　人	所属長	評　定
挨拶，服装，基本態度	1.お客様に対して，また職場において，いつも笑顔で接し，明るい挨拶を行っているか。			
	2.お客様に対して常に親切な応対を行っているか。			
	3.常に顧客の意見に耳を傾け，要望等を承っているか。			
	4.正しい身だしなみをしているか。			
勤務態度	5.職場における秩序，規律，店内ルールを理解し，よく守っているか。			
	6.勝手に職場を離れたり，ムダ話をすることはなかったか。			
	7.遅刻，早退，欠勤はなかったか。			
	8.勤怠ルールはよく守っているか。			
チームワーク・コミュニケーション	9.上司，同僚，部下，他の部署の者と協調して仕事をしているか。			
	10.上司，同僚，部下，他の部署の者との人間関係の円満化に努めているか。			
	11.情報交換，報告等，積極的にコミュニケーションに努めているか。			
組織運営への協力度，企画度	12.改善活動に積極的に参加しているか。			
	13.経費節約などコスト意識を持った行動をとっているか。			
	14.店方針や部門で決めた約束事を確実に実行しているか。			
	15.他の部門への応援もいとわず行っているか。			
	16.業務は標準以上のスピードで且つ正確に遂行しているか。			
	17.地域の生活情報提供を積極的に行っているか。			
	18.月度の繁閑に応じた柔軟な契約をしているか。			
	19.早朝，夕方以降，その他集まりにくい時間帯に勤務したか。			
	20.いつもスケジュール通り勤務し，緊急時にも進んで協力したか。			

出所：S4社内部資料

度を実践するパートタイマーだけが，高得点を得る仕組みとなっている。この20項目はそれぞれ2点満点で採点され，「完璧にやっている」が2点，「よくやっている」が1点，「不十分だ」が0点である。

　こうして，100点満点（目標管理60点＋勤務態度40点）の採点に基づき，93～100点はS，80～92点はA，56～79点はB，40～55点はC，39点以下はDの評価判定を行う。そして，評価ランクに基づき次の人事考課までの半年間，時間給に評価給200，100，10，4，0円（1999年現在）の加算が行われる。言い換えると，SかAの評価を受けなければ評価給はほとんど受け取ることができない仕組みのため，評価給が欲しいパートタイマーは企業が要求する基準を満たすために，身も心も捧げることが求められる。ところで，2003年6月現在の評価ランクの比率が

0.5%, 15.2%, 48.4%, 17.3%, 18.3%であることからも分かるように, 大多数のパートタイマーは評価給が得られない状況であり, 時間当たり100円, 200円という魅力的な評価給は文字通り, 「絵に描いた餅」となっている。[16]

S2社とS4社の態度評価表の内容を比べてみると, S4社はS2社より項目の数が多いだけではなく, パートタイマーに要求する態度の内容に相当な差がある。S2社は会社から言われたことだけをやることを要求しているが, S4社はパートタイマーにコスト意識を持って改善活動へ参加するだけではなく, 繁閑やパートが集まりにくい時間帯での勤務に加え, 他の部門の支援まで求めている。このような差は両企業のパートタイマーの質的な基幹労働力化政策の差を示している。第1章でみたように, パートタイマーの質的な基幹労働力化の類型がS2社は補助労働力型, S4社は積極的基幹化型である。つまり, パートタイマーの質的基幹化を積極的に進めている企業ほどパートタイマーに対する人事考課の内容も厳格である。なお, 質的基幹化を積極的に進めている企業は, パートタイマーに対して業績考課も課している。S1社とS3社では, パートタイマーの人事考課の項目に, 所属する売場の業績評価も入っている。S3社はパートタイマーの質的基幹化水準を高めるために, 1999年5月にパートタイマーの人事管理制度を改正する際に, パートタイマーの人事考課に業績評価を導入した。しかし, 当時のS3社の主任クラスの正社員の人事考課には業績評価がなかった。また, パートタイマーの質的基幹化のレベルが高い企業ほど, 評価給の金額の幅も大きい。つまり, S1社の評価給の幅は0〜300円, S4社は0〜200円であるが, S2社では勤続年数が同じ場合は10円である（勤続1年以上から2年未満は5円から15円, 勤続6年以上は55円から65円）。

以上でみてきたようにパートタイマーに対する人事考課は, 評価給を媒介にしてパートタイマーを企業の意図通りに働かせる, つまり, 企業に対する忠誠を確保する最も核心的装置の一つとなっている。もちろん, それは正社員についても全く同じことがいえる。しかし, パートタイマーと正社員の人事考課が大きく異なるのは次の点である。まず, 査定ランクの数が全く違う（正社員が120-150に対してパートは五つ）。わずか五つしかない査定ランクの最高ランクに位置付けられたパートタイマーに残された将来は, 最高ランクでずっと頑張り続けて同じ給料を貰うか, ランクを下げられて給料が下がるかの道しかない。

また，正社員の人事考課は積み上げ方式であるが，パートタイマーは能力評価だけが積み上げ方式であり，業績評価と情意評価は洗い替え方式である。詳しく述べると，正社員の場合，業績評価，能力評価，情意評価の点数を合計した結果により該当の職能等級内で号俸が上がる構造になっている。4等級10号俸の正社員は，人事考課の結果5号俸上がるとすれば，4等級15号俸になる。そして，4等級の最高号俸に到達すると簡単な筆記試験を経て5等級に昇格する。しかし，パートタイマーの評価給は半年ごとに変わる。つまりS4社のフレックス社員なら，S評価を受けた後の半年間だけ時間給が200円アップされるが，次の査定でC評価を受けると評価給は10円となり，時間給は190円も減額される仕組みになっている。このような仕組みはパートタイマーの賃金の上昇を抑える構造であり，正社員の人事考課よりパートタイマーのそれがより冷酷なシステムであるといえる。それは，S4社が1999年にパートタイマーの人事制度を変更するときに作成した制度説明書に，現制度の問題点として最初に取り上げたのが，“1．年功的色彩が強い賃金制度。準社員の時間給は，評価の積み上げ給であることから，勤続が長くなるほど上位資格に昇給するため仕事内容と賃金が連動しない”であることからも分かる。[17]

　筆者が，人事考課によるパートタイマーの昇給・昇格を「真の」内部化ではなく，「擬似」内部化と名付けた理由はこのような特徴からである。

資格制度，熟練を基準としたパートタイマーの等級化

資格制度と雇用区分　　パートタイマーの資格制度とは，正社員の職能資格制度を変形してパートタイマーに適用したものであり，熟練水準をいくつかの段階に分けて，売場内の地位および役割，賃金水準，労働条件を差別化するものである。すでに，事例企業がパートタイマーをいくつかのグループに分けていることをみてきた。労働時間および契約期間の長さを異にする，このようなパートタイマー内部の雇用区分は，実は熟練水準による区分でもあり，昇進・昇格の構造になっている。例えばG3社で主婦パートは，パートタイマーとして入社して，能力や本人の希望によって準社員→メイト社員→フレンド社員に昇進していく。S1社の主婦パートもヘルパーとして入社してパートナー→エキスパートへと昇進する。つまりパートタイマーの雇用区分は，熟練（資格制度）と

第**2**章　企業の行為戦略

表 2 - 10　S2社のパートタイマー資格制度(1999年)

仕事・役割レベル	呼　称	内　　容
第一段階 (単純定型 業務)	フレッシュ パートナー (FP)	FPさんは全員最初はここからスタート！　求められる仕事内容は6カ月以上の方であれば充分修得できるレベルのものです。決められたことを，決められた通りに確実にできることが大切です。作業修得度確認表の項目全てを修得できた方がシニアにチャレンジできます。
第二段階 (習熟業務)	シニア パートナー	部門習熟業務として各部門4～5のシニア資格を設定しています。部門のある業務に習熟し，この資格業務ができると認められたFPさんにシニア認定をします。資格が一つでも身についた方がフレッシュパートナー・シニアと呼ばれます。資格業務を責任を持って担っていくことが求められます。
第三段階 (担当者代 行業務)	リーダー パートナー	部門の一日の流れを熟知し担当者不在時にも，担当者の指示に基づき業務を遂行できるパートナーさんを求めます。 また，FPさんのとりまとめ役もしていくわけですので，仲間からの人望があつい方が望まれます。リーダーパートナーは特に部門で一人というような限定をしていませんので，リーダーを目指してチャレンジして下さい。リーダーになる為には，FPシニアに求められる資格は全て身に着けていることが必要です。 リーダーパートナーさんは社員III等級クラスの仕事の設定をしています。
第四段階 (チーフ*ま たはサブ チーフ業 務)	キャリア パートナー	社員IV等級レベルの設定で，担当部門においても計画から販売までの一連の管理業務を安心して任せられる人を求めます。パートナーさんの最高レベルの資格で，部門の担当者もしくはサブチーフとしての役割を担っています。 1人でも多くの方がキャリアパートナーになり，責任を持って仕事を担っていく，このようなパートナーさんが増えていくことこそまさにFPさんの戦力化といえます。

注：＊売場の主任をS2社ではチーフという。
出所：「S2労働組合　組合員手帳別冊(平成11年度版)」13頁，強調は企業。

労働時間や契約期間による区分であり，広い意味では職能等級制度ともいえる。ところが，しばしばスーパーマーケット業界でパートタイマーの資格制度という場合，パートタイマーの雇用区分とは別のもので，特定の技能習得または業務習得水準に関することだけを指しているので，本書でもその用語法に従う。

　全ての事例企業が資格制度を設けていて，パートタイマーをいくつかの職務等級に分けているが，標準化された資格制度の典型であるS2社の制度をみると，表 2 -10の通りとなっている。S2社の資格制度は大きく 4 段階からなる。前の章で設定した質的基幹労働力化レベルで表現するなら，第 1 段階のフレッシュは補助労働力，第 2 段階のシニアは新入社員代替型，第 3 段階のリーダーは一般職社員代替型，第 4 段階のキャリアは（副）主任代替型であり，本書の質的基幹化レベルとS2社の人事制度の区分は完全に一致している。

　S2社におけるパートタイマーの労務管理が今のような形を取ったのは，1992

137

表 2 - 11　S2社のパートタイマー資格制度(2003年)

必須資格項目	その資格において必ず必要となる作業項目(フレッシュでは最低限)で,次に行くためには,全て取得が必要な項目
資格項目	上位資格に行く為に必要な項目で,部門状況や本人の能力に合わせて店長,チーフの確認のもとに選択できる項目

改正後		
フレッシュ	必須資格項目	項目数は部門毎に異なる。全て一括取得が条件 6カ月で取得可能な基本作業(単純定型業務)
	資格項目 5項目	3つ取得でリーダー受験資格 定型業務＋部門内での役割に応じて非定型業務を担う(社員代行業務)
リーダー	必須資格項目 3項目	段階的に全て取得 基本的には旧リーダーに準ずるが社員業務を拡大(社員代行業務)
	資格項目 3項目	1つ取得でキャリア受験資格取得 部門内での役割に応じて判断業務を含む社員業務(サブチーフ業務)
キャリア	必須資格項目 3項目	段階的に全て取得 基本的には旧キャリアに準ずるがチーフ業務も一部含む(チーフ業務)
	部門責任者,部門の管理運営(チーフ業務)	

出所：S2労働組合「パートナー組合員手帳別冊(平成19年作成)」

年に現在のパートナー制度を導入したときからである。その後,パートナー制度は1997年に一部変更があり,2003年10月にはパートタイマーの質的基幹労働力化を一層進めるために,"意欲・能力に応じた処遇の主旨のもとに"パートナー資格制度を改正した。2003年の資格制度改正による変更は表2-11の通りであるが,フレッシュとシニアを一つに統合し,パートタイマーの熟練向上を促している。つまり,以前は部門によって四つから五つのシニア資格を全部取得しなければリーダーにはなれなかったが,改正後は三つ取得でリーダー受験資格ができ,リーダー資格を一つでも取得すればキャリア受験資格ができる。組合の役員と会社の取締役との面接によれば,ロングタイマーを増やし,正社員の割合を下げることが人事改正の主な狙いだった。第6節で詳しく説明するが,その狙いの達成のために,2006年にはパートタイマー賃金制度を一部改正して,資格給の幅を広げた。この改正によってS2社は極力制限していたリーダー・パートナーとキャリア・パートナーの比率を積極的に高めて,パートタイマーの質的基幹化の類型を「積極的基幹化型」に転換しようとしている。[18]

S2社の「資格制度作業項目」

このように分けられた資格等級において,習得すべき熟練水準は売場ごとの作業項目として整理されている。この作業項目は「パートナー資格制度作業項目」というタイトルの小さな

第**2**章　企業の行為戦略

表2-12　S2社のパートナー資格制度作業項目（グロサリー用）

	フレッシュ	シニア	リーダー	キャリア
作業項目	1. 各部門の補充，前進（デイリー）	1. 発注	1. 販売計画	1. 販売計画
	2. 各部門の補充，前進（D/NF）	a. スポット品，特売品等の計画数量の修正	・販売計画の立案，検証（担当分類）	・販売計画の立案，検証（担当部門）
	3. 品質チェック	b. 前日分の実績確認	・各種データの分析	・各種データの分析および仮説の設定
	4. 清掃作業	2. 売場づくり	・スポット品，特売品等の計画数量の修正	・計画，発注ミーティングでの情報収集および情報提供
	5. フェイシング設定	a. 作業割当表による調整	2. 売場づくり	
	6. 売場チェック（デイリー）	b. 売場展開図を基にした売場づくり	・作業割当表による人員の調整	2. 売場づくり
	7. 開店前準備（片付け）	c. 仕分け	・売場展開図の作成（翌日分）	・作業割当表の作成（日々）
	8. B/Yの整理，整頓	d. 構成変更	・温度チェック	・売場展開図の作成
	9. 各分類別レギュラー発注	3. 売価管理	・セッティング	・発注件数の確認および人員の算出
	10. 発注入力，送信（端末操作）	a. 売価チェック	・販売促進	・販売促進
	11. 検品および伝票処理	b. 売変リストに基づいた売価変更	・荷受け	・荷受け，仕分け
	12. WITによる発注	4. 鮮度管理	・仕分け	3. 調整，変更
	13. 構成変更	a. 鮮度基準に基づいた売価変更	3. 調整，変更	・作業指示書の発行
	14. 欠品チェック	5. 変化陳列	・作業指示	・作業進捗に応じた作業指示
	15. シールメンテナンス	a. ドライ，ノンフード編	・売場状況チェックおよび作業指示	・見切りの判断および販売数量の把握
	16. 緊急売変	b. デイリー編	・見切りの判断	4. その他業務
	17. POPの作成，取付		4. 変化陳列	・トレーナー業務
	18. 定位置管理		・ドライ，ノンフード編	・棚卸し
	19. 廃棄スキャン		・デイリー編	
	20. おつとめ作業			
	21. カット品の処理			
	22. 在庫管理			
	23. 在庫確認			
	24. ピッキング			
	25. 備品のメンテナンス			

手帳にまとめられ，パートタイマーひとりひとりに渡されるが，この手帳を作成して配るのは会社ではなく，労働組合であるのが特徴的である。この手帳は全部で7冊から構成され，チェッカー（レジ）用30ページ，グロサリー（加工食品）用15ページ，精肉用16ページ，ベーカリー用9ページ，鮮魚用13ページ，青果用10ページ，衣料用がそれぞれ1冊になっている。[19]

　手帳を開くと，最初のページに，資格等級別に習熟すべき作業項目が表2-12のように整理されている。しかし，その作業項目はタイトルに該当するもので，2ページ目からは表2-13と表2-14のように，これらの作業についての習得度合をチェックするための具体的な基準がいくつか提示されていて，右側の最後の欄では習熟状況が点検できるようになっている。

　各資格等級内でそれぞれ4〜5個ずつに分類された作業大項目（鮮魚売場のシニアの場合は商品化，商品陳列構成，商品化準備，発注）を，S2社では「小資格」という。この作業項目の小資格を一つ一つ習得したと認められることによって時間

139

表2-13　S2社のパートナー資格制度作業項目(グロサリーのうちデイリーのフレッシュ・パートナー部分)

作業項目	チェックポイント	チェック表
1. 補充 前進陳列 （デイリー） 1-2便陳列	・清掃用具（カウンタークロス白・バケツ）を準備しましたか ・プラコンに付いている店番シールをキレイに剥がしてから陳列していますか ・カット台を使って陳列していますか ・商品を出し終わったプラコンは，色・サイズ別に空台車に乗せていますか(青22枚　黄16枚) ・両手で陳列を行っていますか ・先入れ・先出しを行っていますか ・陳列前にケース，バット(豆腐・漬物)の清掃を行っていますか ・売場ケースの汚れを随時清掃していますか ・ぬれ物の水を拭き取っていますか ・日付チェック，品質チェックをしながら陳列していますか ・陳列をしながら前進もしていますか ・POPは商品の下中央に合わせていますか ・プライスカードの左端に揃えて，商品を陳列していますか ・仕切板の向きは合わせていますか(→└　┘←) ・縦割ラインを維持していますか	

給が上がるという仕組みである。S2社の資格制度は，他の事例企業に比べると少し細分化されているが，ショートタイマーの「パート」たちに熟練向上の動機付けをするための方策となっている。

　同時に取得できる最大資格数は三つであり，資格等級が上がればボーナスも上がる。具体的にいうと，1999年時点ではフレッシュ・レベルに資格給はないが，シニア・レベルでは部門別に四つまたは五つの小資格を取得するごとに時間給がそれぞれ10円ずつ上がる（上限40円）。リーダー・レベルでは四つの小資格ごとに20円，キャリア・レベルでは三つの小資格ごとに30円ずつ時間給が上がる。さらに役割給という名目でリーダー・パートナーは時間当たり154円，キャリア・パートナーは時間当たり358円が加算される。ボーナスは，フレッシュとシニアには月給の2カ月分，リーダーには3カ月分，キャリアには4カ月分が（正社員は4.5カ月分）支給される。資格取得の判定は年2回，3月と9月に直属上司（5等級以上の主任）との面接によって確認の上，決定される。

　資格等級の各レベルの昇格要件は次の通りとなっている。フレッシュからシニアへの昇格判定は年2回（3月，9月）実施され，フレッシュレベルの各作業項目を全て習得し，直近2回の人事考課の結果の平均がB以上の者で所属長（店長）

第**2**章　企業の行為戦略

表2-14　S2社パートナー資格制度作業項目(グロサリーのうちドライのフレッシュ・パートナー部分)

作業項目	チェックポイント	チェック表
2．補充 前進陳列 （ドライ）	・お客様への「いらっしゃいませ」を忘れずに言っていますか	
	・清掃用具（フラワークリーン，カウンタークロス白)を準備していますか	
	・カット台を使って陳列していますか	
	・品切れ商品から陳列することが出来ますか	
	・両手で陳列を行っていますか	
	・先入れ，先出しを行っていますか	
	・棚のほこり，よごれを清掃しながら陳列をしていますか	
	・日付チェック，品質チェックをしながら陳列していますか	
	・プライスカードの左端に揃えて，商品を陳列していますか	
	・プライスカードのフェイス(数)を守って陳列していますか	
	・陳列する際にフェイス(顔)を見せていますか	
	・お客様の邪魔にならないようカット台の位置に注意して作業をしていますか	
	・フェイスにすき間がない様に行っていますか	
	・カット台に商品を積む際は，目線の高さを超えないよう積んでいますか	
	・前進は左上から右下に逆S字にする順で行っていますか	

　から推薦を受け，申請すると承認される。原則としてシニアまでは週35時間未満の契約である。次に，シニアからリーダーへの昇格は，シニアの習得項目の全てを習得し，直近2回の人事考課の平均がAの者が，店長の推薦と販売本部長の承認を得て，昇格試験に臨む。試験は年1回11月に実施され，筆記試験と面接が行われる。商品知識と業務知識をテストする筆記試験は，80点以上で合格となる。

　リーダーからキャリアへの昇格は，シニアからリーダーへの昇格と同じであるが，面接者が店長から販売本部長に変わるという点だけが異なる。なお，リーダーとキャリアは，原則として週35時間以上勤務する契約となる。

　他の事例企業でも等級別に習得すべき業務項目を設定してはいるが，このように手帳を作ってパートタイマー本人に配布するのはG1社とS2社だけである。中でもS2社のそれは最も細かく，かつ具体的であり，そのため分量も多い。他の事例企業のチェックリストは，等級別に表2-12に示したものより若干詳しい程度のもので，内容もS2社より非常に抽象的である。ところで，G1社とS2社はパートタイマーの質的な基幹労働力化のレベルが低い企業である。このことからすると，パートタイマーの仕事の標準化と質的な基幹労働力化は逆比例関係にあ

141

る可能性がある。

　実際に，パートタイマーの熟練向上に積極的である企業の関係者たちは，このようにパートタイマーの作業項目を細分化，具体化することはむしろ非効率だと指摘する。パートタイマーの1日の労働時間が最も長い事例企業のS1社の労組役員は，パートタイマーにはより包括的な業務をさせたいと思っているので，あまり細かく具体的に仕事を指示することは逆効果になると述べた。また，G3社の労組役員も，業務があまりにも細かく指定されると，パートタイマーたちは指示された仕事だけすればよいと考えるようになるため，パートタイマーの基幹労働力化にかえって支障があるとみていた。

　S2社が，他の企業よりも作業項目を標準化している理由は，すでにみたようにS2社はパートタイマーの75％（2003年）がショートタイマーであり，それだけ管理しなければならないパートタイマーの人数が多いことにある。パートタイマーの大部分がロングタイマー（1日6時間以上）であり，その半分程度が7時間以上働くS1社と比べると，管理すべきパートタイマーの人数がほぼ2倍にもなる。ところで，1日の労働時間が4時間にも満たない労働者の質的基幹労働力化は，だれが考えても限界があるといわざるを得ない。そのためS2社は，どの事例企業よりもパートタイマーの業務を標準化することにした。

　S2労組の設立メンバーの一人によると，労組結成当初，会社側はパートタイマーには周辺業務だけを担当させればよい，という考えだったそうである。しかし，組合側が労働者の仕事の「やりがい」という側面を考えた場合，周辺業務だけに従事する労働者にとって職場で「やりがい」を感じることは困難であり，長期に勤めることが難しいと指摘し，協議の結果パートタイマーの熟練水準を向上させるための方策として，職能資格制度の導入に対する合意ができたとのことである。つまり，正社員の労働時間の半分にも満たない短時間労働者の質的基幹労働力化を推進するための方策として，S2社労組は職務の標準化，マニュアル化を進めて，このマニュアルをパートタイマーひとりひとりのカバンの中に入れたということになる。

事例企業の資格等級別　事例企業におけるパートタイマーの資格等級別規模が，
パートタイマーの人員構成　実際にどのようになっているのかをみてみる。事例企業の中でパートタイマーの雇用区分を分けていなかった企業は，資格等級制度を

第**2**章 企業の行為戦略

表2-15 事例企業における「パート」の資格等級別分布

(単位：%)

資格等級	企　業				
	G1	G3	S1	S2	S4
補助労働力レベル	12.5	59.0	42.5	45.0	62.0
新入社員レベル	79.6	15.2		52.9	
一般職社員レベル	7.4	25.8	46.7	1.7	30.1
主任レベル	0.4		10.9	0.3	7.9
計	100.0	100.0	100.0	100.0	100.0

出所：企業内部資料

別に設けており，パートタイマーの雇用区分をいくつかに分けていた企業は雇用区分そのものが資格制度である。つまり，表2-15に示した事例企業の中で，G1,S2,S4社はパートタイマーに資格等級があり，G3,S1社はない。

表2-15の数字に関していくつか解説しておく。

まず，使用した数値は8時間換算の人員数ではなく，実人数で比率を算出した。前述したように，資格等級が高いパートタイマーであるほど労働時間が長くなるため，8時間換算した人数で算出すると，一般職社員レベルや主任レベルの比率がより高くなる。[20] 例えば，S2社のリーダー・パートナーとキャリア・パートナーの人数は，2003年8月現在それぞれ199人と20人であるが，これを8時間換算するとそれぞれ121.8人と23.9人になる。

G1社の主任レベルの比率は，実際に店舗で主任職についている人々の比率[21]であり，それ以下はパートタイマーの資格等級別比率である。G1社については，薬剤師などの専門的職務に従事している非正社員（546人）を除外して比率を算出しており，前述の通りG1社だけでなくG1社グループ全体の数字を用いている。具体的にいえば，キャリア社員とフレックス社員，アルバイトのうち，主任職についているOJT3とOJT4を主任レベル，職務3を一般職社員レベル，職務2と職務1を新入社員レベル，フレッシュを補助労働力レベルに分類した。S2社は，キャリアは主任レベル，リーダーは一般職社員レベル，シニアは新入社員レベル，フレッシュは補助労働力レベルとした。S4社はフレックス社員の資格等級のうち1級は補助労働力レベルと新入社員レベル，2級は一般職社員レベル，3級は主任レベルにした。

また，G3社とS1社はパートタイマーの資格等級が別にあるのではなく，雇用

143

区分それ自体が資格制度であることから雇用区分別の人数を使用した。S1社の基準によると，エキスパートは主任レベル，パートナーは一般職社員レベル，一般人ヘルパーは新入社員レベル（学生ヘルパーは補助労働力）である。G3社の基準によると，フレンド社員は主任レベル，メイト社員は一般職社員レベル，準社員は新入社員レベル，パートタイマーは新入社員レベルと補助労働力のレベルが混在している。なおG3社のデータはメイト社員とフレンド社員を分けた数字が得られなかったため合算して表記した。

　当然のことではあるが，企業ごとに資格等級の呼称が違い，またその等級の意味が厳密に一致しているわけではなく，本書の類型とも完全に一致するものではない。例えば，実際の作業場における業務内容や3.3年にもなる平均勤続年数からして，G3社の補助労働力に分類された「パートタイマー」を全て補助労働力とみなすべきではない。この中の半数程度は新入社員レベルとみなすことが妥当と考えている。しかし，企業がひと塊に分類している以上，これを分離して確認する方途はない。S2社の一般職社員レベルに分類された「リーダー資格」も，組合の専従者との面接によると，実際に主任役に就いている人々も少なくないという。S2店でも，主任レベルであるキャリア資格は１人もおらず，リーダー資格を持つ２人がレジ主任と副主任に就いていた。

　事例企業ごとに本書の質的基幹労働力化のレベルの定義と多少のずれはあるが，企業の分類とはおおむね一致しているので，表２-15は本書の質的な基幹労働力化レベルの定義に基づき整理した。

　表２-15によると，パートタイマーの質的基幹労働力化の水準は，基本的に総合スーパーであるか食品スーパーであるかによって違いが生じるものの，同じ業態の中でも差が大きいといえる。つまり，総合スーパー企業の中でもG1社およびG2社とG3社の間では差があり，食品スーパー企業の中でもS2社は他の事例企業と著しく異なり，総合スーパー企業よりもパートタイマーの質的な基幹労働力化の水準が低い。

　具体的にいえば，パートタイマーのうちの一般職社員レベルと主任レベルを合わせた比率は，G1社7.8％，G3社25.8％，S1社57.6％，S2社2.0％　S4社38.0％であり，S1社が一番高く，S2社が最も低い。ただし，S2社のパートタイマーの平均勤続年数が５年を超えることからすると，S2社の新入社員レベルに分類さ

れたシニアパートナーの中で一般職社員レベルに分類されるべき人がかなり多い
と考えられる。しかし，これを考慮に入れても，S2社が，食品スーパー企業の
中でパートタイマーの質的基幹労働力化の水準が大変低いことに変わりはない。
G2社とS3社の数値は入手できなかったが，聞き取り調査およびその企業の制度
分析によると，G2社のパートタイマーの質的な基幹労働力化水準は事例企業の
中で最も低く，S3社はS4社とほぼ同水準といえる。要するに企業の基準（資格等
級や雇用区分）からみても，事例企業のパートタイマーの質的基幹化の類型は，
筆者が労働時間と勤続を基準に類型化したものと一致している。

4　擬似内部化(2)──賃金制度

　第3節でパートタイマーの教育訓練と評価に関する制度を検討してきたが，そ
れらは全て賃金につながる。これから検討するように，賃金制度は企業がパート
タイマーを正社員とは異なるシステムで企業に定着させようとしている（擬似内
部化）ことをよく表している。パートタイマーの賃金制度の実態をみるために，
G1社のパートタイマー賃金体系を提示した。他の事例企業のパートタイマーの
賃金体系は付図に提示した。この賃金体系が適用されるのはいわゆる「パート」
のフレックス社員であり，アルバイトは採用時に決められた基本時間給以外の賃
金はない。
　図2-1をみると，パートタイマーの賃金は基準内賃金と基準外賃金，そして
賞与で構成される。パートタイマーの賃金の大部分を占める基準内賃金は，職務
給，評価給，地域給，職位給，曜日・時間帯加給，そして調整給からなる。基準
外賃金は超過勤務手当，大入手当，そして通勤手当で構成される。それぞれにつ
いて，以下順に検討していく。

基準内給与

職務給　　「職務給」は，所属する売場を基準に職務レベル評価を加えて支払われ
　　　　　る賃金である。例えば事務室のパートで入社した人の職務給は500円，
職務ランクが一つ上がると510円になる。しかし，G1社の職務給には他の事例企
業でいう基本給，部門給（または職種給），資格給が一つになっているので，この

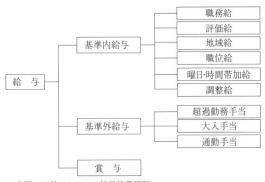

出所：G1社フレックス社員就業規則

図2-1　G1社フレックス社員の賃金体系（1999年）

三つの項目に関して説明する。[24]

　まず「基本給」は、企業が店舗を問わずに等しく決めた賃金であり、当該の企業が店舗を展開する地域の中で、法定最低賃金が最も低い地域を基準に決める。この額を基礎として、他の賃金項目部分が加算される。G1社の制度では基本給という項目はないが、他社の基準でいえば基本給は500円である。

　「部門給」は、食料品売場、特に生鮮売場で働くパートタイマーに支払われる賃金である。食料品の仕事は非食料品の仕事よりきついので、パートタイマーは、当然に時間給が同じなら食料品売場より非食料品売場での仕事を希望する。後述するように、パートタイマーに対する企業の配置転換権は非常に制限されているので、企業としては他の誘引手段を講ずるほかない。それが、部門給という賃金要素である。S3社を除く事例企業の全てに部門給制があり、S3社でも鮮魚売場と精肉加工センターだけは部門給がある。G1社では、非食品を基準に、食品チェッカー80円、水産70円、畜産、農産、デリカ50円、日配30円、加工食品10円が加算される。他の事例企業の部門給をみると、G2社は水産と食品チェッカー70円、畜産50円、デイリー、グロサリー、ファミリー・チェッカーとリビング・チェッカー20円である。S2社は鮮魚、精肉とレジが30円である。S4社は、資格等級によって部門給が異なるという特異な方式を採用し、最も低い等級の3等級には鮮魚、精肉、惣菜、ベーカリー、大吉（寿司）が50円、青果とサービス（レジ）が30円となっている。1等級ではそれぞれ100円、60円となっている。

146

このように非食料品売場より食料品売場が，食品の中でも鮮魚とレジの部門給の額が最も高く，食品スーパーより総合スーパーの部門給のほうがより高い。生鮮の部門給が高いのは仕事がきつく人気がないためだが，中でも鮮魚は生ぐさい魚の臭いに囲まれて水を触るので体が冷える仕事であり，またレジは現金を扱う仕事であり，買い物の最終コースであるレジの流れがスムーズかどうかは顧客の店舗への満足度に直接影響することから，高度な集中力が要求されるためである。さらに食品スーパー企業より総合スーパー企業の食料品部門および生鮮売場の部門給が高いのは，総合スーパーには非食料品売場があることによる。つまり，一つの店舗の中でホワイトカラー（事務室），ピンクカラー（非食品売場），ブルーカラー（食品売場）が混在する総合スーパーの場合，各売場の労働が比較しやすいため，部門給で時間給の差をつけて，きつくて汚れる仕事でも我慢できるようにしている。

他社では「資格給」ともいうG1社の「職務レベル」は，試験と面接を通じてパートタイマーの職務レベルを評価して決める。第2節でみたS2社の資格等級と同じものである。G1社のフレックス社員の職務レベルは，F,1,2,3の4ランクがある。採用のときはみんなフレッシュで採用されて，特別なことがなければ上司の評価を通じて2カ月後に職務レベル1になる。その後職務レベル2とレベル3になるためには筆記試験と面接試験をパスしなければいけない。フレッシュから職務レベル1になると10円，1から2になると40円，2から3になると90円が加算される。先に述べたようにG1社のフレックス社員の賃金体系で資格給は職務給に含まれていて，賃金項目として記載されてはいないが，賃金台帳には職務等級という名目で資格給が記入されている。

S2社の場合，1999年時点でシニア・パートナーに対しては4，5個の資格に対して40円を上限にそれぞれ10円ずつ，リーダー・パートナーには時間当たり154円，キャリア・パートナーは時間当たり358円が加算される。ところでS2社は，2003年と2006年の制度改正により，既存の資格給を資格給と「役割給」に分け，資格給に当たる賃金を引き上げた。まず資格給は，フレッシュ・パートナーには100円を上限にして取得した資格一つ当たり15円，リーダー・パートナーには180円を上限にして資格一つ当たり30円，キャリア・パートナーには150円を上限に資格一つ当たり50円が加算される。資格給に加えてリーダー158円，キャリ

ア366円の「役割給」が加算される。このことは，S2社のパート制度改正の狙い
が，パートタイマーの質的基幹化レベルを高めることにあったのを示しており，
2008年現在パートタイマーのうちリーダーとキャリア資格者の比率が全体のパー
トタイマーの9.7％までに増えた。

評価給　人事考課によって支給される賃金であり，習熟給と名付ける会社もある。
大部分の事例企業は，人事考課を5ランク（S2社は3ランク）に区分し，
人事考課の結果は，その後半年間の時間給に反映すると同時に賞与にも反映する。
パートタイマーの質的な基幹労働力化に積極的な企業ほど評価給の幅が広い。例
えばG1社の場合は，人事考課ランク別に30，20，10，5，0円，S4社は200，
100，10，4，0円である。なお，S1社の最高評価給は300円である。先に述べ
たように，パートタイマーの評価給は積み上げ方式（累積方式）ではなく，半年
単位で新たに定まる洗い替え方式である。

地域給　都道府県別最低賃金と立地条件によって決定される。G1店の地域給は時
間当たり210円である。総合スーパー企業はもちろんのこと，食品スー
パー企業も大企業ならば，一つの県だけで店舗を展開するということはない。し
たがって，企業は最低賃金が一番低い地域を基準にして自社の基本給を決めた後，
都道府県ごとに地域給の額を設定する。首都圏だけに店舗展開をするS2社の場
合，地域給は0円から130円の間だが，全国に店舗を展開する総合スーパーの場
合地域給の幅は300円を超える。2006年現在，G1社の地域給で一番高いのは東京
のある店舗で500円であり，東京の地域給は300円を超える。これに加えて，立地
を考慮する。パートタイマーは主に店舗周辺に居住する主婦なので，地域労働市
場での「地域」の範囲がとても狭い。郊外店舗であるか駅前店舗であるか，また
は，商店街店舗であるかによって労働市場の状況が大きく異なる。競合店の多い
地域にある店舗の場合，競合店より時間給が低ければパートタイマーの募集すら
難しくなる。それゆえ，地域給は立地まで考慮して，かなり細かく設定される。
S2社の場合，2006年パートタイマーの賃金項目（付図-6）に，特に競合店が多い
地域のための"第2職種給"を新たに設けた。つまり"基本給・職種給・地域給
を組み合わせても，表示時給が競合他社より劣り，採用が厳しい場合，その店舗
の鮮魚部門に限定して，人事部・店舗運営部長・店長と協議の上，第2職種給を
設定し，基本給に加算できるようにする"（「S2労働組合　組合員手帳別冊（平成19年

第**2**章　企業の行為戦略

度版）」）ための賃金項目である。

職位給　主任などの下級管理職の業務を担当するパートタイマーに支給する賃金であり，手当として支給する企業もある。G1社は，主任がいない売場で主任役割を担う，または主任のいる売場で副主任の仕事をするパートタイマーをリーダーと称し，職位給として時間当たり50円を加算する。G1社では，2003年からパートタイマーの主任制度が導入されたが，パートタイマーの主任の職位給は時間当たり250円である。S1社の主任手当は月7,000円，S3社のリーダー手当は月5,000円，S4社のリーダー手当[26]は月25,000円である。

曜日加給　パートタイマーの労働供給が難しい日曜日および祭日に勤務する場合に支払われる割増賃金であり，土曜日はその扱いをしないケースが一般的である。具体的には，G1，G3店の時間当たり曜日加給は200円，G2店では100円，S1社では100円，S2社では125円などである。S1社では例外的に，土曜日にも休日給を50円支給している。

時間帯加給　主婦パートを集めにくい朝と夕方の時間帯，そして年末年始に勤務させる場合に支払われる賃金である。主婦パートはできるだけ家庭生活のリズムに影響を与えない範囲で勤務時間帯を選ぼうとするため，家族が家から出る前の時間や帰宅後の時間帯に勤務したがらない。しかし，店舗の開店準備や夕方以降の時間帯を正社員だけでこなすことは不可能なので，企業はこの時間帯に仕事をするパートタイマーに，割増賃金を支払って労働力の確保をしようとする。そして，朝8時または9時から，夕方17時または18時までを基本時間帯と定め，この時間帯以外の時間に勤務させる場合，時間帯加給を支給する。時間帯加給と曜日加給の存在は，企業がパートタイマーは主婦労働者であることを前提として労務管理をしていることを意味する。正社員の賃金体系がその賃金を受け取る労働者が家族の稼ぎ主であることを前提にしているように（山田和代，1997，2001），日本の労働市場における賃金というものは，ジェンダーに基づいていることをよく表している。

　時間帯加給の金額は企業ごとに差があるが，同じ企業でも店舗の立地によって差がある。地方企業である食品スーパー企業よりも，全国展開をしている総合スーパー企業のほうが金額の差が大きい。G1店の時間帯加給は5〜7時220円，7〜8時と17〜20時は200円，20〜22時は300円である。G1社のフルタイム・

149

パートタイマーであるキャリア社員の場合，時間給がフレックス社員より高い代わりに，時間帯加給と曜日加給がない。他の事例店舗の場合，G2店では労働時間と賃金等について個別契約が大変多いことから統一的に説明ができないが，おおまかなところ，9時以前は100円，17時以降は200円である。8～18時が基本時間帯であるG3店では，7～8時が480円，18～19時が240円，19時から20時が360円，20～21時が480円であり，事例店舗の中で最も高いだけではなく，G3社の店舗の中にあっても最も高いレベルである。総合スーパーより出店する範囲が狭い食品スーパー企業は，時間帯加給を店舗ごとに決めるのではなく，本社が定める金額が一律に適用される場合が多い。S1社の時間帯加給は，朝の時間帯にはなく，17～19時が100円，19時以降が200円である。S2社では，7時以前は250円，7～8時と17～22時が200円である。S3社の時間帯加給は5～8時と17～22時で時間当たり50円である。

　時間帯加給や曜日加給は，店舗の立地によって同じ会社の中でも大きく異なる。他の賃金項目との調整のためである。例えば，2003年10月に24時間営業する首都圏の駅前店舗として出店予定の，G1社のT店の場合，基本時間帯は同じ8～17時であるが，時間帯加給は5～7時が150円，7～8時が100円，17～20時が100円，20～5時が150円となっている。また，曜日加給は土曜も含めて80円である。このような差がつく理由として，二点を挙げることができる。まずは，立地した地域の労働市場の状況，つまり主婦パートへの依存度の問題である。G1店は地方の郊外店舗であることから，学生アルバイトが豊富ではなく，早朝も夜間も主婦パートに頼るしかない。しかし，T店は歩いて10分もかからない距離に大学があり，繁華街に位置することから，夜の時間帯に働こうとする労働力を集めやすい。次に，競争の問題である。T店は，大規模商圏が形成されており，総合スーパー業界のトップ企業の店舗が二つ，デパートも二つある首都圏の駅前に立地していた。これらの既存店舗との競争のために，部門給を高めに設定するしかなく（食料品レジ130円，鮮魚売場120円，惣菜売場100円，精肉および青果売場80円など），時間帯加給や曜日加給をそれほど高く設定できなかったと考えられる。

　さらに2000年代になってからは，スーパーマーケット業界全般でパートタイマーにも契約時間帯の前後1～2時間くらいの範囲でシフト勤務を要求する傾向にあり，時間帯加給や曜日加給が相当低くなった。2007年に行ったG1店の従業

員たちとの面接によると，G1店も2002年に10円，2006年に20円地域給を上げながら，時間帯加給や曜日加給を下げた。S2社も2006年パートタイマーの賃金制度を改正しながら，曜日加給は下げなかったが，時間帯加給は5～8時200円，17～18時100円，18～22時200円に下げた。

調整給　暫定給ともいわれる，賃金を調整する必要が生じたときに一時的に適用されるものであり，恒常的に適用されるものではない。調整給が適用される典型的なケースとしては，店舗異動があった場合や企業のパートタイマー人事管理制度が改定されたときなどである。また制度改正とともに賃金における変化が大きいときも適用される。G1社の職務レベル制度は1990年代半ばにも変わって，以前の職務レベルは全部否定され，全てのパートタイマーはフレッシュレベルになったため，主婦パートたちは資格を上げるために試験を受けなければいけなかった。また，新しい制度で職務レベルをすぐに上げられず時間給が大きく下がったパートタイマーに，1999年現在20円または30円の調整給が付いていた。G2社も2003年5月にパートタイマーの人事管理制度を改定したが，そのために一部のパートタイマーの賃金が引き下げられることになった。人事管理制度の変更によって突然賃金が下がることになれば，不満が生じるために3年間限定の調整給を適用した。

技術・資格手当　G1社のパートタイマーの賃金項目にはないが，一部の食品スーパー企業のパートタイマーの賃金体系には「技術・資格手当」という賃金項目がある。技術・資格手当は特定の技能，技術を持つ労働者に支払うものであり，資格制度に基づく資格給とは異なる。食品衛生管理者資格などの国家認定資格も含まれるが，一般的にはその企業が認定する生鮮売場の技能，技術を指す。S3社とS4社に，この制度があり，S3社では鮮魚売場だけ，S4社では鮮魚，精肉，惣菜，寿司の4部門の売場で技術を認定している。両企業とも，正社員と同様に本社が実施する「技術認定試験」に合格した者に支払し，S3社では1級と2級に時間当たり100円と50円を支払う。S4社は1級から3級に時間当たり120円，50円，30円を支給している。S4社において，2003年時点で全体のパートタイマーの中でこの資格を持っているパートタイマーの比率は，1級から3級までそれぞれ0.6％，4.4％，12.7％である。

勤続給　最後に1990年代半ばに廃止され今は存在しない賃金項目である「勤続給」に関して述べておきたい。バブル経済の時期に多くの企業が求人難に苦しんだため，パートタイマーを企業内に定着させるために，大部分の企業が，正社員とは比べ物にならないものの勤続給を設けていた。しかし，不況に入った1990年代中盤以降，一律的に増える勤続給も，評価給が累積されることを含めて全て廃止された。事例企業の中で勤続給が残っている企業はS2社だけであり，それも勤続6年で頭打ちになる仕組みとなっている。詳述すると，パートタイマーに対する人事考課を3ランクに分けているS2社は，勤続1年目の勤続給は5，10，15円であり，2年目は15，20，25円となっている。こうして，6年目以上の勤続給は55，60，65円になる。すなわち，6年目まではどんなに人事考課が悪くても，勤続が長くなれば賃金は上がる仕組みになっている。事例企業中，S2社だけが6年という制限をつけながらも勤続給制度を残している第一の理由は，やはり立地によるものである。パートタイマーの流動性が高い首都圏で店舗展開をしているS2社は，パートタイマーを企業内に定着させるために，不況で他の企業が払わない人件費まで払っていたということである。S2社に限定的ではあるが勤続給が残っているのは，S2社のいわゆるパート全員が労働組合員であることと無関係ではない。しかし，S2社も2006年の制度改正で勤続給を廃止した。

基準外給与

「超過勤務手当」は所定時間を超えて勤務する場合支給される手当である。ただし，1日の実労働時間が8時間を超える場合には時間当たり25％の割増賃金が支給される。

「大入手当」は，今までで一番売上が良かった日に従業員全部に支給するお祝い金のようなものである。しかし，1990年代から2000年代初めごろまでは長引く不況のために，前年度対比売上が100％になることはどこの店舗でもほとんどなかったので，実際に大入手当が支給されることはほとんどない。

「通勤手当」は通勤に要する交通料金である。事例企業の全てにパートタイマーの通勤手当制度があるが，通勤手当の上限は正社員より低い。具体的な上限金額はG1社20,000円，G2社15,000円，G3社では準社員以上に26,000円，パート，

アルバイト10,000円，S1社パートナー以上29,580円，ヘルパー14,790円などである。

　S3社にだけある特異な手当として「家族手当」と「福祉手当」が挙げられるが，創業者の温情主義的労務管理政策の産物である。正社員の場合，家族手当は基準内賃金であり，扶養家族のいる世帯主に対して支給される。パートタイマーの場合は18歳未満の子女がいるひとり親世帯の場合にのみ，正社員と同額が支給される。手当の額は第一子，第二子に対して各5,000円，第三子には3,000円である。福祉手当は，配偶者と死別したためひとり親家庭となった，満18歳未満の子女がいる1日の勤務時間が6時間を超えるパートタイマーに支給され，金額は7,000円である。

　それ以外の手当として「皆勤手当」がある。この手当はバブル期に大部分の企業が導入したものの，不況期に廃止され，1999年現在残っている企業はS4社だけで，4,000円だった。しかし，S4社もその後皆勤手当をなくした。

賞　与

　いわゆるパートだけに支給される賞与は正社員と同じように，人事考課に基づいて金額が算定される。正社員の場合，売場主任レベル以上は売上達成度が評価項目であり，主任未満では含まれないのが一般的であるが，パートタイマーは主任であっても売上達成度が人事考課に含まれないことが多い。なお，S3社のように売場の正社員主任に対しても，売上達成度が考課の対象になっていないケースもある。事例企業では企業業績が特別に悪くない場合，正社員には通常月給の4.5カ月分の賞与が支払われる。

　事例企業別にパートタイマーの賞与の算定方式と金額をみると以下の通りになっている。[29]

　G1社のフレックス社員の賞与は人事考課によって決定される。1999年時点において，人事考課が良かった者に1回につき5～6万円，年間にして11万円前後である。好況期には，フレックス社員の賞与も1999年に比べると2倍以上であったが，不況になってから徐々に減少した結果である。フルタイムパートである[30]G1社のキャリア社員の場合，月給の3.3カ月分（夏1.3カ月分，冬2カ月分）の賞与が支給されている。しかし，この支給率は平均であり，個々人の賞与は人事考課

によって異なる。同じパートタイマーでありながら，キャリア社員とフレックス社員の賞与にこのような差が生じる理由は，キャリア社員が組合員であるからである。全ての事例企業において，非正社員であっても組合員である場合，正社員より賞与の支給率は低いものの，月給の何カ月分といった具合に賞与が支給される。

　G3社のフレンド，メイトの賞与は正社員より月数が少ないが，企業の業績，労働市場動向，本人の勤務成績に基づいて算定される。1990年代中盤からG3社の経営は大変厳しい状況が続いたため，正社員の賞与は年間1.8カ月，フレンド，メイト社員の賞与は年間0.7カ月に減少した。付図-2に提示したように，準社員は会社の業績によって賞与が決定され，パートタイマーとアルバイトには賞与はないものとされているが，1999年時点で準社員の賞与は支給されていなかった。そうした中でも，フレンド社員とメイト社員に賞与が支払われる理由は組合員だからである。

　S1社の場合，組合員であるエキスパートは年間2カ月，非組合員のパートナーとヘルパー（学生ヘルパーを除く）は年間1カ月分の賞与が支払われている。算定にあたっては，査定賞与に業績評価を加えて決定されている。

　S2社は，学生および休日だけ勤務するパートタイマーを除いたフレッシュ・パートナーだけに，資格等級に基づき賞与を支給する。フレッシュとシニアは2カ月分，リーダーは3カ月分，キャリアには4カ月分が支給される。入社直後のフレッシュ・パートナーにも賞与が支給されるのである。しかし，2006年の賃金改正で基本時間給を上げながら賞与は下げられて，フレッシュは0.73カ月分，リーダーは2カ月分，キャリアは1.8カ月分となった。また賞与がもらえる資格も制限して，必須資格を取得した者（店舗），直近の人事考課でB評価以上の者（センターと本社）にした。

　S3社も組合員であるフレックス社員に限定されるが，資格等級に従って賞与額が決まる。S3社のパートタイマーの資格等級は2等級，評価ランクは5ランクである。したがって，パートナーIは評価ランクによって3.0，2.0，1.0，0.5，0.2カ月分，パートナーIIは5.6，2.85，1.85，0.6，0.3カ月分を夏と冬に分けて支給される。学生アルバイトはもちろん主婦アルバイトにも支給されない。

　S4社では，組合員のフレックス社員に限って，個人の人事考課と所属する売

場の業績達成度を半分ずつ反映させて賞与の額が決定される。売場を除く事務所，本社勤務の場合は個人評価のみで決定される。二つの項目を合算して平均すると年間1.8カ月の賞与が夏と冬の2回に分けて支給される。

以上からパートタイマーの賞与について三つの特徴が見えてくる。

まず，いわゆるパートには支払われるがアルバイトには支払われない。企業がアルバイトには賞与を支払わないのは，アルバイトは熟練向上と企業内定着の対象とはみなしていないのを意味する。

次に，同じパートタイマーであっても，組合員と非組合員との間では賞与の額に差が大きい，もしくは，非組合員には支給されない。組合員である以上は支給率に差が生じても正社員と同じ支給方法で賞与を支給すべき，という基準を会社側も組合側も持っている。事例企業の中でパートタイマーの賞与額が一番多いのはS2社である。S2社では労働時間や雇用区分に関係なく，全ての従業員が組合員であり，労働組合から除名された従業員は直ちに解雇することを内容とする労使協定を締結していた。面接調査によると，組合員でないパートタイマーが組合に加入したがる第一の理由は賞与の問題だった。

三番目に，非組合員であるパートタイマーの賞与は景気によって敏感に調整される。当然のことながら，組合員の賃金は毎年の春闘によって決まり，企業の経営状況によって調整をうけるが，企業が一方的に調整することはできない。しかし，非組合員のパートタイマーについては組合と協議する必要がないため，景気が悪くなるといつのまにか賞与がなくなるか，ないに等しい状況になりかねない。

退職金

2001年の『パートタイム労働者総合実態調査』によると，パートタイマーを雇用している企業の中でパートタイマーに退職金を支払っている企業の比率は，全産業で8.3%，小売業では11.6%である。事例企業では，S1社とG2社を除いた5企業が一部または全員のパートタイマーに退職金を支給している。しかし，その実態は，一部の企業で使用している表現通り「退職慰労金」にすぎない。したがって，パートタイマーの企業福祉として退職金制度が「ある」か「ない」か，だけを調査することは，退職金に対する社会一般の理解からは誤解を招く恐れがある。表2-16では，事例企業の中でパートタイマーの「退職慰労金」がある企

155

表2-16 事例企業のパートタイマーの退職慰労金(1999年)

企業	支給対象	退職金規定
G1	キャリア社員	1〜3年3千円，3〜5年5千円，5年以上1万円
	フレックス社員	1〜3年2千円，3〜5年3千円，5〜10年5千円，10年以上1万円
G3	フレンド社員・メイト社員・準社員	勤続1年3万円から出発。5年，10年，15年，20年ごとに1万円加算，勤続年数ごとに5千円加算　勤続20年退職時14万5千円
S2	パートナー社員	5年以上の勤続者，退職時の月給×勤続年数別支給率(5年0.5カ月，以後毎年0.1カ月ずつ上昇)
S3	パートナー社員	勤続3〜6年3万円，6〜10年5万円，10年以上10万円
S4	フレックス社員	3千円

出所：企業内部資料

業だけを取り上げた。G2，S1社では，パートタイマーに対する「退職慰労金」すらない。

　この表で取り上げた事例企業の中で，退職慰労金の金額が最も少ないのはG1社であり，最も多いのがS2社である。S2社では，5年以上勤続したパートタイマー全員が退職金の支給対象となっており，20年勤続のパートタイマーが退職する場合，退職時の月給の2倍が支給される。S2社の場合，勤続給および賞与などからも分かるように，パートタイマーを企業内に定着させるための制度を多く取り入れる傾向があるが，それは企業の政策であるというより労働組合の政策である。

　S4社の場合，現在のパートタイマーの人事管理制度以前の制度では，勤続1年につき1万円ずつ，さらにその額に職能等級別指数（1等級2.2，2等級1.7，3等級1.0）を乗じた退職金が支払われていた。すなわち，1等級で20年勤務の場合，退職金は44万円が支払われていた。しかし，1999年の年末にパートタイマーの人事管理制度を改定した際に，それまでの退職金を清算し，退職金制度を全面的に廃止してしまった。そして，勤続年数に関係なく一律3,000円の退職慰労金になった。

　ところで，退職金に関して最も意外なのは，S1社にパートタイマーの「退職慰労金」がないことである。これまで見てきた通り，S1社は本書の事例企業の中だけでなく，日本の流通企業全体の中でもパートタイマーの質的な基幹労働力化が最も進んでいる企業である。生鮮売場以外の売場はほとんどパートタイマーによって運営されており，さらに副店長の半数以上がパートタイマー（エキスパート）であり，かつ，事例企業の中では唯一，パートタイマーの店長もいる。

第**2**章　企業の行為戦略

表2-17　G1店のパートタイマーの賃金(1999年)

名　前	上　野		大　沢		田　中	
売　場	婦　人		畜　産		日　配	
雇用区分	フレックス		フレックス		キャリア	
性　別	女　性		女　性		女　性	
年　齢	40歳		49歳		59歳	
婚姻状態	有配偶		有配偶		有配偶	
学　歴	高　卒		高　卒		高　卒	
勤　続	13年		11年		13年	
等　級	職務3等級		職務3等級		マスター	
職位・役割	担当者		リーダー(主任補佐)		リーダー(主任補佐)	
組合加入	×		×		○	
労働時間	1日7時間，月149時間		1日7時間，月149時間		1日8時間，月160時間	
基準内賃金	時間給合計　　830円		時間給合計　　920円		時間給合計　　1,100円	
	職務給　　　590円		職務給　　　640円			
	評価給　　　 30円		評価給　　　 20円			
	地域給　　　210円		地域給　　　210円			
			職位給　　　 50円		職位給　　　　 51円	
	時間帯加給，月4,200円(時間当たり200円)		時間帯加給　月4,200円(時間当たり200円)			
	曜日加給，月4,200円(時間当たり200円，月3日)		曜日加給　　月4,200円(時間当たり200円，月3日)			
月給総額 (月160時間)	132,070円(141,200円)		145,480円(155,600円)		176,000円	
賞　与	110,000円		110,000円		580,800円	
年間所得 (月160時間)	1,694,840円(1,804,400円)		1,855,760円(1,977,200円)		2,692,800円	

注：(　)はフレックス社員が正社員と同じく月160時間働いた場合の金額
出所：筆者の面接

にもかかわらず，彼女たちには「退職慰労金」すらない。

パートタイマーと正社員の賃金比較

　筆者が，パートタイマーの賃金制度を擬似内部化装置だ，と名付けたのは，勤続や熟練を積むに従って正社員との賃金格差が広がるようになっているからである。その構造を明らかにするために，実際に正社員と長期勤続のパートタイマーでは賃金がどれほど違うのか，具体的な例をみながら検討してみたい。

　表2-17と表2-18は，G1店で働いている勤続10年以上のパートタイマーと正社員の賃金をまとめたものである。正社員はパートタイマーとの比較のために性別，社員区分，婚姻状態，勤続，売場，仕事レベルなどの面で多様な条件の人々

157

表2-18 G1店正社員の賃金(1999年)

		東山	新妻	久保	竹内	高久
売場		婦人	紳士	後方	日配	畜産
雇用区分		R社員	A社員	A社員	R社員	N社員
性別		女性	女性	女性	男性	男性
年齢		21歳	31歳	30歳	28歳	34歳
婚姻状態		未婚	既婚	既婚	未婚	有配偶
学歴		短大卒	高卒	大卒	大卒	高卒
勤続		1年	13年	8年	6年	16年
等級		2等級	3等級	4等級	4等級	4等級
職位・役割		担当者	担当者	主任	主任	主任
組合加入		○	○	○	○	○
労働時間		1日8時間,月160時間	1日8時間,月160時間	1日8時間,月160時間	1日8時間,月160時間	1日8時間,月160時間
基準内賃金	年齢給94,000円		年齢給109,770円	年齢給108,770円	年齢給106,360円	年齢給117,000円
	習熟給54,497円(R社員2級2号俸)		習熟給73,411円(A社員4級10号俸)	習熟給84,386円(A社員4級30号俸)	習熟給94,265円(R社員4級25号俸)	習熟給93,945円(N社員4級25号俸)
	資格給980円		資格給7,080円	資格給7,080円	資格給7,630円	資格給8,000円
			職位手当,30,000円	職位手当30,000円	職位手当30,000円	職位手当30,000円
	地域給7,000円		地域給7,000円	地域給7,000円	地域給7,000円	地域給7,000円
	住宅手当26,300円				住宅手当26,300円	住宅手当35,000円
						家族・世帯手当13,000円
						子女教育手当(2人)10,000円
月給総額(月160時間)		182,777円	197,2615円	237236円	271,555円	313,945円
賞与		747,385円	951,305円	1,001,180円	1,041,275円	1,094,725円
年間所得(月160時間)		2,940,709円	3,318,437円	3,848,012円	4,299,935円	4,862,065円

出所：G1社労組「1999年度活動報告」，店舗内部資料，筆者の面接

を選んだ。パートタイマーは3人ともに筆者がインタビューした内容を，G1店の資料を通じてもう一度確認した。表2-18に提示した正社員のうち筆者が面接した人は久保さんだけである。他の正社員の個人事項は，学歴と婚姻状態は同じ売場のパートタイマーに確認したことであり，他の項目は店舗資料から構成した。正社員の賃金項目別の金額は，年齢給，習熟給と資格給はG1社労組の「1999年度活動報告」から，手当や賞与は労組の内部資料から把握した。G1社で正社員

は，高卒は1等級，短大卒は3等級，大卒は4等級で入社する。

基準内賃金の項で述べたように，G1店におけるパートタイマーの採用時給は，非食品なら710円であり，それに食品チェッカー80円，水産70円，畜産，農産，デリカ50円，日配30円，加工食品10円が加算される。特別なことがなければ，採用2カ月後，職務レベルがフレッシュから1へと上がる。また，7～8時と17～20時，そして日曜日や祭日に勤務する場合，時間当たり200円が加算される。つまり，G1店の婦人服売り場で働いている勤続1年のパートタイマーが，正社員と同じく1日8時間，月160時間働くとすれば，月給は115,200円（720円×160時間）に時間帯加給と曜日加給が加算された12万円強である。

1999年時点でG1社の正社員の賃金体系では，基準内賃金は基本給と手当，基本給は年齢給＋習熟給（職能給）＋資格給＋業績給で構成される。しかし，4等級までには業績給がないので表2-18に業績給はない。基準内賃金に属する手当として地域給，住宅手当，家族手当（配偶者手当と子女手当），子女教育手当がある。基準外手当は通勤手当，転勤手当，単身赴任手当，食事手当などいろいろな手当があるが，これらの項目に関しては本人に確認できなかったので，表に入れなかった。また，習熟給は人事考課によって決まるものであるが，それも本人に確認できていないので，勤続を考慮して賃金テーブルから筆者が試算した。習熟給の等級別号俸は1等級と2等級は11個（0から10），3等級は21個（0から20），4等級は46個（0から45）あるが，社員区分によって多少金額が違う。G1社の基本給では，N社員の賃金を100とした場合，R社員は95，A社員は90になるように設定されている。1999年の正社員の賞与は基本給の5カ月分，キャリア社員の賞与は3.3カ月分が支給された。

仕事のレベルを考慮して選んだことではあるが，パートタイマーの職務範囲が正社員と全く同じであるのは，婦人服売場の上野さんと東山さん，そして紳士服売場の新妻さんだけである。しかし，職務範囲が同じであるといっても上野さんは勤続が長く経験が豊富なので，東山さんを教える立場である。売上に対する責任は主任にあるため，田中さんと大沢さんは竹内さんや高久さんと職務範囲は同じであるが，責任の範囲まで同じであることではない。だが，社員4等級では売上が人事考課の対象にはなるが，まだ業績給がつかないので（業績給は5等級から），竹内さんと高久さんの数字責任が大きいとはいえない。さらに日配売場と

畜産売場にはそれぞれ勤続2年の男性正社員がいるにもかかわらず，田中さんと大沢さんが主任代行のリーダー役についていることからも，この2人の仕事レベルを主任レベルと判断することは無理がない。

正社員は交代勤務が基本で遅番勤務が多いが，パートタイマーの勤務時間帯は基本的には固定されている。上野さんは10時から18時まで，大沢さんと田中さんは9時から18時までの勤務が基本である。しかし，大沢さんの勤務時間帯はかなり柔軟である。朝市が開かれる火曜日には朝8時前に出勤しなければいけないし，普段も売場の状況によって，9時に出勤する日も10時に出勤する日もある。筆者との面接のとき3人とも日曜日と祭日は月2回くらい休むと言ったため，曜日加給を月4,200円にした。キャリア社員の田中さんには，時間給が高い代わりに時間帯加給と曜日加給がない。[32]

表2-17と表2-18をみると，次のような特徴が分かる。

まず，正社員とパートタイマーの賃金格差が大きい。上野さんの年間賃金は，自分が仕事を教えることも多い東山さんの年間賃金の61.4%，同じ仕事レベルの新妻さんのそれの54.5%にすぎない。主任レベルになると雇用形態による賃金格差はさらに大きく，大沢さんの年間賃金は高久さんの年間賃金の40.7%にすぎない。パートタイマーの中では例外的に時間給が高いキャリア社員の田中さんの年間賃金も竹内さんの年間賃金の62.6%にすぎない。

第二に，勤続年数が長くなるに従ってパートタイマーと正社員間の賃金格差が大きくなる。勤続とともに正社員の賃金は高くなるが，パートタイマーの賃金はあまり大きな変化がないためである。上野さんと大沢さんの時間給は，すでにフレックス社員の時間給としては頭打ちになっている。しかし，頭打ちといっても，職務レベルによる90円と評価給の30円が全てである。G1社のフレックス社員の時間給は，採用後5年程度で頭打ちになる。つまり，賃金制度の意図は，パートタイマーの職務能力は5年勤続者のレベル以上に向上する必要はない，ということである。そのために長期勤続パートタイマーの賃金は仕事が同じ正社員の半分ぐらいにしかならない。

第三に，パートタイマーと正社員の年間所得の差をより広げるのは賞与の存在である。月給だけで比較すると，労働時間が同じであるとした場合，上野さんの月給は新妻さんの月給の71.6%であるが，年間所得で比較すると54.5%となり，

格差が非常に拡大する。パートタイマーの中でキャリア社員とフレックス社員の年間所得に差が生じるのも，主に賞与のためである。

　ところが，表2-18が示すもう一つの大きな特徴は，正社員の間でも賃金格差が大きいことである。まず目立つのは家族手当，子女教育手当と住宅手当である。家族手当と子女教育手当は世帯主だけに支給される手当である。家族手当は被扶養家族が3人である場合13,000円，子女教育手当は子女の年齢によって異なる（幼稚園3,000円，小5,000円，中8,000円，高10,000円，大20,000円）。また，住宅手当は地域ごとに世帯主か単身者かによって金額が決まるが，世帯主でない既婚女性にはない。そのため同じ主任であるにもかかわらず，久保さんと高久さんの月給に58,000円の差が生じる。勤続13年の新妻さんの賃金が，勤続1年の東山さんの賃金よりあまり高くないのも住宅手当のためである。

　正社員の間の賃金格差を生み出すもう一つの要因は転勤範囲である。久保さんの習熟給は，同じ4等級で勤続が2年短い竹内さんの習熟給と比べ月1万円も低い。社員区分のためである。4等級25号俸の習熟給はN社員97,559円，R社員94,265円，A社員82,851円で，N社員とR社員の差が，R社員とA社員ほどに大きくない。5等級になるとこの差はますます大きくなる。5等級50号俸ならそれぞれ137,715円，130,317円，115,207円になる。多くの女性正社員が結婚や出産を機にA社員に転換するが，A社員が昇格できるのは5等級までなので，勤続が長くなるにつれ，性別による賃金格差は大きくなる。

　また，パートタイマーと正社員の賃金格差が大きいだけではない。パートタイマーの間でも月給の雇用区分と時間給の雇用区分の間で相当な賃金格差がある。つまり，同じリーダーでありながらもフレックス社員である大沢さんの年間賃金は，キャリア社員である田中さんのそれの73.4％にすぎない。同じフレックス社員の間ではリーダーである大沢さんと担当者である上野さんの賃金の差は，時間給90円の差しかない。

　フルタイム・パートタイマーのキャリア社員は，企業が人手不足で苦しんでいたバブル時代に多く採用したので，時間給が高く，最初から正社員並みに働くことを要求されるパートタイマーである。そのため，時間帯加給も曜日加給もない。バブル時代は，G1社だけではなくほとんどのスーパー企業がフルタイム・パートタイマーを採用した。1990年G1社のキャリア社員は2,500人くらいだった（同

表2-19　G3店のパートタイマーの正社員の賃金（1999年6月）

	山　本	三　輪	中　村	堀　口
売　　場	セーター・ブラウス	スカート・スラックス	下　着	紳士用品
雇用区分	正社員	フレンド社員	メイト社員	パートタイマー
年　齢	30歳	58歳	53歳	44歳
学　歴	高　卒	高　卒	中　卒	高　卒
勤　続	13年	19年	1年	10年
等　級	JL2(A社員)	2級	1級	
職位・役割	主　任	リーダー	担当者	担当者
組合加入	○	○	○	×
契約労働時間	月162時間	1日7.5時間	1日7時間	月95時間
労働日	21日	22日	21日	17日
本人給(基本時給)	118,950円	117,057円	112,665円	75,960円(740円)
職務職能給	102,700円	40,143円	7,004円	
昇格加給		13,895円	15,660円	
業績給	9,100円			
調整給		(-3,592円)	(-2,841円)	
職務手当	5,500円			
遅番手当	15,400円			
変動手当			9,120円	
通勤手当				7,650円
曜日加給				5,500円(27.5時間)
前月修正時間金額				2,095円
総支給額	251,650円	167,503円(178,670円)	141,608円(151,415円)	89,110円(125,380円)
賞　与	425,250円	117,252円(125,069円)	92,742円(105,990円)	0円
年間賃金	3,445,050円	2,127,288円(2,269,107円)	1,792,038円(1,922,969円)	1,069,320円(1,504,560円)

注：（　）の中はパートタイマーが正社員と同じく月162時間働いた場合の賃金額。1999年の賞与は，正社員は1.8カ月，フレンドとメイト社員は0.7カ月分。
出所：各人の賃金明細書(本人提供)

年の正社員は1万人強）。しかし，不景気が始まった1994年からはコスト削減のために採用が中断された。そのために2004年には650人ほどに減少しており，彼女らの資格はほとんど，キャリア社員の三つの資格の中で一番高いマスターだった（1999年90％）（G1社労働組合提供資料）。2000年代には賃金制度を変えてキャリア社員の賃金を引き下げた。1999年時点でG1店にキャリア社員は2人しかいなかった。G2社も同じだが，1990年代半ばに主婦パートを全部フレンド社員に統合しただけである。2003年には専門社員，契約社員までも全部統合してエキスパートと名付けた。

第**2**章　企業の行為戦略

　G1社のデータで確認できたこのような特徴は，G3社のデータでも確認できる。G3店の衣料部門で働いている正社員とパートタイマーの賃金明細書を基に作成した表2-19によると，肩書きが主任ではないものの主任代行である勤続19年のパートタイマーの三輪さんの年間賃金は，労働時間を正社員と同じ月162時間に設定した場合，正社員主任の山本さんのそれの65.9%（3,445,050円と2,269,107円）にすぎない。

　また，勤続19年の三輪さんの年間賃金は，勤続1年の中村さんの年間賃金より18.7%（2,127,288円と1,792,038円）高いだけである。会社は"フレンド・メイト社員は正社員なみに働く月給社員"というが，正社員並みであるのは仕事だけであり，処遇ではない。また，勤続10年の短時間パートタイマー堀口さんの年間賃金は勤続1年の長時間パートタイマーの中村さんの年間賃金の78.2%であり，企業がパートタイマーをいくつかの等級に分け選別的に内部化している姿が浮かび上がる。

5　区別作り——家庭優先性の認定

　"パートタイマーのおばさんたちがそんなお金を貰って，あんなに熱心に仕事をするのを見ると感嘆するしかないですね"というG2社のある管理職の発言を敢えて引用するまでもなく，スーパーマーケット企業におけるパートタイマーの賃金が低いことを認めない人はほとんどいない。制限的内部化装置があるとしても，それだけでは職務と処遇の不均衡の拡大は避けられないので，抵抗の可能性が残る。しかし，現実はパートタイマーの質的な基幹化がますます進んでおり，パートタイマーたちはこのような不均衡を受け入れているようにみえる。パートタイマーがこの矛盾した現実を受容するように誘導する何か，つまり同意獲得装置があるに違いない。

　企業は，パートタイマーは「主婦」として家族責任を第一義的な責務と考える存在であり，家族の生計維持者ではない，と前提／規定する。彼女たちには正社員の賃金体系の基本軸である生計費概念を適用しなくてもよいと考えることによって，企業はパートタイマーの低賃金に対する正当性を獲得しようとする。ところで，パートタイマーの低賃金に対する正当性を確立するためには，パートタ

163

イマーにとって職場より家庭がより第一義的な領域であること，つまり家庭優先性を認め，実際に労働条件および勤務環境のなかでそれを保障せざるを得ない。したがって，企業はパートタイマーの働き方を正社員の働き方とは区別する（区別作り）ことによって，職務と処遇の不均衡の拡大に対するパートタイマーの同意を得ようとする。

スーパーマーケット企業が使用する区別作り戦略の重要な内容は，配置転換とシフト勤務の制限，そして勤務日程の調整である。以下に詳しく検討を加える。

配置転換権の制限①──勤務地異動の制限

日本の内部労働市場では職能給賃金体系を土台にして，企業が配置転換権を全面的に掌握してきたが，これは日本的（労働の）柔軟性，多能性の源泉ともなってきた。全国，または複数県にまたがって店舗を展開しているスーパーマーケット企業にとっての配置転換は，職務上の配置転換より勤務地異動が核心的内容になっている。しかし，家族責任の専担者であるパートタイマーに勤務地異動は不可能である。いかに転居を伴わない範囲の店舗異動だとしても，通勤時間に1時間以上もかかる店舗へ異動させられるとなると "家族が出かけた後，後片付けや戸締りをし出勤して，夕食の準備に間に合わせて帰宅" できなくなる。企業の論理と同様に，パートタイマー本人が低賃金に関して自分を説得する論理も "私たちは夜間勤務もなく，転勤もないし，転勤しろといわれてもできないから"（岩本，G3店パートタイマー，下着売場，45歳，高卒，週20時間勤務，勤続13年）である。

スーパーマーケットの主婦パートにとって職場と自宅の距離の問題，すなわち通勤時間の問題は大変重要であり，パートタイマーのほとんどは職場までの通勤時間が30分以内である。住まいと職場の距離が重要なのは，時間的な理由，心理的理由，低賃金という三つの理由である。時間上の理由は，家族責任のために長時間の通勤は難しい。同時に，何かあると休憩時間中に家に帰ることもできるということである。心理的理由は，自分の第一義的な責任所在地である自宅が近くにあることからくる安心感である。そして，低賃金とは "遠くにまで出かけてするほどの給料ではない"（A社パート，45歳，高卒，勤続12年，週30時間，事務室，担当者）という意味である。

こうした点に関し，店舗異動を採用条件としているS1社のエキスパートは大

変特異な存在である。S1社のエキスパートの場合，企業が主婦パートの家庭優先を認めるさまざまな妥協策のどれにも該当しない。S1社はエキスパートに対して売場の主任以上の役職に就くように求めており，後でみるように2003年時点では，S1社のエキスパート全体（大多数が女性）の66.9％が，店長からチーフ（売場の時間帯責任者，売場主任代行）までの役職に就いている。S1社がパートタイマーをここまで活用できるのも，既婚女性の家族責任の問題を利用することから[37]だが，この点に関しては第6節で詳しく分析する。

配置転換権の制限②──部門間異動の制限

パートタイマーの部門間の配置転換は，店舗の立地や部門によって差があるが，基本的にはパートタイマーに対する配置転換権は制限されており，中でも，食料品売場のパートタイマーは配置転換しないことが一般的である。特に，生鮮部門では特殊技能が必要とされるために簡単に配置転換できない。しかし，非食料品売場の場合は特殊な技能が必要ないため，非食料品間ならば店側の都合で配置転換をしても，パートタイマーからそれほどの抵抗は受けない。

企業の配置転換権が制限される理由は，何よりもパートタイマーが低賃金労働者だということである。企業は配置転換と交換するものがないため一方的に配置転換命令を発することができず，パートタイマーの「顔色をうかがって」，本人が受け入れそうな範囲で配置転換を行う。具体的には，非食料品売場のパートタイマーを食料品売場や検品業務に配置転換しようとするときには，本人が退職することも考えなければいけない。"実際に辞めさせたいとき，非食料品パートを食料品か検品に回す"（G2社人事責任者）という。食料品売場は非食料品売場より時間給が高いのが一般的であり，食料品売場のパートタイマーは，食料品売場の時間給が相対的に高いことからこの売場を選択している。反対に，非食料品売場のパートタイマーは，時間給が多少安くても，「きつい」仕事をしたくない人たちが多い。したがって，非食料品売場のパートタイマーを食料品売場へ配置転換しようとすると，"そんなお金で魚臭い仕事をやると思っているのかしら？"，"こんなえらいパートの仕事，ここじゃなくても山ほどある"などという反応が出てくる可能性が高い。パートの仕事口さえあまりないような地域のパートタイマーであれば，そのような抵抗も難しいかもしれないが，"首都圏のパートたち

は，時間給アップにあんまり魅力を感じないようですね"（G3店青果主任，40代後半，男性）という発言からも分かるように，パートタイマーの仕事が多い大都市圏の店舗や競合店の多い地域にある店舗ではそのような傾向が強い。

　もちろん，正社員にとっても，非食料品売場から食料品売場への異動に関しては不満が大きい。しかし，正社員に対する企業の配置転換権は絶対的である。G1店の食品レジ主任の森田さん（L社員，勤続18年）は下着売場の主任であったが，当時の店長により配置転換された。彼女は筆者との面接の間，どのような質問への答えも，"去年食品に配置するとき店長は，一時的なことだ，と言ったんです。なのに，まだ元に戻してくれないんですね。店長はすぐにほかの店舗に異動するから，その前に私を下着に戻してくれなければ，次に来た店長は私がもともと食品だと思うはずだから，私は下着に戻れないんですね。そうすると私は，こんなきつい仕事をやり続けなければいけないんですよ"という食料品売場への配置転換に関する不満につながった[38]。

　S3店でインタビューした女性正社員のうち二人は本社から店舗に配置された社員だった。そのうちの一人である橋本さん（A社員，勤続20年，惣菜売場副主任）は，"最初のうちは泣きながら泣きながら通いました。やめるのは簡単だけど，こんな時期に新しい職をさがすことが難しいし，パートに出るしかないでしょう？　ここのパートさんたちが，どのぐらいもらっているのかを考えると"と言った。パートタイマーよりもずっと高い賃金を貰っていることをよく知っている正社員たちは，本人が耐え難い配置転換をされても我慢して受け入れるしかない。

シフト勤務の制限

　主婦パートの家庭優先を認めている企業側の労務管理は，シフト勤務制を適用しないことに表れている。パートタイマーは決まった時間帯に勤務する。その勤務時間帯とは家族が家を出てから帰宅するまでの時間帯である。シフト勤務をするということは，日によって勤務時間帯が変わり，朝早く出勤することや夜遅く帰宅することにつながる。例えば，午後9時閉店の店舗の生鮮売場の場合，早番は遅くても午前8時には仕事に就き，遅番は午後9時30分まで勤務することになる。何曜日には早番で何曜日には遅番という基本パターンがなく，勤務時間帯

は毎月の月末に翌月分が決まる。この仕組みからは，シフト勤務をすると家庭生活のリズムにあわせることができない。したがって，主婦パートたちにシフト勤務を適用しないことはパートタイマーの労務管理の常識である。

しかし，パートタイマーの基幹労働力化と長期不況の影響で，自分の都合のいい時間帯でのみ仕事をするという勤務規則が，2000年代に入って徐々に脅威にさらされている。不況の影響によりパートの仕事も以前ほど豊富ではなくなったこともあるが，中年男性の失業が増え，賃金も下がったため，本人の所得を高める必要性に迫られた主婦労働者が多くなったことにより，企業側の立場がより強くなったからである。S4社では1999年，G1社も2004年にパートタイマーの人事管理制度を改定して，パートタイマーの勤務時間帯を変更できるようにした。筆者が2007〜2008年に調査したG1社のある首都圏店舗では，2007年12月現在1日4時間勤務するパートタイマーの勤務時間帯が，曜日によって午前と午後に分けられているケースもあった。彼女のケースはその店舗でも普通ではなかったが，彼女のケースに関して店長は，パートタイマーも職場の事情に応じなければいけない，という立場だった。企業側はできるだけパートタイマーの勤務時間帯も柔軟にしたいのである。

もちろん，パートタイマーの勤務時間帯を柔軟にするといっても，正社員のように早番と遅番を交代で行うものではなく，契約時間帯の1〜2時間前後にずらす程度である。パートタイマーにシフト勤務を適用するためには正社員並みの賃金水準までとはいかないとしても，現在の賃金水準に比べはるかに高い賃金を支払わなければ受け入れてもらえないためである。例えばシフト勤務と店舗異動が採用条件になっているS1社のエキスパートの賃金は，勤続年数が同じ高卒A社員の賃金水準とほとんど差がない。後述するように，S1社のエキスパートは半分以上が役職に就いている。正社員には賃金以外にもろもろの企業福祉や退職金があることを考えると，彼女たちの人件費は高卒A社員の人件費よりはるかに安いが，事例企業のパートタイマーの中では一番高いほうであることは間違いない。

勤務日程の調整

一般的に，パートタイマーとしての仕事のメリットは，異動やシフト勤務がないことに加えて，個人の事情による勤務日程を調整することへの負担感が軽い点

にある。もちろん，突発的な事情が生じた場合，正社員も休まざるを得ないが，子供の運動会とか父兄会を理由に勤務日程の調整を申し出ることは，正社員にとっては簡単なことではない。一方，パートタイマーの場合それほど難しくない。アンケート調査と面接調査において，多くのパートタイマーたちが仕事上の満足の理由として，自己の都合で休めることや，そういう問題に対して周囲がよく理解してくれていることを挙げている。

　もちろんこれは相対的な問題である。特に長引く不況の下ではパートタイマーとしての就職さえ難しくなってきたため，パートタイマーだからといって企業の要求を無視して，自分の都合だけで簡単に勤務日程を調整できるというわけではない。そのため，有休が自由に取得できないことも大きな不満の対象となっていた。それでも，正社員より負担感が少ないことは間違いないが，第1章でみたG3店のフレンド社員三輪さんのケースのように，主任代行などの責任を負っているベテランのパートタイマーの場合，周りの視線に対する負担感ではなく，仕事上の事情のために勤務日程調整が簡単ではない。換言すれば，役職についていない多くのパートタイマーにとって自分の都合による勤務日程の調整は，職務と処遇の不均衡の中で働くパートタイマーの慣行的な権利になっている。この点については，パートタイマーだけではなく，正社員も同様の理解に立っている。企業も仕事に比べて賃金が低い従業員に対し，代わりのものを提供しなければいけない。配置転換の問題と同様に，パートタイマーに支払う賃金が安いがゆえに，企業はパートタイマーに対して完全な統制権を行使できない。だが，主任レベルの責任を負っているパートタイマーには勤務日程調整権が制限されるので，不満の種になり，同意獲得に限界ができる。

　以上にみたように，企業は，パートタイマーが主婦として，仕事より家庭を優先できるようにするために，正社員には適用しない労務管理制度や慣行を作り，正社員とパートタイマーは異なる存在として区分することによって，職務と処遇の不均衡の現実を容認させている。つまり，主婦協定に基づく「区別作り」戦略は，主婦パートの同意を作り出す決定的な装置なのである。

第2章 企業の行為戦略

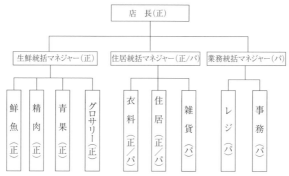

出所:面接のとき,筆者の要請によりS1社労組の専従役員が書いた図。
図2-2　S1社の標準店舗の組織図および売場責任者

6　主婦パート活用モデル

　この第2章の締めくくりを兼ねて,事例企業の中で最も対照的なS1社とS2社のパートタイマー活用モデルを比較してみたい。第1章でみたように,事例企業のパートタイマーの活用モデル,すなわち質的基幹労働力化モデルは大きく,「補助労働力型」,「制限的基幹化型」,「積極基幹化型」,そして「全面的基幹化型」に類型化された。その中でS2社は,主婦パートの質的な基幹化に積極的であるはずの食品スーパー企業でありながら「補助労働力型」を企業の戦略として展開しており,S1社は主婦パートを精鋭部隊として活用している例である。この対照的な2社の事例を通して,同じ業態でありながら,ここまで企業戦略が異なる理由を検討する。特に,S1社のパートタイマー活用戦略は,日本の流通業界全体の注目を集めているモデルであり,総合スーパー企業らが2000年代に入って導入した新しい人事制度の原型にもなっている。

S1社の活用モデル

　図2-2はS1社の標準店舗の組織図であり,（　）は主任の雇用形態である。惣菜売場は子会社が運営しているためS1社の組織図から除かれている。平均的な食品スーパー店舗と比較した場合,この組織図の特徴は統括マネージャーが3人

もいることである。売場を管理する統括マネージャー職があるのは総合スーパーの店舗の特徴であり、一般的な食品スーパー店舗の場合、各売場は店長が直接管理することになっている。S1社に店長と各売場の間に統括マネージャーという役職が設けられているのは、パートタイマーの全面的基幹化と関連している。つまり、パートタイマーの主任が多く、売場の運営そのものがパートタイマーに任されているので、追加の管理労働を投入している。これの他にS1社の場合は、店舗の規模が他の食品スーパー企業より100～200坪程度広く、非食料品の比重が大きいことも関連している。S1社は1970年代までは総合スーパーだった。1999年時点でも、売上の約4割が非食品で、衣料品の売上だけでも3割近い。[40]

　S1社の標準的な売場運営の方針は、生鮮売場は正社員に、レジ、事務、雑貨はパートタイマーに、そして衣料と住居はパートタイマーと正社員を交互に主任にすることである。統括マネージャーについては、生鮮は正社員、業務はパートタイマー、そして住居は正社員とパートタイマーに交互に任せる。主任または統括マネージャーとなるパートタイマーは、全てエキスパートである。衣料統括マネージャーや衣料と住居の主任を全員パートタイマーにしない理由は、"メンバーや責任者が固定されてしまうと、売場の運営がマンネリ化する傾向が出てくるので、部門責任者の活発な異動を通じて売場運営の柔軟性を極大化するため"（S1社人事部長）である。

　売場単位でみると、生鮮売場は正社員の主任の下に正社員の担当者が1～2名、時間帯責任者であるチーフ職のエキスパート2名とパートナーおよびヘルパーで構成されている。他の売場は、衣料または住居売場の中の一つを除いて全てエキスパートに主任を任せ、エキスパートのチーフおよび正社員とパートタイマーの担当者を配置している。S1社のみに見られる特異な職位が、主にエキスパートに担当させるチーフという職位である。この職位は、特定の時間帯、例えば昼間の時間帯または夕方の時間帯などの時間帯の売場運営を任せるためのもので、主任になるための訓練期間にあるパートタイマーの職位である。S1社のパートタイマーの中で、決まった仕事、つまり定型業務だけすればよいという層はヘルパーだけである。パートナーには販売計画の作成から発注、調理、加工、陳列、販売、評価に至る一連の判断業務を担当させている。労働時間は、パートナーが1日6.5～7時間（7時間が中心）、一般人ヘルパーは5～6時間（6時間中心）、学

生ヘルパーは5時間以下である。

　S1社において，エキスパートは一定期間の勤続後に，少なくとも主任になることが求められており，さらに優秀な人たちは統括マネージャーになることが期待されている。その結果，2003年8月時点で全体エキスパート（ほとんど女性，全正社員の半分の規模，女性正社員の4.5倍）の中で，チーフから店長（店長は1名）までの職位にある者は66.9％にのぼる。内訳は，統括マネージャー以上が7.2％，主任が34.9％，チーフが24.8％となっている。店舗平均でみると，エキスパートの統括マネージャーは0.7人，主任は3.2人である。図2-2とはまだ隔たりがあるが，S1社は，2013年または2014年までには，全ての店舗で統括マネージャーや主任の雇用形態を図2-2通りにする予定である。

　S1社がこれほどまでにパートタイマーを戦力化しようとした背景には何があり，また企業の政策が実現できた秘訣は何だったのだろうか。

　S1社がパートタイマーの全面的基幹化を決めた背景には，店内加工率問題がある。S1社のパートタイマーの人事管理制度の基本的な枠組みが作られたのは1994年だが，その直前に生鮮食料品売場は徹底した店内加工によって，鮮度の高い食品で集客するとの方針を決めた。その後不況がさらに深刻化する中で，店内加工戦略は一層強化されてきた。生鮮食品売場の店内加工率を高めるためには，熟練レベルが高い従業員を多く配置する必要がある。しかし，1990年代初めごろに高熟練の従業員といえば正社員，それも男性の正社員だった。1980年代まで女性正社員はほとんど高卒者を採用して，レジか事務所に配置していたからである。さらに，女性正社員は結婚退職が普通だった（2003年現在，女性正社員のうち30～50代は25.8％）。ところで，上でみたように，男性正社員は，家族手当や高い住宅手当まで支給する従業員なので，賃金コストが非常に高い。そのために，パートタイマーの身分でありながら，正社員と同じように売場と店舗運営を任せられる労働力を確保することを目標として決定した。その結果が，後に多くのスーパーマーケット企業がまねすることになる，まさにS1社にだけ存在する特異な勤務形態を持ったパートタイマーとしてのエキスパートである。

　すでに述べたが，エキスパートは1日の労働時間が正社員より30分短いだけで，店舗異動もシフト勤務もする名ばかりのパートタイム労働者である。さらにS1社では売場の主任をマネージャーと呼んで，"マネージャーは裁量労働をする管

理職"（S1労組専従者，大卒男性，30代半ば）と位置付け，正社員であれパートタイマーであれマネージャーには残業手当を払わない。付言すると，エキスパートの半数ほどは，実労働時間が1日8時間を超える。S1社は，このような「名ばかりのパートタイマー」である女性労働者を大量に確保することによって，正社員の比率を1994年の29.9％から2003年には12.7％まで大幅に下げることに成功した。

　ところで，S1社はどのようにしてエキスパートをここまで精鋭部隊にすることができたのか。それはエキスパートとしての新規採用はほとんど行わないことにある。[41]つまりエキスパートの60％以上は，結婚や出産を機に正社員から転換した人たちであり，残りの人たちは長時間勤務のパートタイマーであるパートナーからさらに選別された人々である（S1労組専従者）。言い換えれば，エキスパートはエキスパートになった時点で，すでにS1社内で何年間かにわたって担当者としての訓練を受けてきた中堅社員なのである。

　S1社は，このような「名ばかりのパートタイマー」の女性労働者を，どのようにして多数確保することができたのであろうか。エキスパートの6割が元正社員であるということは，結婚や出産後にも働き続けたい女性が多くいるということを表している。供給側の要因として挙げられるのが，S1社のあるX地方の地域特性である。X地方は日本でも女性の労働力率が最も高く，首都圏や大阪に比べ10％ポイント程度高い（2000年国勢調査）。また，所得水準が大都市圏に比べ低いことから，この地域の女性たちは，働くのであれば長時間働くことを希望する。[42]X地方において，このように女性の労働力率が高い理由の一つは，三世代同居家族が多く，同居していなくても祖父母世代が孫の育児を手伝う傾向があることである。そのためこの地域の女性たちは，保育園と自分自身の力だけで子供の養育をしなければならない大都市圏の女性に比べて，結婚，出産後も仕事を続ける余地が大きいといえる。しかし，どんなに親が子供の面倒をみてくれるとしても，子供と夫を親に任せたまま，遠隔地に転勤することはそれほど簡単ではない。したがって，S1社のエキスパートは，自宅から通勤できる範囲内でのみ転勤するという条件で，シフト勤務も残業も，さらに店舗の管理職も引き受ける。なお，S1社は他の事例企業とは違い，転勤範囲の制約に基づいて昇進の上限を制限したりはしない。その結果，エキスパート店長が出現することが可能となっている。

　しかし，いかに労働者がパートタイマーという身分のまま正社員と同じ条件で

第**2**章　企業の行為戦略

勤務をする態勢を持っているとしても，最低限，自分の勤務内容と賃金水準がふさわしくないと考えられる場合，自発性と積極性を発揮することは難しい。特に，管理職である労働者が自発性も積極性もなく仕事をすることは，企業にとっても決して望ましいことではない。この問題を解決するためのS1社のスローガンは，エキスパートの処遇に関し，"水準の格差はあっても方式の差はない"（S1労組専従者）である。エキスパートの賃金構造を正社員の賃金構造と同じにして，その代わり賃金額に差をつけるのである。

　S1社の正社員の賃金は職務給が80％，年齢給が20％で構成されており，職務給も35歳までは年齢とともに上昇する。正社員の賃金は，職位と関係なく年齢とともに基本給が上昇する仕組みになっている。しかし，エキスパートの賃金は勤続とともに上がるようになっているものの，賃金が職位ごとに定められている。つまり，担当者の経験年数に関係なく主任になると主任の初任給から，また統括マネージャーになると統括マネージャーの初任給からスタートして賃金額が増加する。

　賃金制度では，高卒正社員の初任給は149,000円，エキスパートの初任給は147,500円である。担当職の場合，勤続が長くなるとエキスパートの賃金は正社員の賃金より若干高くなる仕組みだが，担当職は正社員ならば1年程度で，エキスパートも3年以内に卒業しなければならない。次に主任（S1社での名称はマネージャー）になると，エキスパート主任の初任給は183,000円に職位手当43,000円が支給される。統括マネージャーの初任給は227,100円，職位手当が52,000円である。正社員主任の賃金は年齢によって異なるが，職位手当は同じである。その後勤続年数や職級が上昇するに従って，正社員の賃金がエキスパートよりもっと多く上昇し，賃金格差は拡大する。正社員の年齢別賃金テーブルは入手できなかったため厳密な比較はできないが，労組専従者とのインタビューによると職位が同じである場合，退職金を除いてもエキスパートの給料総額は"正社員の60～65％"である。例えば，S1社のあるエキスパート店長（正社員から転換，50代，女性，店長として3店舗目）の年間給与が550万円であり，正社員店長の最低の年収が750万円であることからすると，200万円の差がある。さらにそのエキスパート店長が任せられている店舗は，S1社の店舗の中でも中規模以上であり，同規模の店舗の店長と彼女の年収を比較すると，少なくとも350万円以上の差となる。[43]

173

この賃金格差に対してS1社の労働組合の専従者は，"転勤することに対する負担分と評価している"と答えた。

転勤の負担をこのように大きく評価することへの妥当性はさておいて，とりあえずエキスパートの賃金体系は同じ業務をする正社員との均衡を考慮したものとして，それなりの合理性を確保しているようにみえるかもしれない。しかし，この評価をする前に考えておかなければならないことは，エキスパートの過半数が正社員から転換したという事実である。正社員がエキスパートに転換すると，一旦退職金が支払われ，正社員としての勤続年数は消滅する。転換時の賃金は，上司（店長）の評価によって個別に調整されるが，正社員からパートタイマーになることで賃金は下方修正される。加えて，同じ主任であっても正社員の賞与は年間4.5カ月であるが，エキスパートは2カ月でしかないことから，これだけでも年間50～100万円程度の差が生じる[44]。もちろん，エキスパートに退職金はない。つまり，S1社は女性正社員の結婚，出産を契機に相当額の人件費を節約する。S1社はその地域では，女性が結婚して家庭を持ち，家庭＝住まいに縛られることになっても長時間働きたがることを，企業の利潤創出のために十二分に活用するモデルを創ったことになる[45]。さらに，S1社の店舗運営戦略，すなわち生鮮売場の100％店内加工戦略も，このような「名ばかりのパートタイマー」の労働者がいなければ維持できない戦略である。

S1社の事例は，既婚女性たちが居住地に縛られる制約を，企業の利潤のためにどこまで利用することができるかをよく示しているといえる。女性正社員が結婚・出産することを契機に，家族に縛られる点を利用して，正社員から「名ばかりのパートタイマー」に転換し，それまでの勤続をゼロにして賃金を下方修正する。賃金は職務給ではあるが，正社員とパートタイマー間の賃金水準と企業福利面で根本的な差があることについて，店舗異動の違いに対する補償に基づくものだという論理で彼女たちを説得する。「生活態度としての能力」（熊沢誠, 1997）を有する者とそうでない者，つまり，家庭を中心に考える者とそうでない者を分けて処遇するという原則を鮮明にしている。他の企業では，家庭生活のために仕事の能力が低下したと評価しても，正社員だからやむを得ず既婚女性社員に支給している賃金部分（賞与，退職金，その他の企業福利）を，S1社は払わない。このS1社の人事制度は，同業流通業の中で注目を浴び，2000年代に入って行われた

第2章　企業の行為戦略

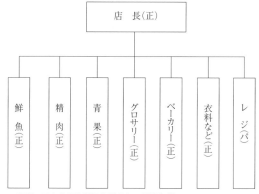

出所：S2店店長と労組専従者との面接資料
図2-3　S2社の標準店舗の組織図および売場責任者

大手総合スーパー企業の人事制度変更の下敷きともなっている。転居を伴う転勤をしない従業員は正社員として認めず、いわゆるパートと同じ雇用区分に転換するのが、21世紀流通業における人事制度の流れとなっている。

S2社の活用モデル

続いて、S1社と正反対の類型であるS2社の事例を検討する。図2-3は、S2社の標準店舗の組織図である。店舗ではお寿司売場と惣菜売場があるが、子会社が運営するので、S2社の標準店舗図には表示されない。図2-3が図2-2と異なる点は、売場の数が少なく、統括マネージャーがいないことである。S2社は、食品部門に集中している。S2社は、レジ部門を除いて全ての売場で正社員が責任者となっている。さらに、各売場は店長が直接管理をしている。これまでも何度か述べたように、S2社はパートタイマーの多くが週20時間以下の短時間労働者である。

S2社は1970年代から、アメリカ型スーパーマーケットの運営技法を導入して、徹底した標準化戦略を追求してきた。大規模な加工センターを2カ所設け、青果や精肉はもちろん、鮮魚まで加工センターで包装した状態で店舗に配送することを基本にした。標準化戦略を強く推し進めた1970年代初・中盤には、店舗は発注をせず本社が商品を決定して店舗に配送し、各店舗はそのまま販売するだけとい

175

う時期もあった。したがって，S2社の店舗運営戦略では，各店舗は送られてき
た商品を陳列して売ればよいので，店舗では熟練労働者を特に必要とはしなかっ
た。[46]

　同様に，パートタイマーも長時間働いて次第に技能と熟練を積み上げていく労
働者は必要ではなく，短時間勤務者を大勢雇い，販売曲線と労働力投入曲線を正
確に一致させることが大切な課題であった。正社員に対しても特別な熟練度が必
要とされていないので，長時間労働をする高熟練のパートタイマーは，パート
タイマーの中でも相対的に人件費が高いこともあり必要とされなかった。つまり，
S2社が長期にわたって追求してきた標準化戦略は，正社員もパートタイマーも
「安く済めばいい」ということ，すなわち費用節減が最も重要なことで，その他
のことはそれほど重要視しなかった。

　さらにS2社は首都圏に店舗展開をしているため，パートタイマーの賃金が他
の企業に比べ高い。例えば，1999年現在，S2社のパートタイマーの基本給は744
円，地域給も最大130円である。これに対して，S1社パートタイマーの基本給は
620円，地域給は最大100円である。時間帯加給や曜日加給もS2社はS1社の2倍
である。おおむね，S2社パートタイマーの時間給はS1社パートタイマーの時間
給より30％ほど高く，事例企業の中で最も高い。したがって，S2社は販売曲線
と労働力投入曲線を正確に一致させ，人件費をいかに節約するかがより重要で，
パートタイマーの熟練度上昇は重要ではなかった。

　S2社が，パートタイマーの平均労働時間をより短くしているのは，社会保険
制度とも関係がある。年間所得130万円を超えると，年金および健康保険に加入
させる必要がある。S2店のパートタイマー（学生を含む）の平均時間給は906円
（採用時間給平均は814円）である。この時間給で週25時間働くと，年間2カ月分の
賞与を含めて年間所得は130万円になる。つまり，S2社は週25時間働くパートタ
イマーに対しては，社会保険料として賃金の12％程度を追加的に負担しなければ
ならない。その上，S2社のパートタイマーは全員が労働組合員であることから，
わずかな金額ながらも毎年少しずつ賃金が引き上げられる。S2社は雇用保険の
加入も避けたかったことから，1日4時間以下で働くパートタイマーが大半を占
めるようになった。

　パートタイマーの基幹化に消極的なS2社であるが，レジだけはパートタイ

マーに任せている。S2社が，レジをパートタイマーに任せるようになったのは
POSシステムの導入が契機であった。1980年代後半から導入が始まったPOSシス
テムが，1990年代に入り定着したことから，レジ部門で要求される熟練は急速に
下がった。利益の減少に悩んでいた食品スーパー業界では，レジ部門に正社員を
配置しない動きが始まり，事例企業の中ではS3社を除いて全ての食品スーパー
企業で，レジ部門に正社員を配置しなくなった。S2社もレジ部門をパートタイ
マーに任せると決め，1993年には女子寮を廃止，地方の高校からの女子社員の集
団求人も廃止した。

　S2社がこのような店舗運営戦略およびそれに基づくパートタイマーの活用戦
略を採択し維持することができた理由も，S1社と同様に立地が大きな要因であ
ると言える。首都圏という人口密集地域に位置していることから，相対的に地域
労働市場が大きく，潜在的な労働力供給源も広い。また，首都圏は企業が密集し
ていることから，サラリーマンの妻，つまり税制上の被扶養者である主婦パート
の労働力供給が豊富である。[47] S2社の管理職（人事部，40代後半，大卒男性）は，
"パートタイマーが地域に住む大切な顧客であるため，長時間のパートタイマー
を1名雇用するよりも，短時間パートタイマーを2名雇うほうが顧客層を広げる
ために効果がある"とも説明した。

　S2社の立地はパートタイマーの労働力供給源が広いと同時に，労働力の移動
が活発だという特性を持っている。S2社としては，人件費節減に加えてパート
タイマーの退職を防ぐことも重要な課題であり，特にごく少数ではあるが，熟練
の主婦パートの退職を防止することが大きな課題であった。そのため，S2社は
事例企業の中でも唯一勤続給を廃止せず残し，パートタイマーの賞与の支給月数
が最も高く，5年以上の勤続者に限定して支給される退職慰労金も事例企業の中
で最も高い。

　しかし，徹底した標準化戦略に基づき，パートタイマーを単純未熟練労働力と
して活用するモデルを採用していたS2社が，パートタイマーに資格制度を導入
して，高熟練のパートタイマーに相当額の賃金を支払う人事管理制度を導入した
理由は，それまでの店舗運営戦略を変更したことによる。第1章で述べたように，
1990年代初めから日本経済が不況に見舞われたことにより，スーパーマーケット
業界はその店舗運営戦略をめぐり，大きく分けて，価格競争か，品質競争かとい

う岐路に直面し，食品スーパー企業の大部分は品質競争を選択した。総合スーパー企業とは資本規模の面で比較にならないため，価格競争で勝負することが難しかったためである。S2社も店内加工率を高めることを目指すこととし，1999年の年末には，精肉30％，鮮魚70％，青果80％，ベーカリー60％にまで増えた。

　店内加工率を高めたことにより，店舗にこれまでより多くの熟練労働者が必要になったが，その全てを正社員で賄うことにはコスト面で厳しかった。それゆえ，熟練パートの処遇を改善することによって，高熟練のパートタイマーの確保を目的とする政策転換が行われた。しかし，このような政策転換にもかかわらず，すでにみたように，S2社のパートタイマーの中でリーダー・パートナーとキャリア・パートナーの割合は，2008年現在9.7％にすぎない。

　S2社の一般職社員レベルのパートタイマー（リーダー・パートナー）の時間当たりの賃金は，2000年前後では1,100円前後であり，1日8時間働くと仮定すると，月収は20万円程度になる。これに年間3カ月分の賞与を合わせると年収は300万円前後となる。主任レベルのパートタイマー（キャリア・パートナー）の時間給はもっと高い1,300円前後，賞与が年間4カ月であることから，1日8時間働くと年収は400万円程度となり，シフト勤務と店舗異動のあるS1社のエキスパートの賃金より若干高い。S2社のパートタイマーの賃金が相対的に高いのは，首都圏立地要因にあわせ，少数の基幹労働力化されたパートタイマーに対して，完全とはいえなくとも正社員との賃金バランスを考慮すべきではないかという，労働組合側の要求も作用した。そのため，2001年には，リーダーとキャリアの資格給がそれぞれ80円と90円ずつ引き上げられた。

　しかし，長時間パートも期待通りには増えず，基幹化も期待通りには進まなかった。S2社に長時間パートが簡単に増えなかったのには，二つの理由がある。

　まず，S2社が最初から長時間パートタイマーを採用せず，短時間パートタイマーとして採用して，勤続が長くなった者の中で熟練水準が高いパートタイマーに対して，長時間パートタイマーへの転換を勧める，というやり方をとったためである。S2社は制度的被扶養の範囲内で働くことを前提にパートタイマーを採用しながら，その中の一部の人に，そのような枠から抜けないかと提案をしているのである。しかし，すでに制度的被扶養者として仕事をすることを選択している人たちは，家族の状況に変化が起きない限り，それまでの枠から抜け出る可能

性がそれほど高くはない。そのため，S2社の質的基幹労働力化は魅力的な賃金にもかかわらず，期待通りの進展をみせていない。

次に，雇用調整が簡単ではないことである。企業が拡張しない限り，長時間パートタイマーの比率を高めることは，既存の短時間パートタイマーを減らすことになりかねない。しかし，S2社ではパートタイマー全員が労働組合員であるため，企業の思い通りに雇用調整を行うのは無理である。そこで，労働時間が短いパートタイマーであるほど通勤距離に敏感であり，古くなった店舗を閉店して別の地に新しい店舗を開店すると自ら辞める人が多いので，これを利用して，長時間パートタイマーを増やすしかない。

前も言ったように，極端な標準化戦略といえるS2社のパートタイマー活用モデルは，首都圏という立地を除いては説明できない。最低賃金が高いだけではなく，サラリーマンの妻が多くいる首都圏でなければ，この戦略は長期に維持することが困難であることはいうまでもない。

以上でみた二つの事例企業のパートタイマー基幹化モデルが示唆しているのは，パートタイマーの基幹化モデルは，企業の店舗運営戦略と緊密につながっているものの，企業の店舗運営戦略自体が，主婦制度により作り出される地域特性という要因に基づいて展開されるという点である。程度の差はあるが，同じような地方企業であるS3社とS4社でも，S1社と同様にパートタイマーを積極的に活用しようとしていることからみても，この点は確認できる。さらにパートタイマーが組織されている場合，その組合が正社員中心のものであるとしても，組合が雇用安定機能を発揮するため，企業の戦略に影響を与えることが理解されるであろう。

7　基幹労働力化と主婦協定の衝突

第2章ではパートタイム労働者の職務と処遇の不均衡の安定的拡大再生産と熟練度上昇，つまり，コスト削減とパートタイム労働者の質的な基幹労働力化という二兎を追うために，企業が使用する雇用管理戦略の具体的な内容を分析した。

まず企業はパートタイム労働者を企業内に定着させるのと同時に熟練度を上昇させるために，「選別的内部化」と「擬似内部化」から構成される「制限的内部化」を試みる。つまり企業は，労働時間と熟練度を基準にパートタイマーをいく

つかの雇用区分に分け，その中の一部だけを選別して内部化する。しかし，内部化の対象になるパートタイマーに適用される内部化規則は，正社員の内部化規則の形だけを真似したものであり，勤続や熟練が伸びるほど正社員との処遇格差が拡大するという擬似内部化である。そのため，この制限的内部化装置は職務と処遇の不均衡を拡大再生産させる。しかし，それだけでは同じレベルの仕事を担当している正社員より低い処遇に対する同意が十分得られないので，企業には追加的な同意獲得装置が必要となる。そのため，主婦パートタイマーの家庭優先性を保障することを主な内容とする，「主婦協定」の締結ともいえる労務管理をする。すなわち，企業は勤務地異動とシフト勤務を主軸に正社員とパートタイマーの働き方に対して区分作りを行う。

　パートタイマー活用モデルも業種，業態，企業によって差がある。大きく分けて総合スーパーと食品スーパーという業態間で差があるが，これは労働過程および収益構造の特性の違いから生まれる。食品スーパーの企業間においても差異がある。その差異は直接的には企業の店舗運営戦略と関連しているが，実は店舗運営戦略そのものが当該企業の立地する地域特性によって大きく影響される。この点は，企業が，既婚女性が主婦イデオロギーと主婦制度によって家庭＝住居地に縛られる存在である点を利用して，低賃金労働者として既婚女性を使用するが，その使用方式はパートタイマーが縛られている住居地＝地域の特性に適応して妥協をせざるを得ないことを意味し，労働市場における行為者戦略の重要な土台の一つがジェンダーであるという本研究の主張を裏付けている。

　ところでパートタイマーの質的な基幹労働力化は，家庭優先性の保障を主な内容とする「主婦協定」とも矛盾する側面がある。つまり企業としては当然ながらベテラン・パートにより多くの業務と責任を任せたいが，仕事に対する責任が重く，労働時間の長い労働者が家庭を優先することには限界がある。実際にベテラン・パートの労働時間と業務および責任は，正社員のそれと大きな違いがない。このような事実は，企業が設置した「制限的内部化」装置が，職務と処遇の不均衡に対する高熟練の主婦パートタイマーの同意を得ることに限界があることを示唆する。つまりパートタイマーの企業内への統合に亀裂ができるということである。同意しきれない現実の矛盾と亀裂に対して，主婦パートたちはどのように対応しているのか。この問題に関しては第4章で分析する。

注

(1) 「平成18年パートタイム労働者総合実態調査」によると，企業がパートタイマーの人件費の中で割安だと思っているのは（複数回答），賃金70.5%，賞与63.5%，退職金47.9%，法定福利費47.9%である（2001年は，賃金78.5%，賞与72.8%，退職金51.0%，法定福利費32.4%）。

(2) 本書のアンケート調査によると，嘱託5人の労働時間は週20,32,40,40,40時間であり，契約社員71人のうち27人の週労働時間が35時間未満である。事例店舗にも週30時間働く嘱託の従業員がいる。

(3) 本書では，未婚女性や男性パートタイマーに対しては，"パート的存在"という表現のように，何かをつける。

(4) 事例企業は全て表2-2に提示した従業員の雇用区分別に就業規則がある。しかし正社員の就業規則とは違って，非正社員の就業規則はとても簡単である。例えば，G2社の「フレンド社員就業規則」は，8ページ（正社員16ページ），6章，45条となっている。6章の構成は，総則，服務規律，勤務，人事，給与，その他，となっている。

(5) 半年前に定年が1年半残っている人事部長がG2社をやめて転職したので（G2社は2001年倒産した），半年ぶりにみんな集まった。G2社人事部は，社員が部長の自宅に遊びに行ったり，20代の女性の部下が飲み会で部長を，おーい，オヤジ，と呼ぶくらいの大変家族的雰囲気だった。そのような人事部長の退職は部下たちには大きなショックで，皆気分が複雑だったので，自分たちだけでは集まりにくかったため，皆と親しかった筆者の来日を契機に集まった。

(6) この用語は筆者の言葉ではなく，管理職や組合の役員たちが普段使っている用語である。学生やシルバーではないという意味である。

(7) 全ての事例企業で正社員は1カ月または1年を基準にした変形労働時間制勤務。

(8) 筆者が2007～2008年に行った首都圏にあるG1社の店舗調査でも，リーダーの肩書きを持っている主婦パートが一番大変なこととして挙げたのが，毎日のように仕事を家に持って帰ることだった。

(9) 労働組合や本社の役員との面接によると，パートタイマーの就業規則に勤務地異動の項目があるのは，正社員に対する配置転換がいつでも勤務地異動とセットとされているため，パートタイマーの就業規則にも「習慣的に」合わせて明記していることに近い。

(10) しかし，内部化の対象であるか否かを問わず，主婦パートは学生パートより企業内定着性が高い。ほとんどの事例企業で学生アルバイトの平均勤続年数は1年未満であるが，内部化の対象ではない主婦パートの勤続は，G3社3.3年，S3社2年，S4社3年

である。

⑾　正社員は採用が決定すると企業の研修会場に集められ，1カ月前後の教育を受けた後，現場に配属される。正社員の新人集合研修は技術研修ではなく，その企業の社員としての心構えなどの精神教育の色彩が強い。技能教育は，店舗に配属されてからOJTを通して実施される。正社員の採用と配置には，多くの時間と費用が費やされる。東京都の調査によれば，サービス業で正社員1人を採用するためにかかる費用は小企業では25万円，中企業では75万円，大企業835万円であり，製造業ではそれぞれ18万円，111万円，2,410万円がかかる（大沢真知子，1993: 169から再引用）。

⑿　レジに配置される正社員は高卒の女性社員だが，食品スーパー企業は1990年前後から高卒女性社員の採用をやめたので，レジ主任をパートタイマーに任せる傾向がある。

⒀　Point of Purchase。主に紙に，商品名と価格，またはキャッチコピーや説明文，イラストだけを手描きしたもの。

⒁　S1社を除く事例企業では，2000年代初めごろまでは売場の責任者の職位を主任，部門の責任者の職位をマネージャー（企業によっては課長）と名付けるのが普通だったが，その後どんどん主任がマネージャーに変わったので，混乱を避けるために本書では，売場（鮮魚，婦人服など）の責任者は主任，部門（食料品，衣料品，住生活など）の責任者は統括マネージャーと記す。一部の企業の場合，主任という肩書きがマネージャーに変わりながら，売場責任者は管理職扱いになって残業手当の対象から除外された。S1社は1990年代すでに売場の責任者をマネージャーと称し，残業手当の対象から除外した。

⒂　S4社の場合は，1999年の人事制度改定により60％水準だった属人給（年齢給）を40％水準に下げ，G1社とG2社は2000年代に入って年齢給を廃止した。さらに，G3社は2003年に賃金体系を職務給に変更した。

⒃　S4社は，1999年にパートタイマーの人事制度を改正し，呼称を準社員からフレックス社員と変えた。人事考課と評価給の金額はそのときに新設された部分であり，"パートタイマーを本格的に活用するために，パートタイマーに対しても，能力によって処遇を変えていこうという方針の下に作られたもの"（S4労組委員長，40代後半，女性）である。しかし，Bランクの点数の幅があまりにも広く，その結果，ほとんどのパートタイマーには評価給がないことに等しいことになってしまった。最初の意図とは逆にパートタイマーのモラールを低下させることになったため，2003年夏の筆者との面接調査のときは，労組でも問題だと考えていた。しかし，その後S4社は他の企業に吸収合併されたので，人事制度そのものが大きく変わった。

⒄　問題点2は，"就労時間数・時間帯の固定化。現在の準社員の働き方は，一部曜日による勤務時間の延長を除き，勤務時間数や時間帯が月間・週間の業務の繁閑にかか

第**2**章　企業の行為戦略

わらず固定化されている"である。

⒅　終章で述べるが，2000年代に入って「補助労働力型」や「制限的基幹化型」の事例企業のパート政策が大きく変わった。G1社も2004年からS1社と変わりない制度を導入した。

⒆　2006年からグロサリーの作業項目手帳が，デイリーとドライに分けられ8冊になった。

⒇　企業が一般職社員のレベルだと評価するパートタイマーの労働時間は，ほとんどが正社員並みである。

(21)　2003年2月まで，G1社は総合スーパー店舗を除いて食品スーパー店舗のパートタイマーだけを主任職に就けていた。パートタイマーの主任制度を導入したのは1999年であったが，導入時にすでにパートタイマーの主任は100人ほど，副主任であるリーダーは500人ほどになっていた。制度導入後，パートタイマーの主任やリーダーは急速に増加し，2003年にはパートタイマーの主任が約300人になった。1990年代までは，企業はパートタイマーの熟練向上にそれほど熱心ではなかったものの，ここまでパートタイマーの基幹化が進んだので，G1社は，2003年から総合スーパー店舗でもパートタイマーが主任職に就けるようにした。2004年からは，食品スーパー店舗では，パートタイマーが店長まで昇進できるように人事制度を改正した。

(22)　2000年代に入って，ほとんどの事例企業においてパートタイマーの人事制度に変化があったため，本節の賃金体系や項目別の賃金額は基本的に1999年のものである。

(23)　付図-1～8に他の事例企業のパートタイマーの賃金体系を提示した。S2社は，パートタイマーの質的基幹労働力化を一層進めるために，2006年にパートタイマーの賃金体系を変更したので，1999年の賃金体系と2006年の賃金体系をそれぞれ提示した。

(24)　G1社の資料の中で職種給，部門給という言葉が使われることもある。

(25)　しかし，この金額は2003年には0円，10円，30円，50円に削減された。

(26)　S4社はパートタイマーが主任役の場合をリーダーと呼ぶ。

(27)　これに関して組合の専従者に質問したところ，"以前の制度で資格が高かったパートさんたちは簡単に昇格できたので"，と答えた。S4社でも似ている制度転換があった。

(28)　評価は相対評価であり，A評価15％，B評価70％，C評価15％となっている。

(29)　G2社のフレンド社員については，賞与がないに等しいので省略する。

(30)　日本全体の女性短時間労働者の年間賞与は，1992年の98,800円で頭打ちになり，2010年には32,100円にまで低下した（賃金構造基本統計調査）。

(31)　韓国の場合，労働者の勤続が1年を超えると1年で給与1カ月分の退職金を支払うことが，法律で義務付けられている。

183

(32)　パートタイマーは最初から長時間契約で採用されることはほとんどない。田中さん
は短時間パートとして入社したが，上司の推薦によって勤続２年目の1987年にキャリ
ア社員試験を受けて合格した。上野さんは月110時間勤務するパートタイマーとして
1986年に入社したが，会社の要請によって1996年に月149時間契約に変更した。大沢
さんも同じく110時間から149時間に勤務時間を延ばした。

(33)　G3社正社員の賃金に関する詳しい内容は表１-30と表１-31を参考にすること。付
図-２に提示したように，フレンド社員の月給は，基礎給，職能給，固定給，月額時
間帯加給，職務手当，生鮮手当（＋通勤手当と時間外割り増し手当）で構成される
（G3社「フレンド社員給与規定」）。固定給は調整給を意味する。メイト社員の月給に
は職務手当がなく，他はフレンド社員と同じである（G3社「メイト社員給与規定」）。
正社員の本人給は年齢と社員区分で決まる，「給与規定」によると，フレンド，メイ
ト社員の本人給は“地域別の給与水準を基に定める”ことになっている。フレンド社
員とメイト社員の賃金は地域のパートタイマーの賃金相場に合わせて決めるという意
味である。

(34)　三輪さんと中村の賃金にマイナスの調整給がついているのは，“働く時間が契約時
間より若干短かったためであるようだ”と，本人たちからいわれたが会社に確認した
ことではない。中村さんの変動手当も本人から，“曜日加給や時間帯加給のようだ”
といわれただけで，会社に確認はできなかった。三輪さんと中村さんの賃金明細書に
昇格加給があるが，三輪さんがフレンド社員になったのは1994年，フレンド社員２級
になったのもその翌年で，中村さんがメイト社員になったのも１年以上前のことで，
最近昇格したわけではない。

(35)　堀口さんの賃金額で分かるように，パートタイマーの実労働時間が契約時間と一致
しないことがしばしばある（堀口さんは1999年７月に102時間勤務した）。中村さんも，
“これは残業がなかった７月の賃金明細書であるが，８月とか12月の場合残業が多く
なり，土日も全部勤務するので賃金額がその分高くなる”と言った。つまりG3店で
は忙しい時期ならパートタイマーも契約時間を超えて働くのが普通であるということ
である。

(36)　時間給が非常に高いパートタイマーの中には，勤務していた店舗が閉店すると，本
人が店舗異動を希望して，他の店舗に勤務するというケースがないわけではない。筆
者は2007年に店舗を異動して勤務しているパートタイマーを３人面接したが，この３
人は全て時間給が1,200円を超えていた。

(37)　S1社は，従業員区分制度を明確に性別で分けて表現している。S1労組の役員とのイ
ンタビューによると，“S1社が設定している目標は，男性＝正社員＝全国社員として
統括マネージャー以上，女性＝パートタイマー＝ストア社員＝売場担当”である。

184

第**2**章　企業の行為戦略

⒅　筆者が自分の研究のための調査であると言ったにもかかわらず，森田さんは，労働組合を通じて調査に来たから労働組合と緊密な関係があるだろう，と思いながら，筆者が労働組合に自分の苦情を伝えてくれると期待していた。

⒆　そのために，男性パートだけではなく夕方や夜の時間帯に働こうとする主婦パートも増えた。時間帯加給や曜日加給が引き下げられたのもこのような背景がある。

⒇　しかし，2000年から食料品中心の店舗に変えようとして，新店舗にははじめから衣料品売場を設けていない。その結果，2000年3月～2003年2月の間の月間売上は，食料品の売上比率が76.9％に上昇したが，他の食品スーパー企業との比較では依然として低い。

(41)　長引く不況の下で若者の就業環境が悪化し，新卒者でも正社員としての就職が困難になったことから，S1社は2003年から高卒の新卒者をエキスパートとして採用し始めた。

(42)　"うちの会社で，そっち（X地方──筆者）の店舗でパートタイマーを募集すると，皆，全部長時間を好むので，短時間募集には人が集まらないんですよ。そのために，必ず長時間が必要じゃないとしても，パートを使うためには長時間にするしかない場合もありますね"（G2社人事部，30代前半，大卒女性，一般職社員）。

(43)　賃金額は労働組合から提供された。

(44)　S1社のモデル賃金によると，高卒者なら勤続10年の基本給は月216,500円であり，勤続22年の基本給は310,400円である。また役職手当は主任1級41,000円，主任5級70,000円，家族手当は配偶者10,000円（103万円の所得制限あり），第1子4,500円，第2子3,000円，住宅手当は家賃の50％（上限なし，持ち家の場合これに準じて支給）である。

(45)　この制度を作ったS1社の人事部長との面接のとき，彼は，流通業専門のあるジャーナリストから，あんた，ずるいこと考えたね～，といわれたことがある，と言った後，そんなことではなく，女性が家庭を持った後も働き続けるための制度を作ったのだ，と強く言った。

(46)　"まぁ，その当時は，お店にいる人間は手足がついていればよい，という感じでしたね"（S2社経営本部長，50代前半）。

(47)　S2労組の「パートナー組合員手帳」には，リーダー，キャリアに資格等級が上がると200万円，280万円程度の年収は保障されるという紹介とともに，年収が103万円を超えた場合であっても150万円程度になったら減少した手取り所得が挽回できると記載されている。

第3章
労働組合の行為戦略
――排除と包摂――

　パートタイム労働者の急増にもかかわらず，日本の労働運動は2000年代に入るまでパート労働者の組織化にあまり関心を注がなかった。1970年から2000年の間に，短時間労働者は837万人も増え，短時間労働者が全労働者の20.0％を占めるに至ったが，2000年時点における短時間労働者の組織率は2.6％にすぎなかった。パートタイム労働者の均等待遇問題が社会的注目を浴びるようになった2000年代に入って，企業内労働組合もナショナル・センターもパートタイムの労働者の組織化に関心を注ぎ始めているが，2010年現在，全労働者の26.6％，女性労働者の43.0％を占めているパートタイマーの組織率は5.6％であり，まだ充分とはいえない（厚生労働省，『労働組合基礎調査』）。

　1970年に35.4％であった日本の労働者の組織率は，1980年30.8％，1990年25.5％，2000年21.5％，2010年18.5％と急落してきた。パートタイマーが急増する中その組織化に関心を持たなかったことが，この墜落の重要な原因の一つといえる。組織率の低下が，企業と社会に対する労働組合の発言力を低下させたことはいうまでもない。なぜ，労働組合はパートタイマーの急増，そして組織率の急減にもかかわらず，パートタイマーの組織化に関心を注がなかったのか。

　日本の労働組合がパートタイム労働者の組織化に無関心だった重要な理由は，パートタイム労働者の大多数が既婚女性であることにあった。大手電気メーカーに関する研究（禿あや美，2000）によると，労働組合は，そのほとんどが男性の臨時工に関しては本工化を要求したが，そのほとんどが既婚女性だったパートタイマーに関しては本工化を回避し，パートタイマーの職域を単純補助作業に制限した。労働組合は，男性労働者は家族の生計維持者であるので，家族の扶養ができるように安定した雇用と高賃金の対象になるべきであるが，既婚女性は被扶養者であり，男性の生計維持者から保護されればよい，と合理化したのである。

187

日本のほとんどの労働組合は企業別労働組合であることから，組合員の大多数が男性の生計維持者である労働組合は，なおさらこの論理に頼る傾向にあるかもしれない。しかし，スーパーマーケット産業のように，パートタイム労働者が基幹労働力として成長し，パートタイマー抜きに企業運営は成り立たず，正社員が少数の特殊な従業員となった企業の労働組合が直面した状況は，それほど簡単ではない。2000年代に入り，"彼女たちは主婦なので労働組合に関心がなく，加入したがらない"と主張してきた大手流通企業の労働組合らが，相次いでパートタイマーの組織化を宣言しているのも，連合が2001年春闘で初めてパートタイマーの賃上げを要求したのも，このような背景によるものであった。

　第3章ではパートタイマーの基幹化がますます進み，正社員の存在感が薄くなっていく中で，スーパーマーケット企業の労働組合がこの状況をどのように乗り切ろうとしているかについて，パートタイマー組織化戦略を中心に分析する。なお，労働組合の組織化戦略に影響を及ぼす要因が何かについても併せて究明する。

1　労働組合の課題——三つの危機

　パートタイム労働に関する労働組合の対応を分析する前に，パートタイマーの量的，質的な基幹労働力化により，労働組合がどのような状況に直面するようになったのかについて考察する。

代表性の危機

　周知のように，日本のほとんどの労働組合は正社員中心の企業別労組であり，流通業の労働組合も同様である。しかし，従業員の大多数がパートタイマーに変わっていく状況は 労働組合にとって何を意味するのか。まず挙げられるのは代表性の危機である。一般的に代表性というのは組織率をいうが，本論ではこれを「量的な代表性」と呼び，従業員のうち基幹的労働力の組織率を「質的な代表性」と呼ぶことにする。

　労働組合の第一義的な目的は，組合員の雇用維持と賃金を筆頭とする労働諸条件の向上である。この目的達成の基礎は，まず組織率にある。組織率が労働組合

第**3**章 労働組合の行為戦略

の交渉力の全てを説明するわけではないものの，労働組合の企業に対する交渉力を支持する重要な土台の一つであることはいうまでもない。一般的にパートタイマー比率の上昇は，正社員中心の労働組合において組織率の低下という結果をもたらし，量的な代表性の危機を高め，交渉力を低下させる。

　もちろん，パートタイマー比率の上昇が組織率の低下，組織率の低下が代表性の危機と交渉力の低下，というサイクルが，全ての労使関係にいつも同じ影響を及ぼすわけではない。質的な代表性の水準も大きな影響力を持ち，特に企業別労働組合の場合には，労使関係の性格も大きな影響力を持つ。しかし，これも程度の問題であり，スーパーマーケット産業のようにパートタイマーが全従業員の80％を超える場合は，パートタイマーを代表することが全くできない労働組合の発言力と交渉力は，低くならざるを得ない。

　組織率の低下による量的な代表性の危機という一般的な状況のみならず，流通業の労働組合を最も困惑させているのが，事業主が従業員に時間外労働および休日労働をさせるためには，従業員の過半数の代表者と締結しなければならない「36協定（労働基準法36条）」である。36協定を結んでいない事業主は，従業員に対し，法律の定める所定の労働時間（週40時間）以上の労働を，一切させることができない。無論，労働基準法が最近できた法律ではないことから，36協定は最近のものではない。それにもかかわらず1990年代後半になって，36協定が労働組合を圧迫するようになったのは，パートタイマーの急増により，1990年代後半から労働基準監督署が36協定の締結の当事者が，実際に当該企業の従業員の過半数を代表しているのかを点検し始めたからである。その結果，2000年ごろに従業員の過半数を代表していない組合の専従役員がサインした36協定が，無効として差し戻された事件が発生した。

　36協定が締結できない場合，困るのは企業ではなく労働組合である。企業は組合でなくても会社の組織を動員，従業員の過半数の代表者を作り出して36協定を結ぶことができる。組合が36協定さえも締結できないということは，企業のパートナーとしての労働組合の威信が低下することになる。このことから，非組合員であるパートタイマーが従業員の過半数を占める企業の労働組合は，従業員会を別に作って，その名義を使用するか，パートタイマーの一人一人から委任を受ける形式を採ってでも，36協定の当事者になろうとする。[1]

189

パートタイマーが量的に増加するとしても，パートタイマーの業務領域が単純業務に限られる場合，パートタイマーによる正社員の代替には限界がある。したがって，量的な代表性の危機は発生するが深刻なところまではいかない。基幹労働力化された従業員に対しては代表性が高いため，質的な代表性の危機は発生しない。しかし，スーパーマーケット組合の現実は，"正社員がいなくても店舗がまわるのには何の問題もない"（S1労組専従者，男性，30代半ば）ところまで至っている。各企業が争って進めている基幹労働力化の結果，質的な側面においても基幹労働力になったパートタイマーの人数は，正社員の人数よりも多くなっている。このような状況の中で，正社員組合は当該企業の基幹的従業員にさえ代表性が確保できない「質的な代表性の危機」に直面している。

アイデンティティの危機

厚生労働省の「パートタイム労働者総合実態調査」によると，2001年時点で「会社にパートタイマーが加入できる労働組合がある」と答えたパートタイマーは29.3%（1995年3.9%）であり，その中で実際に加入しているパートタイマーは17.9%である。また本書のアンケート調査に応じた非組合員の43.9%（30時間以上が52.1%，30時間未満が37.1%）が，未加入の理由として「加入の資格がない」，16%が「勧誘されたことがない」を挙げている。アンケート調査に協力してくれた組合は全て，ある基準（労働時間と勤続）を満たす従業員全員を組織するユニオンショップであることからすると，「勧誘されたことがない」ということは，加入の資格がないことを意味している。資格がないといっても，パートタイマーの労働組合加入の意思が低いわけではなかった。非組合員のパートタイマーの中で「勧誘されると加入する（喜んで加入する＋不利益がなければ加入する）」と答えたのは44.4%（30時間以上が54.9%，30時間未満が34.3%）に及んだ。また，連合総研の1991年の調査によると，「労組の意味を認めたうえ加入した」と答えた人は正社員よりパートタイマーの方がもっと多い（連合総合生活開発研究所，1992）。

労働組合にとって組織率の向上のためにはパートタイマーが必要であり，組織対象であるパートタイマーの半数以上は労働組合に加入する意思を持っている。組織化をめぐる需要と供給が一致していることから，問題は簡単に解決できるように思われる。しかし，パートタイマーの組織率から分かるように，労働組合は

簡単でかつ自明な解決策をとっていない。なぜ，労働組合はこの簡単な解決策を選択しないのか。

現代の日本社会は，男性を家族の経済的扶養者，女性を被扶養者とみなす，男性稼ぎ主型のジェンダー・システムに基づいて作動する社会（大沢真理，2007）であり，労働組合もそのような社会を作ってきた主体の一つである（山田和代，1997，2001）。筆者との面接で，上部団体はもちろんのこと事例企業の労働組合も，組織の理念として労働者内部の平等を強調したが，現実の制度をみると，その労働者内部の平等というのも，一家の大黒柱である男性正社員どうしにおける平等のようである。したがって男性稼ぎ主に扶養される被扶養者，つまり主婦のパートタイマーの急増とそれに伴う組織化の必要性は，男性稼ぎ主の組織である労働組合にとって「アイデンティティの危機」をもたらす。

賃金の危機

正社員組合にとってパートタイマーの組織化は，自分達の賃金上昇に悪影響が生じるかもしれないという危機感を高める。第2章の第4節で検討したように，正社員の賃金は，同じ仕事をする主婦パートの賃金より30〜50％高い。賃上げ交渉において，核心的基準は企業の経営業績であるが，1990年代前半からの不況により，正社員の賃金は横ばいするどころか下がるケースも少なくなかった。このような状況で労働組合は，パートタイマーを受け入れることで分配の分母を大きくすることを避けるようになる。つまり労働組合は，パートタイマーを組合の外に置くことで，雇用の安定と公平分配の対象から排除し，既存の労働組合と組合員の利益を守ろうとする。

企業が費用の節減のためにパートタイマーを使用するということは，できる限りパートタイマーに金をかけないという意志の表れでもある。また，企業は，パートタイマーから雇用の調整弁の役割を完全に除去しているわけではない。第2章で考察したように，企業はパートタイマーを階層化して一部のパートタイマーにだけ雇用安定と制限的内部化を約束している。パートタイマーに対する企業のこのような政策は，企業内労働組合によるパートタイマーの組織化への意志を抑制する役割を果たしている。特に，企業の利潤率を上げることで自己の利益も大きくする戦略を採用している企業内労働組合にとって，企業の意志は場合に

よっては労働組合自身の意志よりも大きな影響力を持つ。

危機解決の戦略の類型化

パートタイマーが増えると，スーパーマーケットの労働組合は代表性の危機を
解決するために，パートタイマーを組織化しなければならなくなる。しかし，そ
れは自己のアイデンティティを危うくすると同時に，分配されるパイが縮小する
危険を伴うジレンマに陥る。さらに，企業の方針も労働組合を圧迫している。労
働組合はこの危機状況をどのように解決していくのか。一般的な推論では，パー
トタイマーの増加による危機対処として，労働組合が選択できる戦略はおよそ次
の五つである。

第一は「基幹化抑制戦略」である。パートタイマーの職域を制限，すなわち単
純未熟練業務だけに限定し，パートタイマーが正社員に代替できる可能性を制限
することである。この場合，パートタイマーの組織化は重要ではない。先行研究
によれば製造業，ホテル業，そして百貨店がこの戦略をとってきた（ABCユニオ
ン，1973；禿あや美 2000；佐野嘉秀 2000）。これらの産業は，産業の特性および長
期間にわたる労使関係の歴史により，労働組合の地位と正社員の地位が相当に強
固である。しかし，主として1970年代に設立されたスーパーマーケット産業の労
働組合は歴史も短く，こうした力も持っていない。実際に，本研究の対象である
事例労組は，このような戦略を試みたこともない。

第二は，非正社員の中でもフルタイマーだけを組織し，パートタイマーは組織
しない「排除戦略」である。これは，正社員労組のアイデンティティを一層強化
し，質的な代表性と企業との連帯感に頼ることで，正社員と労働組合の地位を企
業から保障してもらうことを目指す戦略である。

しかし，長期的な視点でみると，この戦略は，労働組合にとって「自分の首を
絞める」ことになる。激しい業界再編が行われているスーパーマーケット業界で，
パートの量的，質的な基幹労働力化を抑制する方法はないからである。現在の組
合員の雇用と賃金を保障してもらうことは可能かもしれないが，代表性の危機は
さらに高まるであろうし，つまるところ労働組合の地位はさらに低下することに
なる。地位が低下した労働組合は，企業による正社員の労働強度の強化が阻止で
きず，正社員の組合員からの批判に直面する可能性も高い。このことから，この

選択肢はあまり現実性がないように思えるが，実際には，この戦略を選択している労働組合がないわけではない。パートタイマーの質的な基幹労働力化の水準が低い総合スーパー企業の労働組合は，正社員の質的な代表性に頼り，この戦略を選ぶ可能性がある。排除戦略を選ぶ労働組合は，パートタイマーを労働組合の中に受け入れないので，アイデンティティの危機とパイの縮小の危機からは安全である。

第三は，パートタイマーの中から一部を選抜して組織する「選別的組織化戦略」である。パートタイマーの中から，量的には少人数である正社員に近い上層の長時間パートタイマーだけを組織するのである。この場合，選別されたパートタイマーは普通には社会保険加入者，すなわち「制度上の被扶養者ではない人々」である。パートタイマーの質的な基幹労働力化が進んでいる総合スーパー企業の労組が選択する可能性が高いこの戦略は，'彼女達は主婦' という認識・規定から派生したものであり，企業の制限的な内部化の路線と軸を同じくする選別的な統合戦略である。

選別的な組織化を通じて，労働組合は三つの危機全てを部分的に解決することができる。すなわち，一部のパートタイマーを組織することにより代表性の危機は多少解消され，残りの代表性の危機は，企業側との連帯で解決する。アイデンティティの危機は，量的，質的に正社員を中心に労働組合を運営することでつなぎ合わせることができる。すなわち，選別された一部の'主婦パート' を労働組合に吸収するものの，彼女たちは相変わらず例外的で，かつ周辺的な労働者・組合員として扱われる。そのため，それは形式的な統合であり，実質的な統合ではない。パイの縮小の危機は多数のパートタイマーにパイを分配しないことで，そして組織されたパートタイマーに対しては正社員とパイの分配の規則に差を置くことで解決する。基幹化されたパートタイマーの企業内の定着は，企業の運営上，不可欠なことであり，企業の盛衰と運命をともにする企業内労働組合としてはやむを得ない費用支出であると解釈するからである。

第四は「包括的組織化戦略」である。労働組合自身がパートタイマーの量的，質的な基幹労働力化を積極的に進め，また組織範囲も一定の時間以上労働するパートタイマーであれば制度上の被扶養者まで広める。この戦略も，パートタイマーの基幹労働力化が進んでいる総合スーパー企業の労働組合にとって，選択が

可能な一つである。

　この戦略では，代表性の危機は解決できるものの，アイデンティティの危機とパイの危機は解決できない。この時点で，労働組合は再び「男性稼ぎ主の代表」というアイデンティティを修正するか，選別的組織化戦略を選んだ労働組合のように，パートタイマーを例外的，周辺的な組合員として扱い，形式的な統合に留めるかの岐路に直面する。組合員の大多数がパートタイマーである労働組合が，もし後者を選ぶとするならば，多数派を説得してヘゲモニーを握ることが重要になり，主婦協定をさらに上手に扱う必要がある。パイの危機の行方もアイデンティティの危機をどのような方式で解決するかによって異なる。つまり，労働組合が既存のアイデンティティを全面的に修正するのであれば，「労働者内部の平等」の原則により，パイは公平に分配されるであろう。一方，アイデンティティを修正しない場合は，男性稼ぎ主と被扶養者のパイの大きさは異なるしかない。または，異なるべきという論理により，パイの分配の規則に差を置くことで解決をすることとなるであろう。

　最後の選択肢は，労働時間の長さに関係なく，学生など一時的に勤務する労働者を除く，全てのパートタイマーを組織する「全面的組織化戦略」である。この戦略は代表性の危機を全面的に解決する。「包括的組織化戦略」が企業の費用節減志向のため，常に組織率の低下に直面する可能性を持つのに比べ，この戦略ではそのような恐れはない。アイデンティティの危機とパイの危機に関する問題は，大枠からすると「包括的組織化戦略」を採用した労働組合と同様である。

　ところで，組織化を含むパートタイマーに対する事例労働組合の取り組みで注意すべきことは，“会社の状況が悪かったので，パートタイマーも入れて管理していくために”パートの組織範囲を広げたというG3社労組の専従役員（40代前半，大卒男性）の発言から分かるように，これが広い意味での労務管理として把握されかねないことである。多くの日本の企業内労働組合がそうであるように，事例労働組合の労使関係も非常に協調的である。特に不況の下で大手企業の倒産が相次ぐ状況のなか，労組と企業の利害はさらに一致するようになる。正社員の人事管理制度も同じであるが，パートタイマーの人事管理制度を制定または大幅な改定をする際，人事部と労働組合を中心にして商品部や営業部，現場の店舗の人々により構成される短期プロジェクト・チームが作られる。小幅な改定は，人事部

と労働組合の協議により進められる。そして多くの場合，パートタイマーの人事
制度の改定は，パートタイマーの組織化に関する協議とともに行われる。従って，
労働組合によるパートタイマーの組織化は，企業によるパートタイマーに関する
労務管理と密接に関係している。

2 事例労働組合のパートタイマーの組織化状況

　本節では，各事例労組の危機解決の戦略が，前述した類型のいずれに該当する
のかを検討するための土台として，事例労組が設立された経緯を確認し，事例労
組のパートタイマーの組織範囲やパートタイマー組合員の権利と義務に関して検
討する。同時に，事例労組の組織路線に大きな影響を及ぼす上部団体のABCユ
ニオンが，パートタイマーの組織化に関してどのような路線を取ってきたかを検
討する。ちなみに事例労組は，全て直加盟方式[2]でパートタイマーを組織しており，
ユニオン・ショップである。

事例企業労組の設立経緯

　事例企業労組の設立の経過は，上からの組織化と下からの組織化に大別するこ
とができる。G1，S3，S4労組は上から，G2，G3，S2労組は下から組織されたも
のであり，S1労組は中間型である。

　G1労組は1972年，S3労組は1976年に設立されたが，この二つの労組の設立の
経緯は，全く同じである。左派の労組が結成される，または，その動きがあった
ことから，経営陣がそれを阻止するために，ABCユニオンに労働組合の設立を
依頼して出来たものである。差があるとするならば，G1社は最初からABCユニ
オンに依頼し，S3社は東京電力労組に依頼したことである。東京電力は，流通
業ではないことから，S3労組は設立半年後にABCユニオンに加盟した。1977年
に設立されたS4労組も，同様に企業が依頼して設立されたが，目的は多少異な
る。S4社は，1960年代後半から総合スーパー店舗を中心に会社が急成長し，株
式市場に上場することを決定したが，その際，市場からの信頼を得るためには，
安定した労使関係という要素が重要だと判断したのである。そのため，会社側が
労働組合の設立と運営に関する指導をABCユニオンに依頼した。

下からの設立であるG2とG3労組は1969年に設立された。総合スーパー業界初の上場企業であるG3社は，労働組合も総合スーパー企業の中で一番早く設立された。総合スーパーが急拡大を始めた1960年代，総合スーパー大手だったG3社は，1960年代後半には毎年500人ずつ新規採用するほどであった。店舗が急速に増えたので，従業員は1年も経たずに，全国各地へ転勤しなければならない状況であった。営業規模が急拡大したことから，労働時間も限りなく延びたものの，企業は売上規模の拡大に没頭し，労働条件の整備には関心がなかったため，内部の不満は高まっていた。こうした状況の中で，当時本社の営業部の職員（非管理職）であったG3労組の初代専従役員が労組を設立することを考え，同じ考えを持つ人々を集める一方，自分たちだけでは労組を作りにくいと判断してABCユニオンに支援を要請した。企業側も，上場会社であるだけに，労働組合が必要であると判断し，すぐ受け入れた。

　その直後に設立されたG2労組も，企業内の背景は同じである。企業の急拡大とともに，従業員の負担が加重されていたものの，労働条件はそれほど改善されなかった。このために中間管理職を中心とした労働組合結成の動きが起こり，ABCユニオンに支援を要請した。ところで，G2社にはこの動きを急進展させた別の要因があるが，それは共産党系の労働組合が設立されたことであった。企業側は，共産党系の労働組合は望んでいなかったことから，ABCユニオンと手を組むことにした。このような状況的要因が作用して，G2労組の設立は短期間に行われた。

　1981年に設立されたS2労組は，事例企業労組の中で唯一，会社との対立の中で設立した労働組合である。日頃，会社の便宜のみを優先する一方的な労務管理慣行が蔓延していたため不満が溜まっていた。1970年代後半，会社は経営業績がよくないといって約束したボーナスを支給しなかった事件も起こった。それを機に，若い店長たちが中心になって労働組合を設立した。しかし，会社から，"店長が中心になっている組織を労働組合とはみなせない"，"経営陣に対する反乱だ"（S2労組専従役員，40代後半）などといった理由で団体交渉を拒否され，突破口を模索していたところ，ABCユニオンの組織局と関係を持つことができた。その後，全従業員から労働組合への加入申込書を集めることができ，団体交渉の締結に成功した。

第**3**章 労働組合の行為戦略

　下からの設立と上からの設立の中間的な形態であるS1労組は1976年に設立された。企業内部から各店舗の主任を中心として，労働条件を改善するために労働組合を設立しようとする動きがあり，その動きを知った経営側がABCユニオンに相談しに来たことにより労働組合が設立された。企業側はすでに動きがあるので労組設立はやむを得ないという判断とともに，当時，スーパーマーケット業界では左派の労働組合設立の動きが各所にあったことから，自社内の労働組合設立の動きが左派組織と結び付くことを事前に防止する意図もあった。

　事例企業労組が設立された時期は，ABCユニオンが流通業を本格的に組織し始めた時期と一致する。繊維労組の上部団体として出発したABCユニオンは，繊維産業の将来の展望が開けないことから，新興産業である流通業を組織することにし，1960年代後半から総合スーパー企業に労働組合を設立するために努力していた。その結果，大手企業に労働組合を設立し，これを基に1970年，流通部会が新設された。1970年代以降，繊維産業の斜陽化により組合員が急減し，流通部会が1980年代からABCユニオン内の最大部会になった。

組織化範囲と組織率

　表３−１から分かるように，事例企業労組のパートタイマーの組織化の範囲は非常に多様であり，その組織率は0.0％から77.2％に広く分布している。表には示していないが，事例企業労組は，契約社員などのフルタイムの非正社員は全員組織しており，学生のアルバイトは組織対象にしていない。正社員の場合，本社では次長以上，店舗では食品スーパーなら店長，総合スーパーなら店長と人事・管理マネージャーを除いた全員が組合員であることから，各労組の正社員の組織率は85％を超えている。[3]

　G1労組，S1労組は，正社員と労働時間の長さがほぼ同じパートタイマーだけを組織対象にしている。正反対なのはS2労組である。労働時間とは関係なく，学生を除く全てのパートタイマーを組織している。G3労組，S3労組は，1998年までのABCユニオンの方針である，１日６時間以上働くパートタイマーを組織しており，S4労組は１日の労働時間が４時間以上のパートタイマーを全て組織していた。その結果，組合員に占めるパートタイマーの割合は，G1労組，G2労組が５％以下，G3労組，G1労組が40％前後，S2労組，S3労組，S4労組は

197

表 3-1　事例企業労組のパートタイマーの組織率

(単位：%)

企　業	組織対象のパート タイマーの雇用区分	パートの 組合員比率 （実人員）	パートの 組合員比率 （8h換算人員）	正社員 組織率	組合員の パート比率	従業員の 組合員比率
G1（2003.2）*	キャリア社員	0.8**		88.7	5.0	14.0
G2（1999.7）	組織対象なし	0.0	0.0	88.0	0.0	18.7
G3（1999.10）	フレンド・メイト社員	25.4	44.4	86.4	47.0	40.4
S1（2003.8）	エキスパート	8.8	12.6	86.9	36.7	21.5
S2（2003.8）	フレッシュ・パートナー	71.7	77.2	84.7	81.3	73.8
S3（1999.10）	パートナー社員	23.4	34.3		55.1	34.4
S4（2003.8）	パートナー社員 （1日4時間以上）	46.6		93.5	75.0	53.3

注1：＊（　）内は調査時点
注2：＊＊G1の数値はグループ全体のものである。G1社だけならパートタイマーの組合員比率は0.8%より少し高い。
出所：組合内部資料

55～80%程度となっている。なお，パートタイマーの組織範囲は，直ちに従業員中の組合員比率に影響する。パートタイマーの組織率が高いS2労組，S4労組の場合，従業員の半数以上が組合員であるが，G1労組とG2労組の場合その比率は2割にもならない。

　組織範囲を基準に，事例労組のパートタイム労働への対応戦略を第1節で示した危機解決類型に基づいて分類すると，労働時間の長さが正社員と同じパートタイマーのみを組織するG1労組，G2労組，そして，正社員とほぼ同じ（エキスパートの労働時間は1日7.5時間）パートタイマーのみを組織化するS1労組は，フルタイマーだけを組織し，パートタイマーを排除する「排除戦略」に当たる。1日6時間以上労働するパートタイマーだけを組織するG3労組，S3労組は，パートタイマーの中で正社員の領域に近接しており，「制度上の被扶養者」でないパートタイマーだけを選別して組織する「選別的組織化戦略」に当たる。1日4時間以上労働するパートタイマーを全て組織するS4労組は，制度上の被扶養者であるパートタイマーまで包括して組織する「包括的組織化戦略」に，学生を除く全パートタイマーを組織するS2労組は「全面的組織化戦略」に当たる。

　1990年代の長期不況の中で，スーパーマーケットの各企業は，社会保険料の会社負担を節約するため，長時間パートを少なくして短時間パートを増やしたため，一部の労働組合ではパートタイマーの組織率が低下した。1990年時点のG1社の

パートタイマーに占める組合員の割合は12.2％，G2社は8.4％，S3社は79.1％であった。S4労組がパートタイマーを組織し始めたのは1991年で，組織化当初から1日4時間以上働くパートタイマー全員を組織化の対象にしたため，組織化の開始とともにパートタイマーの組織率は96％（全体パートタイマー1,777人のうち1,700人）になった。

G1社とG2社では，組織対象であるキャリア社員の新規採用が中止された。先述のように，キャリア社員という名のパートタイマーは，主に総合スーパー企業がバブル期に，求人難を解消することを狙いとして，8時間働くことを条件に，短時間のパートタイマーよりも相当に高い時給を提示して採用した擬似パートである。ところが，不況に陥り，総合スーパー企業はパートタイマーとしては高賃金であるキャリア社員が負担になり，採用を中止した。その結果，G1社の場合，1990年に2,524人であったキャリア社員が，1999年には1,950人，2003年には738人に減少した。また，S3社とS4社では，組織対象とならないアルバイトという名のパートタイマーの採用が増えた。労働組合の発足当初から，パートタイマーを組織していたS3労組のパートタイマーの組織率は，1980年代に80％を超えていた。S4労組も，1991年には96％だったパートタイマーの組織率が2003年には46.6％までに低下した。

ところで，ABCユニオンの加盟労組のうち総合スーパー労組はほとんど排除戦略をとっていたが，その総合スーパー労組らが，2003年以降，競ってパートタイマーの組織化に乗り出したことから，組織率は再び変化している。つまり，2002年まで20％くらいだった，ABCユニオンの流通部会の組合員のうちパートタイマーの比率が，2004年25％，2005年41％，2008年57％，2011年61.6％に至ったのである。

パートタイマー組合員の権利と義務──組合費を中心に

事例企業の労働組合は直加盟方式をとっていることから，組合員としての権利と義務は，正社員でもパートでも同じであり，組合費の算定方式においても大差はない。表3-2に示したように，G1労組，S1労組，S3労組，S4労組では全く同じであり，G3労組は，パートタイマーのボーナスからは組合費を徴収せず，上部団体費は正社員のみが払う程度の違いしかない。パートタイマーと正社員の組

表3-2　事例組合の組合費の雇用区分別算定方式

	パートの組合費の算定方式	正社員の組合費算定方式
G1	給料×1.8%，賞与×1.0%	給料×1.8%，賞与×1.0%
G2		給料×1.8%+100円，賞与×1.8%+100円
G3	給料×1.8%，賞与×0%	給料×1.8%+上部団体費，賞与×1.8%
S1	給料×1.5%+500円，賞与×1.0%	給料×1.5%+500円，賞与×1.0%
S2	給料×0.85%，賞与×0.85%	給料×1.5%，賞与×1.5%
S3	給料×1.7%，賞与×1.0%	給料×1.7%，賞与×1.0%
S4	給料×1.8%，賞与×1.0%	給料×1.8%，賞与×1.0%

出所：筆者調査

合費の算定方式において大きな違いがあるのは，学生を除く全てのパートタイマーを組織するS2労組だけであり，S2労組のパートタイマーの組合費は正社員の半分程度である。また，S2社は短時間のパートタイマーが中心であることから，パートタイマーの平均組合費は1999年時点で月658円（正社員は月4,081円）にすぎない。

　組合費の算定方式が同じであっても，パートタイマーの賃金が低いことから，パートタイマーの組合費の額は正社員の半分にも及ばない。労働組合の活動量は，組合員の労働時間に比例ではなく，人数に比例することから「採算」が合わないということが，労働組合がパートタイマーの組織化を避ける理由の一つである。そればかりか，職場における集会にしてもパートタイマーの場合，勤務時間が異なることから，2，3回に分けて開催するなど，労働組合からするとパートタイマーには正社員よりさらに時間をかけなければならない面がある。しかし，S2労組が他の労働組合と違って，パートタイマーの組合費を正社員の半分にした大きな理由は，会社との対立の中で労働組合が設立されたところにある。会社が労働組合を認めないどころか，パートタイマーの組織化をなんとしても防ごうとしたことから，全面対決にならざるを得なかった。したがって労働組合側では次のインタビューにもあるように，可能な限り多くのパートタイマーを組織するため，組合費を低く設定した。

　その時私たちは，本当に組合費なしでも加入してくれるなら，全部入ってもらいたかったのよ。会社と戦わないといけなかったから。（その時はそうだったとしてもその後，調整しなかった理由は何ですか。他の労組はそうしてたん

ですけど——筆者）私たちは数が多いからそうだったけど，パートの組合費は
上げなくても，何ていうかな，金がないから活動できないってことは全然ない
よ。それと給料があんまりにも少ないから，正社員よりもパートの方が金に
もっと敏感だし，まぁ～，そうでしょう。実際に正社員とパートは給料が全く
違うでしょう。公平にしようという話も組合が言うけど，正社員とパートの給
料を同じにしろという要求を会社にしているわけでもないのに，組合費を同じ
く出せとはいえないでしょう。金集めにパートを組織するわけじゃないしね。
（S2労組専従役員，40代後半，大卒男性）

　つまり，パートタイマーは賃金が少ないので，少額といっても組合費に負担を
感じること，1人1人の組合費は少なくても，人数が多いことから，労働組合の
収入総額の観点からは，それほど少なくないということである。また，何よりも
雇用形態による賃金水準の差が大きいことから，同じ割合ならば平等というわけ
ではないということである。S2労組が，雇用形態別賃金の差を認めつつ，組合
費の算定方式を異にしたのは，パートタイマーが労働組合の誕生において決定的
に重要な存在であったためである。

上部団体のパートタイム労働対策と組織化方針

　ABCユニオンは，1946年に繊維関係労働組合の上部団体として出発したが，
産業構造の変化により，1990年代から流通業に加えてサービス産業へと組織を拡
大していた。2010年時点では，流通部会の組合員がABCユニオンの全組合員の
43.7%（繊維4.6%，フード・サービス部会12.4%）を占めるに至っている。中心産
業がパートタイマーによって維持されているスーパーマーケットであることから，
ABCユニオンはパートタイマーの組織化に積極的であり，2010年時点における
日本全国で組織されたパートタイマー726,113人（労働組合基礎調査）の7割が
ABCユニオンに所属している。ABCユニオンの全組合員の46.4%（2011年
47.8%），流通部会の組合員の60.1%（2011年61.1%）がパートタイマーである。
しかし，ABCユニオンのパートタイマーの組織化は2003年以降急速に進んだこ
とであり，2002年まではパートタイマー組合員の規模は現在の2割にもならな
かった。

どうしてABCユニオンのパートタイマー組織化は急速に進んだのか。これから
ABCユニオンが定期大会で決議したパートタイマーの組織化方針を通して，
パートタイム労働に対するABCユニオンの認識と対応戦略の変化を分析する。

1973年の「臨時雇用　　ABCユニオンは，1970年代から2000年代初めまで，3回
労働者の組織化方針」　　にわたり非正規労働者の組織化の方針を大会で採択した。
最初が，1973年の第28回定期大会で採択した「臨時雇用労働者の組織化方針」
（以下「73年方針」とする）である。

　「73年方針」では，まだパートタイマーという用語が題目では登場していない
ことから分かるように，パートタイム労働という雇用形態よりは臨時工の問題が
当面の課題であった。また，念頭にあった産業も繊維産業である。しかし，“従
来の生涯雇用形態が変化し雇用形態が多様化”していると状況を把握しているこ
とから，パートタイム労働に関する認識が全くなかったわけではないことが分か
る。臨時工の本工化と組合員化が必要な理由を，“社会正義の追求と全労働者の
団結”そして“労働組合の持つ労働市場のコントロール機能の低下”により起こ
る“労働組合の弱体化”を防ぐため，としている。「73年方針」が，決議される
ようになった組織の内的な変化の背景には，“1965年の大会から臨時工の本工・
組合員化を決意し，実行を催促”したものの，成果は微々たるものであったこと
がある。

　ところが全労働者の団結を追求するという「73年方針」は，常用の臨時工は準
組合員，季節的臨時工は特別組合員A，パートタイマーは特別組合員Bとして組
織すると規定していた。賃金，一時金，退職金は複数の体系にすると規定し，正
社員と非正社員間の差別的な処遇を認めている。にもかかわらず組合員の権利，
義務に関しては制限を置かず，上級団体会費は現組合員と同一であると規定して
いる。また，賃金以外の福利厚生施設，一般休暇，生理休暇，慶弔休暇，労災付
加給付などに関しては組合員と同様に扱っている。

　その後の組織化方針と「73年方針」の重要な差の一つは，職域の限定に関する
ものである。つまり「73年方針」は“組合員の資格を持たない臨時雇用労働者を
本体作業部分に就労させてはならない”と規定し，“組合員でない臨時雇用労働
者の比率は中央執行委員会で設定”するとしている。なお，特別な事情がない限
り，“組合員の資格を得て2カ月以上勤務し，かつ継続する勤労意志が強い”臨

時工を本工として登用する協定を，労使間で締結するよう指導している。

　以上からすると「73年方針」は臨時工の存在自体を完全に否定しているわけではなく，ただ臨時工の増大により労働組合の対企業および対労働市場の統制力が弱体化しないように，臨時工を組織しようとするものであった。また，組合員の資格取得の2カ月後に本工への登用を推薦しているものの，組合員になった臨時工，パートタイマーと本工との賃金（体系）差を認めていることから分かるように，雇用形態による差別を認めている。非組合員の職域を限定している点から，「73年方針」は「排除戦略」と「基幹化抑制戦略」を同時に採択していたといえる。しかし，この時期まで，スーパーマーケット産業におけるパート比率は全従業員の3割程度であり，流通業の労働組合は，まだ先述したような危機には直面していなかった。

1989年の「臨時・パートタイマーなどの対策方針」　「73年方針」以来，ABCユニオンは1981年中央委員会で「臨時・パートタイマーの組織化方針」を決定し，1983年には組織化以後の対策として「雇用対策指針」と「労働条件指針」を採択した。これらの指針は，日本の産業別労働組合として，はじめてパートタイマーの組織化を公式に宣言したものであった。そしてABCユニオンは指針を発展させ，1989年の第45回定期大会で「臨時・パートタイマーなどの対策方針」（以下「89年方針」）を採択した。「89年方針」は「73年方針」に比して内容が詳細になり，構成も組織化対策方針，雇用対策方針，労働条件対策方針に細分化されていた。

　「89年方針」では方針採択が必要な理由として，"需要・供給構造の変化によりパートタイム労働が量的に急増しただけではなく，質的にも変化し労働力の基幹労働力化が進行"し，フルタイム型のパートタイム労働者の増加が目立つようになったことが指摘されている。このような変化により「崩壊していく労働組合の組織基盤を回復し，労組の社会的な影響力の低下を阻止するために臨時・パートタイマーの組織化が必要」であることが強調されている。

　「73年方針」とは違い，「89年方針」では臨時工の重要性は顕著に低下し，主にパートタイマーに焦点が集まった。「89年方針」は，労働時間の長さによりパートタイマーを3区分する。つまり，"1日，1週，あるいは1カ月の所定の労働時間が当該事業場の同種の業務に従事する通常の労働者の所定労働時間の80%以上，もしくは1日の労働時間が6時間以上である労働者"を「フルタイム

型」，"50％以上，または4〜6時間の労働者"を「レギュラータイム型」，"50％未満あるいは4時間未満の労働者"を「ショートタイム型」に分ける。ところがこの区分が必要になった理由は，とりあえず労働時間が長いパートタイマーから組織しようとする組織化方針を決めるためであった。すなわち翌年の90年，ABCユニオンの中央委員会は少なくとも1日6時間以上労働するパートタイマーは，全て組合員化すべきであるという組織化方針を決定した。

「89年方針」は，均等処遇の話題をはじめて本格的に取り上げたことに大きな意味がある。ユニオンショップ協定により組織化の対象者は全員を組織し，正組合員，準組合員，特別組合員などの区別をなくすこととした。そして，パートタイマーの雇用管理の各条項について，労働組合と事前協議することを労働協約に含めることとし，労働組合が，パートタイマーの労働時間と就業環境を積極的に保護するようにした。賃金をはじめとした諸般の労働条件は，能力に応じた賃金（全従業員の職能資格制度）と勤務時間に応じた賃金（時間比例）という，二つの原則により決定されるべきであるとした。特に"通常の労働者と臨時・パートなどとの間に複数体系を採用する場合にも，時間比例を原則とし，通常労働者と根拠のない差別をしないこと"が明示された。

しかし，「89年方針」は，多くのパートタイマーが主たる生計維持者のいる被扶養者，つまり「主婦労働者」であることを強調している。例えば，"雇用契約（雇入通知書）に定められた就労日，労働時間を変更する場合，労働契約時にその点を明確にすること"，"労働日，労働時間を変更する場合は当該労働者の事情を十分に考慮すること"などが明示されていた。ところが，「89年方針解説書」によれば，このような規定が必要である理由は，パートタイマーは家事と仕事の並行を追求する労働者が多いため，とされている。また，パートタイム労働が増加してきた供給側の要因として，"家事の合理化により余裕時間の拡大，住宅費，教育費などの家計の補助が必要……「家事と仕事の並行」を追求……課税限度額の範囲で適当な収入"などを指摘している。

全般的に，「89年方針」はパートタイマーを単純未熟練の労働力に限定することをせず，均等な処遇に言及していることから「73年方針」に比べて大きく進展したと評価できる。しかし，労働時間の長さにより正社員に近い形態で労働するパートタイマーと，そうでないパートタイマーを区分し，後者を被扶養者に規定

しつつ分離して扱うという，男性稼ぎ主の組織としての考え方も表わしている。例えば，ボーナスの支給基準は通常の労働者に準じるべきであるという規定のすぐ下に，"レギュラー型あるいはショートタイム型労働者には，一時金に相当する分を時給に含めて，月額賃金を上げて支給することを認める"という例外条項がある。時間比例の原則をいいながら，正社員とほぼ同じ働き方を取っていないパートタイマーには，一時金はなくてもいいということである。結果的に，これはバブル経済の中，人手不足で苦労していた企業が，実際には時間給を上げずにパートタイマーを雇うことを可能にした。第2章でみたように労働者の年間賃金で賞与が占める割合は非常に高いが，フルタイムかそれに近い労働時間ではない労働者は賞与がもらえなかった。特に90年代からの長期不景気のなかで，パートタイマーのボーナスの支給額はどんどん減少し，90年代後半では90年代前半の半分以下に低下した。

　組織範囲とパートタイマーに対する認識からみた場合，「89年方針」は「選別的組織化戦略」である。この時期は，パートタイマーの比率が急増したものの，スーパーマーケット産業にあっても，まだ正社員の比率（8時間換算人員）が半分近い状態であり，短時間のパートタイマーは多くなかった。よって，労働組合は，正社員に近いパートタイマーだけを選別的に組織することで，代表性の危機を十分解決することができた。正社員が組合員の多数派を占めていたことからアイデンティティの危機，パイの危機も深刻ではなく，この問題を解決するために「89年方針」は，パートタイマーが主婦であることを強調していたわけである。"80年代にもパートを組織しないと，という話を組合の中でやったりしたけど，そんなに真面目な話でなかったよ。ただ，パートが増えるから何とかしないとね，ってそんなもんでしたよ"（ABCユニオン流通部会役員，大卒男性，50代前半）という発言は，当時のABCユニオンの認識を凝縮して伝える。

1998年の「臨時・パートタイマー　　「89年方針」などに基づき，フルタイム型の
および中間管理職組織化方針」　　パートタイマーに関する組織化が多少は進んでいたが，1990年代に入り，日増しに増加するパートタイマーにより労働組合は，会社との団体交渉の結果が組合員だけではなく全従業員に適用されることを意味する「一般的な拘束力」どころか，過半数代表さえ維持できない状況に陥った。特に，労働時間が1日6時間未満の短時間労働者が急増していた卸売・小売業・

205

飲食店の労働組合の大多数は，すでに過半数代表の資格を失った状態であった。それにもかかわらず，総合スーパーの大手組合は，正社員と同じ労働時間の非正社員のみを組織していたため，全般的に代表性の危機はますます高まっていた。1997年7月時点における，ABCユニオン加盟労組の事業所における管理職を含む正社員の組織率は79.4％であるものの，パートタイマーの組織率は15.9％にすぎなかった。スーパーマーケットの労働組合が所属する流通・サービス部会のパートタイマーの組織率は20％を少し超える程度であったが，この業種の正社員の比率はすでに人数では25％以下に低下していたことから，全従業員に対する組織率は30％程度にすぎなかった。

　このような状況を打開し，念願の目標である100万人組織達成のためにABCユニオンは，「臨時・パートタイマーおよび中間管理職の組織化検討プロジェクトチーム」を結成した。そして，1998年の第54回定期大会でプロジェクトチームの提案を運動方針として採択（以下「98年方針」とする）し，翌99年の中央委員会の提案は時間限定をなくし，6カ月以上勤務した者（ただし労働日数が顕著に短い者および学生アルバイトは除く）は全て組合員にすること，および6時間以下の短時間の組合員の上部団体費の値下げが主な骨子であった。

　「98年方針」は二つの点で新しい認識を見せている。その一つがパートタイマーを労働組合と地域社会とを結ぶ媒介人として認知していることであるが，その論理は次の通りである。卒業後，すぐ入社した正社員は，朝から晩まで会社に拘束され，辞令一つでいつでも，どこにでも転勤しなければならない存在であることから，企業については詳しいかもしれないが，世の中つまり日本社会についてはよく知らない。よって正社員は，店舗が営業している地域についてよく知らない場合もある。しかし，家族の生活を媒介に地域社会と密着しながら仕事をするパートタイマーは，地域社会と日本社会での生き方も熟知している。店舗でいま何をどれほど売るべきであるかということのみならず，労働組合の社会的役割についても正社員よりよく知っている。したがって，社会的な影響力が急減している労働組合は，地域社会と日本社会に密着しているパートタイマーを「受け入れる」ことで，個別労組と全体の労働運動の社会的感覚・影響力を拡張することができる。この論理は，労働組合が組織を拡大するときや店舗の営業力の向上に役立つという意味合いにもなるが，労働組合の政治参加の必要性とつながるもの

でもある。

第二は，中間管理職の組織化に目を向けていることである。すでにこの時期に，企業の外部の労働組合である「管理職ユニオン」が存在していたが，ABCユニオンはそれまで管理職労働者を「使用者の利益を代表するもの」と認識し，組織化の対象から除外していた。ところが，従業員構成の高齢化やポスト不足対策などを背景として，管理職や専門職が拡大する中で，使用者の利益を代表するとはいえない管理職が増加し，労働組合の組織化の対象自体が減少していた。長引く不況の中で，中年の管理職は真っ先に雇用調整の対象とされていたことから，管理職も組織的な保護を必要としていた。このような状況を指摘しつつ，「98年方針」は人事・労務担当を除いた課長および次長など“「使用者の利益を代表しない管理職層」を組織化することにより，企業内組織率の低下傾向に歯止めをかけ”ることにした。

「98年方針」による組織範囲の拡大は，ABCユニオンの組織化路線が「選別的組織化戦略」から「包括的組織化戦略」へ移行したことを示す。ところが，「98年方針」ではパートタイマーの労働条件および処遇に関して，新たなことは言及せず，89年方針のままにしていた。その結果，組織化範囲は拡大したものの，パートタイマーの労働に関する認識と労働条件などに関する方針は，相変わらず正社員に近いパートタイマーとそうではないパートタイマーに分けて対処する，との古い方針に従うという矛盾が生じていた。

2002年の「総合労働政策」

均等処遇に関するABCユニオンの立場は，「2002年総合労働政策」（以下「2002年政策」）で89年方針以降，初めて質的な意味で進展をみせている。「2002年政策」は，パートタイマーの時間給は正社員の基準内賃金を月間所定内の労働時間で除して算出した時間給と同じであるべきであり，担当業務のレベルと経験によって比較対象になる正社員も変わらなければならないと主張している。ひいては，パートタイマーとフルタイマーが全て正社員として，労働者のライフ・サイクルと価値観によって相互自由に移動できる新しい雇用管理方法の導入を要求している。

このような認識は，ABCユニオンの内部ですでに1990年代半ばから出始めていた。流通・サービス部会と加盟労組の幹部らが進めていた，1996年の「パート問題レビュープロジェクト」の報告書（以下「96年報告」）では，地域限定社員と

パートタイマーの間の処遇の格差を正当化することはできないと指摘している。また，労働時間に合わせた処遇の原則を強調している。あたかもABCユニオンが全面的な均等処遇を主張しているかのようにみえる。ABCユニオンは正社員労組の上部団体であることを諦めたのか。問題はそれほど簡単ではない。

「96年報告」は，内部の労働市場と外部の労働市場の分断は，それなりに経済的合理性に基づいていると評価している。さらに，"労働時間の長短，残業の有無，シフト勤務に象徴される労働時間の選択の自由度を計って雇用区分を新たに整理していく必要がある"と主張している。「96年報告」は，「企業からの拘束」という基準で，労働者内部の分離線を引くことを主張しているわけである。この論理は，「生活態度としての能力」のある労働者とその能力のない労働者を区分してきた，従来の日本型雇用管理と本質的な差はない。ただし，この論理が一歩進んでいる点があるとするならば，既存の慣行と制度が雇用形態という形を区分の基準としていたことに対し，雇用形態ではなく企業に対する拘束性を区分の基準にしていることである。

「2002年政策」は，"均等処遇原則の確立に対する企業の対応として危惧されることは……フルタイム労働者の処遇を引き下げて，均等を図ろうとする可能性である。しかし，フルタイム労働者の労働条件は公の秩序（強調は筆者）でありパートタイム労働者との均等待遇確立を理由に処遇を低下させれば，フルタイムの働きがいややりがいを減退させるだけでなく，秩序を乱し，全体の大きなモラルダウンと生活的な不安を招くことになる"と警告している。言い換えれば，労働時間の差だけであることを強調するために，正社員という用語の使用を避け，フルタイマーという用語を使う「2002年政策」は，（男性）稼ぎ主としての正社員が受けていた処遇が，労使の片方のみの判断で否定するわけにはいかない「公の秩序」であると主張している。

ところが，「96年報告」が指摘しているように，公の秩序という言葉でABCユニオンが主張しようとする核心は，"正社員＝内部労働市場……賃金水準の決定において家族を養うだけの賃金という生活保障要素"である。つまり正社員は家族の生計維持者であることが前提とされ，生計維持者であることから，生計費レベルの給与が必要であると主張している。このような主張と並行してパートタイム労働者に対する均等処遇を主張するのは，現実性に疑問が生じる。結果的に，

ABCユニオンの戦略は，均等処遇の実現と労働者内部の平等を真面目に求めるよりは，組織の拡大のために耳ざわりのいいものと思われてもしかたがないのではないか。

　根拠になる論理がどのようなものであっても，ABCユニオンがパートタイマーの組織化に積極的であることは間違いない。企業内労組とは違い，パートタイマーの組織化に対する上部団体の利害関係は割合単純である。すなわち，ABCユニオンにはパイ縮小の危機はない。加盟労組の組織が拡大すると，上部団体費の増加のみならず，全体労働運動における地位と影響力も広まるので，むしろパイが拡大する絶好のチャンスである。ABCユニオンは不況の中でもずっと組織を拡大してきた産業別労働組合であり，日本最大の組織になることを目指してきた。正社員が増えない中で，おびただしい規模の未組織のパートタイマーがいるため，これを組織することが新たな労働組合を作るより，はるかに手っ取り早い。そして，2003年からパートタイマー組合員が急増し，2011年現在，パートタイマー組合員は2003年の10倍ほどになり，ABCユニオンの全組合員の半分（48%）に至っている。

3　危機解決戦略の決定要因

　これまでみてきたように，ABCユニオンのパートタイマーの組織化戦略は，本論が設定した類型を全て経てきた。パートタイマーの基幹労働力化という労働市場の変化への対応だけに焦点を当てるならば，ABCユニオンの路線変化は自然なこととしもいえる。それでは，事例労組のパート組織戦略も同じ流れで変化しているといえるか。事例労組のパート組織範囲でみたように，必ずしもそうではない。第3節では，各事例労組のパートタイマーの組織化戦略を類型別に検討し，労働組合のパートタイマーに対する組織化戦略に影響を及ぼす要因について分析する。

排除戦略

　排除戦略に該当するG1労組，G2労組，S1労組の各会社は，パートタイマーの質的な基幹労働化戦略においては異なる類型に属する。すなわち，G1社は制限

的な基幹労働力化型，G2社は補助労働力型，S1社は全面的な基幹労働力化型である。ところで，この3社の労働組合がパートタイマーの組織化については同じ排除戦略をとった理由は何であろうか。

企業の反対—— この3社の労働組合幹部がパートタイマーを組織しない理由
費用節減と雇用調整 として挙げるのは，「何よりも会社が反対」していることである。三つの労働組合のうちG1労組とS1労組は，他の事例に比べて労使関係における企業側の影響力が比較的強い。G1社とS1社は営業成績がよく，スーパーマーケット業界をリードする企業とみなされていることから，労働組合の幹部も自分の会社に対する高い誇りを持っている。そして‘一流企業’である自社の経営陣の選択を信頼し，尊重している。"会社との関係における労働組合の発言力は，労使の信頼関係にあります。労働組合がパートを組織しないからといって，発言力が弱まるとは思いません"（S1労組専従役員，40代前半，男性）という発言から分かるように，会社との信頼関係が厚いことから，代表性の危機が労使の力関係を変化させることはないと判断している。⁽⁶⁾

　会社が組織化に反対する理由は，賃金費用の上昇と雇用調整が難しくなることである。パートタイマーが組合員になると，正社員の賃金の引き上げとは差があったとしても，毎年多少なりとも時給を上げずにはいられない。なお，基本給の引き上げよりも企業にとってもっと負担になるのが，組合員であるパートタイマーにボーナスを支給することである。先述のように，非組合員であるパートタイマーのボーナスは，年間数万円程度であるのに対して，組合員であるパートタイマーのボーナスは給料の数カ月分であることから，その差が大きい。パートタイマーの組織化は直ちに人件費の上昇につながるのである。

　雇用調整の問題については，日常的な雇用調整と店舗の閉鎖時の対処に分けられる。日常的な雇用調整は，契約の更新と労働時間の調整が含まれるが，主婦パートに関しては一方的な契約打ち切りを行うことはほとんどないものの，店舗の管理者にとって組合員の雇用調整は，非組合員の場合より，もっと負担になる。⁽⁷⁾しかし，日常的な雇用調整より大きな問題は，店舗を閉鎖するときである。数百にものぼる店舗のうち，店舗が古くなって，または地域商圏の変化によって赤字店舗になり，閉鎖に至る店が少なくない。この場合，パートタイマーはリストラされるが，組合員のパートタイマーに対するリストラは，組合員ではないパート

タイマーのリストラより，企業にとって負担になる。正社員とは比較できない金額ではあるが，非組合員より高い退職慰労金を支払うことが要求される[8]こともあり，組合員は簡単に解雇できないためである。非組合員なら，"店舗がなくなるので，すみませんね"といえば済むが，組合員なら本人が要求するなら近くの店舗に配置しなければいけない。

労組の負担── パートタイマーの組織化に負担を感じるのは会社だけではない。
違和感と不信感 労働組合もパートタイマーの組織化に負担を感じている。企業がパートタイマーの組織化を避ける二つめの理由は，労働組合にも当てはまる。すなわち，パートタイマーの組織化はパイの縮小につながる可能性が大きく，またリストラに対し困難な対応が求められる。労働組合は，正社員のリストラは何とかして回避しなければならないと考えるが，会社と同様に，パートタイマーは雇用の調整弁でもあるので，残念ではあるがリストラはやむを得ないと，心の中では考えているところがある。しかし，店舗閉鎖のときリストラにすばやく対応しなければ"いままで組合費払ったのに私のお金だけもらって何もやってくれないなんて。何とかしてくださいよ"と抗議される可能性が高い。さらに他の組合員からも"組合が雇用さえ守ってくれないなら，何のためにあるの"（塚野，A社パート，45歳，高卒，週30時間，事務所）と不信を持たれることになる。従って，組合はリストラされるパートタイマーやその周りの人々が納得できる何らかの対応とともに，組合の体面維持費を払ってくれるように企業に要求しなければならない。

　排除戦略をとっている理由は，費用と雇用調整の問題にだけに限定されるものではない。企業との関係はさておき，S1労組の役員は，アイデンティティの差から生じる，文化的な距離感を取り上げる。次のインタビューにある通り，労働組合が一家の稼ぎ主であると前提する男性正社員のみを対象にした活動モデルしか考えてこなかったことから，主婦労働者であるパートタイマーに対しては距離感を感じていると語っている。問題はこうした違和感があること自体より，克服されるべき問題であるという意識が薄いことである。

　実際，労働組合としてもパートを組織して，何をしてあげるかが一番困るんです。正社員には年齢・世帯によってライフ・プランをどう立てるかという教

育とか，そんなプログラムを定期的にまわすのに，パートタイマーは主婦だからそんなのは必要じゃないんです。ライフ・プランが違うからです。そしてうちの会社の場合，N，A社員とエキスパートはほとんど仕事が同じでしょう。でもパートナーからは仕事が違うからです。(S1労組専従役員，30代半ば，大卒男性)

　次の引用文は，G1労組がパートタイマーを組織化したとき，労働組合にとって問題になると考えられるものをまとめたものである[9]。整理された問題点にはパイの問題と雇用調整の問題，組合の採算性の問題などが全て取り上げられている。組合員になった場合，労働組合の機関紙などを通じて，正社員とパートタイマーの賃金格差がより明確に比較されるはずであり，それによって抗議が続出しかねないという不安がかなり大きいことが分かる。

　ところで，整理された問題点の中で，非常に特異なものは「主義・思想が違う」と「機密情報が漏れる恐れ」である。インタビューの際に確認したところ，ここでいう「主義・思想が違う」ということは，家庭を優先する主婦労働者であることを指し示す。そのため，パートタイマーを労働組合に加入させると，労働組合の既存のアイデンティティが変質することを恐れているわけである。労働組合と会社の「機密が漏れる恐れ」とは，パートタイマーは正社員より企業に対する忠誠心が弱いため機密を漏らす可能性が正社員より高いことを指す。またパートタイマーは誰かの妻であるため，ライバル会社の従業員の妻である可能性もあるという意味だ，という。ここまでになると，パートタイマーに対する労働組合の態度は違和感どころか，猛烈な不信感と言わざるを得ない[10]。

- 社員，キャリア社員，フレックス社員という雇用形態別の課題に対応する運営ができるか。
- フレックス社員に乗っ取られる可能性（主義・思想の変貌した組織）
- 主義・思想の異なるフレックス社員執行部の増大
- 賃金上げ交渉の複雑化
- 圧倒的な人数に対応しきれない（多様な組合員のニーズへの対応）
- 分会長の育成が急務（分会完結，窓口機能の充実）

第**3**章　労働組合の行為戦略

- ・　専門事業部等個別に対応できる組織体制（組織体制全体の見直しが必要）
- ・　組合員同士（正社員・キャリア社員・フレックス組合員）のトラブルへの対応
- ・　労働組合・会社の機密情報が漏洩する恐れがある。
- ・　人件費の調整弁的な事象への対応ができるか。
- ・　処遇格差に整合性・納得性を高めないと，正社員の処遇を下げざるを得ない。（正社員組合員の猛反発）

　　出所：G1労組の活動報告

　なお，パートタイマーを労働組合に加入させないからといって，労働組合がパートタイマーに対して，なにも考慮していないわけではない。パートタイマーと正社員との賃金の差が大きすぎると，むしろ正社員を圧迫することになるからである。S1労組の役員は，賃金交渉に際して，非組合員のパートタイマーの賃金についても一緒に協議すると説明している。"春闘のとき，パートについてまったく話をしないわけではありません。パートを放置すると結局正社員の首を絞めることになりますから"と述べている。つまり，労働組合はパートタイマーを労働組合の外部に置きながらも，パートタイマーの低賃金が正社員の賃金引下げを招かない程度の範囲内で協議しようとしている。

企業の業績不振　　1990年代半ばから経営成績が悪化し，結局倒産したG2社の労働組合の状況は多少異なる。次のインタビューにあるように，G2労組は，企業の業績不振が続いていたことから，企業再生に専念していた。企業の業績不振は，直ちに従業員の賃金削減（主にボーナス）につながり，事態がもっと深刻になるとリストラになる。大きな影響を受けるのは正社員であることから，企業の業績不振は正社員の代表である労働組合の問題にもなる。労働組合は企業業績を改善するために，その目標に障害となる行動をする人，協力しない人に対する説得，指導に専念していた。企業別労組が企業の利潤構造に包摂，統合されるメカニズムはこうしたものであるが，1990年代半ばから業績不振の一部流通企業の労働組合は，企業再生に労組活動を集中し，組合員の苦情処理活動を中断することもあった。

　88年から89年にかけて社会保険加入者のパートタイマーを組織しようとする

動きがありました。労使間に合意がほとんど完成していた時点で破棄されたんですね。会社が，経営状況が難しいからできないと言ったんです。そして労組も正社員が大量採用されて，組織自体が拡大されたから積極的でなかったのも事実です。(G2労組役員，40代半ば，大卒男性)

　労働組合がパートタイマーの組織化について消極的だったのは事実なんですけど，90年代半ばからは会社がずっと状態が悪く，組合は会社に色々と問題提起する余裕がなかったんですね。何としてでも会社の状態を良くしないと，皆一緒につぶれるんですからね。倒産する前に，元経営陣は売り上げ至上主義に走っていたから従業員を苦しめていたし，現場では不満が多かったんですよ。それに経営上も無能力だったし。もちろん経営がだめな時，パートの問題をはっきりすべきだったという指摘も可能だけど，そこまでの能力はなかったんですね。(G2労組専従者，20代後半，大卒女性)

　しかし，G1，S1とは異なるG2社の特殊な事情があったとはいえ，もっと悪い状況にあったG3社の労働組合がパートタイマーを選別的でも組織していたことからすると，G2労組がパートタイマーを組織することに消極的だったことは間違いない。G2労組は，組織対象をもっぱらフルタイムの非正社員に制限し，組合員であるフルタイムの非正社員がパートタイマーになったとき，組合から排除しない程度だった。[11]

　G2労組が，パートタイマーの組織化に消極的であったもっと重要な理由は，G2社がパートタイマーの質的な基幹労働力化に消極的であったことにある。G2社は，1990年代初頭に，良好な経営状態を前提とする経営計画を策定し，これに合わせて新規出店の計画を立てた。「生活百貨店」という新しいコンセプトを提示し，若者の斬新な感覚で売場を運営することを決定し，大卒の新入社員を多数採用していた。しかし，不況のため1990年代半ばからは予定通りの新規出店ができなくなったため，正社員の過剰状態に陥ってしまった。正社員が過剰状態に陥ってしまった企業が，パートタイマーの質的な基幹労働力化を積極的に進めるわけがない。従業員に占める正社員の割合が高く，パートタイマーが補助労働力として活用されている状況にあって，労働組合は量的な面でも質的な面でも代表

性の危機を実感していなかった。そのため，G2労組はパートタイマーの組織化に積極的ではなかったわけである。

排除戦略を選択する組合は，パートタイマーを組合の内部に受け入れないので，アイデンティティの危機と賃金縮小の危機は発生しない。

選別的組織化戦略

選別的な組織化戦略に該当するのはG3労組とS3労組であるが，G3労組は1980年から，S3労組は労組の設立時からパートタイマーを組織し始めた。そしてG3社とS3社のパートタイマーの戦略は積極的な質的基幹化型である。

**労組主導の統合と
質的な基幹労働力化**　衣料品スーパーが前身であるG3社の労働組合は，総合スーパー労組の中で最も早くパートタイマーを組織した労働組合であるが，そのきっかけは共産党系の労働組合の設立であった。面接調査によると，1980年北海道のある店舗に共産党系の労働組合が設立され，この労働組合を排除する過程で，パートタイマーの企業への統合性を高めようとする意識ができた。労働時間が1日6時間あるいは7時間の定時社員制度をつくり，期間の定めのない雇用契約を結ぶと同時に組合員として受け入れた。定時社員を定年まで雇うことは会社として負担ではないかという筆者の質問に，G3社の人事部長は"うちの組合すごく強いじゃないですか。組合が言い張るから会社が押されたものでしょう"と答えた。しかし，定時社員制度を作るようになった契機を考えると，会社としても現在の労組が勢力を拡大して左派労組ができないことを期待する意図があったことは想像にかたくない。

翌年の1981年に，子会社である食品スーパー企業に労働組合を設立し，労働時間と関係なくパートタイマーを全員組織した。その後2000年初めまで，G3労組は総合スーパー労組の中で，パートタイマーの組織率が最も高い労働組合であった。不景気に突入した1994年に，G3労組はパートタイマーの雇用管理制度を改正し，既存の定時社員をフレンド社員とメイト社員に分離したが，背景には企業業績の急落がある。バブル経済の崩壊とともにG3社は，企業業績が急激に低下し始め，正社員の規模も1991年の約5,900名を頂点として低下の一途をたどった。このような状況で，労働組合は会社の再生のために，正社員の規模をもっと減らし，パートタイマーの質的な基幹労働力化を再検討して営業力を確保しようと提

215

案し，企業はこれに合意した。これによって，1990年代の新規採用は全面的に抑制され，1994年1月から3月にかけては希望退職の募集を実施した。なお，労働組合は従業員の賃金削減と退職金の50%の引き下げまで受け入れた。新規採用が抑制されると，正社員の平均年齢は毎年上昇し，企業のコストに占める人件費の比率の増加がますます加速したことから，会社はパートタイマーの質的な基幹労働力化を推し進めて，正社員を代替していく必要性がさらに高まっていた。

　他の総合スーパー企業が，バブル崩壊とともにフルタイマーの採用を中断し，長時間契約さえ極度に抑制したこととは反対に，G3社はフルタイマーではないものの，1日6時間以上働くパートタイマーを積極的に養成しようとした。新たな制度の下でフレンドおよびメイト社員の登用が増えたので結果的に組織率は上がった。

企業主導の統合と　　S3労組の設立の立役者でもあるS3社の創業者は，パートタ
質的な基幹労働力化　　イマーの基幹労働力化に高い関心を持っていた。1970年代にすでに，パートタイマーに正社員と同じ水準の業務を担当させ，業務に見合った待遇をするという方針でパートタイマーの処遇制度を制定した。その結果，1970年代におけるS3社の従業員に占めるパートタイマーの割合は，スーパーマーケット業界の中で最高であった。労組設立当時，彼は，パートタイマーが労働組合に加入することは当然のことと考え，ほぼ全員のパートタイマーが組合員となった。

　先述のように，S3労組は労働組合の設立当時から現在まで，「制度上の被扶養者」でない長時間のパートタイマーを組織対象にしている。これに対して，S3社は1990年代を通じてアルバイト（主婦のバイト，学生のバイト）と呼ばれる，1日の労働時間が5時間以下である短時間のパートタイマーを急増させた。S3社が，組織対象であるパートナー社員ではなく，アルバイトを増加させた理由は，人件費が安かったことによる。また，パートタイマーの質的な基幹労働力化が，予定より順調に進まなかったことも，アルバイトが急増した理由の一つである。その結果，90%を超えていたパートタイマーの組織率は漸次低下した。1999年には，パートタイマーの組織率は23.4%，全従業員に対する組合員比率は34.4%へと低下した。そして，2003年10月時点のパートタイマーの組織率は22.3%，全従業員に対する組合員比率は31.3%に低下していた。

　このようにS3労組は組織率が低下していたにもかかわらず，組合の組織拡大

は会社に負担になるだろうという判断のため，2008年まで組織の拡大に関する具体的な計画は持っていなかった。S3社はほとんどのパートタイマーと「期間の定めのない」雇用契約を結んでいたことから，S3労組には，他の労働組合とは違って雇用調整の問題が生じることはなく，もっぱら費用問題があった。2001年に代わったS3社の新しい経営者は，他の会社に比べ人件費が高すぎると判断し，正社員の割合を低くする方針の下に，正社員の新規採用も極度に抑えていた。[14]こうした状況にあって，アルバイトを組合員にする決定を企業が受け入れるはずがないと，労働組合は判断した。組合員であるパートナー社員より，賃金がはるかに安いアルバイトを労働組合に加入させると，その賃金を上げざるを得ないからである。

危機の解決策　　選別的組織化の戦略を採択しても，G3労組とS3労組は組合員の中でパートタイマーが半数（G3は47.0％，S3は55.1％）に達していたことから，組合員間の公平性の問題に直面せざるを得ない。これらの労働組合は，この問題をどのように解決していくのか。両労組が共に選択しているアイデンティティの危機の解決策は，労働組合の意思決定過程からの排除であり，賃金の危機の解決策は主婦協定に基づいた処遇格差の合理化である。

　労働組合の意思決定過程からの排除とは，正社員，それもほとんど男性のみで労働組合を運営することである。両労組の中央執行委員会に，パートタイマーは1人もいない。のみならず，支部においてもパートタイマーの役員はいない。労働組合は，“彼女達は主婦なので，仕事が終わるとすぐ家に帰らなければならないので，組合の活動に関心がない”（S3労組専従役員，40代半ば，大卒男性）と断定し，労働組合の活動を共にしようとする努力さえしていない。パートタイマーが労働組合の日常活動と意思決定の過程から排除されているため，両労組はアイデンティティの危機に直面しているとはいえない。

　パートタイマーに対する労働組合の日常の活動は，労働組合のニュースレターの配布と職場集会が中心であり，それ以外のプログラムは非常に少ない。全般的に正社員労組のアイデンティティがヘゲモニーを握っている労働組合の職場集会において，パートタイマーはオブザーバーのような存在である。また，職場集会自体が，労組役員が会社の方針を伝えるパイプラインのようなものであることから，この集会の中でパートタイマーが苦情を言う余地はほとんどない。その上，

G3労組とS3労組には役員の中に女性もほとんどいないことから，パートタイマーと労働組合との連結パイプはさらに遮断されている。[15]

　処遇格差の合理化とは，パートタイマーの組合員は，仕事面では正社員とそれほどの差がないとしても，転勤やシフト勤務，残業がなく，正社員とは異なる雇用形態であるため，処遇レベルが異なるのは当然であると説得することである。両労組の処遇格差の合理化は，組合員ではないパートタイマーが多数存在していたことから，もっと容易である。つまり，ボーナス・シーズンになるとボーナスを受け取る組合員であるパートタイマーは，正社員ではなく非組合員のパートタイマーと自分を比較し，相対的な優越感と安心感を得るようになる。

包括的な組織化戦略

　包括的な組織化戦略に当たるのはS4労組であり，S4社のパートタイマーの質的な基幹労働力化の戦略は積極的な基幹労働力化型である。S4労組がパートタイマーを組織し始めたのは1991年であり，その後，組織範囲に変化はない。

上部団体の圧力　　S4労組は，事例労組の中で一番遅れてパートタイマーを組織した労働組合である。1990年代半ばまで，S4社は従業員のパートタイマー比率（8時間換算比率）が半分程度（1994年49.1%）と，事例企業の中で最も低い企業であった。S4労組が，パートタイマーの組織化に消極的であった重要な背景には，正社員の比率が高かったこと，かつ企業が1980年代まで，パートタイマーの質的基幹労働力化に積極的ではなかったことがある。したがって，量的な代表性の危機も質的な代表性の危機もまだそれほど大きくなかった。

　1980年代を経て，他の企業よりは低かったものの，S4社もパートタイマーの比率が急速に高まり（1978年20.7%，1989年46.1%），上部団体の圧力も強まったことから，S4労組もパートタイマーを組織する必要を感じるようになった。1990年当時，S4労組はABCユニオンに加盟するスーパーマーケット労組の中で，非正社員を全く組織していない唯一の労働組合であった。しかし，1日6時間以上働くパートタイマーを全員組織することを決定した89年方針が大会で採択された後，上部団体の圧力がますます強まっていた。そして，次の引用からも分かるように，S4労組自身もパートタイマーを組織しないことは労働組合として問題があると考え始めた。それで，パートタイマーを組織するのであれば，上部団体の

基準を超えた包括的な範囲を組織することを決定した。

　　パートがだんだん増えて正社員より多くなったんです。だけどパートを一人
　も組織しないと，何ていうかなぁ～，労働条件をよくしようとして組合がある
　わけじゃないですか。なのに従業員の過半数であるパートを知らん顔をすると
　そんなのできるわけがないし，パートを組織して今年で13年になるけど，今に
　なって考えてみると，その時組織して本当によかったと思います。会社の状況
　が悪くなると，組織しにくいからですね。今は本当に組合が何もしてあげられ
　ない状況だけど（倒産後店舗閉鎖の時，雇用を守ってあげることができず，要求はし
　たものの，慰労金さえ支払わせることもできなかったことを指して言った話），でも最
　初は給料も少し上がったし，ちょっとだけど，退職金制度も整って，パートは
　喜んでいたんです。（S4労組専従役員，40代後半，女性）

企業体制の安定のための　　S4労組におけるパートタイマーの組織化は，非常に急
パートタイマーの組織化　　速に進行したが，これは企業側がパートタイマーの組織
化を経営体制の移行に利用しようと考えたためである。すなわち，S4労組が
パートタイマーの組織化を提案した時点は，創業者が息子に経営を移譲しようと
した時期であった。2世経営体制に転換するに際して，パートタイマーを大勢組
織することで，新たな経営体制に対する企業内部の支持を堅くすることができる
と判断したわけである。同時に，新しい経営体制が非常に先進的な経営体制であ
ることを広報することができると考えた。S4社の創業者が，株式の上場のため
に労働組合を作ったように，このときは2世経営体制のために労働組合の組織範
囲を拡大した。

　"一回言ってみたら，オーナーがそのままOKしたんで，私たちもびっくりし
ましたよ。うちの会社の前のオーナーがちょっとイベント好きだったんです"と
S4労組の専従役員（30代後半，男性）が語るように，たった一回の交渉でS4労組
は，1日4時間以上働くパートタイマー全員を組織することができた。1991年当
時，S4労組は，1日4時間以上という基準が全てのパートタイマーを意味する
と考えていたが，1990年代を過ぎてその基準は，パートタイマーの組織率を漸次
低下させる役割を果たしていた。つまり，1991年に初めて組織したときは，全体

パートタイマーの中96％が組織できたものの，2003年時点の組織率はその半分以下に低下していた。

危機の解決策　包括的組織化の結果，組合員の75％がパートタイマーであるS4労組は，アイデンティティの危機と賃金の危機をどのように解決したのであろうか。二つの危機に対するS4労組の対処を説明するキーワードは，1997年に発生した「倒産」である。倒産は，以前のシステムと政策の正当性を一瞬で崩壊させてしまう。企業の倒産は労働組合の体質を変える決定的なきっかけにもなった。

　S4労組は，1991年にパートタイマーを組織し始めて以降，パートタイマーの組合員の人数が多いことから，パートタイマーの代表を労働組合の意思決定の過程に参加させることを決定し，中央執行委員会にパートタイマーを参加させた。しかし，実際には，この時点における参加は相当に形式的なものだった。また，企業がパートタイマーの質的な基幹労働力化を積極的に進めていなかったため，正社員は依然として質的な代表性を獲得しており，パートタイマー代表の発言はそれほど大きくなかった。しかし，倒産とともにS4労組は，男性正社員の労働組合としてのアイデンティティに距離を置かなければならなかった。すなわち，男性正社員に家族の生計費に見合う賃金を支払わなければならないという主張が困難になり，労働組合が企業を潰すような主張をしてはいけないという認識までが現れ始めた。同時に，S4労組は企業の再建のために低賃金・高熟練労働者のパートタイマーを，もっと積極的に労働組合に統合すべきであると考えるようになった。

　そのために，S4労組はパートタイマーの参加を高めるべく，中央執行委員のパートタイマーの比率を1/3まで引き上げた。また，職場集会や地域集会において，ベテランのパートタイマーとの交流を積極的に開始した。特に，質的な基幹労働力となったパートタイマーこそ，金の卵を産むガチョウであることから，労働組合が実質的にこれらを代表するか否かは，企業との関係においても非常に重要な要素であった。

　以上からS4労組は，正社員労組のアイデンティティを脱却したかのようにもみえる。果たしてS4労組は，倒産をきっかけに正社員労組のアイデンティティを完全に捨てたのであろうか。S4社は，1999年にパートタイマーの人事管理制

度を改定した（2000年から実施）。その改定の核心は，パートタイマーの賃金のなかで評価給の割合を高め，評価給の根拠である人事考課に，企業の要求にどれほど柔軟に対応できるかを重要な基準として含めたことである。その結果，パートタイマー内部における賃金の差がもっと大きくなった。

　それでは，上層のパートタイマーの処遇は正社員のそれに完全に接近したのかというとそうではない。以前より差が縮小したという程度である。従来の方式は，パートタイマーは全て主婦という公式を立てて，これに基づいて従業員を正社員とパートタイマーとに分けていたが，今後は，雇用形態よりも企業の要求にどれほど応じることができるかという基準を，新たに提示したわけである。なお，正社員とパートタイマーの処遇レベルは依然として異なるが，正社員には転勤と交代勤務という負担があるためであると説明している。すなわち，倒産を契機にS4労組は，パートタイマーに対する実質的統合性を高めようとしており，正社員労組アイデンティティを前面に出すことはむずかしくなった。しかし，正社員労組というアイデンティティは，なくなったというよりは，企業の利潤に対する貢献度という基準が前面に出ることによって，弱まったといえる。

全面的な組織化戦略

　全面的な組織化の戦略に当たる事例はS2労組であり，S2社のパートタイマーの質的な基幹労働力化戦略の類型は補助労働力型である。

対立的な労使　　下からの結成の動きが中心になり，ABCユニオンの支援を受け
関 係 の 結 実　　入れて1981年に設立されたS2労組は，設立時からパートタイマーを全員組織した。1981年当時ABCユニオンは，組織範囲を 6 時間以上のパートタイマー（フルタイム型の従業員）としていた。しかしながら，パートタイマーのほとんどが 1 日の労働時間が 5 時間以下であるS2社において，労働時間にかかわらずパートタイマー全員を組織したのは，会社内外の事情が重なったことによる。

　S2社は，1970年代後半，一時的に営業業績が思わしくなかった時期があった。S2社は営業業績が悪くなると，株式市場での評価を上げるために約束したボーナスを支給しないなどの行為に出た。これに止まらず，日常的に企業の都合による一方的な労務管理と企業経営のため，従業員の不満は高まっていた。こうした

状況の下で，一部の若手の店長が集まって糾弾会を組織し，改善要求を経営陣に伝えた。しかし，経営陣はこれを受け入れなかった。このとき，ある店長が発想の転換を提案した。つまり，管理職である店長の立場で意見を言うことが受け入れられないなら，労働組合を設立して申し入れをすれば，会社も話し合いを拒否できないだろうと考えた。そこで，労働組合を設立することとし，正社員を中心に組合加入書を書き，労働組合を設立した。経営陣は，管理職である店長が労働組合を作るのは，純粋な意味での労働組合ではなく，現経営陣に対するクーデターであると非難し，労働協約の締結を拒否した。

　当時，ABCユニオンの組織局は，首都圏にある大企業でありながら，労働組合のないS2社に労組を設立するために努力しており，会社側と継続的に接触をしながら説得していた。しかし，実際は労組設立を望んでいなかったS2社の社長は，労組設立を約束しながら何年間にもわたり色々な口実をつけて設立を先延ばししていた。その間ABCユニオンのS2担当者が脳卒中で死亡した。彼が残した日記には，S2の社長から何年にもわたって一方的に約束を反故された過程で感じた，心理的苦痛が詳細に記録されていた。S2社の社長による約束違反が死因ではないものの，若くして亡くなった部下に対する哀れみが，S2社の社長に対する怒りに転化して，ABCユニオンの組織局は全従業員を組織した労働組合を彼の仏壇に捧げると決めた。このようにABCユニオンと店長会は，お互いの要求が合致したため，店長会はABCユニオンの組織力を活用し，全従業員の労組加入書を確保した。そして，経営陣と労働協約を締結し，2年後ユニオンショップ協定も締結することになった。

　学生を除くパートタイマーの全員を組織するS2社の事例は，スーパーマーケット業界全体においても非常に稀なケースであり，大企業の中で唯一だった。パートタイマーの組織率は，パートタイマーの労働条件に直接影響を及ぼす。S2社は，正社員との差は大きいものの，組織化以降，1日3.5時間働くパートタイマーに対し，年間2カ月分のボーナスと連続休暇，特別休暇および正社員と同じ比率の社員割引制度がある唯一のケースとなった。組織化は雇用の安定にも貢献する。S2労組の専従役員によると，全員を組織していることにより，企業にとって最も困難なことは，雇用の調整ができないことである。"実は採用して仕事させてみると，業務能力が顕著に落ちたり態度に問題があるなどして辞めさせ

たいパートもいる"（S2労組専従役員，40代後半，大卒男性）はずだが，そのようなパートタイマーに対しても，組合員であることから本人が辞めない限り，どうすることもできないという。以下に引用した発言から分かるように日常的な労務管理でも，組合員資格はパートタイマーの雇用を守ってくれる。

　　特に若い店長の中には，パートタイマーが言うこと聞かないと，明日から来なくていい，とか言う人もいます。でも組合員には勝手にそんなことはできないんです。だから，店が閉鎖されると，実際には組合からやってあげられることはあまりないけど，そういう意味で雇用が保障される面もあるんです。（S4労組専従役員，40代後半，女性）

危機の解決策　　他の戦略に比べ全面的な組織化の戦略は，代表性の危機については根本的に解決できるが，アイデンティティの危機と賃金の危機を高める可能性はより大きい。先述のように，S2社の熟練パートタイマーの賃金は他の企業に比べて高い。正社員の賃金も他社より高い。パートタイマーを全面的に組織化しても，正社員の賃金の危機が発生しなかったことには，二つの理由がある。一つめは，幸いにも2000年代初めごろまでS2社の営業実績は良好だったことである。そのためS2労組は，正社員の賃金上昇分を削らなくとも，基幹パートの処遇を少し上げることができた。

　二つめがより根本的な理由であるが，S2社のパートタイマーの大多数は超短時間労働者であり，質的な基幹労働力化の水準が低いことである。S2社のパート処遇制度は，正社員とほぼ同じレベルの長時間・高熟練パートタイマーにだけ，正社員に近い処遇をしているが，そうしたパートタイマーはわずかであることから，大きなコスト負担を必要としなかった。また，熟練レベルが低い，または，労働時間が短いパートタイマーは，正社員と自分の賃金を最初から比較しない傾向があるため，S2労組は正社員とパートタイマーの処遇格差を合理化する必要性があまりなかった。

　S2労組は，労働組合の意思決定の過程からパートタイマーを排除することで，アイデンティティの危機問題も解決している。S2労組は，組合員の80％以上がパートタイマーであることから，一見組合の意思決定課程において，パートタイ

マーを排除することは簡単ではないように思われるが，27人もいるS2労組の中央執行委員は全て男性正社員である。正社員の労組幹部が会社との交渉を通じて全てを決定し，パートタイマーはその結果を受け入れるのみである。

　S2労組におけるパートタイマーは，企業との対立の中で労働組合を設立し，ユニオンショップ協定まで締結することができた決定的な協力者だった。言い換えると，S2労組においてパートタイマーは労組活動の主体ではなく，いわば協力者として配慮されているわけである。S2労組がパートタイマーの処遇改善のために努力してきたことは間違いないが，組合活動においてパートタイマーを労働組合活動の主体とみなしていないことは，他の事例労組と根本的に差はない。

4　2000年代におけるパートタイマー組織化戦略の変化

　2000年代に入ってから，流通労組のパートタイマーの組織化戦略は大きく変わった。組織範囲が著しく拡大したことと，限定的ではあるが，パートタイマーを労働組合の意思決定過程に統合する動きが始まった。以下では，この変化の背景にある人事制度の改正に関して簡単に検討した上で，戦略変化の内容や背景に関して詳しく述べる。

パートタイマーの人事管理制度の改正

　G3社のように特別な事情がない限り，1990年代まで，総合スーパー企業はパートタイマーの質的な基幹労働力化に積極的ではなかった。しかし，不景気の中にあって，倒産や業界再編が激しく展開される中，これ以上パートタイマーの質的な基幹労働力化を無視することができなくなった。それゆえ，2000年に入り総合スーパー大手企業は，順次，パートタイマーの雇用管理制度を改正した。

　総合スーパー企業の中で，人事制度改正の先頭を切ったのは本論の参考事例であるB社だった。B社は，2003年6月に，従来の正社員と非正社員の雇用区分をなくし，転勤範囲（転居を伴う転勤をするかしないか）と労働時間（フルタイムかパートタイムか）を基準に従業員を四つのグループに分けて，本人の意思と会社の評価を基にグループ間の異動もできるようにする統合型人事制度を導入した。G1社も2004年2月に，類似する人事制度を導入しており，G2社でも2005年と

2006年にかけて，同様の制度改正を行った。

　これら総合スーパー企業の改正人事制度は，S1社の人事制度をモデルにしたものである。その核心は，何よりもパートタイマーの質的な基幹労働力化を積極的に進め，パートタイマーに，少なくとも売場主任の仕事，可能ならば小型店舗の店長の仕事まで担当させることにあった。パートタイマーに従来とは異なる管理的な業務を担当させるのであれば，従来通りの労務管理や処遇制度では，自発性と誠実性が引き出せない。総合スーパー企業が導入した新たな人事管理制度の本質は，転居を伴う転勤をしない正社員のA社員（またはL社員）と質的な基幹労働力となったパートタイマーを一つにまとめ，このグループに対する昇進の上限を引き上げることにある。従前の制度において，A社員は，売場の主任までしか昇進することができず，パートタイマーは，主任になることすら困難であった。しかし，新しい制度では，これらの人々が，統括マネージャーや小型店舗の店長まで昇進できるようになった。

組織範囲の拡大

　総合スーパー労組のパートタイマーの組織化の動きの根本的な要因は，人事制度の改正によるパートタイマーの基幹労働力化である。先に述べたように，パートタイマーを基幹的労働力として企業に定着させるために，組織化も必要になった。これ以外にも，景気回復による求人難，会社の倒産（危機）による労働組合の発言力の強化，そして上部団体の圧力などの要因が組織拡大に作用した。人事制度改正に関しては先に述べたので，以下では他の要因に関して検討する。

　G1労組の場合は，上部団体から圧力を受けて2004年上半期まで，社会保険加入者全員を組合員として加入させる交渉を進めたものの，会社が同意した組織範囲は，社会保険加入者のうち職務ランクが３ランク以上のパートタイマーだけであった。G1労組の専従役員（40代後半，大卒男性）によると，社会保険加入者全員という組合の方針に対して会社が反対した理由は，"新規出店の店舗の場合，最初から長時間契約のフレックス社員もいることから，会社に対する忠誠心（強調──筆者による）が確認されていないフレックス社員を労働組合に加入させることはできない"というものだった。その結果，G1労組は2004年８月にフレックス社員のうち4.9%だけが組織できた。

225

こうした経過を辿ったG1労組であったが，2006年からさらなるパートタイ
マーの組織拡大を始め，2007年には学生を除き週20時間以上働くパートタイマー
の全員を組織した。普通，学生ではないパートの労働時間は大部分が週20時間を
超えるので，この組織範囲は，学生アルバイトを除くパートタイマー全員を組織
するのを意味する。排除戦略から全面的組織化戦略に急旋回した。G1労組が，
会社に対する忠誠心が確認されていないパートタイマーを，組織するようになっ
た理由はどこにあるのか。

景気回復による求人難と政府政策

　G1社が組織拡大に同意することになった理由には，パートタイム労働市場の
状況変化と政府の政策や世論の変化があった。2000年代に入り，日本経済が長
期不況から脱出し始めると，2004〜2005年ごろには，パートタイム労働市場にお
ける人手不足が始まった。多くの流通企業は，パートタイム労働者の採用難に直
面し始めており，高い離職率に苦しんでいた。首都圏の一部のスーパーマーケッ
トでは，パートタイム労働者が採用できず，人材派遣会社を介して時間当たり
1,500円以上を支払ってパートタイム労働者を供給してもらうに至った。労働力
不足に直面してG1社は，労働組合がパートタイマーを組合員として管理すると，
苦情相談などを通じ，企業内定着性を高めることができると判断した。さらに，
1990年代からパート労働者の処遇に関する社会的，学問的関心が高まり，政府も
パートタイマーの処遇における正社員との"均衡を考慮"する必要性を強調した。
そして2003年8月にはパートタイム労働指針が，2007年4月にはパート労働法が
改正された。このような状況から使用者側が，パートタイム労働者の全面的な組
織化を容認したことにより，G1労組は，2006年の1年をかけてパートタイム労
働者に対する労働組合についての説明会を開催しながら，加入を勧誘し，2007年
2月から本格的に組織した。
　G1労組の組織拡大に影響を与えたもう一つの要因は，B労組の組織拡大である。
1990年代後半以降，パートタイム労働者の均等処遇が社会的な関心に沸騰する中
で，B労組は2003年6月から人事制度改正とともにパートタイマーの組織化を本
格的に開始し，パートタイム労働者に対する均等待遇の事例として，社会全般の
注目を集めるようになった。B労組の組織拡大はG1労組への圧迫として作用する

ことになり，同じ上部団体に属している労働組合としてG1労組は，心理的圧迫だけではなく，上部団体からの露骨な圧力にも直面するようになった。このような状況から，G1社もG1労組も，パートタイマーの組織拡大をせざるを得なくなったのである。

経営不振と基幹労働力化

　ここで2000年代のパートタイマーの組織拡大の先陣を切った，B労組の経験を検討してみよう。B労組が，パートタイマーを組織し始めたのは1982年であった。ABCユニオンの流通部会が1980年の中央委員会において，週30時間以上働くパートタイマーを全員組織する方針を決定した。当時，流通業最大の労働組合であり，ABCユニオンの流通部会でリーダー的存在だったB労組がその方針を実行したのであった。これには，G3労組が，1980年から流通部会の方針に従ってパートタイマーを組織していたことも刺激になった。1982年以降1990年代初頭にかけて長時間パートタイマーが増え続け，B労組の組織率も上昇した，しかし，長期不景気の中，他の総合スーパー企業と同じくB社も社会保険料負担のある週30時間以上のパートタイマーの雇用を抑制したことから，B労組の組織率は年々低下した。2002年7月には，全従業員に占める組合員比率は，23.5％にすぎなかった。

　その後B労組は，2003年6月から週20時間以上働くA2レベル以上のパートタイマー全員を組織することについて会社と合意した。一挙に1万2,000人の労働組合員を増加させ，そして今後の組織対象をより拡大すると発表して世間の注目を集めた。何万人ものパートタイマーが働いている総合スーパー企業の労働組合が皆，パートタイマーの組織化に消極的な中で，B労組のこのような決定は，1990年代後半以降社会的関心事に浮上した，パートタイマーの均衡処遇に向けた積極的な動きの一環として高く評価された。この結果，B労組の組織率は一挙に50％近くに増加し，2006年からは学生，週2日未満，1日2時間未満のパートタイマーを除く全員に拡大した。2007年11月時点では，パートタイム労働者の89.4％（実人員基準），全従業員の88.3％を組織している。

　B労組がパートタイマーを組織できた根本的要因は，統合型人事制度へと人事制度が改正され，パートタイマーの基幹労働力化が一段と進んだことにある[18]。ま

た，長期間にわたって企業の経営状況が混迷を重ねていたため，経営側の発言権が弱まり，労組側の発言権が相対的に強化されたことも重要な要因である。労働組合はパートタイマーの組織化の必要性を感じていたが，1972年から流通売上1位を守ってきた企業が，90年代後半以降，倒産寸前の状況から脱することができない状況にあることから，組織の拡大を強く主張することはできなかった。しかし，もはや企業の状況が改善される兆候がみられないと判断し，パートタイマーの全面的基幹労働力化についての提案と組織化を同時に推進した。G3労組が1994年に会社の業績不振に対応するために，パート人事制度を変更して組織拡大を断行したことと同じ構造であるが，B労組の制度変更と組織化はより大胆であった。

主婦パート組織化のメリット

　B労組の専従役員によると，パートタイム労働者の本格的な組織化がもたらすメリットは，組織の規模拡大と企業に対する交渉力が強化されただけでなく，対外的な影響力も拡大したことである。さらに，以下の引用にあるように，何よりも，第一線の店舗の現実をより具体的に把握できるようになり，企業に対する発言力がさらに向上することになったのである。組合員であるパートタイム労働者の雇用が安定したことによって，店舗において雇用形態を超えて従業員内部の結束力が強化された側面もある。

　　女性を組合幹部にしたら何がいいか，というとですね，安く済むんですよ（笑）。会社の悪口をよく言ってくれますからね。男性社員は酒をおごってもなかなか話をしないのに，女子社員はコーヒーとケーキだけで何でも話してくれます。組合としては現場で起こる問題が何かちゃんと把握しておかないと，活動もちゃんとできないからですね。でも，パートはコーヒーもケーキも要りません。この間パートのボーリング大会があったんだけど，ウワ～，僕は本当に久しぶりに恐怖を感じましたよ（笑）。あっちこっち引っ張りだこで，〝○○さん，ちょっとこっち来て。うちの店長あれ本当に馬鹿だよ。何をしているか分かる？〟と吐き出すけど，あぁ，本当に大変でしたよ。でも，そういってくれるとうちは嬉しいですけどね～（笑）。（B労組専従役員，40代後半，大卒男性）

第**3**章　労働組合の行為戦略

食品スーパー労組の専従役員（40代半ば，大卒男性）だったABCユニオンの役員は次のように言う。

　店舗の懇親会みたいなとこに行くと社員は死んでるように黙っていて，パートのおばさんたちは怖いんですよ。失うもの何もないでしょう。"店長，ちょっとこっち来てよ。この前にあったあれなんだけどね……"そう言いながら言いたいこと全部言うんですよ。それに食品スーパー店長なら年も若いでしょう。だから店長たちはそんな懇親会には行きたがらないんです。私も店舗訪問に行くと，最初にまずパートのおばさんに，その間何かなかったのか聞いて，おおよそのことを把握してから店長に会うんです。社員には聞いてもあんまり言いません。昇進が気になるから上司に嫌われると思ってるみたいです。だけどおばさんたちは，実はその当時僕は20代だったから，母親のような方も多かったです。ある時は聞いてもいないのに店に行くと"○○ちゃん，あんたちょっとこっち来てみて"とよんでその間あったことを全部話してくれたりしました。

　G2労組は，2003年5月に会社との間で，社会保険加入者であるパートタイマーを労働組合に組織することに合意し，2004年6月までに社会保険加入者ではないパートタイマーの中で，業務能力が一定のレベルに達しているパートタイマーまで組織することに合意した。その結果，G2社のパート組織率は2003年5月6.3%，2004年6月18.3%に上昇した。なお，2008年には，学生アルバイトを除いて，契約を更新するパートタイマーは，全員組織することになった。G2労組のパートタイマーの組織化は，2003年に排除戦略から選別的組織化に移行し，2004年以後は包括的組織化を経て，全面的組織化の段階に進んだ。

　前述したように，G2労組のパートタイマーの組織率が低かったのは，パートタイマーの基幹労働力化が進まなかったこととともに会社の業績不振のためであった。しかし，2001年にG2社は結局倒産したことから，より多くの従業員を組合員にして団結を高めたほうが会社の再生に役立つ，という組合側の主張が力を持つことができた。また，G2労組が包括的組織化に留まらず，全面的組織化へと移行できたのは，ABCユニオンに所属する流通大手組合は，大勢が全面的

組織化へ移行する流れだったことに併せて，G2社の親会社になった企業の労組の組織化戦略も作用した。親会社の労使が週20時間以上働くパートタイマーを全て組織することを決定したので，G2社でも簡単にこうした合意ができた。

　次に引用したように，G2労組専従役員は，パートタイマーを組織することによって，労使間における力の均衡の回復，地域密着および団結による営業実績の改善，店舗状況の把握，そして労働組合の社会的影響力の増加などを挙げているが，これはG2労組に限らず，2000年代における流通組合全般の認識といえる。

　　パートタイマーを組織するとですね，店舗がある地域の情報がよく入るんですよ。パートは地域に住んでる人でしょう。だから地域に密着して，認めてもらう店舗になれるんです。実際にね，今までだと，組合員を通して話を聞くとしても正社員というのはみんなあっちこっち回る人間でしょう。だから地元の話が聞けないんです。また，店舗内の団結力も上がるから店もうまく回るんですよ。また会社に対して組合の影響力も強くなるんですよ。組合員が多くなることもあるけど，もっと正確な話を聞いて会社と話せるし，実際お店がパートで動いているのに，パートの話を聞かないで，店舗が云々というのは限界があるんです。お店の状況がちゃんと分かると営業活動の監視もちゃんとできるからですね。

　　それに，僕はパートさんたちが入ってくると，組合が世の中の常識をもっと分かると思います。正社員組合は自分の企業はよく分かるかも知れないけど，他の会社の話も分からないし，世の中がどう動いているのかも分からないんです。朝から晩まで会社にいる人間が，世の中がどう回っているのかどうやって分かるんですかね。だから僕はパートが組合員になって，うちらがコミュニケーションをうまくすると，組合の論議のレベルも大人の論議になると期待しています。だから「入ってきて私たちを教えてください」という気持ですね。

　　僕は制度をもう一度やり直して，正社員という言葉自体をなくしたいです。転勤範囲と労働時間でA社員，B社員，C社員というふうに区分したいですね。そしてうちの会社は今潰れてしまって正社員といっても大してもらえないし，制度改定をするのに最もいい時期だと思いますね。どうせやるなら始めからやり直した方がいいですよ。(G2労組専従役員，40代後半)

第**3**章　労働組合の行為戦略

G3社も2002年に倒産したことから，会社を再生する一環として人事制度を大幅に改定することにし，[19]パートタイマーの質的な基幹労働力化にさらに専念することを労使が合意した。これとともに，パートタイマーの組織範囲を大幅に拡大した。つまり，2002年11月から，月間労働時間が75時間未満の短時間のパートタイマーと学生アルバイトを除いて，パートタイマー全員を組合員にすることにした。その結果，2003年2月時点では学生アルバイトを除くパートタイマー全体の81.3％を組織し，正社員を含む全従業員に対する組織率は64.3％になった。

G3労組の組織拡大もG2労組と同じく，会社が倒産したので労働組合の発言力が強くなったこと，および，会社再生のために労働組合までがより多くの従業員を管理することにしたためである。こうした狙いは，次に引用したG3労組専従役員の発言からも読み取ることができる。

　　従業員の管理を徹底するために大幅に組織することにしました。倒産後，企業の規模は半分になったんです。今うちの会社はお店がやっと50個をちょっと超えるレベルなのに，200個，300個も超える企業と競争して生き残らないといけない状況なんです。そんな状況で私たちができる選択は何よりもコストの節減でしょう。人件費を削るために正社員の割合をできるだけ抑えないといけないし，その分パートにたくさんの仕事をしてもらわないといけないんです。そうなるためには今までのように正社員を中心に従業員を管理してはだめですね。パートまでを全部組合に入れて企業と一緒に管理（強調は筆者）するために組織を大幅に拡大しました。組合の職場集会みたいなものを通しても企業の方針が伝わるし，また現在の本社の方針もちゃんと実施されているかどうかも点検できたりするんです。（G3組合専従役員，40代後半，大卒男性）

意思決定過程への統合

2003年に入って，総合スーパーを中心にパートタイマーの組織拡大が行われ，まだ非常に限定的なレベルではあるが，パートタイマーを労働組合の意思決定の過程に統合しようとする傾向も広がっていった。S2労組は，パートタイマーを組織してから22年経過した2003年の定期大会において，パートタイマーを中央執行委員会に受け入れることとし，5人の特別中央執行委員を選出した。G2労組

231

とG3労組も同様の決定を行った。加えて，この三つの労組は地域レベルと店舗レベルの執行部にも，必ず1人以上のパートタイマーの代表を参席させることとした。G1労組は，2007年からフルタイムパートタイマー2人を組合本部の専従に任命し，パートタイマーの組合活動参加を奨励している。

　さらにS2労組は，店舗レベルの組合活動への，パートタイマーの参加を強化することにした。全てのパートタイマーが組合員であるS2労組の場合，営業時間中にパートタイマーを職場集会に招集するには，店長の同意が必要である。S2労組は，この点に関して店長の理解を深める必要があると判断し，2002年から地域別労使懇談会を利用して店長の理解を深める活動を実施してきた。労使懇談会を利用する理由は，該当地域の全店長が出席する場であるためである。教育は労働組合が講義をするのではなく，店長に事例を発表してもらう方式をとっている。つまり，労働組合に友好的な店長の店舗を何カ所か選び，あらかじめパートタイマーを含めた職場懇談会を常設化するように説得する。その懇談会では，パートタイマーが店舗の運営に関する問題の指摘と改善の提案などを積極的にするようにする。そして，その結果を当該店舗の店長が，地域別労使懇談会において，パートタイマーの意見を積極的に聴取した結果，具体的にどのような改善がされたかを発表するようにし，他の店長にも好感を持たれるような方法を採っている。

　しかし，1990年代からパートタイマーの労働組合に対する統合が進んだとしても，そのレベルは非常に限定的なものでしかない。パートタイマーの役員はほとんどが店舗レベルの役員であり，本部やブロックの役員，中央執行委員はほとんどいない。事例労組の中で，実質的な意味で，パートタイマーの中央執行委員がいる労働組合はS4労組だけである。G2労組とG3労組の特別中央執行委員は，実際に意思決定過程に参加しているというよりも象徴的存在に止まっている。G1労組におけるパートタイマーの専従も，まだ象徴的存在である。さらに2006年，S2労組は2003年に決定したパートタイマーの特別中央執行委員制度をやめることにした。パートタイマーと正社員の処遇格差が依然として大きい状況にあり，"正社員の役員や専従者たちに，彼女らが煙たい存在"（S2労組専従役員，50代前半，大卒男性）に思われたからである。

　パートタイマーは自宅の近いところで働く存在だから，ブロックや本部の役員

になって，会議にでるために遠くまで行くのは無理か，といえば，必ずしもそう
とは言えない。第1章と第2章でみたように，多くのパートタイマーは主婦の枠
の中で働いているが，基幹パートは週30時間以上労働するロングタイマーが多く，
制度上の被扶養者の枠を超えて働いている人々が多い。さらに組合の役員になる
くらいのパートタイマーなら，長期勤続者の中高年のフルタイムパートタイマー
がほとんどである。フルタイムで働くこと自体が語るように，それらの人々は子
供が大きくなって家族の世話からかなり自由になったケースが多い。また，食品
スーパーなら会社が店舗展開をする地域そのものがそれほど広くない。さらに
パートタイマー全員が家族の世話係でもない。パートタイマーの組合役員の意識
が低いかといえば，必ずしもそうとはいえない。S1労組には組合活動を熱心に
しているエキスパートが1人（業務統括マネージャー，30代半ば，既婚女性）いるが，
彼女との面接によると，彼女は子供がいなく，本人が主な稼ぎ手である。彼女は
ブロック・レベルの会議だけではなく，ABCユニオンの会議に出席するために
東京へ出張することも多かった。S4労組の中央執行委員のパートタイマーとも
面接したが，組合活動を楽しんでいた。筆者は2007年と2008年にかけて，S2社
の店舗レベルで組合活動をやっているパートタイマー5人と面接したが（皆50代），
組合活動を楽しんでいた。

　労働組合が，その意思決定の過程にパートタイマーを参加させることを決断し
た理由は，企業運営においてパートタイマーの重要性を認めざるを得ないことに
ある。パートタイマーを通じての店舗のモニタリング，パートタイマー自体に関
するモニタリングが非常に重要であると判断するようになったのである。皮肉な
ことに，大手企業の相次ぐ倒産がパートタイマーの重要性を浮き彫りにし，企業
や労働組合内での地位を向上させたといえる。パートタイマーの基幹労働力化が
進む限り，パートタイマーを労働組合の意思決定過程に含める形式的な流れは，
当分もっと拡大すると思われる。

　しかし，これがパートタイマーを労働組合へ実質的に参加させることになるの
か，形式だけの参加に留まるかは，まだ明らかではない。最初の参加は形式的な
ものであったとしても，パートタイマーの役員の人数が増えるにつれ，その参加
の性格が変わる可能性も排除できない。パートタイマーに対して組織範囲を拡大
した全ての労働組合は，パートタイマーの組合活動参加を拡大することに努力し

ていると言っている。しかし，今のようにパートタイマーが労働組合の意思決定過程から実質的に排除されている限り，正社員組合が組織維持のためにパートタイマーを組織している，という非難から自由にはなれない。パートタイマーが排除された意思決定構造から，パートタイマーの労働条件向上のためのまじめな努力が注がれる可能性が低いからである。

　労働条件向上のためにも組織化が優先だという主張を受け入れるとしても，その目的を達成するためにも，主婦パートを管理すべき存在とし「排除的な統合」の対象とみなすのではなく，労働組合の真のメンバーとして受け入れるべきである。

5　組織化と基幹労働力化の相関関係

　以上でみてきたように，パートタイマーの量的，質的な基幹労働力化の結果，スーパーマーケット企業において正社員は少数従業員になり，正社員を主として組織してきた労働組合は代表性の危機に直面するようになった。パートタイマーを全面的に組織することで代表性の危機は解決できるものの，それは正社員労組にアイデンティティの危機と賃金の危機をもたらすという問題がある。2000年代初めごろまで事例労組は，基本的に質的な基幹労働力となったパートタイマーを中心に組織の範囲を拡大し，危機を解決しようと模索してきた。正社員と同様のレベルで企業に貢献しているパートタイマーは，主婦労働者であっても組合員として受け入れたのである。これを通じて労働組合は量的，質的な代表性の危機を解決し，会社とともに大多数の従業員を管理しながら苦情処理をすることで，企業の生産性の向上へ寄与するパートナーの立場を維持することができるようになった。

　事例労組のパートタイマー組織化戦略は，組織範囲を基準に，排除戦略，選別的な組織化戦略，包括的な組織化戦略，全面的な組織化戦略と類型化することができる。事例労組のパートタイマーの組織化戦略は基本的に，企業のパートタイム労働者の基幹労働力化の戦略によって大きく影響される。しかし，上部団体の組織路線と労使関係の性格，そして当該企業の経営業績が，企業の基幹化戦略が労組の組織化戦略に及ぼす影響を屈折させる役割をしている。このことは，1999

第**3**章　労働組合の行為戦略

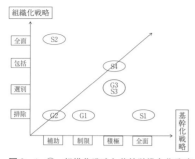

図3-1-①　組織化戦略と基幹労働力化戦略
　　　　　（1999年）

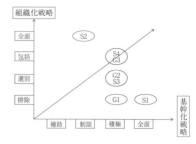

図3-1-②　組織化戦略と基幹労働力化戦略
　　　　　（2003年）

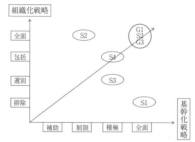

図3-1-③　組織化戦略と基幹労働力化戦略
　　　　　（2007年）

年，2003年，2007年の三つの時点における事例労組のパートタイマー組織化戦略と事例企業のパートタイマー基幹労働力化戦略をまとめた図3－1からも確認できる。三つの時点全てにおいて多くの事例労組・企業は，基幹化と組織化が一致する線である真ん中の斜線を中心に位置しながら，どんどん右上の方向へと動いている。特に1999年時点ではパートタイマーの基幹労働力化に消極的であった総合スーパー企業が早いスピードで右上に移動した。スーパー企業は皆パートの基幹化をある程度は進めようとするが，企業の経営業績が悪ければ基幹化やパート組織化がもっと進む。またG1労組の組織化拡大から分かるように，上部団体の組織路線も影響した。三つの時点の全てにおいて相変わらず斜線からずれているのはS1とS2であるが，本論で検討したようにそれは労使関係の影響のためである。

　パートタイマーの組織化は流通業の労働組合のみの課題ではなく，組織率の低

下に歯止めがかからず，その維持・向上が求められている日本の労働運動全体の課題でもある。ナショナルセンターの連合が，2001年の春闘で初めてパートタイマーの賃上げを要求したのも，このような背景からであった。流通業を中心としたパートタイマーの組織拡大の結果，2000年に2.6％であった日本のパートタイマーの組織率は，2011年時点で5.8％に上昇したが，未だ6％にもならない状態である。さらに，組織されたパートタイマーは，労働組合の意思決定過程からは排除されたままである。

　第3章では，正社員組合の立場からパートタイマーの組織化問題について考察した。ところで，見方を変えて，主婦のパートタイマーの立場からみると，このような組織化戦略は何を意味するのか。主婦のパートタイマーの立場からみても，スーパーマーケットの労働組合の組織拡大戦略は正社員とパートタイマーという身分的な区分の軸で組織／排除することに比べて，確かに発展したものである。少なくとも正社員と同じレベルで「企業に貢献」しているパートタイマーは，組合員になることによって雇用の安定が保障され，正社員との差はあってもボーナスも支給される。毎年の春闘を通じて，微々たるものではあるが時給も少し上がるはずである。そうであるならば，少なくとも労働組合の次元では，雇用形態による差別は解消できたといえるか。今すぐではなくとも，解消される見込みはあるのか。

　主婦のパートタイマーの立場からみると，労働組合がパートタイマーに対して持っている姿勢の根本的な問題は，2000年代の新しい人事制度がそうであるように，その準拠基準が「正社員の働き方との類似性」にあることである。言い換えれば，労働組合は「男性的な働き方」を労働者としての「正常な働き方」とみなして，それにどれくらい接近しているかという物差しでパートタイマーを評価し，労働組合の内部に包摂／排除している。日本の大企業の内部労働市場に属している男性正社員は，労働力の使用に関する全面的権限を企業に譲渡した労働者，家事や育児，介護など家族の世話を免除された労働者であり，これが高賃金と長期雇用が保障される資格の基準である。なお，労働組合は企業とともに，このような内部労働市場の制度を作成し，維持してきた主体である。

　ところで，大多数の主婦労働者がパートタイマーになった理由は，家族責任の担い手であるためである。したがって，主婦労働者は労働力の使用に関する全面

的権限を企業に譲渡した「男性的働き方」を採用することはできない。主婦パートが家族責任から自由な働き方をしない限り，労働組合の保護を受けられない，あるいは，保護されたとしても正社員とは異なる差別的で形式的な保護に過ぎないのが事例労組の組織拡大の問題ではないか。今日では，性別と婚姻状態を基準に処遇が決定される内部労働市場の制度と慣行は，厳しい市場競争で生き残らなければならない企業にとって障害になっている。そのため，性別と婚姻状態という外形的な条件ではなく，企業の要求に自分をどれほど従属させることができるかが，つまり，男性的働き方が取れるかそうではないかが，事例労組の組織拡大戦略の核心である。

　2000年代に入り本格化している，パートタイマーに対する均等待遇の論議において国家，企業，そして労働組合は，業務，責任，拘束性が正社員と全く同じであるパートタイマーには「正社員と類似な待遇」を，反対に業務や責任だけが同じであるパートタイマーは「放置」することに合意している。21世紀の日本社会では，「男」ということだけで雇用の安定と高賃金が保障される時代は確かに過去のものとなったようである。しかし，その代わりに，家族責任から自由な正社員と同じ働き方ができるパートタイム労働者だけが，均等処遇をうける資格がある，という論理がパートタイム労働者の低賃金を一層合理化し，家族責任を背負っている労働者の労働条件を引き下げる役割をしている[20]。それゆえ，日本の労働組合が男性稼ぎ主の代表者のアイデンティティから脱却しない限り，正社員組合が生き残るためのパートタイマーの組織化という論理を超え，全ての働くものの平等な権利を守るためのパートタイマーの組織化，という考え方に立つことは難しいことではないだろうか。

注
⑴　過半数を組織することにより，労働時間および休暇に関する協定（36協定，フレックスタイム，１年単位の変形労働時間制の導入，年次有給休暇の計画付与など），労働安全衛生委員会の委員の推薦，就職規則に対する意見表明，賃金・貯蓄金の管理・退職金などに関する協定，高齢者の雇用安定法に関する協定，会社更生計画に関する裁判所の意見聴取，育児休業の協定などが締結できる代表者としての資格が発生する。また，3/4以上を組織すると「一般的拘束力」を獲得し，組合と会社との労働協約が

同一事業所内の全ての労働者に適用される（労働組合法第17条）。

(2) パートタイマーが既存組合に加入すること。直加盟方式以外にパートタイマーを組織するやり方には特別組合員方式，協議会方式，完全独立組合方式などがある（橋詰洋三，1985）。

(3) S3店の店長は，"S3店は一般的な食品スーパー店舗より規模が大きく，店長と店次長がともに店舗管理をしなければいけないのに，店次長（副店長）が組合員なので時間外労働に制限があります。だから時間外労働は全て店長に集中することになり，店長の労働時間が長すぎる結果になる"と訴えた。

(4) "私が入社したとき（第1次オイルショック直前）は，パートが1人もいなかったです。食品売場には何人かいたけど，私は衣料だったから。パートタイマーが衣料の売場に入るようになったことは，オイルショックの後ですよ。その前にいなかったです"（ABCユニオン役員，大卒男性，50代前半，大手総合スーパー出身）。

(5) このようなABCユニオンの無条件的な組織拡大主義に対し，パートタイマーを多数組織している労働組合でも批判の声が高い。S2労組専従役員は2003年の夏，ABCユニオンの機関紙で近年のパートタイマーの組織拡大の推進の流れに対して，労働組合がパートタイマーに対して何ができるのかについての悩みが先行すべきであると述べている。組織利己主義のための組織拡大政策を警戒しつつ，問題提起をしたのである。彼の表現を借りると，"パートタイマーの労働条件改善のために組織すべきであって，組織拡大だけのために組織してはいけないでしょう"。S4労組役員も同じことを指摘した。しかし，当時のABCユニオンの組織局長は一旦組織しておいてから，労働条件の改善を要求すべきであるという。局長は"労働条件の改善から話をすると企業がパートを労組に入れてくれるでしょうか。一旦入れておいてから，その次に要求しないとですね"といった。

(6) S1社の親企業の労組役員も，"うちの○○（企業名）では労組と企業がとても仲がよくて意思疎通もよくできているから，パートタイマーを組織しなくても何の問題もありません。パートの問題においても，会社と労組がいつも一緒に相談して決めるしね"と答えた。

(7) 企業は，従業員から労務管理に関して外部に問題提起される可能性に対して，綿密に準備している。2003年にG1社はパートタイマーの作業方式を大きく変えた。品出し，陳列などの仕事を主にやるオペレーション部門を作ったり，全般的に仕事の分業を進めたことである。その際，本社は店長たちに新しい作業方式へと転換するためのパートタイマーとのインタビュー指針を作成して配布した。筆者はその書類をみたが，その指針にはいくつかの状況を想定し，店長が言うべきことと言うべきではないことが詳しく整理されていた。ところで，この指針が一番強調しているのは，会社の方針

第**3**章　労働組合の行為戦略

に従わなければ契約が中断されるかもしれない，という印象を与えてはいけない，ということであった。そして類似した状況にどのような判例があるかも紹介していた。

⑻　パートタイマーをリストラする際支払うべき慰労金として，ABCユニオンは給料の１カ月分を提示している。

⑼　会社とパートタイマーに発生しうる問題も別にまとめられている。

⑽　もちろん全ての労組がこのような認識を持っているわけではない。パートタイマーを組織すれば会社の機密が漏れる可能性がある，と懸念する組合がありますが，それに関してどう思うか，という筆者の質問に，他の事例労組幹部は"私たちはそんなにすごい秘密を持っていないんです。組合の機関紙に載せているのは秘密じゃない"，"正社員は何が違うの？　男性正社員の兄弟の中でライバル社の従業員がいたらどうするの？"，"組合が本当はパートを組織したくないのは知っているけど，でも悩みのレベルはそんなレベルではないよ"，"そんなことというなら組合やめて，と言ってください よ。やめるべきでしょう"と述べた。

⑾　創業が呉服店であるG2社は，1960年代から準社員という雇用形態を設けていた。彼女らは定期採用ではなく臨時採用時に入社した非正社員であり，ある種の（衣類）販売専門社員だった。準社員の中では主婦が多かった。労働組合は彼女らを組合員として受け入れ，正社員とほとんど差のない退職金制度など，高いレベルの処遇制度を用意した。しかし，企業側は次第に準社員の処遇が手に負えないと判断し，1980年に入ってから退職金もなく賃金水準も低い，１年契約の契約社員制度を作って全員を転換させた。

⑿　G3社では倒産の直前には，人事部と労働組合が短期プロジェクトチームを作って社員管理を一緒にするほど，労組は全力で会社の更生のプロジェクトに取り組んだ。けれども結果的にG3社は倒産し，企業の規模は半分以下になり，多くの従業員は希望退職とリストラで会社を離れた。G3社の倒産に対して，G3労組の気持ちは十分理解できるが，一定の限界を超えた賃金削減は，能力のある社員を離脱を招くため企業を救うよりは潰す間違った戦術であった，との指摘もある。

⒀　パートタイマーの退職金制度を確立し，母子家庭の場合，家族手当と福祉手当を支給するなど，1970年代は非常に破格ともいえる福利厚生制度を確立したのも，このような背景によるものだった。

⒁　新しい社長は，全ての従業員をまずパートタイマーとして採用し，使ってみてからフルタイマーとして登用するやり方がいい，という考えを持っていた。2003年調査のとき，人事部では日本の現実はそのようなものではないと彼を説得していると聞いた。なお，労働組合は人件費比率が高いのは，店舗の平均規模が小さいゆえであり，正社員の賃金が高いためではないと主張している。

239

⑮　普通，男性の組合役員たちは，女性が組合に全く関心を持たないと簡単にいう。S3労組の専従役員は，組合役員の女性比率があまりにも低いのではないか，と聞く筆者に，"女性は何でそんなに組合に関心がないんですか。私たちも本当に知りたい"と答えた。しかし，"男性社員は違いますか。組合の役員になるといって自ら入ってくる人がどれくらいいますか"と反問すると，話は変わった。本書のアンケート調査によると，半分近いパートタイマーが，「勧誘される」か「不利益がなければ」組合に加入すると答えた。

⑯　本社の部長の一部が，今の社長のように経営するといけない，と言いながら，自分たちも組合に加入したい，と組合加入書類を作ってきたのをみると，当時の経営陣に対する不満は組織の上下を問わずに非常に強かったようである。

⑰　第2章で述べたS2社のパートタイマー賃金制度改正の背景でもある。

⑱　B社の労使は，倒産の危機を克服するためには，パートタイマーの全面的基幹労働力化や均衡待遇が重要だと合意し，人事制度を抜本的に改正することにした。そして，労使共同でプロジェクトチームを設置し，1年半の調査と討論を経て，新しい人事制度を構築した。

⑲　この時期，G3社正社員の賃金体系は完全な職務給になり，正社員とパートタイマーの賃金格差も非常に縮小した。

⑳　1999年に面接したS2店の店長は，パートタイマーと正社員の賃金格差に関する筆者の質問に，相当敵対的な態度で"近頃は普通に働く人々も仕事がない時代です！"という発言から話を始めた。その後の話からすれば，彼にとって"普通に働く"ことは，会社人間になることのようだった。

第4章
主婦パートの行為戦略
——受容と抵抗——

1 主婦パートの生涯経験と就業経験

　そのほとんどが中年女性の主婦パートが，自分が置かれた状況をどのように受け止め対応しているかを分析するためには，彼女たちのさまざまな人生経験や家族状況，そして生きてきた時代の規範などを理解する必要がある。第4章の第1節では，筆者のアンケート調査結果を基に，主婦パートの生涯経験と就業経験を検討する。その中でも，いわゆる主婦の枠の中で働いている人々と働いていない人々の差に注目する。なお，既婚女性正社員からも同じ調査票で回答してもらったので，主婦パートと既婚女性正社員の経験と視線を比較しながら検討する。

　パートタイマーの労働時間は，その就業の性格や就業意識，家族状況，加えて企業内の位置を表すものでもある。パートタイマーの内部を区分する最も重要な基準であることから，第1章と同様に，主婦パートを労働時間の長さに応じてショートタイマー，ミドルタイマー，ロングタイマーに区分する。

　アンケートへの回答者は合計822人であったが，この中で労働時間を正確に回答していない14人を除いた808人（パートタイマー561人，正社員247人）の回答を分析する。労働時間の区分別の人数は，ショートタイマー57人，ミドルタイマー157人，ロングタイマー347人（この中で週35時間以上は236人）であり，表1-16で示した事例企業や店舗における分布とは相当に異なる。労働組合の協力を得てアンケート調査をしたことから，組合員（回答者のうち62.9％），非組合員を問わず，労働組合の役員と知り合いになる可能性の高いロングタイマーや長期勤続者が多くなった，と判断される。

　アンケート調査の回答者のうちには契約社員70人と嘱託5人が含まれていたが，

その人々も主婦パートに入れた。一般的にはパートタイマーは賃金形態が時給の短時間労働者であり，契約社員と嘱託は月給をもらうフルタイム労働者である。しかし，本書のアンケートに回答した契約社員と嘱託の中にはフルタイム労働者ではない人々が26人もいる。その中で，11人は週30時間，1人は週20時間働いている。本書のアンケート調査に答えたパートタイマーの中でも，週35時間以上働いている人々が200人近い。また，第2章でみたように，パートタイム労働者でも賃金形態が月給である雇用区分もあり，契約労働時間が正社員と全く同じである雇用区分もある。1980年代後半から1990年代半ばまで，大手スーパー企業はエキスパートとかキャリア社員などの名称の週40時間契約のフルタイム・パートタイマーを何千人も雇っていた。G1社の場合一番多かった1990年初めごろは2,500人もいた，フルタイム・パートタイマーのキャリア社員の給与形態は月給である。したがって，労働時間からしても給与形態からしても，企業内地位や処遇においてパートタイマーと契約社員や嘱託とは大きく異なる集団とはいえないので，この人々を主婦パートに入れて分析する。[3]

　主婦パート回答者561人のうち500人が答えた1998年の年収分布をみると，ショートタイマーとミドルタイマーのうち83.2％が103万円未満であり，130万円以上は6.5％である。またロングタイマーのうち130万円以上の比率は85％である。このことから，ショートタイマーとミドルタイマーはいわゆる主婦の枠の中で働いており，ロングタイマーはそうではないといえる。ショートタイマーとミドルタイマーの年収平均は96万円（20万円以下を除く），ロングタイマーのそれは185万円，正社員のそれは372万円である。

主婦パートの生涯経験

家族形成と雇用形態　回答者の年齢と学歴の分布を表4-1にまとめた。年齢分布をみると40代と50代が76.8％，平均年齢が46.5歳である。厚生労働省の『平成13年　パートタイム労働者総合実態調査』によると，女性パートタイマーのうち40代と50代の比率は55.7％（平成7年，57.1％），平均年齢は42.5歳（平成7年，41.7歳）であることを考えると，回答者の年齢は日本全体の女性パートタイマーの年齢より多少高い。これは本書の調査が既婚者だけを対象にしたためと思われる。正社員は，既婚女性に限定したにもかかわらず，20代と

第4章　主婦パートの行為戦略

表4-1　雇用形態別年齢階層と学歴分布

		ショートタイマー	ミドルタイマー	ロングタイマー	主婦パート計	正社員
年　齢	20代	5.4	8.2	2.3	4.2	38.0
sig=.000	30代	8.9	17.7	10.8	12.4	39.6
	40代	53.6	44.2	40.7	43.0	16.3
	50代	23.2	29.9	45.3	38.9	5.7
	60代	8.9		0.9	1.5	―
	合　計	100.0	100.0	100.0	100.0	100.0
	N	56	147	344	547	245
	平均年齢	46.3	44.1	47.8	46.7	33.6
学　歴	中卒以下	5.3	4.7	8.6	7.2	0.8
sig=.020	高　卒	71.9	69.6	75.2	73.3	67.5
	短大卒	17.6	23.0	13.6	16.6	14.2
	大　卒	5.3	2.7	2.7	2.9	17.5
	合　計	100.0	100.0	100.0	100.0	100.0
	N	57	148	339	544	246
	平均就学年数	12.4	12.4	12.1	12.2	13.0
配偶者学歴	中　卒	3.6	4.1	9.9	7.6	1.7
sig=.031	高　卒	58.9	53.1	58.9	57.3	43.2
	短大・専門学校	5.4	8.8	9.3	8.8	9.5
	大　卒	32.1	34	21.9	26.3	45.6
	合　計	100.0	100.0	100.0	100.0	100.0
	N	56	147	333	536	241
	平均就学年数	13.3	13.4	12.8	13.0	14.0

30代が80％近くとなり，両集団のライフ・ステージも世代経験も大きく異なることが分かる。主に1940年代と1950年代に生まれた主婦パートの回答者たちの学生時代や働き始めた時期は，結婚退職が一般的であり，女性の就業は結婚する前の一時的なものとみなされた時代であった。1960年代と1970年代に生まれた正社員の回答者の学生時代と働き始めた時期は，戦後最高の豊かさを謳歌した時期であり，1986年に男女雇用機会均等法が施行されたことにより（1985年制定），結婚退職の制度も慣行もどんどん弱くなった。つまり，両集団は，女性の継続就業に関する社会的制度や慣行が相当に異なる時代を生きてきたため，性別分業に対してかなり異なる態度を持っている可能性が高い。

　本人の学歴では，両集団間に大卒の比率で大きな差がある。1955年から1999年の間に，日本女性の高校進学率が47.4％から96.9％へ，短大進学率が2.6％から20.2％へ，四年制大学進学率が2.4％から29.4％へと著しく上昇したことを考え

243

表4-2 雇用形態別家族構成と末子の年齢分布

		ショート タイマー	ミドル タイマー	ロング タイマー	主婦 パート計	正社員
家族構成 sig=.000	夫　　婦	15.8	16.7	18.3	17.6	46.7
	夫婦＋子女	71.9	68.6	46.5	55.3	27.2
	夫婦＋子女＋親	10.5	10.9	20.9	17.1	16.3
	その他	1.8	3.9	14.2	10.0	9.8
	合　　計	100.0	100.0	100.0	100.0	100.0
	N	57	156	344	557	246
	無子女比率	9.3	9.1	6.4	7.4	49.6
最終出産年齢 sig=.001	20代前半	4.1	13.5	8.8	9.6	15.6
	20代後半	28.6	45.9	53.0	48.7	54.1
	30代前半	53.1	37.6	32.6	35.9	27.9
	30代後半	14.2	3.0	5.0	5.4	2.5
	合　　計	100.0	100.0	100.0	100.0	100.0
	N	49	133	319	501	122
	平均年齢	31.6	28.9	29.2	29.4	29.1
末子の年齢 sig=.000	6歳未満	4.1	7.9	4.0	5.1	47.6
	6－12歳未満	24.5	15.0	5.9	10.2	23.4
	12－18歳未満	32.7	30.0	23.0	25.8	8.9
	18－22歳未満	16.3	16.4	24.8	21.7	8.1
	22歳以上	22.4	30.7	42.2	37.2	12.1
	合　　計	100.0	100.0	100.0	100.0	100.0
	N	49	140	322	511	124
	平均年齢	15.8	16.9	19.8	18.6	8.9
	無子女比率	9.3	9.1	6.4	7.4	49.6

注：末子の年齢への回答者が最終出産年齢に対する回答者より多いのは，子供には，回答者本人が出産しな
かった子供もいることによる。

るならば，主婦パートは同世代の平均学歴より多少高いといえるが，正社員は必ずしもそうとはいえない。(4)主婦パートの中では，ロングタイマーの学歴が一番低いが，グループ間に大きな差はない。むしろ，主婦パート本人より配偶者の学歴において，グループ間に多少の差がみられる。配偶者の学歴における大卒比率は，ロングタイマーとショートタイマーやミドルタイマーの間で10%ポイント以上の差があり，平均就学年数も0.5年ほどの差がある。ロングタイマーは，相対的に経済的状況が豊かではない可能性を示している。

表4-2から，パートタイマーの家族構成と末子の年齢をみると，雇用形態と労働時間の長さに応じて家族構成が非常に異なることが特徴的である。つまり，ショートタイマーの中では夫婦と子供だけの，いわゆる核家族の割合は71.9%で

あるが，ロングタイマーでは46.5％でしかない。⁽⁵⁾ロングタイマーの中では，３世代同居とその他の割合が高い。ショートタイマーの中で核家族が多いのは，出産終了年齢が遅かったためであると思われる。ショートマイマーの平均年齢はミドルタイマーより2.2歳高く，ロングタイマーより1.5歳低いが，最終出産が30代だった割合が他のグループより相当高い。その結果，ロングタイマーとショートタイマーの末子の平均年齢には４歳もの差がある。

　ロングタイマーの中で，親と同居している人の割合が高いのは，年齢や家族周期より長時間労働と関係がある。つまり，ロングタイマーの中でも週35時間以上労働している人々で親との同居割合が高いが，50代の同居率は10％にすぎず，40代の同居率は40％（sig=.000）となっている。長時間パートタイマーの親との同居は，家族責任の分担のためであると考えられる。また週35時間以上働くパートタイマーは，就業期間が一番長く，子供が幼い時に就業していた人の割合が他の集団に比べて高い。主婦パートの労働時間の長さによって家族周期の差がみえるといっても，95％の主婦パートの末子が６歳以上であり，85％が12歳以上であることは，日本におけるパートタイム労働が，家事とは両立できるかもしれないが育児とは両立しにくい労働であることを示唆している。

　家族構成や出産経験で注目すべきもう一つは，正社員の半分に子供がいないことである。30代の正社員の半分（99人のうち49人）も子供がいない（20代は94人のうち64人が無子女）ことからすると，主婦パートと比べて正社員の出産が遅いことは間違いない。世代効果とともに結婚後に正社員就業を続けていることが，出産を延期する効果を持っている可能性が推測できる。正社員は，主婦パートよりも平均年齢が13.1歳も低いが，３世代同居家族の割合はほぼ同じである。女性が出産後も正社員として働き続けることに大きな影響を与える変数は，（子供の）祖母との同居である，と永瀬（1997：298）が明らかにしたように，子供のいる正社員の４割ほどが親と同居している。第１章で紹介したように，インタビューに応じた正社員たちも多く，出産後も正社員就業が継続できたのは，母や他の女性の育児支援があったからだと答えた。正社員の家族構成を世代別に分けてみると，３世代同居家族の割合は40代で一番高く45.0％，30代と50代はそれぞれ15.5％と15.4％（sig=.000）である。６歳未満の子供がいる正社員59人（20代30人，30代27人）のうち45人が，核家族（夫婦＋子供）で暮らしている。この６歳未満の子供が

いる正社員では，身内の女性による育児支援が，表4－2の3世代同居家族の比率より高いことを指摘しておきたい。面接調査によると，地方の場合，親や兄弟の近所に住みながら，子育てを手伝ってもらった人々が多かった。

家族の経済的状況　　上で，労働時間の長さによって主婦パート本人や配偶者の学**と　労　働　時　間**　　歴，ライフ・ステージなどで差があり，ロングタイマーは経済的事情のため長時間働いている可能性をみた。ここでは，世帯所得（本人所得を除く）を日本平均と比較しながら検討する。

　1998年における日本全国の年齢階層別の世帯主（全世帯）所得は，20代421.6万円（20～24歳349.6万円，25～29歳433.7万円），30代542.0万円（30～34歳497.8万円，35～39歳571.0万円），40代630.9万円（40～44歳602.5万円，45～49歳655.3万円），50代668.3万円（50～54歳681.0万円，55～59歳655.8万円），60代以上394.6万円（60～64歳408万円）である（統計局，『家計調査』）。これを表4－3の数値と比較してみると，回答者の世帯所得は日本全体よりやや高いとはいえるが，大きな違いはない。しかし，30代の主婦パートの世帯所得は日本全体より若干低く，まだ子供が十分に成長していない時期にパートタイム就業をしていることに経済的事情が影響した可能性が推測できる。

　グループ別にみると，ロングタイマーの世帯所得がミドルタイマーのそれより140万円も低い。ロングタイマーの平均年齢が47.8歳ということをふまえると，配偶者の平均年齢は50～54歳の年齢層に属していると考えられる。そうすると，ロングタイマーの世帯所得は，日本全体の平均よりも約80万円低く，パートタイマーという呼び名の下に，正社員と変わりなく長時間働く理由を，直接的に語っている。なお，ロングタイマーの世帯所得が低いのは，表には出していないが，ロングタイマーの半分を占める50代の世帯所得が非常に低いことと，離婚者の比率が高いためである。ショートタイマーの世帯所得もミドルタイマーの世帯所得よりは相当低いが，これには，夫が引退した可能性の高い60代が13.2％含まれていることが主に影響している。

　このような結果からすると，既婚女性のパートタイム労働が，男性稼ぎ主の安定的な収入を前提にした小遣い稼ぎや生計補助活動であるとみなされ，低賃金が合理化されることはロングタイマーの現実とは相当距離があることが分かる。ほとんどの熟練パートがロングタイマーであることを考えると，ロングタイマーの

第4章　主婦パートの行為戦略

表4-3　雇用形態・年齢・労働時間別世帯所得分布(1998年，本人所得除外)

		400万未満	400-600万未満	600-800万未満	800-1000万未満	1000万以上	合　計	平　均	N
雇用形態計 sig=.000	主婦パート計	17.7	28.0	25.5	16.4	12.4	100.0	645.6	396
	正社員計	24.4	38.4	17.4	12.8	7.0	100.0	570.0	172
主婦パート sig=.000	ショートタイマー	18.4	31.6	13.2	15.8	21.1	100.0	653.4	38
	ミドルタイマー	10.9	22.7	31.8	20.9	13.6	100.0	742.8	110
	ロングタイマー	20.6	29.8	24.6	14.5	10.5	100.0	601.3	248
主婦パート sig=.000	20代	50.0	28.6	14.3	0.0	7.1	100.0	440.0	14
	30代	21.6	43.1	27.5	3.9	3.9	100.0	509.3	51
	40代	10.1	29.1	30.7	17.3	12.8	100.0	666.6	179
	50代	19.0	22.5	20.4	20.4	17.6	100.0	710.7	142
正社員 sig=.000	20代	38.2	43.6	16.4	1.8	0.0	100.0	428.5	55
	30代	23.1	39.7	17.9	15.4	3.8	100.0	554.6	78
	40代	10.3	31.0	13.8	24.1	20.7	100.0	721.0	29
	50代	0.0	20.0	30.0	20.0	30.0	100.0	1031.0	10

労働現実にはさまざまな矛盾と葛藤が潜在している可能性が推測できる。

　表4-3が示すもう一つの特徴は，正社員の世帯所得と主婦パートの世帯所得間の格差が年齢の上昇につれて拡大する点である。つまり，20代では正社員より主婦パートの世帯所得が若干高かったが，30代になるとそれが逆転し，50代では300万円以上の差になる。正社員と主婦パートの世帯所得が年齢の上昇につれ大きくなる理由は，両集団の配偶者の学歴の違いと深く関わっているとみられる。この結果は，1996年SSM調査データに基づいて，妻の所得別に夫の収入を集計した瀬地山の研究結果とも類似している。つまり，150万円未満の所得階層の女性の夫の所得が最も低く，450万円以上の所得階層の女性の夫の所得が最も高く，無所得層（専業主婦）女性の夫の収入が二番目に高い。女性本人の収入を合わせた世帯所得が最も低い集団も150万円未満の所得層であり，この傾向は全有配偶女性からも，35～60歳の女性からも同様に表れる。そして，全女性の中で，年間所得が450万円以上の女性の割合は6％にすぎない（瀬地山角，1997：45-49）。言い換えれば，主婦パートの世帯は，専業主婦や正社員の世帯よりも経済的に貧しいことから，主婦パートは家族の生計維持のために，もう1人の稼ぎ主として働いているといえる。

表 4 - 4　雇用形態別，ライフ・ステージ別の就業歴

sig=.000	主婦パート				正社員			
	未婚期	結婚後出産前	初期育児期*	初期育児期後	未婚期	結婚後出産前	初期育児期	初期育児期後
正社員	83.4	29.9	5.4	5.7	96.4	92.3	82.4	81.8
非正社員	6.3	16.6	27.5	61.3	0.4	1.6	4.0	9.1
無　職	6.1	49.9	62.5	25.3	1.2	4.1	8.0	1.5
その他**	4.2	3.6	4.6	7.6	2.0	2.0	5.6	7.6
合　計	100.0	100.0	100.0	100.0	100.0	100.0	100.0	100.0
N	574	561	538	525	245	244	123	64

注 1 ：＊末子が小学校入学するまでの時期
注 2 ：＊＊自営業，家族従事，内職

主婦パートタイマーの就業経験

正社員は主婦パートの過去，
主婦パートは正社員の未来　雇用形態別，ライフ・ステージ別就業経験をまとめた表 4 - 4 が語っているのを一言でいえば，「正社員は主婦パートの過去であり，主婦パートは正社員の未来である」ということである。すなわち，主婦パートの83.4％は最終学校を卒業後，結婚するまで正社員として働いていたが，その半分以上が結婚前後に仕事を辞め，専業主婦になった。出産後は，仕事を辞める人がさらに増え，末子が小学校に入学するまでの期間中に62.5％が専業主婦だったが，末子の小学校入学とともにパートタイマーとして労働市場に復帰し始める。子供が成長するにつれ労働市場への復帰も増え，現在に至っている。第 1 章でみたように女性正社員のうち既婚者の比率は 2 割程度だが，その 2 割にあたる回答者の正社員のうち，結婚後初期育児期までに正社員の仕事を辞めた人々は10％にすぎず，8 割以上が最終学校卒業後いままで正社員就業を続けてきた人々である。

　主婦パートのライフ・ステージ別の就業経験で注目すべきもう一つの点は，ライフ・ステージの進行に応じて，正社員就業は減るのみであり，増加はしないことである。正社員の就業経験も同じであり，内部労働市場を一度離脱すると復帰するのは非常に難しいことを示唆している。このような労働市場の構造のため，女性のライフ・ステージの進行に応じて非正規就業が増える。結婚とともに正社員就業を中断した主婦パートの一部は，出産する前にすでに非正規労働者として再就職し，27.5％の主婦パートは初期育児期に非正規職労働者として所得活動をしていた。主婦パートのライフ・ステージで専業主婦の比率が一番高い初期育児

期にあっても62.5％ということは，パートタイマーの37.5％は雇用形態や勤め先を変えながらも，持続的に働いてきたことを示唆している。

　表には提示しなかったが，パートタイマーの中でも労働時間の長さに応じて，ライフ・ステージ別の就業経験に差がある。ロングタイマーは，専業主婦だった割合が結婚後から出産までの期間に47.6％であり，初期育児期におけるその割合は56.7％であるが，ミドルタイマーの場合は，それぞれ56.5％と73.8％である。そして，初期育児期の後も専業主婦だった割合は，ロングタイマー22.8％，ショートタイマー37.7％である。前述したようにロングタイマーは，本人および配偶者の学歴や世帯所得が最も低く，3世代同居の割合が最も高い集団である。このことからすると，他の集団に比べてロングタイマーは，家族の経済的状況が彼女たちに就業を求める傾向が強く，そのために親世代の育児支援を求めることになったと思われる。

　主婦パートを年齢階層に分けてみると[6]，未婚期に正社員だった割合（50代84.4％，20代82.6％）は年齢階層によってあまり差がないが，その後のライフ・ステージではかなり差がある。結婚後，出産までの間，無職だった比率は50代55.2％，40代48.8％，30代45.5％，20代21.4％であり，初期育児期に専業主婦だった比率は，それぞれ70.2％，67.0％，34.6％，22.2％である。結婚後，出産まで非正規労働者だった比率は，それぞれ14.3％，13.3％，25.8％，50.0％であり，初期育児期のそれは22.4％，25.4％，56.4％，77.8％である。このことからすると，若い世代は，結婚や出産にもかかわらず，働き続けようとする意志が強いか，または働き続けるしかないが正社員就業を継続することは難しい状況であった，と判断できる。

　続いて家族形成期における労働市場移動についてもう少し詳細にみてみる。表4－5には，結婚時と妊娠・出産時に仕事を辞めたか否かを整理した。表4－5をみると，正社員は結婚時に退職した人は5％にすぎないが，パートタイマーの半分が結婚時に仕事を辞めた。統計的に有意ではなかったので表には提示しなかったが，ショートタイマーからロングタイマーまで，結婚時に仕事を辞めた人々の比率は48.1％，54.1％，48.6％であり，辞めなかった比率は42.3％，40.4％，44.5％であった。妊娠・出産時に仕事を辞めた人の割合は正社員では10.2％であるが，主婦パートでは63.9％であった。妊娠・出産時にはすでに専業主婦だった

249

表 4-5　雇用形態別の家族形成による就業中断

		辞めた		辞めなかった		当時無職		合　計	
		%	N	%	N	%	N	%	N
結婚時 sig=.000	主婦パート計	49.6	264	43.8	233	6.6	35	100.0	532
	正社員計	5.0	12	93.0	225	2.1	5	100.0	242
妊娠・出産 時 sig=.001	ショートタイマー	62.5	25	7.5	3	30.0	12	100.0	40
	ミドルタイマー	69.0	80	4.3	5	26.7	31	100.0	116
	ロングタイマー	61.3	160	19.2	50	19.5	51	100.0	261
	主婦パート計	63.5	265	13.9	58	22.2	94	100.0	417
	正社員計	10.2	13	84.4	108	5.5	7	100.0	128

主婦パートは22.2%である。出産退職率は，ミドルタイマーが最も高く，ロングタイマーが最も低い。

　表4-4と表4-5の数字を合わせて，主婦パートのライフ・ステージ別の就業歴を再構成すると，次のようになる。主婦パートの回答者の半数（264人）は結婚時に勤め先を辞めて，その大部分（95人＋115人）が専業主婦になったが，一部の人々（54人）は非正社員として再就職した。そして，主婦パートの回答者の60%（323人）が出産直前には働いていたが，その中の82.1%（265人）が妊娠や出産をきっかけに仕事を辞め，出産時点で働いていたパートタイマーの回答者は58人にすぎなかった。出産した後，主婦パートの回答者の約20%（119人）はパートとして再就職した。そして初期育児期には5.4%（29人）が正社員として，27.5%（148人）が非正社員として働いた。末子が小学校に入学した後，主婦パートの回答者たちの就業は著しく増えて8割弱が働くことになり，その後就業がさらに増えて現在に至る。

両立困難と　　主婦パートたちが結婚や出産を機に，就業を中断または継続す
正社員就業中断　ることになった理由は何であろうか。まず，結婚時に仕事を辞めた理由として回答されたのは，「家庭に専念するため」が最も多い32.3%，「仕事と家庭の両立が難しくて」が20.1%，「夫が望んだから」が14.2%である。「その他」の回答も15.0%と高かったが，具体的な内容として回答されたのは，「結婚による住居移転」，「夫の転勤」，「つわり」などだった。労働時間グループ別では，ロングタイマーよりミドルタイマーやショートタイマーのほうが，「家庭に専念」と「両立困難」という答えが多かった。結婚に際して，継続して就業できた理由として挙げられたのは，「共働きのほうが経済的に安定できるから」が

36.6％と最も多く，「子供を産むまでは大丈夫だと思った」が19.2％，「両立が難しくなかったから」が10.4％（＋夫の家事分担4.1％）であり，労働時間グループ間にあまり差がなかった。正社員が結婚時に退職しなかった理由も「経済的な安定」が最も高い37.7％であった。

　主婦パートの回答者が出産時に仕事を辞めた理由として挙げたのは，「子育てに専念するため」が38.0％で最も多く，次いで24.5％の「両立が難しかった」，11.4％の「夫が望んだから」などである。そして，出産時に仕事が継続できた理由としては，「経済的事情」19.9％，「家族の育児分担」18.8％[(9)]，「仕事するのは当然なことだと思った」13.8％，「両立が難しくなかった」13.6％などの回答であった。正社員の出産時の就業継続理由も同様の理由が挙げられ，回答率はそれぞれ35.5％，16.3％，23.6％，7.3％である。

　以上から，主婦パートたちが結婚や出産時に仕事を辞めた理由は，内面化されたジェンダー規範と両立の難しさが挙げられる。主婦パート本人のジェンダー規範に関しては，第4節で詳細に検討することにし，ここでは主婦パートと正社員間の差に注目して，両立の難しさを和らげてくれる家族の家事・育児支援についてみていく。

　「家庭における主な家事担当者」が誰かという質問に対し，主婦パートの94.1％，正社員の74.5％は「本人」と回答した。「本人と家族」への回答は，それぞれ3.6％と11.9％であり，正社員の10.3％は本人が主な家事担当者ではないと回答した。主婦パートの中では，フルタイム・パートタイマーの一部から家族が家事を分担してくれているという回答があった。主婦パートと比較すると，賃金が高く交代勤務にも就いている正社員の家事専担率は，主婦パートよりは低いが，それでも正社員も4人に3人は回答者本人が主に家事を担当しており，雇用形態と関係なく「家事は女の仕事」である。このような性別分業のために，正社員はもちろんのこと，主婦パートでも労働時間が長いロングタイマーが家庭と仕事の両立の困難に直面することも少なくない。特に，以下に引用したように，夜の時間帯に勤務することになれば，主婦労働者の働き方とはいいがたい，主婦協定を超えた働きぶりである。

（1）仕事と育児（家事）を両立させるのが大変で，家族（特に母親）に負担を

かけ申し訳なく思う日々です。

（2）夜の帰りが遅く，子供に母親の役割を十分にできず，休みの日も疲れて，とにかく大変ですが，生活費を得るため頑張らなければならない。パートなのでこの先が不安です。

（アンケート調査の自由意見，週労38時間，勤務時間帯11：30〜20：30，36歳，大卒，元夫：大卒，末子5歳。離婚，同居家族：親＋子供）

　家庭と仕事を両立させることがとても難しいと思うのは，時間的なことです。夜遅い時間に帰って，食事を作るのでは家族に不満が出てしまうのです。店のパートの人員配置をもっと家庭のある人が早く帰れるような仕組みにしてほしい。正社員と同じ業務をすることは，けっして難しいとは思いませんが，やはり夜9時過ぎまで仕事をするのは主婦には無理だと思います。（アンケート調査の自由意見，週労37.5時間，勤務時間帯10：00〜18：30，41歳，高卒，夫高卒，末子21歳，1998年の世帯所得（回答者本人の所得を除く）：700万円，1998年の年収[10]：260万円，同居家族：夫＋子供）

　しかし，表4-6にみられるように，子育てにおいては，正社員と主婦パートの状況が大きく異なる。性別分業が普遍的な社会で，女性が結婚や出産期に正社員としての就職継続の可能性に大きな影響を及ぼす要因の一つが，子育てを手伝ってくれる別の女性（主に母親）の存在である。初期育児期の主な育児担当者が，本人である・であったという回答は，正社員56.3％，主婦パート88.4％であった。そして，正社員の32.0％は，親または親＋本人と答えた。全主婦パートの回答者の30.7％が初期育児期に就業していなかったと答えた。しかし，労働時間グループによって回答率は異なり，週35時間未満では35.0％，週35時間以上では24.3％が初期育児期に働いていなかったと答えた。つまり生涯にわたって働き続けるロングタイマーの姿はここからもうかがえる。

　正社員の半分以上が，本人の出勤時の主な育児担当者として家族を挙げたことからも，女性の正社員として就業継続することに，家族，つまり身内の女性の育児支援が非常に大きな影響を及ぼすことが分かる。そのため，以下に引用したように，支援してくれる身内の女性がいない場合，子供が病気にでもかかると，保

第4章　主婦パートの行為戦略

表4-6　雇用形態別主な初期育児担当者

		主婦パート	正社員
主な育児担当者 sig=.000	本　人	88.4	56.3
	配偶者	1.0	―
	親	4.7	20.2
	本人+親	2.9	11.8
	その他	2.9	11.8
	合　計	100.0	100.0
	N	516	119
出勤時の主な養 育者 sig=.000	本人(就職していなかった)	30.7	3.4
	保育所・幼稚園	43.8	38.8
	保育所・幼稚園+家族*	7.2	14.7
	親	14.8	41.4
	配偶者	3.5	1.8
	合　計	100.0	100.0
	N	486	116

注：＊ほとんどは母親

育園だけでは対応できないので，仕事をやめざるを得ない。

　　子供が小さい時には（0才〜2才），保育園に一時預けて働いていたが，子供
が3才の時病気やケガ等の通院が長期間かかったため，会社を辞めざるをえな
かったこと[11]。
　　育児期間労働はほとんど女性の手のものの責任でやらざるをえなかった。こ
れから女性が働きやすいように労働条件を変えてほしい。
　　育児期間の労働条件の緩和。
　　採用期の年齢制限（男性・女性）の緩和。
　　パートから正社員，正社員からパート，などの労働条件の緩和。
　　（アンケート調査の自由意見，週労33.8時間，勤務時間帯9：45〜17：30，49歳，高
卒，夫高卒，末子20歳，1998年の世帯所得（回答者本人の所得を除く）：500万円，1998
年の年収：173万円，同居家族：夫＋子）

　　しかし，出勤時の主な育児担当者として保育所・幼稚園のみの回答割合が，正
社員の中でも末子が6歳未満の回答者からは56.9％，末子が6歳以上の回答者か
らは19.0％だった。インタビュー調査によると，それは，以前より保育園が普及
していることとともに，晩婚と晩産のために出産時にはすでに親が高齢化してお

253

り，孫の世話をすることが難しくなる傾向があること，老後が長くなった分を孫の世話よりは自分の人生を楽しもうとする傾向があること，そして都市化や転勤のために親と近くに住むのがますます難しくなってきた現実を反映した結果である。

　表には示さなかったが，主婦パートの中でも出勤時の主な育児担当者として，親と答えた者がショートタイマーでは1割，ロングタイマーでは2.5割（週35時間以上3割）である。正社員だけでなく，ロングタイマーでさえミドルタイマーやショートタイマーに比べて，親の世代からの育児支援を多く受け入れている。親の世代の育児支援が，既婚女性の就業形態だけでなく，労働時間の長さにも影響を及ぼしている。

　続いて，表4-7を通じて，家族形成以外の理由で仕事を辞めた経験をみる。結婚や出産以外の理由で退職した経験がある人の割合は，主婦パートが55.8%，正社員が13.5%である。退職経験者には，その理由を複数回答してもらったが，この回答を単純集計すると主婦パートの回答率は76.5%である。「退職理由」は職場事情が圧倒的に多く，次いで家族の事情が多い。主婦パートの38.8%が職場事情を挙げ，「耐えがたい職場の雰囲気」，「労働条件が劣悪」，「仕事内容に不満」，「倒産，経営悪化など」，「セクハラ」，「解雇」などのために退職したと答えた。そして，20.9%が「家族の看護・介護」，「夫や家族の要請」，「夫の転勤や引越し」などの家族事情で退職した経験がある。

　主婦パートとは異なり，正社員は家族の事情による退職経験者がほとんどおらず（0.4%），職場事情による退職経験者が12.9%である。結婚や出産時の退職でも，主婦パートと正社員には退職率は大きな差があったが，それ以外の退職経験でも両集団の差は大きい。正社員に比べて，主婦パートは家族生活のリズムにより拘束されているといえる。

　就業経験に関して最後に，主婦パートたちは現職に就く前に何をしていたかをみてみよう。前職を説明する大きな要因が子供の有無であることから，主婦パートと正社員の双方について，子供の有無に区分して表4-8を作成した。表4-8によると，主婦パートの前職は，全体の40.7%が主婦，40.9%がパートタイマー（今の企業の他の店舗のパートタイマー3.5%を含む），そして9.2%が正社員（現在の企業の正社員1.4%を含む）であった。しかし，子供の有無により前職は大きく異な

第4章　主婦パートの行為戦略

表 4-7　雇用形態別結婚・出産以外の退職経験とその理由

(単位：％)

	退職理由	主婦パート	正社員
家族要因	家族看護・介護	5.5	0.0
	夫や家族からの要請	4.7	0.0
	夫の転勤や引越し	10.7	0.4
職場要因	耐え難い職場の雰囲気	9.2	3.6
	労働条件が劣悪	10.0	2.2
	仕事内容に不満	9.7	4.0
	倒産・経営悪化など	7.7	2.2
	セクハラ	1.7	0.9
	解雇	0.5	0.0
本人要因	病気や体調不良	5.5	1.3
	自分の時間がほしくて	3.5	1.8
	学業などの能力開発	2.7	1.8
	自営業の開業	1.1	0.0
その他		4.0	2.2
全　体		76.5	20.4
退職経験者		55.8	13.5

る。合計人数が41人しかいないが，子供のいない主婦パートの26.8％は現職に就く前に正社員であったが，子供のいる主婦パートは7.8％で，かなりの差をみせている。主婦パートの労働時間のグループごとにみると，ロングタイマーはミドルタイマーやショートタイマーより主婦だった割合が１割ほど少なく，正社員だった割合が１割ほど多い。これまでみてきたのと同様に，ロングタイマーの労働市場滞在傾向が，前職からも確認できる。正社員の前職は77.6％が学生だったが，子供の有無による差が主婦パート以上に大きい。子供のいる人々の前職は，学生が70.0％，主婦が7.5％，他の企業の正社員が13.3％であるが，子供のいない人々の前職はそれぞれ85.7％，0.9％，8.0％である。

　ここまで，スーパーマーケットで働く主婦パートの生涯経験を，既婚の女性正社員と比較しながら検討した。考察内容をまとめると次のようになる。

　40代と50代が中心の主婦パートは，最終学校を卒業した後正社員として就職したが，家族形成期に内部労働市場を離脱し，その後再就職した人々である。正社員は未婚の20代と30代が中心であるが，約２割と推計される既婚の女性正社員もまた20代と30代が中心である。既婚の女性正社員の中で，子供のいる人々は半数にすぎず，主婦パートと正社員は年齢もライフ・ステージも完全に違う集団であ

255

表4-8　雇用形態別・労働時間別・子女有無別前職

(単位：%)

	主婦パート (sig=.001)			主婦パート (sig=.026)			正社員 (sig=.032)		
	有子女	無子女	全　体	ショートタイマー	ミドルタイマー	ロングタイマー	有子女	無子女	全　体
主　婦	41.6	29.3	40.7	46.4	47.7	37.4	7.5	0.9	4.3
家業手伝い・自営業	4.5	4.9	4.5	0.0	4.5	5.0	0.8	0.0	0.4
学　生	0.4	0.0	0.4	0.0	0.0	0.6	70.0	85.7	77.6
パートタイマー	41.8	29.3	40.9	46.4	39.4	40.1	6.7	5.4	6.0
正社員	7.8	26.8	9.2	3.6	3.2	12.6	13.3	8.0	10.8
その他	3.9	9.8	4.3	3.6	5.2	4.4	1.7	0.0	0.9
合　計	100.0	100.0	100.0	100.0	100.0	100.0	100.0	100.0	100.0
N	514	41	555	56	155	342	120	112	232

る。ライフ・ステージを軸に主婦パートと正社員を配置すると，「正社員は主婦パートの過去であり，主婦パートは正社員の未来である」といえる。そして，家族形成期に正社員の仕事を辞めた人々（主婦パート）と辞めなかった人々（正社員）の違いとなる主な要因は，女性労働者自身の態度や経済的要因，そして，家族，特に親による育児支援などである。とりわけ，家族による育児支援は，女性労働者が家族形成期に，正社員としての就業が持続できるか否かに影響を与える重要な要因である。

　主婦パートの間でも，労働時間の長さに応じて，家族の状況や就業の経験にはかなりの違いがある。ショートタイマーやミドルタイマーに比べて，いわゆる主婦の枠を超えて働いているロングタイマーは，配偶者の学歴および家族の経済的階層が低く，ライフ・ステージの全ての時期において労働市場に滞留する期間が長い。長時間働くためには，親世代による育児支援が必要となるので，ロングタイマーは親世代との同居が多い。ロングタイマーの中でも，正社員と労働時間の差がほとんどない，週35時間以上労働している人々が特にそうである。

2　主婦パートの目線

　第1節で検討したように，主婦パートは家族責任を専担している主婦労働者であり，そのほとんどは家族形成のために正社員としての仕事を辞めてパートタイマーになった。この現実を指して，日本のパートタイム労働者は主な稼ぎ手がい

る被扶養者であると同時に，社会保障のフリーライダーであり（仁田道夫，1993a，1993b），性別分業規範を内面化した女性の家族志向的意識のためにパートタイム労働を選択する者である（佐藤博樹，1998），との主張もある。しかし，主婦という地位を制度的に構築している社会における性別分業への女性の対応は，ただの個人の意識とそれに基づく選択の問題に帰着させることはできない。このような状況の中で，性別分業を維持することは，家族の結合所得を最大化し，家事や育児の質を高め，生活の質を高める，ある意味では‘合理的な選択’とも言える。つまり，単に個人の労働志向性や考え方に基づく個人的な選択の問題ではなく，与えられた構造の中で家族の生活の質を最大化するための家族レベルの戦略的選択でもある。

　そのような意味で，日本のパートタイム労働は，労働時間ではなく呼称によって企業内の地位や処遇が決まる身分的労働であり，社会制度と家族責任は女性にパートタイム就業の選択を強制する（大沢真理，1993，1997；永瀬伸子，1994，1995），との指摘は正しい。しかし，このような主張は，ジェンダー規範と制度の影響を受ける行為者がとる，日常の労働現場における戦略的行動の分析を通じて補完される必要がある。その分析を通じてこそ，男性稼ぎ主型の社会制度や規範に対する女性の同意生産がどこまで維持できるか，またどこで亀裂が生じているかをみることができるからである。

　第2節では，主婦パートたちが家族と仕事の結びつきについてどのような指向性を持っているか，そして現在の仕事についてどのように評価しているかを検討する。本書は，日本におけるパートタイム労働が，労働時間の長さの問題ではなく，ジェンダーに基づく雇用形態の問題であり，パートタイマーは一枚岩的な均一の集団ではなく，内部に多様性を持つ集団であるという主張に立脚している。パートタイマー内部の多様性を明らかにするために，これまで労働時間の長さに応じてパートタイマーを3グループに区分し，彼女らの生涯経験を比較考察した。その結果，ショートタイマーとミドルタイマーの間には高い類似性があるが，ロングタイマーはこれらのグループとは区別される特徴を持つことが明らかになった。したがって，本節ではショートタイマーをミドルタイマーに含めることとし，主婦パートをロングタイマーとミドルタイマーの二つのグループに分けて分析する。

家族の世話に無理のない働き方とは

　家庭を持つ女性の就業に関する考え方は，働いている既婚女性が，自分の現在の就業をどのように評価しているかが分かる一つの指標といえる。表4-9をみると，正社員の71.6%，ロングタイマーの80.7%，ミドルタイマーの84.1%が，家庭を持つ女性は「家事や育児に無理のない範囲内で働いた方が良い」と考えている。雇用形態や労働時間による多少の差はあるものの，全般的に回答者たちは，家庭を持つ女性は仕事より家族を優先すべきと思っているようである。表には示していないが，年齢による差もあまりなかった。ところが，学歴は家庭を持つ女性の働き方に関する考え方に大きな影響を及ぼしている。[12]表4-9の学歴欄をみると，大卒の52.5%が「家族の世話をすることに無理が生じない範囲内でする方がいい」と答えたが，中卒では86.0%であった。同様に，大卒は28.8%が「生涯就業で経済的に自立すべき」と考えているが，中卒では9.3%に止まっている。このことは，学歴が正社員と主婦パートの間の意見の差の多くを説明することを示唆する。

　もし学生に戻ってもう一度人生を選択できるなら，一生を通じてどのような働き方を選びたいかに対する回答をまとめた表4-10をみると，正社員，ロングタイマー，ミドルタイマーの順に「結婚・育児の間も，正社員・職員として仕事を続けたい」という「正社員就業継続型」への回答が多い。主婦パートは正社員より，「結婚・育児の間は退職し，その後再び正社員・職員として仕事を続けたい」という「正社員再就業型」への回答が多い。表には示していないが，年齢の影響をみると，主婦パートの中では30代，40代，50代順に正社員就業継続型への志向が強かったが，正社員の中では年代による差がほとんどなく，全体的としては，年代による分布は統計的に有意ではなかった。

　女性一般の働き方に関する考え方と同様に，本人の働き方に関する考え方においても学歴の影響が大きい。「結婚・育児の間は仕事を辞め，その後はパート等として仕事を続けたい」（パート再就業型）と思う人が，中卒では52.4%もいるが，大卒では8.6%しかいない。また，正社員就業継続型への志向もそれぞれ21.4%と44.8%であり，差が大きい。ちなみに正社員の場合は，半数に子供がいないことから，子供の有無をコントロールしてみると，正社員就業継続型，正社員再就業型，パート再就業型への回答が，子供のいない人々ではそれぞれ35.2%，

表4-9　雇用形態別，労働時間別，学歴別既婚女性の就業についての意見

	雇用形態(sig=.000)			学歴(sig=.000)			
	ミドル タイマー	ロング タイマー	正社員	中卒	高卒	短大卒	大卒
就業しないほうがよい*	8.2	4.2	7.4	4.7	7.0	2.4	8.5
家族の世話に無理のない範囲で	84.1	80.7	71.6	86.0	81.9	74.4	52.5
生涯就業で経済的に自立すべき	7.2	13.9	16.0	9.3	9.4	20.8	28.8
その他	0.5	1.2	4.9		1.6	2.4	10.2
合　計	100.0	100.0	100.0	100.0	100.0	100.0	100.0
N	208	337	243	43	554	125	59

注：＊女性は働かないほうがよい＋結婚したら働かないほうがよい＋子供を産んだら働かないほうがよい

表4-10　志向するライフ・ステージにわたる就業類型(雇用形態・労働時間別，学歴別)

	雇用形態(sig=.000)			学歴(sig=.000)			
	ミドル タイマー	ロング タイマー	正社員	中卒	高卒	短大卒	大卒
正社員就業継続型	11.1	24.5	40.2	21.4	24.1	30.1	44.8
正社員再就業型	30.4	34.9	23.2	26.2	30.7	30.9	20.7
パート再就業型	42.5	31.9	17.4	52.4	31.8	24.4	8.6
労働市場引退型	5.8	4.5	8.7		7.8	4.9	
その他*	10.1	4.2	10.4		5.6	9.8	25.9*
合　計	100.0	100.0	100.0	100.0	100.0	100.0	100.0
N	207	335	241	42	553	123	58

注：＊自分の事業をやりたいという意見が多かった。

18.0％，23.0％（sig= .047），子供のいる人々ではそれぞれ44.9％，28.8％，11.9％（sig= .000）であり，子供のいる人々のほうが正社員就職継続型への志向が強い。

　ところで，主婦パートと正社員，そして正社員で子供のいる人々といない人々とのこのような相違は，正社員就職志向が強い女性は，家族形成期にも就業を中断せずに正社員就業を継続していると解釈できるであろう。しかし，両立の困難さをようやく乗り越えた人々がより意欲的になったとも解釈できる点に注意する必要がある。

　パートタイマーになった元正社員より，子供のいる今の正社員たちのほうが，家族の育児サポートを多く受けたことを確認しておく必要がある。第1章で述べたように，筆者がインタビューした母親である20人以上の女性正社員の中で，現在，保育園に子供を預けている2人を除いて全員，出産や初期育児期に身内の女性が子供の世話をしてくれなかったらおそらく仕事を辞めただろう，と述べた。

そして保育園に子供を預けている２人は，子供が成長して学校に入学した後，あるいは現在の育児短縮勤務の終了後，正社員として働き続けられるかどうかについて強い不安を表明した。

アメリカのパートタイム労働に関するTillyの研究（1996）によると，認知的不一致の心理的現象のために，非自発的パートタイム労働も非自発的フルタイム労働も実際より低く把握される傾向がある。自分が望んでいない状況におかれていることを見つけた場合，多くの人々は自分の好み（preference）を変え，自分の状況を合理化するためである。危険な仕事に従事している労働者に関するAkerlof & Dickens（1992）の研究も，自尊心が自分の状況を合理化する役割を果たすと指摘する。例えば，労働者たちは，自分のように賢い（smart）人間がそんなに危険な仕事をやるはずがない，と自分の状況を合理化するために安全帽子や安全靴を買わない。それを買うことは自分の仕事が危険な仕事であると認める行為だからである。

以下に引用したあるショートタイマーの話を聞いてみよう。彼女は“自分は本当は正社員となりバリバリ働きたい”と言っている。しかし，彼女は，女性一般の就業に関しても，本人の就業志向に関しても，「家族の世話をすることに無理が生じない範囲内でする方がいい」，「結婚・育児の間は仕事を辞め，その後はパート等として仕事を続けたい」と回答した。[13]彼女が以下に引用した文章の倍にもなる長い分量で切実な気持ちを語ってくれなかったら，筆者は彼女が本人の本当の考えと異なる回答をしたことが分からなかったであろう。どうして彼女は匿名のアンケート調査でさえ自分の本当の気持ちが語れなかったか。それが規範の力であり，匿名的状況でも自分を傷つけたくない人間の気持ちである。

　本当の自分は正社員となり，バリバリ働きたいという気持ちが常にある。しかし，現状は年令・扶養問題，所得に対してのアパートの問題など，自分が働きすぎることによってマイナスの面がいっぱい出てくるので，甘んじてパートタイマーという体制を選んだ。今までいろんなパートの仕事をやってきたが，それなりに自分が得たものは大きい。（人間関係，職種）若くして結婚したためOL時代が短く，自分を出せないまま過ぎ去ってしまった後悔，それも自分が選んだ道だから仕方がないだろう。働くことによってお金を得る。それは当た

り前のことだがそのことによって所得問題とかでてきて，めんどうなことがいっぱいだ。私は，お金もさる事ながら仕事をしたいという気持ちのほうが強い。範囲内の金額でもよいからそれ以上の仕事をしても構わないと思って，今までの仕事もやってきた。これからもそれでいい。こういうことを話すと友達はバカだというけど，私はそれでもよい。（何事も一生懸命，常に努力・向上すべし，何もしないのは脳みそが腐ると自分なりに思っているからだ）（後略）　（アンケート調査の自由意見，週労24時間，46歳，高卒，1998年の年収：103万円，同居者：夫＋子供，末子20歳，夫：高卒）

　このような現象は筆者の面接でも確認できた。そして第3節で述べるが，筆者のインタビューに対して，娘がいる主婦パートの中で，娘が自分と同じ働き方を選択することを望む人は，あまりいなかった。娘を持つ母親たちは，"世の中が変わった"と言って，自分の娘は専門的な能力や技術を身につけて，生涯働き続けてほしいという意見であった。それゆえに，娘たちの学費を稼ぐために，パートタイマーとして働くということもある。しかし，娘についてはそう考える場合であっても，自分に関しては，"このままでいい"とか"私たちには家庭があるから"と答えることが多い。今になって，自分の人生を後悔しても心を傷つけるだけで，現実が変わることはないからである。必要なことは，"私はこれでいい"と自分を説得して，現在の状況を合理化することである。

　表4-10から読み取ることができるもう一点は，主婦パートでも正社員でも非自発的な就業が多いことである。主婦パートの中で，現在の就業形態が望ましいと考えている人（パート再就業型）は，ミドルタイマーの42.5％，ロングタイマーの31.9％にすぎない。正社員の中でも63.4％（正社員就業継続型＋正社員再就業型）だけが，現在の就業形態が望ましいと考えており，主婦パートの6割強と正社員の4割弱が，不本意な形で就業しているといえる。

　雇用形態をコントロールして表4-9と表4-10の回答を合わせてみると，家庭を持つ女性の「家族の世話をすることに無理が生じない範囲内でする方がいい」という回答が，必ずしも家族形成期の就業中断やパートタイマーとしての再就職を希望することではないことが分かる。実際に，家族の世話に無理がない範囲と回答した正社員の62.4％，ロングタイマーの55.7％，ミドルタイマーの38.3％

が，継続就業であっても再就業であっても正社員就業を望んでいる。[14]

　以上のことからすると，仕事より家庭を優先するという女性の回答が意味する
ものは，パートタイマーとしての就職より，「両立」を希望していると解釈すべ
きであろう。女性たちは家庭と仕事を円滑に両立するために，「家事や育児を分
担しようとする男性自身の努力」（主婦パート39.3％，正社員39.9％），「育児や介護
休業制度の整備等の法律的支援措置」（それぞれ23.3％，22.6％），「家族全体の協
力」（それぞれ19.6％，12.8％），「家庭を持つ女性社員に対する企業の支援策」（そ
れぞれ7.9％，9.5％）を期待している。

　次に，主婦パートの労働志向性に関する分析を深めるために，性別分業に対す
る態度を検討する。性別分業受容度は，各項目に関して「全くそう思わない」を
1点，「どちらとも思わない」を4点「全くそう思う」を7点として，7点尺度
で測定し，表4-11にはその平均点をまとめた。

　表4-11をみると，主婦パートは正社員より，ロングタイマーはミドルタイ
マーよりも，「女性には仕事より家庭がもっと大切だ」と思う傾向があるが，ど
の集団も「家事，育児，子供の教育についての一次的責任が女性にある」と思う
傾向は弱い。また，「男性だけが家族の経済的扶養の責任を取るのは不平等だ」
への回答では，集団間の差がないといってよいほどである。つまり，雇用形態を
問わず回答者たちは，既婚女性の労働者は仕事より家庭を優先すべきと思うと同
時に，女性が家事や育児を専担する現実に対して同意も否定もできない葛藤状態
にあるといえる。

　これまでみてきたように，主婦パートと正社員は年齢もライフ・ステージも非
常に異なる集団であることから，雇用形態別の点数にこれらの要因が影響を及ぼ
した可能性が高い。そこで年齢と子供の有無をコントロールして，再集計してみ
た。[15] その結果をみると，雇用形態間の点数の差は非常に縮小する。さらに，「仕
事があっても，女性には家庭が一番重要だ」の平均点では，大部分が子供のいな
い20代の正社員が，同じ年齢の主婦パートよりも強く同意しており，雇用形態と
性別分業受容度との相関関係に関する通念とは異なる。

　雇用形態により性別分業受容度の差があまりないことは何を意味するのであろ
うか。それは強い男性稼ぎ主型のジェンダー・システムが，制度のレベルで主婦
労働者を安定的に再生産していることから，個人の意識が雇用形態に大きな影響

第4章　主婦パートの行為戦略

表4-11　雇用形態別，労働時間別，年齢別，子女の有無別性別分業受容度

			1	2	3	4	5	N
雇用形態 Sig=.000		ミドルタイマー	4.68	4.53	3.75	5.45	3.51	213
		ロングタイマー	4.89	4.91	4.03	5.54	4.01	333
		正社員	4.14	4.22	3.48	5.06	4.40	242
年齢＊雇用形態 Sig=.003	20代	主婦パート	4.35	4.22	3.17	4.43	3.50	23
		正社員	4.04	4.00	3.34	5.17	4.20	92
	30代	主婦パート	4.57	4.70	4.00	5.50	3.99	69
		正社員	4.15	4.29	3.39	4.86	4.76	95
	40代	主婦パート	4.82	4.71	3.85	5.40	3.71	241
		正社員	4.49	4.67	4.08	5.54	4.05	39
	50代	主婦パート	4.93	4.91	4.05	5.72	3.90	204
		正社員	4.54	4.46	3.92	4.77	4.38	13
子女＊雇用形態 Sig=.002	無子女	ミドルタイマー	4.53	4.00	2.95	5.00	3.56	19
		ロングタイマー	4.76	4.70	3.25	4.90	4.24	21
		正社員	3.96	3.99	3.07	4.76	4.48	119
		計	4.13	4.08	3.08	4.81	4.34	159
	有子女	ミドルタイマー	4.69	4.59	3.81	5.49	3.46	188
		ロングタイマー	4.90	4.92	4.06	5.57	3.99	309
		正社員	4.35	4.48	3.90	5.38	4.33	122
		計	4.73	4.73	3.96	5.51	3.90	619

1．仕事をしていても，家事についての一次的な責任はやはり女性にある。2．仕事をしていても，育児についての一次的な責任はやはり女性にある。3．仕事をしていても，子供の教育についての一次的な責任はやはり女性にある。4．仕事があっても，女性にはやはり家庭が一番重要だ。5．男性だけが経済的扶養の責任を取るのは不平等だ。

を及ぼすことができないことを示唆する。前述のように，スーパーマーケットの女性正社員のうち既婚者の割合は，総合スーパーで20％程度である。そして，アンケートに回答した既婚女性正社員の中で，子供のいる人々は半分にすぎず，初期育児期を過ぎた人々，つまりライフ・ステージの全段階にわたって正社員就業を維持した人々は17.0％（42人）にすぎない。ライフ・ステージの全段階にわたって正社員就業を維持した女性は，例外的な存在であり，正社員と主婦パートは人的属性や考え方が異なる集団ではなく，ライフ・ステージが異なるだけである。社会の規範と制度が，個人の考え方に基づき就業形態が選択できる平等なものに変わらない限り，女性の意識は就業形態を説明する主な変数にはなれず，逆に就業形態も女性の意識を説明する主な要因になり得ない。

主婦パートになったのは

　表4-12は，回答者たちが働いている理由への回答を，整理したものである。この質問への回答は，本人にとって重要な順に三つまで選択することとしていたが，表4-12では，一番目に挙げられた回答だけをまとめた。これをみると，家族の生活費を稼ぐために働いているとする回答が最も多い。彼女の収入がなければ家族が現在の生活を維持できないことを示す，「主な生活費を得るため」，「生活費を補充するため」，「子供の教育費や住宅ローン返済などが夫の収入だけでは足りないから」への回答が，ミドルタイマーでは50.5%，ロングタイマーでは66.3%，正社員では55.8%となり，ロングタイマーが最も多い。世帯所得が最も低かったロングタイマーでは，本人が家族の主な稼ぎ手であるとの回答（主な生活費）が17.4%（離別者と死別者10.4%，有配偶者7.2%）である。就業理由では経済的理由以外に，仕事を通じて人生の独立性を高め，自分を向上させるだけでなく，社会や人とのつながりの維持を内容とするものが，各集団で約25%あった。ミドルタイマーからは，買い物や旅行，趣味などに使うお金を稼ぐために働いているという回答が18.5%（ロングタイマー6.8%），正社員からは「働くことは当然だから」という回答が10.7%であったことが特徴的である。

　ところで，インタビュー調査では，アンケート調査で想定しなかった話を聞くことができた。それは働き始めた理由の一つとして，舅や姑と終日一緒にいるのが大変なので，というものがあることであった。また，筆者が2007年に口述生涯史面接（oral life history interview）を行ったあるロングタイマーは，彼女が子供のときに家出をして家族を破綻させた実家の母親が，彼女が40台半ばごろに戻ってきて，彼女の家で面倒をみるしかなくなったので，母親と終日顔を合わせないために働きに出た，と話した。

　　主人は一人息子であととりです。結婚して6年ぐらい経ったごろから，舅さんや姑さんと一緒に住み始めまして，子供が幼稚園に通い始めたころでしたね。子供もちょっと大きくなって，時間的にも余裕ができましたけど，舅や姑と一緒に住んでいるから，毎日遊びにいくこともできないし，ちょっと窮屈でした。仕事にいくなら毎日出かけても大丈夫かな，と思って。姑さんは，まぁ大丈夫でしたけど，舅さんは男なので，一日ずっと顔を合わせるのがちょっと不便で

第**4**章　主婦パートの行為戦略

表 4-12　雇用形態・労働時間別就業理由（一番目の回答）

	ミドルタイマー	ロングタイマー	正社員	合　計
主な生計費	7.0	17.4	24.4	16.9
生活費補助	30.5	35.5	22.7	30.1
子女教育費や住宅ローンの返済など	13.0	13.4	8.7	11.8
働くのは当然	5.0	3.7	10.7	6.3
人生の自立性を高めるために	5.0	5.9	5.0	5.4
自立性を高める	10.5	10.9	14.0	11.8
社会とのつながり	10.0	6.2	5.8	7.1
買い物，旅行などのための資金	13.0	6.2	6.6	8.1
勉強や趣味などのための資金	5.5	0.6	0.8	2.0
その他	0.1	―	1.2	0.4
合　計	100.0	100.0	100.0	100.0
N	200	321	242	763

した。そんな感じで一緒に住んでいるところに，ここができて，パート募集に応募したんです。その後，舅さんが定年退職したので，勤務時間を延ばしました。やっぱり舅姑とは顔を合わせる時間が短いほうが仲が良くなりますね。（上野，G1店パート，40歳，高卒，勤続13年，月149時間，婦人服，担当者，夫：サラリーマン，年収500万円）（敷地内に二軒の家を建てて住んでおり，ほとんどの生活も食事も別にする。そして舅さんが経済的に豊かなので，住宅関連費用は全て払ってくれている。）

　私は夫が長男で，3年前まで夫のお祖母さんとも一緒に暮らしました。ここに就職する前にはケーキ屋でアルバイトをしましたけど，家にいるより仕事に通うほうがはるかに心が楽です。若い時はまだ姑さんに使われるでしょう。台所仕事も全部やらなくちゃいけないし。農家の嫁になって良いことは孫の世話をしてくれることでしょう。（松本，S3店パート，45歳，高卒，勤続17年，週労35時間，洋風日配，リーダー，夫：自営業，内装の下請，年収600万円）

　そして，インタビューによって明らかになったもう一つの理由，子供と距離を置くことについては，大卒女性がこの理由を挙げる傾向があった。

　一応はお金が必要だった事情もあったんだけど，子供と離れて見てみたかっ

265

たですね。子供を生んだ後，主婦になってから，社会との接点がなくなったような気がして，私だけが置き去りにされたようで……。それでもここで働くようになって，社会の中で動いている気がします。それとですね，子供とずっと一緒にいても，子供にやさしくするのではないですね。子供と一日中一緒にいると，怒る時間だけ増えるんですね。少し離れていて，会えば新鮮でしょう。だから子供にとっても母親が働くほうがいいですよ。お母さんが家にいると，何でもやってくれると甘えがちですけど，お母さんがいなければ自分がやるんですよ。(山河，G2店パート，33歳，大卒，勤続1年6カ月，月105時間，婦人バッグ，担当者，夫はコンビニの店長だったが，1年半前にトラック運転手に転職し，年収が600万円から450万円に減った)(出産退職した)

　家にいるとあまりにも子供に集中するようになるんじゃないですか。それが子供に良いことではないと思います。それで日本に戻ってすぐに近所でパートで働くところを探しました。(山田，G2店パート，45歳，短大卒，勤続4年半，月労90時間，紳士服，担当者，夫：大卒，サラリーマン，年収1,000万円，子女：娘と息子，末子17歳)(夫の転勤のためニューヨークで8年間生活した。)

　続いて，パートタイム労働を選択した理由をみてみる。表4-13は，表4-12と同様に本人にとって重要な順に三つまで選択することとしていたが，その中で一番目に挙げられた回答だけをまとめたものである。パートタイム労働を選択した理由については，労働時間の長さによる違いをより詳細に検討するために，これまでのロングタイマーを週30時間以上35時間未満働くロングタイマーと週35時間以上働くフルタイマーに分け，主婦パートの内部を四つのグループに区分した。フルタイマーの実労働時間は正社員とほとんど差がない。

　主婦パート回答者全体でみると，パートタイム労働を選んだ理由は，「勤務時間と勤務日が選べるから」と「勤め先が自宅から近いから」がそれぞれ29.1％と23.3％と最も多い。次いで「家事や育児の負担のため，正社員として働くのは無理だから」が15.1％，「正社員として働きたかったが年齢制限のために仕方なく」と「正社員の仕事が見つけられなかった」がそれぞれ14.4％と6.8％である。既婚女性にとって1番，4番と5番の選択は，家族責任のためにパートタイム労働

表4-13　労働時間別パートタイム労働の選択理由(一番目の理由)

	ショートタイマー	ミドルタイマー	ロングタイマー	フルタイマー	合　計
1．勤務時間と勤務日が選べる	44.6	38.1	26.1	18.3	29.1
2．他の仕事と並行する	1.8	―	1.1	1.1	0.8
3．自由な時間がほしい	8.9	11.0	3.4	1.1	5.6
4．勤め先が自宅から近い	21.4	17.4	21.6	29.6	23.3
5．家事や育児の負担のため正社員は無理	12.5	21.3	15.9	10.2	15.1
6．正社員になると，税や社会保険の負担が増える	1.8	1.9	1.1	1.1	1.4
7．正社員になりたいが，年齢制限のために無理	7.1	3.2	17.0	24.7	14.4
8．正社員の仕事が見つけられなかった	―	2.6	9.1	11.3	6.8
9．労働時間が長く負担が重い仕事は避けたい	1.8	3.9	2.3	1.6	2.5
10．その他	―	0.6	2.3	1.1	1.0
合　計	100.0	100.0	100.0	100.0	100.0
N	56	155	88	186	485

を選択したということを意味する。つまり，主婦パートの67.5％は家族責任のために，そして21.2％は正社員としての仕事に就くことができなかったことからパートタイム労働を選択した。

　グループごとにみると，家族責任を挙げた（1＋4＋5）のは，ショートタイマーからフルタイマーまでそれぞれ78.5％，76.8％，63.8％，58.1％である。その中で，「勤務時間と勤務日が選べる」について差が大きい。ショートタイマーの44.6％とミドルタイマーの38.1％がこれを選択したが，ロングタイマーとフルタイマーでは26.1％と18.3％にすぎない。グループ間の回答率が大きく異なるのは，正社員として就職したかったができず，非自発的にパートタイム労働に就いた（7＋8）という回答である。ショートタイマーの回答率は7.1％であるが，フルタイマーの回答率は36.0％であり，家族責任の要因よりグループ間の回答の差が大きい。

　以上でみてきた主婦パートの就業目的やパートタイム労働を選択した理由によると，週30時間以上働く主婦パートの17.4％は本人が主な稼ぎ主であり，ロングタイマーの26.1％，フルタイマーの36.0％は正社員として就職したかったにもかかわらず，内部労働市場から拒絶された人々である。性別分業が普遍的な社会において，既婚女性が家族責任で結ばれた主婦労働者であることが，彼女たちが被

扶養者であることを意味するものではない。被扶養者でなくても，女性の多くは家族責任を専担しており，するしかないからである。しかし企業は，全ての主婦労働者は被扶養者であることを前提として，主婦協定に基づいた労務管理を通じて低賃金を合理化する。同時に企業は，被扶養者ではない人々が多数存在している長時間パートタイマーに対し，わずかばかりの割増賃金を提案し，正社員の業務を引き受けるように誘導し，さらなるコスト削減を追求している。これこそが，主婦協定が実体でありながら虚構であること，そして多様なレベルで主婦協定が調整される理由を示している。

主婦パートの生の声からみる現実

　第1章と第2章でみたように，主婦パートは，スーパーマーケットの基幹的労働力であり，彼女らがいなければ店舗は回らない。しかし，彼女らの処遇はその貢献とは程遠いものであり，勤続が長くなって熟練が高くなればなるほど，同じ仕事をする正社員との賃金格差は大きくなる。そのため，上でみたように，主婦パートの60％が人生を取り戻して再び選択することができるならパートタイマーになりたくない，と思っている。これだけみても主婦パートが自分の労働環境に対して満足している可能性が低いと見受けられる。このような不平等な現実に関して主婦パートたちはどのような思いをしているのだろうか。

　職場生活全般についての満足度をまとめた表4-14をみると，雇用形態や労働時間を問わず満足度が低いことが特徴的である。満足していると解釈できる5点を超えるのは，ミドルタイマーの「家庭との両立可能性」や「同僚との人間関係」しかない。[17]賃金や昇進・昇格の可能性に対する不満は三つのグループ全てにおいて大きいが，中でもロングタイマーの不満が最も高い点数となっている。この点数が表す現実はどのようなものだろう。

　以下ではアンケートに書いてもらった，パートタイマーとして働きながら感じてきた難しさや不満の内容を中心に，主婦パートたちの目線でスーパーの労働現場を描いてみる。アンケートの自由意見に書かれていた内容を分類すると，賃金・賃金格差に対する不満，コミュニケーションしようとしない上司の態度に関する指摘，昇進・昇格や業務教育に関する要求，税・社会保険制度の問題，過重な仕事負担（ギリギリの人員配置，有給が取れない，サービス残業までさせる，夜の勤

第4章　主婦パートの行為戦略

表4-14　雇用形態別，労働時間別職場生活満足度(平均点)

(単位：点)

項　　目	ミドルタイマー	ロングタイマー	正社員	全　体	Sig	人　数
1．勤務時間	4.99	4.80	4.00	4.60	0.000	779
2．職場環境	4.72	4.63	4.41	4.59	0.048	782
3．仕事量	4.16	4.04	4.13	4.10	0.566	777
4．仕事量と比べた賃金水準	3.75	3.33	3.63	3.54	0.003	780
5．適性を考慮した配置	4.57	4.36	4.10	4.33	0.002	763
6．担当業務における権限	4.35	4.49	4.33	4.40	0.258	768
7．福利厚生	3.88	4.04	4.09	4.02	0.274	765
8．上司との人間関係	4.71	4.54	4.50	4.57	0.314	785
9．同僚との人間関係	5.08	4.91	4.95	4.97	0.406	783
10．昇進，昇級の可能性	3.60	3.36	3.53	3.48	0.136	775
11．教育機会	3.88	3.65	3.83	3.77	0.101	760
12．職場の将来性	4.34	4.04	3.69	4.01	0.000	770
13．長期勤続の可能性	4.95	4.90	4.55	4.80	0.004	740
14．達成感，やりがい	4.60	4.49	4.05	4.38	0.000	766
15．家庭との両立可能性	5.09	4.86	3.93	4.63	0.000	779

注：非常に不満1点～非常に満足7点。

務時間帯配置など）やそれによる両立困難，斡旋ノルマ，一方的契約変更や制度改正による労働条件悪化，パートに対する教育要求，採用時の年齢制限問題などであり，労働現場で主婦パートたちは本当にさまざまな場面で矛盾を感じていることが分かる。

賃金格差と低賃金　　主婦パートの賃金不満が高いため，同じ仕事をしている正社員と比べて，パートタイマーの時間当たり賃金水準をどう評価するかを尋ねた。その結果は，「勤務時間帯の違いなどを考えると，適当なレベル」との回答が，ミドルタイマー29.7％，ロングタイマー19.4％，正社員40.2％であった。「勤務時間帯の違いを考えても低い」への回答は，それぞれ52.4％，64.5％，34.9％であった（「よくわからない」は，それぞれ19.2％，14.1％，20.7％）。正社員と同様の業務を担当する人の割合が高いロングタイマーにおいては，勤務時間帯の違いがあるとしても，パートタイマーの賃金が低いと評価する一方で，正社員の評価はやや異なる。「低い」を「やや低い」と「低すぎる」に分けてみると，「低すぎる」という回答は正社員4.6％，ミドルタイマーは23.1％，ロングタイマーは33.7％であり，賃金に対するロングタイマーの不満がかなり深刻であると考えられる。

　この不満は自由意見でも確認された。自由意見の中で一番意見が多かったのが賃金への不満についてだった。以下に引用した話からも分かるように，特に長期

269

勤続者から正社員との賃金格差の問題に関する指摘が多かった。"20年のキャリアは認められるべき"なのに，現実はそうではない。20年を勤めても，大学を卒業したばかりの，もしかしたら彼女がOJTを担当したかもしれない新入社員よりも賃金が低い。

　　パートの賃金が社員に比べて安い。流通業界は社員とパートの格差があり，賃金は1/2，仕事は社員と同一であり，不公平さが生じる。パートの中で社員並みの仕事ができる人には，賃金アップの制度を作ってあれば良いと思います。
　　（週労37.5時間，52歳，高卒，1998年の年収：200万円，同居者：夫＋子供，末子17歳，夫：大卒，1998年の世帯所得：900万円）

1．わが社の場合は，パート社員にも好意的ではありますが，20年勤めたパートのおばさんと大学卒業したばかりの人と給料の開きがありすぎると思います。しょせんパートはパートで契約体制が違うのは当たり前といわれているみたいに感じます。（20年間のキャリアは認められるべきです）
2．春のベースアップ交渉の時，正社員は３％アップとかいわれますが，パート社員の時給も３％アップしてほしいと思います。
3．アルバイト（主婦）の場合は，組合のベースアップと関係なく，その人その人により一度に100円アップの人もいれば３年たっても新採用の人の初時給と変わらない人もいるようです。
4．年に何回かは現場に来て条件，環境等をチェックするなり，働いている人とコミュニケーションを深めて，生の声を集めて欲しいです。
5．私のまわりの人はパートで働いて生活の足しにしている人が多いのですから，ずっと長く一個所で勤めたい人ばかりです。パートだからこの不況の中，やはり雇用不安は誰しも持っています。皆でがんばって働けば業績を向上し，１人のリストラもなく不況を乗り越えられるんだという，会社の姿勢を見せて欲しいです。
　　（週労35時間，56歳，高卒，1998年の年収：180万円，同居者：夫＋子供，末子21歳，夫：高卒，1998年の世帯所得：270万円）

不十分なコミュ　　賃金問題の次に多かった意見は，パートタイマーに対する上司
ニケーション　　の態度の問題である。下に引用したように，仕事の改善につい
て意見を言っても聞いてくれない，管理職たちが基本的な挨拶や接客さえできな
い，との意見が多かった。また，正社員の上司たちは指示をすることで本人たち
の仕事は終わったと思うのか，一日ずっとパソコンをいじるばかりで，店舗が
忙しい夕方の時間帯に，パートタイマーに仕事をさせておいて自分たちは会議を
開く，という指摘もあった。

　　子育ても少し落ち着いて，今の仕事を始めて早10年近くになるのに，一度も
すばらしいマネージャーに出会ったことがありません。（店長も含めて上司全般）
本当にその人にあった仕事・能力などを分かって配置しているのかと，いつも
不安に思います。頭ごなしに怒る人，誰のことでもハイハイと聞く人，私的な
場面と会社では全然違う人，私たちもその人にあわせて仕事をするのが疲れて
きます。会社をよくしていくためには，こんなことでどうですの？（だれか
しっかりするの？）

　　女性は年齢が高くなるにつれて，どんどん会社での立場がなくなり，いづら
くなっていくのは仕方のないこととあきらめたくないです。持っている能力を
全て出し，自分に合った仕事につき，生き生き働ける社会になるように，自分
自身も働き続けていきたいと思います。全国の働き者のママ達へ，がんばろう
ネ！！（契約社員，46歳，短大卒，1998年の年収：140万円，離婚・別居，同居者：
子供，末子11歳，元夫：高卒，1998年の世帯所得：650万円）

　　パートさんだからといって，上司の人が話しにのらないこともあり，私以外
の人でも不満があるように思われます。仕事の改善でせっかく意見を言っても
取り入れない，聞き入れない。社員さんは評価があるのだから，真剣に教えて
もらえるようです。上司自ら，パートナー社員さんは正社員さんのステップの
手助けをする人たちである，との言葉をいただいた人もいます。もう少し不満
を言わない会社（店）であってほしい。その前に店でしっかりと話し合いがし
たいです。営業中に店長，各主任，次長は忙しいときにもかかわらずミーティ
ングを行っている。その上で酒を飲んでおつまみを食べています。18：

30〜19：00の間です。私たちは忙しく仕事をしています。こんなこともだれが注意をするのか，注意のしようがありません。全部の長と名がつく人達です。私の会社にも女性が話し合って（パートナー），話を会社に持っていく人達がほしいです。パートナーの（女性のための）組合のようなものです。（週労30時間，49歳，高卒，1998年の年収：200万円，離婚，一人暮らし，末子21歳，元夫：高卒）

感じてきた不満

1．正社員，主に店長，次長への社員教育を定期的に行って欲しい。基本的な挨拶，パートに対する口の聞き方，接客等ができていません。一日中パソコンの前に座りっぱなし。

2．人員配置を毎日チェックし手の回らない部門に応援を出て欲しい（奉仕高〔売上高──筆者〕が少ないのに人員ばかりいる部門がある）。

3．急な病気や不幸等で休みになった時，担当者が1人2人の部門では，1日休暇を取ることができない。定期的に数年に一度は1人が2〜3部門の仕事ができるように部門移動すると，定年で担当者がぬけたり，いざという時の対応に困らない。

4．パートにも社員教育を1年に一度はしてほしい。5年，10年仕事をしている人も，やった事ない人（仕事）は何も分からない。覚えようとしない。POP作成，2050（商品台帳関係のパソコン作業──筆者），発注機等，誰もがレベルアップしてほしい。（週労37.5時間，39歳，高卒，離婚，子供と同居，1998年の年収：197万円）

過重な仕事と　**　全般的に長時間パートタイマーだけが仕事が過重であると訴える取れない有休**　かというと必ずしもそうでもない。以下に引用したように，不況の中で人員を減らし，週20時間働くパートタイマーにも二つの部門を任せたりしている。そのためにどの仕事も中途半端になってしまうだけではなく，勤務時間内に仕事が終わらないのが当たり前のようになっている。人間関係における思いやりもどんどん薄くなり，働きにくくなっている。引用はしなかったが，週29時間働くある主婦パートは，不満事項としてパートと社員の仕事が同じであることを挙げた後，（正社員より）“労働時間が短いパートのほうが，仕事の量が多い”

第4章　主婦パートの行為戦略

と書いた。このように仕事の負担が重くなっているために，雇用形態を問わず労働者の基本権利である有給さえ取れないケースが多くなっており，有給が取れないことを不満事項と書いた主婦パートも多かった。

1. 当社に入社して＊（判読不可）０年になります。昔は子供の成長とともに時間帯を変更してもらい，とても働きやすかったのですが，現在はとても働きにくくなりました。働く人達も変わってきましたが，当社のほうも変わりました。時代が変わったので変わるのが当たり前と思いますが，人間らしさがなくなりとても冷たくなったと思います（特に思いやり，お互いの協力，自分のことだけではなくみんなのことを考えることがない）。パートは何でもできるようにならなくてはいけないと言われ，現在二つの部門を全部任され働いています。とっても充実しています。

2. 不景気なので当社も人員を減らされていますが，あまり少なくするのも考えものだと思います。残っている人達に辞めた人の仕事が回り，とても負担となり，今までできていた仕事も中途半端になってしまします。（後略）
（週労20時間，51歳，高卒，1998年の年収：100万円，同居者：夫＋子供，末子24歳，夫：高卒，1998年の世帯所得：820万円）

1. 有給があっても利用させてくれないのはなぜですか？　社員よりもパートのほうが何事にも不利です。

2. 勤務時間内に仕事が終わらず仕事をしていても，会社は仕事をして当たり前のような感じです。みんな時間で帰りたいのですから，もう少し考えてください。

3. 上司のほうは，個人個人の仕事をよく見て。

4. 事務所内で上司，同僚，パートの悪口は言ってほしくありません。聞いていて自分も言われているのだと，つくづく思いました。

5. 社員になりたくても家庭を考えると，なかなか一歩前進することができなくなってしまいますね。私自身，年齢のこともありますので半々な気持ちですね。

6. もう少し気持ちのうえでも，ゆとりのある仕事をしたいですね。仕事の改

273

善しかできないでしょうね。

7．私は仕事が好きですから，使っていただける限りお世話になります。

（週労35時間，56歳，中卒，1998年の年収：259万円，同居者：夫＋子供，末子26歳，
　　夫：高卒，1998年の世帯所得：507万円）

不当な労務管理　主婦パートたちを働きにくくする現実は正社員との賃金格差やコミュニケーションの不十分さ，そして過重な業務負担だけで終わらない。以下に引用した人の経験のように，会社の一方的な契約変更や制度改正によって賃金がいきなり下がってしまうケースが少なくない。事例企業でも同じであり，そのような制度改正が狙っているのは長期勤続の長時間パートタイマーの賃金カットである。第2章で述べたように1999年のS2社の制度改正も2006年のS4社の制度改正もそのようなものだった。またG1社も2004年に人事制度を改正したが，その結果フルタイム・パートタイマーのキャリア社員の賃金が25％も下がった。制度改正により賃金カット以外にも，店長が一方的に契約時間を30分ずつ減らしたとか，部門給が違うという案内もせずに部門を転換され時間給が減ったなどの話もあった。

　　○○（企業名）に勤務して16年。前年は教育も受けられて次々と責任のある立場へとなる。仕事への意欲を前向きに取り組んでまいりました。今回，突然，全て今まで一生懸命に会社のために，お客様のためにと励んできた全てを水に流すごとく，一からやり直すべくシステムが変化する。この間の努力は何だったのであろうか？　○○という会社はこんなにもペテンの会社だったのか。責任を押し付け，社員並みに仕事に取り組んでやってきたことが，水泡に帰すとは，いくら不況とはいえ，この時期からまた一からやり直させるとは。組合費も払うだけ払ってそのまま何も返らないとか。こんな事態になるのなら組合員なんてさせてほしくなんかなかった。愛社心までむなしく消えてしぼみます。毎日，さあ，お客様のためにと励んできたのに，仕入れにも何年もがんばって大阪，名古屋，東京へと何社もまわり，少しでも安く，良いものを仕入れ，会社のため，お客様のためにと喜びに満ちていました。仕事への意欲を失ったときこそ，こんなに淋しいことはないと思います。（週労40時間，60歳，短大卒，

1998年の年収：250万円，死別，子供と同居，夫：大卒，1998年の世帯所得：357万円）

　筆者もアンケート調査を通じて初めて分かったことだが，セールのノルマや強制的な商品購買もあるようだ。具体的にノルマの金額を書いてくれた人は以下に引用した人だけだったが，他にも"半強制的に仕事と関係のない，あまり必要ともしないものを購入しなければならなかったり，使用しないカードを作ったり"，"会社の出版物などを強制的に買わせる"などの不満を訴えた人々もいた。

　　今回の斡旋セールの1人当たりのノルマは重荷だった。25万円は決して楽な金額ではない。家電商品は他店で安く，いつでも購入できる商品なので知人等に紹介するのはとっても心苦しかった。大型商品なのに配達料，引取料まで払う。他店では配達料は無料でする。こんな細かいところまで配慮してほしかった。特別に必要な商品でもないのに無理して協力はしましたが，こんなことが何度も続くようではやり切れません。○○運動に協力しているだけで精一杯です。（週労30時間，52歳，高卒，1998年の年収：165万円，同居者：夫＋子供，末子20歳，夫：高卒，1998年の世帯所得：704万円）

遠い労働組合

　これほどまでにさまざまな面で矛盾や不満を感じている主婦パートたちにとって，労働組合はどのような存在であろうか。

　まず回答者の主婦パートの労働組合加入率や加入・未加入理由から検討する。主婦パートの回答者のうち労働組合員の比率は62.3％（ロングタイマー72.4％，ミドルタイマー45.6％，正社員97.1％）である。ABCユニオンの加盟組合はユニオンショップで，正社員は試用期間が終わると皆組合員になる。そしてパートタイマーは第3章でみたように労働時間の長さで加入資格が決まる。母集団の平均からすると回答者の主婦パートの組合加入率が高すぎるが，それは調査表が労働組合を通じて配布されたためである。

　主婦パートたちが組合に加入した理由としては，[18]「労働者の連帯を高めるために，労働者なら労働組合に加入するのが当然なことだと思うから」との回答が一番多い。中でもロングタイマーの46.4％がそのように回答しており，37％の正社

員より高い。その次に主婦パート回答者の回答率が高い選択肢は「特別な理由はない」と「労働組合に加入すると，賃金やいろいろな労働条件が良くなるから」であり，それぞれ20.4％と18.3％である（正社員はそれぞれ34.2％，8.3％）。また労働組合に加入していない理由では回答者の半分以上が「パート労働者には加入資格がないから」加入できなかった，と回答した。そして，ロングタイマーの54.4％とミドルタイマーの36.4％が「加入を勧められると」，「特別な不利益がなければ加入する」と回答した（正社員57.0％）。また主婦パートの9％は「喜んで加入する」と答えた。

　もし選ぶことができるとしたら，「どのような労働組合にも加入したくない」と思っている主婦パートは16.3％（組合員7.7％，非組合員28.9％，ロングタイマー11.2％，ミドルタイマー22.2％）しかおらず，労働組合そのものに対する主婦パートたちの期待や親近感は高いといえる。面接調査でも労働組合に加入したいかを聞いたが，全般的に加入を希望する人が多かったものの，相対的にミドルタイマーの関心は低かった。

　組合に加入したい理由は主に二つだった。一つは，以下に引用した本田さんや山田さんの意見のように，不満事項が言えて労働条件が良くなることへの期待だった。

　　不満を聞いてくれるところがないです。契約更新のときに言いたいことを言いました。今も何か意見とか不満があれば言って下さい，とはいいますけど，相手は経営者ですからね。しょうがないですよ。（今の組合に加入したいですか，それではなくパートタイマーだけの組合に加入したいですか——筆者）そこまでは考えていないですけど，組合があれば，と思います。（本田，G2店パート，週労37.5時間）

　　組合があれば労働条件がよくなると思います。いろいろな面で。私もここで4年間働きましたけど，時給も全く上がらなかったし，福利厚生の面もそうですし。同じ仕事をやっているからフレンド社員にも労働組合があればいいじゃないですか。人事面とか。私は変わっていないですけど，急に売場が変わる人もいます。急にと言っても1週間とか1カ月前には言われますけど。行け，と

いわれると行くしかないですね。組合もないし。たまぁにそんなケースがあります。（山田，G2店パート，週労22時間）

　もう一つは以下に引用した上野さんの話のように，組合員になると今よりボーナスが上がることだった。組合員ではないパートタイマーのボーナスはあまりにも低いからだ。このように，組合がいろいろな面で労働条件を改善してくれるだろうという期待があるために，酒井さんは，それができるつよい労働組合なら加入したいがそうでなければ加入したくない，と言う。[19]

　組合員にはボーナスが月給の1カ月分とか1.5カ月分とか出るんですよ。今の私たちのボーナスはボーナスともいえないものですからね。（上野，G1店パート，月労149時間）

　○○（企業名）組合は力がある強い組合ですか？　どうですか？　強い組合なら加入したいですけど，弱い組合なら加入したくないです。（酒井，G1店パート，月労119時間，42歳，高卒，家電売場，夫：塗装関係の自営業）

　主婦パートたちが加入したい労働組合は「今の会社の労働組合」が44.7％（組合員57.9％，非組合員25.5％，ロングタイマー52.3％，ミドルタイマー34.9％）で一番多い。しかし，「今の会社のパート労働者のみの労働組合」を選んだ人々も33.0％（組合員29.2％，非組合員38.7％，ロングタイマー29.5％，ミドルタイマー37.6％）であり，正社員中心の労働組合がパートタイマーの利益を代弁するのは難しいと思っている主婦パートが少なくないことを示している。他に「会社以外のパート労働者のみの労働組合」や「会社以外の今存在している他の労働組合」を選んだ人々はそれぞれ4.2％と1.2％である。（組合員はそれぞれ0.9％と3.0％，非組合員はそれぞれ1.5％と5.7％）。

　アンケート調査の自由意見でも“会社の組合は正社員のためのもので，パートは所詮パートでしかない”とか“労働組合はなにか，ということは聞いていない。パートだからという理由はおかしいと思う”“労働組合がしていることを具体的に知りたい”，“組合が何をしているか分からないので，最近は500円の組合費も

もったいないと思う（坂口，S3店パート，レジ主任）"など，労働組合を遠く感じている意見が書かれていた。上で引用した人のケースのように会社がいきなり制度を改正し賃金をカットしたのに，組合がその不当な現実に何の頼りにもなってくれないとき，"組合費も払うだけ払ってそのまま何も返らないとか。こんな事態になるのなら組合員なんてさせてほしくなんかなかった"と思うのが当然だろう。このような事情なので，主婦パートたちは不満事項を伝えるために，"私の会社にも女性が話し合って（パートナー），話を会社に持っていく人達がほしいです。パートナーの（女性のための）組合のようなものです"と言う。

　主婦パートたちはどのような場面で労働組合が力になれると期待しているだろうか。労働組合が役に立つ面として79.1%[20]の主婦パート回答者が「賃金や労働条件をよくすること」，7.6%が「会社が労働者に勝手なことをしないようにすること」，4.1%が「労働者の連帯のために」と答えた。この質問への答えで労働組合が「解雇されたとき助けてくれる」と回答したパートタイマーが1%しかないことに注目しておく必要がある。

　主婦パートタイマーたちが困ったときに助けになってくれると思っているところはどこだろうか。表4-15と表4-16は，「いじめなど非人格的な処遇を受けたとき」，「不当な業務転換や転勤などを命令されたとき」，「不当に労働時間短縮や勤務時間を変更されたとき」，「不当に解雇されたとき」，どのように対応するつもりなのかの問いに対する回答を，雇用形態別，労働組合員・非組合員別にまとめたものである。正社員はほぼ全員が組合員なので正社員の回答は組合員の回答と思ってもいい。

　表4-15と表4-16から見える特徴は次のようである。まず，組合員に限ると，労働組合は不当な労働管理の問題を解決してくれる主体として相対的には信頼されているが，その信頼感があまり高いとはいえない。つまり，「いじめなど非人格的な処遇を受けたとき」を除くと，正社員であれパートであれ組合員は，納得いかない労務管理があった場合の相談相手としては，労働組合を取り上げている人々が一番多い。しかし，その比率は解雇の場合であっても4割強にすぎない。主婦パート組合員だけではなく正社員もそう思っている。労働組合が頼れる相手と思えない分，他の相手を頼りにしている。組合員の場合でも，不当な業務転換や転勤命令，不当な労働時間短縮や勤務時間変更のときは，個人的に抗議するか

278

表 4-15 困ったときの対応(雇用形態別)

対 応	非人格的処遇		不当な業務転換や転勤命令		不当な労働時間短縮や勤務時間帯変更		不当な解雇	
	主婦パート	正社員	主婦パート	正社員	主婦パート	正社員	主婦パート	正社員
1	8.3	9.9	10.5	13.1	10.3	13.0	2.4	1.3
2	13.0	12.8	18.1	12.3	29.6	16.5	9.5	6.1
3	59.0	57.2	19.4	21.2	16.2	22.2	7.9	8.2
4	4.4	7.0	26.0	28.4	28.4	37.0	33.5	43.7
5	1.4	0.8	1.8	2.5	3.9	3.0	15.8	13.6
6	1.9	2.1	2.0	0.9	3.0	1.7	13.8	15.6
7	12.0	10.3	22.2	21.6	8.7	6.5	17.2	11.3
合 計	100.0	100.0	100.0	100.0	100.0	100.0	100.0	100.0
N	517	243	504	236	507	230	507	231

対応:1.我慢して耐える。2.個人的に抗議する。3.同僚や周りの人々に相談する。4.労働組合に行って相談する。5.労政事務所に行って相談する。6.民間相談機構や市民団体に行って相談する。7.会社をやめる。

表 4-16 困ったときの対応(主婦パートのうち組合員・非組合員別)

対 応	非人格的処遇		不当な業務転換や転勤命令		不当な労働時間短縮や勤務時間帯変更		不当な解雇	
	組合員	非組合員	組合員	非組合員	組合員	非組合員	組合員	非組合員
1	9.6	6.8	10.2	11.0	13.0	9.7	1.7	3.2
2	12.6	13.6	15.9	21.4	25.1	33.3	7.1	14.1
3	58.5	60.7	20.3	19.2	13.7	21.0	5.1	15.1
4	5.6	1.6	33.2	15.4	34.2	17.7	43.7	15.1
5	1.0	1.6	1.4	2.2	4.6	2.7	14.6	17.3
6	0.7	4.2	0.3	4.9	2.0	4.8	11.9	18.4
7	12.0	11.5	18.6	25.8	7.5	10.8	15.9	18.4
合 計	100.0	100.0	100.0	100.0	100.0	100.0	100.0	100.0
N	301	191	295	182	307	186	295	185

対応:同上。

同僚や周りの人々と相談するつもりの人々が,労働組合に相談しようとする人々より多い。不当に解雇されたときも主婦パート組合員の26.5%,正社員の29.2%が労政事務所,民間相談機構,市民団体などに行くつもりである。

次に,主婦パートの大多数である非組合員には労働組合は遠い存在である。組合員ではない主婦パートたちは「不当な業務転換や転勤命令」や「不当な労働時間短縮や勤務時間帯変更」があった場合,組合に相談するよりは個人的に抗議するか周りの人々と相談するつもりである。また「不当な解雇」があった場合,会社の労働組合(15.1%)より労政事務所や民間相談機構,市民団体(35.7%)がもっと頼りになると思っている。

最後に，不当な業務転換や転勤命令を受けた場合，会社を辞める，という回答
が，パートタイマーでも正社員でも２割を超えている。面接調査を通じて確認し
たことによれば，これは業務転換よりも転勤のときへの回答と思われる。辞職と
いう選択がここまで多いのは，回答者を既婚女性に限ったためである。日本のよ
うに性別分業がつよく女性に会社人としての展望がない社会で，家族の世話係で
ある既婚女性に転勤は，正社員であっても仕事をあきらめるしかないできごとな
のである。

3　主婦パートの対応戦略(1)──受容戦略

　第２節でみたように主婦パートたちは自分が置かれた状況に関してあまり満足
していない。言い換えれば，主婦パートたちは，自分が置かれている状況におけ
る支配的権力関係の正当性を疑っている。しかし，勤続年数の面からみても，職
域の面からみても主婦パートたちの企業内定着は高まってきたのが現実である。
これが意味するのは，支配的権力関係には多くの亀裂ができている可能性がある
ということであり，企業や労働組合だけではなく，主婦パートタイマーたちも何
らかの形で自分の状況に対応するための行為戦略を行使していることを意味する。
彼女たちは自分の状況をどのように解釈して，不満はあるものの耐えられるもの
にしているのであろうか。彼女たちの行為戦略は企業や労働組合の行為戦略とは
どのように相互作用しているのか。それは支配的権力関係の正当性の亀裂をさら
に大きくしていくもの，つまり，構造や制度の変化にまでつながるものなのだろ
うか。

　まず，本節で使用する概念を簡単に定義しておきたい。「受容戦略」は，「行為
者が自分が置かれている状況の支配的な規範やルールを受け入れ，それに従う行
為戦略」と定義する。「抵抗戦略」は，「行為者が自分の利益や自律性を高めるた
めに，支配的な規範やルールを無視して従わないか，あるいは立ち向かう行為戦
略」と定義する。抵抗戦略は，行為者が自分が置かれた状況の支配的規範やルー
ルに同意できないときに取る行為戦略である。

　ところで，パートタイム労働者の状況対応戦略において留意する点は，受容戦
略と抵抗戦略は分離したものではなく，むしろつながっている点である。主婦

第4章　主婦パートの行為戦略

パートたちの大きな不満と同時に企業内定着が進んでいる現実自体が，受容と抵抗の共存を示唆しているが，多くの場合，抵抗戦略は受容戦略という土台の上で使用される。パートタイム労働者の抵抗は，大規模な組織的抵抗ではなく，個人や小集団レベルの抵抗であり，日常と完全に切り離されたものではなく，耐え難い現実を耐えられる現実に切り替える抵抗である。そのために彼女たちの抵抗は，受容と結びついている面がある。しかし，その抵抗が現実を決定的に，または構造的に変えるものでないとしても，それが彼女たちの意思を管理職たちに伝え，企業の一方的要求から彼女たちを保護するものである限り，それは抵抗であり，そのような抵抗が現実に対し徐々に亀裂を招き構造変化につながる。

　しかし，主婦パートのように組織されていない個人主体の抵抗戦略は，表面に出てこず，はっきりと目に見える形をとっていない場合が多い。個別の行為者は，置かれた状況で求められることが，自分の利害と葛藤し対立する場合，状況に直接的にまたは面と向かって抵抗することにより，まずは状況に適応する。同時に，その状況がもたらす犠牲と抑圧に抵抗するため，公式的規範や権力を無視して従わないか，または非公式的な規範を作ろうとする。そして，その状況・構造が主体の犠牲によって維持されるが，主体がそれを変化させる可能性が見つけられない場合，つまり，不平等に対する正当性を認めることはできないが，現実をすぐに変えることもできない場合，スキマ権力ともいえる非公式権力が誕生することになる。非公式的な権力と規範は，公式権力と規範と共存すると同時に，公式権力と規範の支配に亀裂をもたらす。そして，個人主体の抵抗行為は，短期間に急激な変化をもたらすことは難しいが，非公式的規範と権力を作り上げることによって，長期間にわたって公式権力と規範を腐食し，変えていく力を持つ。このような意味から主婦パートたちの抵抗戦略は，公式的統制体制から自分自身を保護し，自律的な空間を開き，既存の構造と位階に亀裂を生じさせ，変化を持ち込むものである。

　基幹労働力化と処遇格差拡大の同時進行という矛盾した状況を，最も尖鋭的に体験する集団がロングタイマーであるので，主婦パートの行為戦略をみていく上でロングタイマーの戦略をより中心的に分析することとする。

あきらめ

受容戦略は，現在の状況を受け入れる度合いに応じて大きく，「あきらめ」「合理化」「体制編入」に区分することができる。「あきらめ」は，現在の状況には満足してはいないが，個人の力では変えることができないものとして受け入れる態度である。あきらめは具体的に，「時代と年齢を恨む」「労働市場の厳しさの直視」「キツネの酸っぱい葡萄にする」「母親の気持ちになる」「娘に希望をかける」などの姿に表れる。

時代と年齢を恨む　まず，彼女たちの現在の状況は，結婚または出産退職から出発した。そのため山田さんと本田さんの話のように，彼女たちの話はあきらめの態度で，結婚および出産退職に関して話すことから始まる。そして「私たちのときは時代がそうだった」という言葉で要約できる。

　結婚してからは専業主婦で，短期大を出て，25歳まで約5年くらい一流企業で正社員として働きました。〇〇重工業という企業ですけど。結婚でやめました。当時は結婚すると退職しなければならなかったです。退職金も結婚退職するとお祝い金まで含めて相当な金額がもらえましたけど，結婚したあと退職すると，自分の事情による退職になって，退職金が全くもらえなかったんです。なので，退職金をもらって退職しましたよ。(山田，G2店パート，45歳，短大卒，勤続4年半，週労22時間，紳士服，担当者，夫：大卒，サラリーマン，年収1,000万円，子女：娘と息子，末子17歳)

　生まれたのは福島県の会津です。高校卒業して東京の短大を出て，田舎に帰って学校の事務職としてしばらく勤めました。その後結婚して退職しました。私たちのときは時代がそうだったのですよ。今の時代だったら，まぁ～ああして辞めなくてもよかったのでしょうけれど，あのころは結婚したら辞めなければねぇ，そんな時代でしたよ。(本田，G2店パート，52歳，短大卒，勤続17年，週37.5時間，青果，担当者，夫：大卒，派遣会社役員，年収800万円，子女：息子3人，末子25歳)

　実は時代への恨みには夫に対する恨みも含まれている。以下に引用した人の話

のように，会社が結婚退職，出産退職を強要するだけではなく，夫が家事も育児も何も手伝ってくれないため，1人で家庭の仕事と両立するのが難しくて仕事を辞めざるを得ない。アンケート調査で女性が仕事と家庭をうまく両立するために必要な支援措置を聞いたら，39.2%の主婦パート回答者（正社員39.9%）が一番重要なこととして「家事や育児を分担しようとする男性自身の努力」を取り上げた。そして主婦パート回答者の19.5%（正社員12.8%）が「家族全般の協力」，23.5%（正社員22.6%）が「保育園の充実や育児・介護休業制度の整備など法律的な支援措置」と答えた。

　　あと10年か20年遅く生まれていたらなーと思います。今は「育児に父親が参加することは当たり前」[21]でも，20年前は母親が育児は当たり前，父親は「育児」も「家事」も何も手伝ってくれなかったので。今20才くらいで働いていたら，主人に家事育児もやってもらい，仕事は続けていられたかも知れませんね。（結婚して，出産して退職するのは当たり前のころでしたので！　少し残念だったかもしれないです）（アンケート調査の自由意見，週労20時間，40歳，高卒，1998年の年収：80万円，同居者：夫＋子供，末子11歳，夫：大卒，1998年の世帯所得：1,000万円）

　　時代の問題として始まった話は，すでに歳を取ってしまった自分のことや主婦としての責任の問題へと続く。田中さんは，自分はすでに歳を取ってしまったから正社員としての仕事は無理であり，パートタイマーの仕事で満足しなければいけないという。しかし，彼女は正社員に登用される機会があったが，通勤距離が遠い店舗への転勤が無理だったのであきらめた経験がある。西川さんはリーダーという肩書きの売場主任である。パートタイマーであることから，企業は主任の肩書きを与えなかった。彼女は，正社員主任と全く同じ仕事を担当し，同じ労働時間であるが，遅番勤務をしないパートタイマーであることから，彼女の賃金は正社員の主任の半分にもならない。本人も自分の仕事能力が正社員に劣らないと思っているが，自分は家族の生活リズムに合わせて仕事をせざるを得ない主婦労働者であることから，低賃金を我慢するしかないと思っている。

　　そうですね，私がもう少し若かったら，10年か20年若かったら正社員として

バリバリ仕事をしてみたいですね。でも，この歳になってしまうと，このまま
いくしかないでしょう。（田中，G1店パート，59歳，高卒，勤続13年，週40時間，日
配，リーダー，夫：石油会社のサラリーマンで定年，子女：1人，30代）

　正社員は異動がありますからね。今は子供も大きくなったので，ここでずっ
と正社員ならできるけど。遅番もするし。私たちは家庭があるから，いつもの
時間に帰らなくちゃいけないので遅番は無理です。転勤は，正社員も40キロ範
囲内のエリア社員もありますから，早番だけの正社員なら何とかできるけど
……。仕事のなかみをみるとパートナー社員も頑張っていますよ。今は売場も
任されているし……。1人当たりの生産性が出るから評価してもらえると思う
んだけど……。（西川，S3店パート，45歳，高卒，勤続17年，週37.5時間，洋風日配，
リーダー，夫：内装仕事，自営業，年収600万円，子女：2人，15歳，17歳）

過ぎ去った時代だけではなく今現在の時代も主婦労働者たちの就業を制限して
いる。税制度，社会保険制度，そして賃金制度（配偶者手当）からなる主婦制度
が，多くの既婚女性労働者を103万円の壁で閉じこめる。以下に引用したように，
主婦パートたちは主婦制度による制限のために，パートタイマーになるしかない
だけではなく，パートタイマーとしての仕事さえ本人が満足するほどできない。
さらにその制限は，"1時間当たりの賃金が低くてもしょうがないと思わざるを
得ない"とあきらめるように働きかけて，パートタイマーに低賃金を受け入れさ
せる。面接調査でも，就業調整のためにパートタイマーたちが年末に休む問題や，
給料をもらわずに働くケースも聞いた。

　夫の扶養内で仕事をするのは，いつも時間が足りず，だからといって，やり
かけの仕事を途中にして帰宅するのは，自分の性格上いやなので，ついただ働
きをしてしまいます。現状の扶養内賃金がもう少し（年間）103万円から120万
円位になったら，仕事も充分にできるのではないかと思います。パートとはい
え仕事をするからには責任があると思うので。（アンケート調査の自由意見，週労
20時間，45歳，短大卒，1998年の年収：82万円，同居者：夫＋子供，末子15歳，夫：大
卒，1998年の世帯所得：800万円）

パートタイマーとして夫の扶養の下に働ける年収は定められているが，その基準が低いため1時間当たりの賃金が低くてもしようがないと思わざるを得ない。今の労働形態に不満を感じる。(アンケート調査の自由意見，週労20時間，50歳，短大卒，1998年の年収：85万円，同居者：夫＋子供，末子23歳，夫：大卒，1998年の世帯年収：1,400万円)

労働市場の　パートタイム労働者でありながら主任の仕事まで任されている状
厳しさの直視　況を，時代のせいにするだけで，自らを納得させることは難しい。
大沢さんの発言からも分かるように，素直に納得するには現在の状況は過酷すぎる。そのため自分を説得する根拠は，労働市場の厳しさである。悪いのは今の職場ではない。日本の労働市場が他の可能性を提供していないことを，彼女たちはよく知っている。そして，企業が設けている擬似内部化制度も威力を発揮する。現在の職場では，これまで時給がわずかながらも上昇し，昇格もした。それを考えながら彼女たちは再び目を閉じて，厳しい現実を考えないことにする。

　他の職場に変わっても同じですよ。でも，ここでは，その間，時間給が上がっているし。今になってここをやめて他のところへ行って新しく始めるより，このままここに居たほうがいいです……。(中略)正社員との賃金差については，考えないことにしました。考えると辛くなるから。主任とは仕事の内容がかなり違うのですが，ヒラの社員と私たちとは別に差がありません。発注のような仕事は，女たちは手抜かりなく，むしろよくやっているほうでしょう。でも賃金の差はあまりにも大きいじゃないですか。正社員がボーナスを貰えるときは，本当に大きいですよ。それに，私たちには退職金もないじゃないですか。(大沢，G1店パート，49歳，高卒，勤続11年，週35時間，畜産，リーダー，夫：サラリーマン，子女：23歳)

　(1994年に主任の仕事を始めた──筆者)　最初は抵抗感がとっても大きかったです。実は去年まで，ずっとそうでした。辞めるか，と，何回思ったかわかりません。(中略)だけど，ここが特別に悪いわけでもないし，人々も優しく，動

ける間は働きたいし……。(三輪，G3店パート，58歳，高卒，勤続19年，週37.5時間，婦人服，リーダー，夫：サラリーマン，定年前の年収：700万，年金月28.5万円，子女：娘と息子，末子30歳)

　G3社は，1994年の制度改正に基づいて，一部のフレンド社員にリーダーという肩書きで主任の仕事を任せている（主任代行）。三輪さんは，G3店の主婦パートの優秀さを代表しているようで，他の主婦パートたちとの面接に際して，パートタイマーの仕事範囲がどれだけ広いか，そして正社員とパートタイマーの仕事に差はない，との主張の事例としてよく挙げられた人である。その三輪さんを悩ませたことは，正社員と比べ物にならない低賃金でありながら，正社員の主任と責任と拘束はほとんど変わりないことである。三輪さんが主任の仕事を担当してからしばらくして，彼女の父親が病気になった。実家が名古屋であることから，東京に住んでいる彼女が父親を訪ねるためには，仕事を休まなければいけなかった。しかし，彼女は売場の責任者であることから，有給休暇さえほとんど使えなかった。結局，看病がほとんどできないまま，面接1年前に父親は亡くなった。働くことは好きだけど，パートタイマーになったのは，多少は家庭の事情を聞いてもらえると思ったからなのに，親をそのように寂しく死なせたことが，彼女にとって職場生活に関連して一番つらい経験であった。

キツネの酸っぱい葡萄と母親の気持ち　あきらめと回避だけで抵抗感を完全に収めることはできない。特に長期勤続の，主任と変わらない仕事をこなしているパートタイム労働者たちはなおさらである。そして，さらに自分を納得させるために，30代，40代は「キツネの酸っぱい葡萄」戦略で現実を受け入れようとする。彼女たちが，正社員の賃金もたいしたものじゃないと話すとき，パートタイム労働者たちが比較対象とするのは，いつも新入社員や平社員であることに注目する必要がある。それゆえに，「キツネの酸っぱい葡萄戦略」なのである。もし高松さんが自分の賃金と勤続が同程度のレジ主任の賃金と，ボーナスを含めた総額で比較するならば，彼らもあまり貰っていない，とはいえないだろう。上野さんは，新入社員の月給は，勤続13年で週35時間働く自分とあまり差がないと言うが，ボーナスを含めた年収になると話が全く異なることを，実はよく知っている。しかし，彼女はあえて月給だけを比較対象にしようとする。

正社員たちも給料から引かれる分が多くて，実際の手取りはいくらにもならないですよ。（高松，G2店パート，49歳，中卒，勤続17年，週37.5時間，食料品レジ，リーダー，子供（28歳，25歳））

あの子たちもボーナスを貰うときは多いかも知れないけれど，給料はたいしたことはないですよ。新入社員の給料は私と同じようなものでしょう？（上野，G1店パート，40歳，高卒，勤続13年，月149時間，婦人服，担当者，夫：サラリーマン，年収500万円）

一方，50代のパートタイマーにとって，正社員の多くが自分の子供程度の年代であるため，母親の気持ちになるか，歳を取った者として寛容な気持ちで現実を受け入れようとする。さらに，田中さんの話は，正社員との賃金比較を超えて，正社員の教育者としての苦労話でもある。[23]

心の葛藤も相当ありましたけど，私は歳も取っているし，若い人たちはこれから花咲く人々だから，立ててあげてもいいじゃないかと考えながら，気持ちをなだめました。（三輪，G3店パート，58歳，高卒，勤続19年，週37.5時間，女性服，リーダー，夫：サラリーマン，定年前の年収700万，年金月28.5万円，子女：娘と息子，末子30歳）

（正社員は——筆者）うちの子どもよりずっと若いんですよ。うちの子も外で仕事をしているけど，その子もどれほど大変かね，と思います。最初から仕事がよくわかる人はいないでしょう。少し時間が経つとわかるでしょう。仕事はどのようにやるもんか，半年ぐらい経つと少しずつわかるでしょう。大学で4年も勉強したから，高校を出た子たちを教えるよりは楽ですね。理解も早いし。うちの子はどうしているかわかりませんが。（田中，G1店パート，59歳，高卒，勤続13年，週40時間，日配，リーダー，夫：石油会社のサラリーマンで定年，子女：1人，30代）

娘に希望を！ 彼女たちが諦めてしまい，現状を完全に受け入れているとはいえないことは，自分の娘に対する期待を語ることによって表れる。保育所がちゃんとあったら，正社員として働き続けたかったと強く言った山田さんは，自分が若かったころはそのような時代，どうしようもない時代だったが，娘は違う生き方をすべきだと考える。彼女は娘に対し，結婚はしなくていいけど，男に一生就職することはないように，といつも言う。横田さんは，自分は，お茶一杯すら，自分で沸かして飲むことができない男と一生暮らしてきたが，娘は違う人生を送ることができるように支援するために，夫を説得して遅番勤務専門のパートタイム労働者になった，と言う。[24]

　私は，うちの娘（大学生である——筆者）にいつも言っているんです。ひとりでも生きていけるように，結婚しなくても食べていけるようにしなくちゃ，と。本人も，今では仕事をすると言っています。（山田，G2店パート，45歳，短大卒，勤続4年半，月労90時間，紳士服，担当者，夫：大卒，サラリーマン，年収：1,000万円，子女：娘と息子，末子17歳）

　ここで働き始めたときは1日6時間30分でした。自分で望んで遅番勤務にしてもらい，閉店まで働きました。午後5時を過ぎると，時間帯給がたくさん付くじゃないですか。長女が専門学校（美容学校——筆者）に入り，学費が必要になって，ここで働くことになりました。だから，たくさん貰える時間帯をわざわざ希望して……。子供の学費のためだから，うちの人も，そうしろ，と言ってくれて。私たちの若い時とは時代が違うから，子どもたちを応援してやらなければね。今は子供2人が皆成長したので，時間を縮めました。（横田，G1店パート，45歳，勤続2.3年，週23時間，惣菜，担当者，夫：内装関係の自営業，子女：2人，25歳と20歳）

　娘を応援するためにパートで働く母親がいる反面，娘を応援するためにパートの仕事を辞める母親もいる。自分の娘が正社員として働き続けられるようにするためである。

うちの店舗では，オープンのときから働いていた50代のパートさんたちが去年から相次いで何人も辞めています。娘が働き続けるように支援するために辞めるとのことです。パートの50代というのは，経験も積んでちょうど脂がのっていて一番おいしい時です。店舗としてはそんな人々が辞めて損が大きいでしょう。私も辞めようかと思ったことがありました。(中略) 店長と喧嘩したことがあります。娘が出産したので，娘の世話のために週末に休みたい，と言ったからでした。店長たちは，ちゃんと働いている人々もいるんじゃないですか，というんですね。ちゃんと働く，生きる，やってるは，男のちゃんとで女のちゃんとではありません。ちゃんとやっている人々は誰の支援があってちゃんとやってるか，わかるか？　それは母親の支援があるからだ，と店長に言いました。男性の上司から，家庭と仕事，どっちが優先か，と言われて，馬鹿じゃないか，そんなことを愚問というんだ。家庭であるのが当然じゃない？決まっているんじゃない？　家庭のために働くんだ。お前も出世するはずだから，これから女にこんなバカなことはいうな。どうして私が娘を世話しながら働けないの？　ワーク・ライフ・バランスは何なの？　と，言ったことがあります。(25)(G1社パートタイマー，56歳，勤続10年，週40時間，総務教育，リーダー（主任代行），G1労組が2007年12月14日に開催した「なんでも話そう　育児座談会○○（地域名）」での発言。労組の配慮で筆者も参加した。)

合理化

　合理化とは，現在の状況が望ましい状態であると，そして自分は現状に満足していると受け入れる態度を指す。あきらめの叙述が主にロングタイマーの回答からであるのに対して，合理化の叙述は主として「自発的ミドルタイマー」によってなされている。彼女たちは主婦アイデンティティを強調し，自分の主婦としての役割を積極的に評価すると同時に，自分は必ずしもお金が必要だから仕事をしているのではない，と強調する傾向がある。もちろん，彼女たちも時給が低いと思い，不況のために時給アップが何年も行われていないので上がってほしいと言うが，その不満の程度はロングタイマーよりずっと小さい。彼女たちの夫の多くが，大企業の正社員などで安定した収入を得ており，彼女たちが「扶養の範囲内で」働くことが，家計経済の計算上は得になるからである。

主婦役割評価　主婦パートとのインタビューに際して，最も多く聞く「私たちは主婦だから」という言葉は，彼女たちが自分の状況を受容する出発点である。自分が主婦の仕事をちゃんとやってきたから，子供も素直に育ってくれて，家庭が現在の幸せを味わっている，と語る。

　私たちは主婦じゃないですか，家庭があるから（正）社員のようには出来ないですよ。私が主婦としての仕事をきちんとやってきたから，わが家の家庭の今があると思います。子供も素直なよい子に育ちましたし。（板垣，G1店パート，47歳，高卒，勤続8年，週20時間，ホーム・ファッション，担当者，夫：サラリーマン，年収：1,000万円，子女：娘1人）

　（再度人生の選択ができるとしても――筆者）キャリア・ウーマンは絶対に無理だと思います。たぶん今と同じ結果だと思います。パートで働くこと。私は子供が好きです。そして家庭が何よりも大切だと考えています。やはり女性が家庭と両立させようと思うならパートが一番かも知れません。（宮元，G2店パート，46歳，高卒，勤続9年，週23時間，サービス・コーナー，担当者，夫：サラリーマン，年収：1,000万円，子女：3人，23，20，15歳）

このように自分が主婦役に徹したことにより家庭が幸せであると考えるパートタイマーたちは，現在の労働時間が，家庭と仕事のバランスにぴったりであると考える。したがって，仕事の時間を増やしたくもない。あまり負担にならない範囲で，家庭生活に無理を生じさせない働き方に満足している，と強調する。この満足感の基礎が，夫の安定的な所得にあることは勿論である。特に，首都圏の古い店舗であるG3店のミドルタイマーたちは，皆が「今はちょうどいい」と話したが，彼女らの夫は全員，大企業の正社員であった。そして，G3社において，ミドルタイマーは制限的内部化の対象ではない。

　働く時間を延ばすつもりはありません。今はちょうどいいです。扶養内で働くことでもあるし。時間を増やすと，遊ぶ時間も家庭に使う時間も減るでしょう。5時間程度働いて稼いだお金で，買いたいものを買ったり，子供たちに必

要なものを買ってあげたり，子供とおいしいもの食べて，たまに旅行に行ったりすると終わりです。私はそれで満足です。もっと働きたくはありません。（堀口，G3店パート，44歳，高卒，勤続10年，週22時間，紳士洋品，担当者，社内結婚，夫：サラリーマン，子女：娘2人，20歳，18歳）

　今のように5時間働くのが私にはちょうどいいです。疲れすぎることもなく。それにね，1日中ずっと家にいると退屈じゃないですか。私が無理してお金を稼がなければならないこともありませんし。（岩本，G3店パート，勤続13年，45歳，週20時間，下着，担当者，夫：電気関係のサラリーマン，年収は分からない，子女：娘2人，20，18歳）

嫉妬と非難　　自分たちの主婦の役割の美化が度を超すと，家庭を優先視しない女性は問題がある，という態度につながることがあり，子持ちの正社員を非難することにもつながりかねない。このような視線によって，初期育児期にある子持ちの正社員が，大変苦痛に感じられることもあるようだ。

　私はうちの子が，大きくなってから仕事に出ました。自分の子どもを他人に任せるのはね……。うちの子が小学校4年生の時，区がやっている保育園の保母補助として初めて仕事に就きました。保育園に預けられている子どもたちはね，しっかりしているように見えましたが，可哀そうですよ。母親の愛情に飢えているんじゃないですか。お母さんが仕事をするために，こうして他人に預けると，子どもがずるくなるっていうの？　もまれてくるっていうか，そういうのもあります。ここの正社員にもひとり，託児所に子どもを預けている人がいますけど……。（松井，G3店パート，51歳，高卒，勤続15年，週20時間，子供服売場，担当者，夫：サラリーマン，普通のサラリーマンよりは年収が高い，子女：息子1人，32歳）

　私は，パートという職業は子育てが一段落してから勤めるものと思っていました。子育て以上に重要な職業はないと思います。最近の女性はね，家庭と仕事との両立をしている人が多いのですが，子供たちに（幼稚園，小学校）落ち着

きがなく，自己主張が強い子が目立つように思います。これは母親の欠落ではないでしょうか。若いお母さんたちは，もっと子供たちに目を向けてほしいと思います……（中略）私個人としては，子供が小さい間は子育てに専念してほしいと思います。（アンケート調査の自由意見，週労17時間，高卒，46歳，1998年の年収：80万円，同居者：夫＋子供，世帯の1998年所得：1,000万円，末子：14歳）

　さらに，女性正社員が育児関連勤務制度（短縮勤務，交代勤務免除など）を利用することに話が及ぶと，問題はもっと複雑になる。「私はあんたほど優秀ではないから，仕事を辞めて子育てに専念したと思うの？」という，やっかみの視線に加えて，労働時間や仕事ではなく雇用形態によって，賃金や企業内の地位が決まる日本の労働市場の現実が，赤裸々に現れるためである。正社員が育児短縮勤務を取得すると，同じ部署の労働者の仕事が増えたりすることから，好ましく思われない傾向があるが，パートタイマーは正社員ほどに負担が増えることはない。他の部署であれば，自分の仕事とは全く関係ない。それにもかかわらず，隣の売場の主婦パートたちの態度さえも厳しくなるということは，実は彼女たちが主婦の役割を，心から喜んで受け入れているわけではない可能性を強く示唆している。

　うちの子が1歳になるまで，職場の人間関係がめちゃくちゃになってとても辛かったです。1年間，食事も喉を通らないくらいでした。同じ主任仲間のなかには，"誰かさんが早番ばかりするなんて，これは不公平じゃないの？"とずっと悪口をいう人もいたし……。うちの子のために我慢してがんばろう，とだけ思っていました。（山本，G3店正社員，勤続13年，高卒，セーター・ブラウス売場，主任，夫：サラリーマン，子供：2歳1カ月）

　私たちは，（出産休暇後に復職しようとする女性社員を——筆者）何とかして職場に戻そうとしますけど，店長にも問題がありますが，想像以上に育児短縮勤務や早番勤務だけすることに対して，男性たちより女性たちのほうがずっと不満をいう場合が多いです。パートたちも，あの子は正社員なのに何で早番ばかりするの，そんなんだったら私たちと何が違うの，と不満をいうし。（飯野，G2社人事部　正社員，33歳，大卒，勤続11年，夫：研究者，無子女）

体制編入

体制編入とは，企業が決めたパートタイム労働者内の位階制度を受け入れて，他のパートタイマーより上位になり，職場における自分の存在を認めてもらうことを目指す態度をいう。これによって，正社員に対する相対的剥奪感を緩和し，自分の存在感を確保しようとするのである。主にロングタイマーたちに現れる体制編入戦略は，あきらめをベースにしている。体制編入が歪んだ形で現れる場合，同僚パートタイム労働者に対するいじめに変質することもある。

雇用区分と等級，能力の証

第2章でみたように，スーパーマーケット企業は，パートタイマーの企業内定着と熟練向上の動機付けのために，パートタイム労働者をいくつかの雇用区分と等級に分けている。等級によって時間給が異なることは勿論であり，企業によっては呼び方まで異なることもある。正社員が昇進，昇格に敏感であることと同じく，パートタイム労働者たちも職場における地位に敏感である。主婦パートたちにインタビューをすると，彼女たちは決まって自分の呼称や資格等級に言及し，自分の企業内の地位を明らかにする。

　　　私はパートではなくメイト社員です。（岩川，G3店パート，49歳，高卒，勤続3年，週35時間，女性服，担当者，26歳で離婚して6年前に再婚，夫：公務員，消防署，年収1,000万円）

　　　フレンド社員にもAとBがあるんですよ。私は1日7時間勤務なので，フレンドAです。（フレンドAはBより等級が上である――筆者）（本田，G2店パート，52歳，短大卒，勤続17年，週35時間，青果，担当者，夫：大卒，派遣会社役員，年収800万円，子女：息子3人，末子25歳）

　　　チーフ（主任代行，時間帯責任者――筆者）はエキスパートだけがやれるのです。私はエキスパートです。

（白倉，S1店パート，42歳，洋裁学校，勤続14年，週35.5時間，鮮魚，チーフ）

さらに，パートタイム労働者は時間給にも敏感である。これは単に収入の問題

ではなく，自分の能力に対する認定の問題であり，地位の問題だからである。したがって，人事考課に際して，正社員はそれによる不満が起きないように気をつけなければならない。ここで注目すべきことは，パートタイム労働者たちにとっての比較対象は，自分と同じ仕事をしている正社員ではなく，他のパートタイム労働者だという点である。これは，体制編入戦略が正社員との比較，すなわち均等待遇に対する希望は持ったとしても「無駄だ」と諦めるのを前提としていることを示唆する。

　誰が熱心に仕事をしているのか，誰がきちんとやっているか，上司が見に来てほしいです。仕事ぶりを評価してもらえればいいのに。（金井，G3店パート，43歳，高卒，勤続10年，週37.5時間，女性服売場，担当者，夫：建築関係の仕事，年収1,500万円，子女：23歳の娘，息子）

　同じ売場でも忙しい売場があって暇な売場がありますね。なのに，時給がみんな同じであるのは不満です。そして同じパートでも仕事ぶりが皆違うでしょう。仕事ぶりを見て時給を決めてほしいです。（山田，G2店パート，45歳，短大卒，勤続4年半，月労90時間，紳士服，担当者，夫：大卒，サラリーマン，年収1,000万円，子女：娘と息子，末子17歳）

　パートタイマーたちは時間給にとても敏感です。お互いにその話はしないと言うけど，皆知っています。自分の時間給がなぜあの人より低いのかと問題にすることもあるし。正社員とは比較しないですね。どうせ違うと思っているから。しかし，同じパートの中では1円，2円も大問題にしますね。（ABCユニオン役員，49歳，大卒男性，G2社文具売場出身）

先にも述べたように，昇格・昇給の梯子を上りたがるのも，時給に敏感になるのも，単に経済的理由だけのためではない。以下に引用した金井さんと上野さんは長時間パートであるが，経済的には不自由なく，家族の生活に彼女たちの収入はあまり必要ではない。しかし，彼女たちは昇給・昇格に熱心である。自分の能力の証だと思うからである。

フレンドも1級と2級がありますが，私は高いほうです。……あ～正社員に
なれるとどれほど良いでしょうね。会議に出て私が企画したことを発表して，
評価して貰って，認めて貰って。私は自信あります。今でも。（金井，G3店パー
ト，43歳，高卒，勤続10年，週37.5時間，婦人カジュアル，担当者，夫：建築関係の仕
事，年収：1,500万円以上，子女：23歳の娘，息子）（未婚時に大手総合スーパーの正社
員だった）

前はフレックスの等級が4等級制でした。しかし，制度が変わって以前の等
級は認めてくれない，と言われました。そのために再び試験を受けて1等級か
ら上がってきました。今の制度では一番高いのが3等級です（彼女は3等級であ
る——筆者）。必ず昇給しなければいけないわけではないですけど，マネー
ジャーからの推薦もありましたし，それで試験を受けました。（上野，G1店パー
ト，40歳，高卒，勤続13年，月149時間，婦人服，担当者，夫：サラリーマン，年収500
万円）（夫の収入は高いほうではないが，夫の親が家を建ててくれただけではなく，食
費以外はほとんど舅が払ってくれる）

パートタイマーの内部が位階化するのは，雇用区分や等級などのためだけでは
ない。ベテラン・パートが，新入正社員や新入パートの教育者になることも作用
している。教育者と被教育者の関係が完全に水平的になるのは難しいからである。
最初に関係がこのように形成されると，被教育者が教育者と同じレベルの熟練を
身につけるようになったとしても，相当な期間，以前の関係の影響が残る。

能力の制度的な証を取得しようとすることと同様に，パート労働者たちが正社
員の上司に一番望むことは，「人格の尊重」と「コミュニケーションしようとす
る姿勢」である。主婦パートたちは，賃金格差は労働市場の構造の問題であり，
個人ではどうしようもないと諦める一方で，個人としてとれる態度については重
要な問題だと考える傾向がある。自分が低賃金労働者だからといって，自分の存
在および店舗における役割が軽いものではないことを，管理職たちに認めてもら
いたいと願っている。上でみたようにアンケート調査でも，賃金不満の次に多
かった不満が，パートだから話を聞いてくれないなどの無視されることに関して
だった。このことから，新任の主任が自分たちの存在を十分に認めない態度をと

295

ることは見過ごせず，「上の方たち」が自分たちを認めてくれれば感動する。企業側も，利潤創出の全体の仕組みが分かる人であるほど，「誰が金を稼いでいるのか」がよく分かっているため，彼女らに対する「金がかからない気配り」を積極的に行う。

　先代の会長さんは売場にお見えになったときには，まず必ず私たちのところへ挨拶に来て，ご苦労さん，と肩をたたいて話しかけてくれましたよ。本当に立派な方でした。（坂口，S3店パート，57歳，専門学校卒，勤続24年，週37.5時間，レジ，主任，夫：定年前は家具会社の営業マン，子女：2人）

　大手企業の会長は一つ一つの店舗を回ることはないでしょうが，地方の中小の社長がお店回りをするときは，最初に行くところは店長室じゃありません。まず売場と後方を廻って，パートのボスたちの肩をたたき，「ご苦労さん」と握手をしてまわり，最後に店長室に向かうのです。また，有名なボスの名前をよく覚えていて名前を呼んであげたりします。正社員は自分たちのほうがえらいと思っていますが，企業は誰が稼いでいるのかよくわかっているのですよ。（ABCユニオン役員，54歳，大卒，男性）

いじめ，歪んだ位階意識　主婦パートたちが，企業の管理システムに同意し，それに編入されていることをよく表しているのが，彼女たちにとって「仕事ができること」が非常に大事なことと考えられることである。まるで学校システムの中で，勉強ができる学生が先生に認めてもらうように，仕事ができるパートタイマーが管理職からも同じパートタイマーからも認めてもらえる。長時間パートには，この欲望が強い。認めてもらおうとするパートタイマーの欲望が健全な形で表れるときは，健全な競争意識を持ってもっと頑張って仕事をしようとし，パートタイマーの間でもお互いに励ましあう姿になる。しかし，それが不健全に表れるときは，パートタイマー内部の関係を位階化し，その位階の頂点に立とうとする姿になる。さらに歪んだ形になると，特定の人を無視するとか，踏みつけようとすることにもなる。すなわち，「いじめ問題」である。
　以下の引用で分かるように，一般的にいじめは仕事がよくできないとか，失敗

第4章　主婦パートの行為戦略

が多いことを口実に行われる。失敗と仕事の未熟さに対して，同僚を励まし乗り越えるよう助けるより，自分の熟練度を立証する材料として考えるとき，仕事の問題を人間の問題に置き換えようとするとき，いじめが生まれる。また，これは自分が置かれている不平等な現実に対する，不満解消のはけ口として作用するものでもある。いじめの対象になると，被害者の多くは泣きながら仕事を辞めていく。いじめ問題が発生したとき，普通，外部の者が立ち入ることは難しい。仕事の問題ではなく，人間関係の問題として現れるからである。しかし，続けて他の人をいじめる人や小集団がある場合，それは店舗全体の問題になることから，管理職たちはその人々に注目し，売場移動や人事考課を通じて辞めるように誘導する。

　私もこの職場で働くようになって，もうすぐ4年目をむかえます。その間，人間関係が原因で何人もの人が辞めていくのを見てきました。どうしていつも辞めていくのはいじめる側ではなくて，いじめられる側なのだろうと思います。いじめた側は「なんで辞めたのだろう」というくらいにしか思っていません。（アンケート調査の自由意見，32歳，高卒，1998年の年収：90万円，同居者：夫＋子供，末子8歳，夫：短大卒，1998年の世帯年収：400万円）

　いじめを受ける人たちは，一般的に他の人たちから，仕事がよく出来ない，教えてもうまく出来ない，仕事が遅いなどの理由でいじめを受けるのです。（S3労組専従役員，48歳，大卒，男性）

　私たちの店のある売場で，いじめにあって辞めた人がいました。その人は，仕事が少し遅かったみたいです。仕事をいくら教えてもできず，他の人たちは陰口を言い，人前でも叱っていたようです。そして結局辞めることになったのです。（相馬，G1店正社員，50歳，勤続13年，総務教育担当）（筆者との面接1年半前にパートから正社員に登用された）

　不満が積もっても上司に不満を打ち明けることも出来ないから，弱い人，甘く見られる人をいじめるのですよ。（塚野，A社パート，45歳，高卒，勤続12年，週

30時間，事務室，担当者，夫：高卒，自営業，無子女）

　また，G2店長の話にあるように，ときにはその人々は管理職に代弁してもらって，その権力を利用しようとすることもある。このいじめの問題は，これから検討する職場小集団と密接に関連している。いじめの主体も個人であるより小集団であることが多く，いじめのない店舗を作っていくのも小集団である。店舗でインタビュー調査をしていると，特に古い店舗では，「ここは古い方々が親切にしてくださって，本当に居心地がいいところです」との話を聞くことがある。この「古い方々」は長期勤続者である50代の古株のパートさんであるが，彼女たちがオピニオン・リーダーとして，いじめ問題が起こらないように雰囲気を作っている職場の場合，いじめ問題がそれほど起こらない。

　新しい店舗に行くと必ず近づいてくるパートたちがいます。そんな人々に気をつけなければいけません。多くの場合，その人々は管理職の目に入りたがるだけで，仕事は熱心にやらない人々です。目の前でだけ仕事をするふりをして。そして，そんな人々が同じパートをいじめるのですね。（G2店長，44歳，大卒，男性，勤続21年，店長経歴5年，畜産出身）

4　主婦パートの対応戦略(2)——抵抗戦略

　今までパートタイム労働者たちが自分の置かれている状況をどのように理解し，現実に適応しているかについて検討してきた。しかし，処遇格差の拡大という不合理な現実の中で，彼女たちは与えられた状況をただ受け入れているというわけではない。ただ受容するだけというには，現実の矛盾はあまりにも大きい。第4節では，彼女たちが，自分の不満をどのように表出させながら，自分自身を守ろうとしているかについて検討を加えていく。上で述べたように本書における抵抗戦略は，行為者が自分が置かれた状況の支配的規範やルールに同意できないとき，「行為者が自分の利益や自律性を高めるために，支配的な規範や企業の統制を無視して従わないか立ち向かう行為戦略」である。スーパーにおける主婦パートタイマーの抵抗戦略は，抵抗の度合いによって，積極的抵抗と消極的抵抗に分けら

れる。積極的抵抗が小集団政治を通して非公式権力を確保することによって，企業の公式統制体系と直接に対抗しようとするのに対して，消極的抵抗は個人的に試みられる抵抗である。

消極的抵抗

個人レベルの抵抗である消極的抵抗に該当する行為として「悪口」,「自己投与制限」,「離職」などがある。消極的抵抗戦略は全てのパート労働者に普遍的に表れる。それぞれの行為戦略について詳細にみてみたい。

後ろから，聞こえる　「パートタイム労働者は，不満をどのように表出するのか」
ように悪口を言う　という質問に対する答えには，断然，「悪口を言う」が多い。
管理職もパートタイム労働者も，同じ答えである。ところで，「悪口」にも段階がある。低い段階での「悪口」は，親しい主婦パートの仲間に愚痴をこぼし，慰めてもらって，不満を解消しようとする。以下に引用したS2労組の専従者の話のように，愚痴をこぼすのはある個人に対することだけではなく，賃金や労働条件全般に関することである。

　　ここの仕事が終わったら，いつもおやつを食べながら，しばらく休んで帰ります。あの横にある社員食堂です。その日あったことについて話をしたり，癪に障った話などもしたりして。(金井，G3店パート，43歳，高卒，勤続10年，週37.5時間，女性服売場，担当者，夫：建築関係の仕事，年収：1,500万円，子女：23歳の娘，息子)

　　パートだけで食堂に集まって，冗談じゃないよ，と言いながら上司の悪口を言いますね。(中略)ボーナスの日の食堂もちょっと避けたほうが良いですよ。パートはボーナスが少ないからボーナスの日，雰囲気よくないです。(S2労組専従者，42歳，大卒，男性)

その程度で解消しない場合は次の段階の「悪口」，つまり「後ろから本人の耳に入るように悪口を言う」に移行する。以下で引用した塚野さんの話のように，伝達者を通して自分の不満を伝え，上司(主に主任)に警告をする。人間である

299

限り，同僚を通じて不満を聞いた上司は，気にせざるを得ないからである。上司に対する不満の内容は，パートタイム労働者の意見をよく聞かない，無視する，無礼だ，パートタイマーとコミュニケーションしようとせず，一方的に指示ばかりするなどであり，悪口を言う場所は，主に社員食堂である。積極的抵抗でも見られるが，社員食堂はパートタイマーの小集団活動の主要舞台である。

　しかし，S2労組の専従者の話のように，悪口の対象は，必ずしも自分の上司である正社員に向けられるものだけではなく，自分が置かれている状況そのものであることも多い。実際，彼女たちを怒らせるものは，正規職労働者の存在自体ではなく，自分が置かれている状況の構造であるのだ。

　　聞かれても大丈夫だと思われる正社員がいるところとか，その売場の主任と親しい正社員が近くにいる時に，わざわざ聞こえるように悪口をいうんです。うちの売場の新しい主任ねー，本当に冗談じゃないよ。本当に頭に来てさ，こんな話を大きな声でしゃべるの。そうすればそれを聞いて本人に伝えるから。
　（塚野，45歳，高卒，勤続12年，週30時間，事務室，担当者，夫：高卒，自営業）

自己投与制限　　「自己投与制限」とは，職務遂行および熟練向上のための努力をしないなど，現在の仕事の水準以上には仕事のために頑張らない態度を意味する。労働研究において，抵抗戦略としての怠慢に関しては，雇用形態と業種を問わず一般的に指摘されてきたことである。しかし，日本のスーパーマーケット産業において，主婦パートタイマーの職務怠慢が指摘されることはほとんどなかった。それよりは，"パートタイマーのおばさんたちがそんなお金を貰って，あんなに熱心に仕事をするのを見ると感嘆するしかないですね"（G2社人事部，マネージャー，大卒，男性，40代前半）というのが普通であった。

　Tilly（1996）が面接したアメリカの小売業の管理職たちは，パートタイマーの無能力，無責任，怠慢などに関して，怒りに近い不満をこぼしている。しかし，筆者がTillyの研究をG2社の人事部長に紹介したところ，彼は"全く理解できません。一般的に言えばパートのほうが正社員より誠実です"と言った。筆者が面接した管理職の中で，パートタイマーの怠慢に関して指摘した人は，G3店の食品マネージャー１人だけであった。

パートの中で古くなった人々は，気付かれないように仕事から手を抜きます。古いだけにずるいんですよ。管理職たちがよく分からないように手を抜きます。そして新しい主任が来ると，私たちは以前はそんな仕事しなかったですよ，といいながら責任逃れをしたりしますね。(G3店食品マネージャー，40代前半，大卒男性)

ところで，本論でいう主婦パートの自己投与制限は二重の意味を持っていることを指摘しておきたい。それは一方では，"今がちょうどいいです"という表現でわかるように，職場より家庭を優先させるために今以上には仕事をしたくない，という，受容戦略でみたミドルタイマーの現在の自分の働き方を合理化する態度である。そして，他方では，パートタイム労働者という自らの身分では，どんなに熱心に責任ある仕事をしても見返りがない，という現実を直視する態度である。例えば，正社員の半分の給料で経理の責任を負わされている塚野さんは，自分の現実に対する抵抗としてリーダーの職務を拒否した。

店長が私にリーダー（主任代行──筆者）にならないか，と言ってきたことがあります。断りました。パートがリーダー手当としてひと月に５千円貰って，責任を全部負うことですよ。経理事務は正社員がいないので，私が全部やってきました（塚野さんは以前の職場で経理担当正社員だった──筆者）。今も，１日１時間の残業が基本です。私はパート労働を一つの働き方として認め，短時間正社員に登用すべきだと思います。パートに正社員の仕事を全部やらせて，手当何千円を与えて恩着せがましくするのを認めたくはなかったです。正社員が１日８時間でやる仕事を，私は６時間でやっています。だから，私は正社員よりパートのほうが，労働密度はずっと高いと思っています。(塚野，A社パート，45歳，高卒，勤続12年，週30時間，事務室，担当者)

離職　消極的抵抗戦略の最後に「離職」がある。離職には自己都合による場合もあるが，企業が提示する労働条件や勤務環境を受け入れずに職場を辞めることは，抵抗行為のひとつである。本人の事情による退職を除いて，次に引用した高松さんやG3店店長の話から分かるように，離職理由の多くは人間

関係であり，上司との人間関係がうまくいかず辞める人々も少なくない。そのため，小集団に安定的に所属していない人々が離職する傾向がある。

　　以前勤めていた職場は人間関係のために辞めました。パートで働くのはどこ行っても同じですけど，まぁ当時は若かったから気に入らなければそれだけで辞めましたね。(高松，G2店パート，49歳，中卒，勤続17年，週35時間，食品レジ，リーダー)

　　パートさんたちが辞めるというとき，聞いてみると一番多いのは家族事情です。それは，しょうがないことだけど，それ以外に店長が気に入らない，主任が気に入らない，というパートさんたちがいます。そのときに僕は，"私たちは長くて3年で異動になる人間です。そして○○さんはこの店舗にずっといる方ですね。私たちが去っていくまで我慢すると思ってくださいませんか"と話します。(S3店長，42歳，大卒，男性，勤続20年)

"パートさんたちは，近所の他の店のほうが10円でも時給が高ければ，辞めてゆきます"というS4労組の専従役員の話のように，時間給も離職の理由の一つである。しかし，時間給を理由とする離職の場合，時間給が採用時給からあまり上がっていない人々が多いのに対して，人間関係のために離職する人々の勤務期間はさまざまである。また稀ではあるが，集団離職が発生することもある。これに関しては積極的抵抗の項で触れる。パートタイマー本人たちが，そのときまでに上がった時間給が全部無駄になるという損を被ることではあるが，該当店舗と上司にも相当の打撃を与える抵抗行為である。

商品食い，飲み　労働者が自分の処遇や管理職の態度に不満を持つときに取ることができる行動の一つは，会社に経済的な損失を与えることである。ストライキも雇い主に経済的損失を与える行動である。しかしそのような抵抗は個人の労働者は行うことができない抵抗行為である。雇い主に経済的損失を与える個別労働者の抵抗行為としてよく挙げられることの一つが窃盗である。

　　しかし，筆者はスーパーの主婦パートの窃盗に関してはほとんど聞いたことがない。管理職たちの話によると，従業員による窃盗そのものが多くはない。本社

の部長がお店から出て行くときもカバンを開けて中を見せなければいけないので，窃盗はあまり頻発しにくい。[29]しかし，仮にあるとすればパートタイマーより正社員の主任である。毎年2，3回棚卸しを行うので，棚卸し責任者の主任でなければすぐ発覚するからである。例えば，G2社の人事部長（50代後半，大卒男性）の話によると，1990年代半ばに G2社のある店舗では，主任が異動した後，その人が850万円分の商品を窃盗したのが分かった事件があった。また，主任には値引く権限があるので，気に入った商品を値引きの時期ではなくても，値引き処理をして安く買うこともたまにあるという。

　第2節で検討したように，多くの主婦パートは本人が置かれた状況に対する不満が強い。中でも低賃金や正社員との賃金格差に対する不満は非常に強い。そのような状況ならスーパーの主婦パートたちは，自分を不当に搾取している会社のものを盗んだりしたい気分になることがあっても不思議ではなさそうだが，現実はそうではないことをどう理解すべきなのか。筆者はこの問題に関しては深く調査することができなかったが，一つ考えられる要因は身元保証人のことである。2007年と2008年に面接したG1社の主婦パートによると，G1社ではパートタイマーの契約を更新するたびに身元保証人の保証を求めるが，その身元保証人はほぼ全員夫である。会社が身元保証人として夫を認めるので，他人に頼る理由がないためである。結果的に彼女たちは"夫の許可の下"で働くことになる。このような状況では会社で万が一のことがあった場合，それは直ちに夫に連絡が行き，責任を取らせることを意味する。企業にとってはこれほど簡単な統制はないといえるだろう。

　窃盗以外に会社に経済的損失を与える行為として，以下に引用したABCユニオンの役員の話のように，商品を食べたり飲んだりする行為が挙げられる。今では食べるとするならば試食用を食べるかだが，それさえ多くはない。しかし，実際に商品管理が今ほど厳しくなかった70年代や80年代までは，商品化するための材料を，皆で食べることも珍しいことではなかった。ところがその行為は，抵抗行為とは言いにくい。特に試食用のものを食べるくらいなら，会社に与える経済的損失はあまり大きくないし，売場の従業員全員で，さらに隣の売場の人々まで呼んで一緒に食べながら，従業員の親睦を深めるという意味もある。食事共同体が一番強い共同体であることを考えれば，むしろこの行為は親企業的行為とも

303

いえるかもしれない。[30]

　　いい肉はお店で働くときに食べましたね。昔はまだ肉がセンターでパックさ
れて入るのではなくて，かたまりが入ってきてスライスして売りましたからね。
いい肉が入ってくると売場の人々が食べる分を先にとっておいて商品を作った
りもしました。うちだけじゃなくて隣の売場の人々も呼んで，パーティではな
いけど，皆で食べましたよ。肉だけじゃなくて魚も果物もそうしました。集
まって食べることも，仕事しながら行ったり来たりしながら食べることもあり
ました。（店長から怒られなかったですか──筆者）　店長も一緒に食べました
よ。今は商品管理が厳しくなって，また不況だから商品にするものは当然で試
食用で来たものも食べづらいと思いますけど，昔はよーく食べました。（ABC
ユニオン役員，40代後半，食品スーパーの精肉売場出身）

積極的抵抗──小集団政治と非公式権力

おしゃべり
共同体とボス
　　管理職や労働組合関係者とのインタビューにおいて，店舗におけ
る人間関係およびパートタイマーに対する管理，統制問題に関す
る話題の中で，必ず出てくる言葉の一つは「ボス」という単語である。正社員と
違ってパートタイム労働者たちは，店舗の異動をしないだけでなく，住居も店舗
の近くにある。また親店の場合，営業開始の何カ月も前からパートタイマーを募
集しオープン準備をするので，オープン・メンバーの凝集力は非常に強い。2，
3カ月間毎日一緒に教育訓練を受け，他の店舗への見学や実習も一緒にやるなど，
オープン後は経験できない高い密着度を経験するからである。

　　同じ店舗で長期間勤務することにより，自然に親しくなる小集団が形成される
ようになる。そして，小集団の中で発言力の強いリーダー格の人間が生まれるこ
とは当然であるが，この小集団のリーダーが「ボス」と呼ばれている。パートタ
イム労働者の小集団が秘密結社でもないのに，ボスという名称は大げさな呼び方
でもあり，半分冗談ぽい感じで使われている面もある。しかし，第3節で引用し
たABCユニオンの幹部も使っているように，この呼び方は非常に普遍化されて
おり，管理職たちはもちろんパートタイム労働者たちも日常的に使用している。

　　実は，パートタイム労働者の自生的小集団は，本質的には「おばさんたちの，

おしゃべり共同体」である。彼女たちは食事時間には一緒に食事をして，休憩時間や仕事を終えて家に帰る前にちょっと食堂に集まり，おしゃべりを交わしたりして，気に入らない人がいると一緒に悪口を言ったり，休みの日をあわせて一緒に遊びに行ったりする関係である。パートタイム労働者たちはこのようなおしゃべり共同体を作りながら，職場生活の中で蓄積したストレスを解消しつつ，さまざまな情報を共有して，企業に従属させられることに抵抗する。有期雇用のパートタイム労働者が，個人単位で管理職と直接対峙することが困難であることから，非公式小集団の形態で自分たちの存在感を示すのである。つまり，パートタイム労働者たちは，おしゃべり共同体という陣地を構築し，企業と管理職から自身を守っているのだ。

　もちろん，パートタイム労働者の内部が，完全に水平的な関係ということではない。パートタイム労働者の内部関係は，企業が作った等級制度によって位階化した側面がある。また，直接的には教育者／被教育者という関係を形成した経験はなくとも，長期勤続者と短期勤続者とでは，店舗の特徴や仕事を把握する水準が異ならざるを得ず，そこに位階へと発展する素地がある。以下に引用した発言から分かるように，入社順で位階を立てようする傾向もある。

　　パート勤務を始めて 7 年ほど，私自身は先輩を見て，先輩に学び，先輩のやり方の良いところを盗み，よくないと思うところは自分なりに改善してやってきました。後から入ってきた人達にも自分がやってみて能率が上がった方法等は積極的に教えるようにしています。また会社の改装時の教育に参加し，後輩にもそのように教えていますが，ほぼ同年代から 7 〜 8 才しか違わなくても，後から入ってきた人の方が偉そうにしていて，先輩の教えることを鼻の先で聞いていて，「人それぞれのやり方があるから」で片付けられたり，仕事中おしゃべりが多くて，仕事の手が休んでいるときが多く，指摘すると逆襲されます。チーフ等が注意してくれれば良いのですが，チーフはパートよりも年下のために自分が嫌われると仕事がやりにくくなるためでしょうか，陰では言っても見て見ぬふりをしていて腹が立ちます。（アンケート調査の自由意見，週労20時間，53歳，高卒，1998年の年収：99万円，同居者：夫＋子供，末子18歳，夫：高卒）

このようなことから，垂直的な関係を中心とする小集団が形成されることがないわけではない。しかし，その位階は企業の制度によって支援されるものではないことから，大変脆弱な位階である。重ねていうと，長期勤続の熟練水準が高いパートタイム労働者といっても，大部分は，そうではないパートタイム労働者の職務上の上司ではない。それゆえ，小集団内部に序列があるとしてもそれは至って虚弱なものであり，彼女たちの強い関係のもとになるものは，親密性に基づく結び付きである。

　管理職たちが主婦パートたちのおしゃべり共同体について，位階的組織であるかのようにボスと部下という，大げさな表現を使用する理由は，彼女たちが個人ではなく集団でいるときは統制が難しいためである。そのために彼らはその小集団のリーダーが誰なのかに関心を持つ。縦の関係が中心の男性文化に慣れている彼らは，「おばさんたち」の人間関係がうまく理解できないので，企業組織における縦の人間関係を，おばさんたちのおしゃべり共同体にそのまま適用して「ボス」と「部下」という表現を使っているのである。

　2〜3年ごとに異動する正社員と違い，一つの店舗に長期間勤務しているパートタイマーたちは，強い結束力を保つことが可能である。さらに，彼女たちはその店舗に関しては正社員の上司より詳しいだけではなく，店舗に対する愛着がつよい。また彼女たちは，いわば名前を奪われて主婦と名づけられて家庭に閉じ込められた経験の持ち主であるため，彼女たちにとって職場は，自分の名前で自分の能力を認めてもらった場所でもあり，強い自己同一視の対象でもある。そのために職場が「私のお店」になるのである。ところで，パートタイム労働者たちの結束力が強まるほど，管理職たちは彼女たちを統制できなくなる。公式統制体制の動きに反発する集団が存在するとき，企業組織の中で縦の人間関係に慣れている正社員たちにとって，その現象を理解するために一番手っ取り早い方法は，誰かリーダーシップを持った人が周りの人に影響力を行使しているはずだ，と理解することである。

ボスはどの　　どのような人が小集団のリーダーになるのか。その要件をみてみる
ような人か？　　と，最も大切なことは自分の意志をはっきりと述べる性格である。
すなわち，店舗の中のさまざまなことについて，また正社員上司の態度や売場運営に対するいろいろな評価を，自分の心の中にしまっておくのではなく，パート

タイム労働者たちにも管理職たちにもオープンに話ができる人たちである。以下に発言を引用した相馬さんの場合，労働組合にも積極的に発言する。相馬さんは面接当時には正社員に登用されていたので組合員だったが，パートだったうちは組合員ではなかった。しかし彼女は組合の役員が自分の店舗を訪問するたびに不満事項を言っていた。

　　労働組合の人がお店に来るたびに言いました。パートタイマーの労働条件の問題を。だけどあまり変わらないですね。（相馬，G1店正社員，50歳，勤続1（13）年，総務教育，夫：農業）（パートタイマーとして12年勤務した後正社員に登用された）

　次に，彼女たちは仕事能力が大変優れた人たちである。もちろん必ずしも仕事ができる人だけがボスになるわけではないが，どんな組織でもそうであるように，仕事ができない人が周りの人々から認めてもらうことは難しい。また，仕事が優れた人でなければ正社員の上司と対立するには不利であることもある。これらから，おのずと勤続年数が長く，その店舗の状況についてよく知っている人物がリーダーになる。したがって，歴史のある店舗ほど小集団の影響力は大きい。例えば，事例店舗のG3，S3，S4など歴史のある店舗における面接では以下に引用した岩本さんの話のような声がしばしば聞かれるが，それは小集団のリーダーたちを指す話である。

　　ここは本当に居心地がいいです。昔からいる人たちが言うべきことはちゃんと言ってくれるし，新しく入ってきた人に仕事もよく教えてくれて，仲良くやっていけるように面倒見てくれますし。（岩本，G3店パート，45歳，勤続13年，週労20時間，下着売場，担当者）

　三番目に，ボスは私的な関係の小集団のリーダーだけに，人間関係についてよく気が付く人たちである。もちろん，店舗の中の全ての人間関係にまで気を使遣う必要はないが，最小限，自分たちのグループ内の人間関係をうまく処理できないようでは，どんなに立派なことを言っても発言力は低下して，影響力の行使が

難しくなる。

　最後に，影響力のあるリーダーたちは，労働組合員である傾向がある。つまり，相対的な意味ではあるが，雇用が安定している人たちといえる。リーダーとしての役割を立派に果たすために，他の人の悪口だけで結束力を求めていく水準では難しい。リーダーたる者は上に意見をはっきり言えなければならず，そうすることによって管理職と対立することがあっても，雇用に不安をきたさない条件が必要である。　一般的にパートタイム労働者の採用権限は店舗側にあるが，いったん組合員になってしまうと，みだりに解雇しにくくなる。また，小集団のボス格の場合，問題が発生すると労組へすぐに通報する傾向がある。組合費を取っている以上，組合員に起きた問題を解決するふりでもするのが組合の義務であることを，彼女たちはよく理解している。

おしゃべり共同体の　前述した通り，おしゃべり共同体の日常活動は，ともに食
陣地戦と非公式権力　事をし，遊びに行き，おしゃべりなどの日常的なコミュニケーションにある。もちろん，おしゃべり共同体の活動はこのようなことだけではない。ある事例店舗のおしゃべり共同体は，休みの日を調整して一緒に政党の集会に行ったこともある。またある店舗のおしゃべり共同体は，会社の外にある，個人加盟の組合であるコミュニティ・ユニオンに一緒に加入したこともある。[31]しかし，多くのおしゃべり共同体の日常活動の中身はやはり日常的なコミュニケーションである。彼女たちは，このコミュニケーションを通して低賃金高熟練の有期雇用労働者である自分たちが，実は企業の利潤創出構造の主役であり，"現在の日本の企業のなかには，パート労働力をバックに急成長をとげた企業が多い"ことをお互いに周知させ，管理職に対しては自分たちの存在を認めさせてもいる。主婦パートたちは店舗に長期定着することから，小集団活動に基づく彼女たちの抵抗活動を陣地戦に比喩することができよう。[32]

　主婦パートのおしゃべり共同体と直接向き合うのが売場の主任たちである。主任は売場の営業成績で評価されることから，成績に直接影響を与える主婦パートの小集団との関係が大変重要になってくる。主任が新たに着任してきたとき，主婦パートたちとの円満な関係を築けなければ，おしゃべり共同体は「主任を手なずける教育」を試みたりする。以下の事例は，悪意はなかったが現主任が着任早々，主婦パートたちと円満な意思疎通が行えなかったために生じた経験談であ

る。運が悪かったというべきなのか，古いその店舗で，最も影響力のある「ボス」とおしゃべり共同体がその主任の担当売場に所属していた。主任を手なずけるためには，出勤して売場の後方で意見交換をするだけでは不十分である。主婦パートたちは仕事が終わった夜の時間か日曜日に集まってどうするかを何回も相談した，という話を筆者は事例店舗の主婦パートから聞いたことがある。

　ここに来た初めのころ，こうしましょう，ああしましょうと話をしても，女たちは話を聞いてくれなかったです。後方ばかりで作業をしないで，商品化したものを売場に出して売場の状況をみて欲しい，と話したら，"以前はそのようなことはやりませんでしたよ。私たちは後方で商品化だけをしていたのに，どうして突然そんなことをしろと言うんですか。その仕事は正社員がしてくださいよ"と言われました。一緒にやってくれなくて，とても困りました。今はお互いに助け合ってうまくやっていますが。(S3店正社員，青果主任，30代前半，大卒，男性)

　主婦パートのおしゃべり共同体と新任主任が張り合うケースが，しばしば起こること，それはスーパーマーケット業界では常識である。しかし，店長は問題が深刻になるまでは乗り出してこない。それが特別なことではなく，正社員主任としてやっていくためには乗り越えなければならない課題だからである。おしゃべり共同体と主任間の力の張り合いは，一般的には多少時間が経つと，あるところでお互いを認めて決着がつく。しかし主任が小集団との小競り合いを円満に解決できず，売場運営に支障が生じるようになった場合は，第三者が介入して調停をしなければならない。調停ができないような最悪の場合は，誰かを異動させることになる。

　誰を異動させるかについては，あらかじめ定められたルールがあるわけではない。S3労組の専従役員は，パートタイム労働者は異動させることができない人たちだから，定期異動時期でなくても正社員を異動させると答えた。G2社の人事部の管理職とS4労組の専従役員およびS2労組の専従役員は，正社員を異動させようとすると，他の店舗も玉突き異動をしなければならないので，店舗内で完結できるパートタイム労働者の異動で対応すると答えた。店舗内異動が可能な

パートタイム労働者を異動させるほうが多いようである。しかし，古い店舗で影響力のあるリーダーたちが多くいる店舗，または，小集団の結束力が強い職場で，主任が小集団全体と対立した場合，もしくは，長期勤続者の副主任格の主婦パートと主任が対立した場合には，定期異動の時期でなくても主任を異動させたほうが企業にとって負担が少ない。事態の深刻さについて，店長が気付くことが遅れたり，気が付いても主任を異動させずその場をしのごうとすると，集団退職など，さらに困難な状況が生まれるかもしれない。したがって，適切な時期に適切な介入，調整することが重要である。

　次の引用の話し手は，ボスの話題になると露骨に不満を述べ始め，「悪いボス」の話に集中した。彼は，そのような人間は追い出すべきだと強調した。彼は青果部門の主任時代に主婦パートの小集団と対立して，ある日突然主婦パートたちが集団退職してしまったという経験がある。彼が店長から厳しく叱責を受けたことは想像に難くない。本人も認めているように，ひとつの売場のパートタイム労働者が長期勤続者を含めて集団で退職した後，売場の運営に支障が生じたからである。

　　よかったと思いました。悪いボスは売場へも悪い影響を与えるから辞めてもらうべきです。同じ町に住んでいるので悪いボスがいると噂になると，パートの募集もうまくゆかないし。出て行ってくれてよかったですよ。（ちょっと意気消沈して）だけど，突然いっぺんに辞められたので，当初はちょっと苦労しました。（事例労組の専従役員，44歳，大卒，男性，青果売場出身）

　ところで，主婦パートの異動が必ずしも主婦パートの敗北であるとは限らない。佐藤さんの事例は，非公式権力を認めることを拒否した正社員を困らせるために，ベテランの主婦パートがすすんで売場の異動を希望した例である。彼女がただのパートタイマーであったなら，正社員に謝罪して敗北を認めて，鮮魚売場にそのまま勤めたであろう。しかし，彼女は仕事のよく出来るパートタイム労働者として認められていたばかりか，労働組合の中央執行委員であった。佐藤さんは，自分よりずっと年下の若い正社員を〇〇君と呼んだことに反発する正社員に対し，彼女自らがその売場から異動し，売場全体のチームワークを壊すことによって，

売場運営の難しさを経験させる，ひとつの教育を試みたのである。

　　もともと私は鮮魚でした。あの当時は面白かったですよ。刺身の薄切りコン
　テストみたいなことをしたり，新しいスタイルの刺身の盛り合わせ方などを研
　究して，みんなで助け合って，本当に雰囲気がよかったですよ。10年ほど前
　だったかしら，新しく社員が転勤してきましたが，若い社員だったんですよ。
　そこで私が何気なく○○君と呼んだところ，その社員が怒ったんですね。自分
　を無視したって。私はただ彼の年が若いので，意味もなくそう呼んだのです。
　そして私が早速店長のところに行って，すぐに私をほかの部門に異動させてく
　れ，と言いました。それでレジになりました。(佐藤，S4店パート，53歳，高卒，
　勤続21年，週35時間，レジ，リーダー，組合の中央執行委員)

　「主任手なずけ」はいろいろな方法で行われる。次の事例は筆者が知っている
中でも一番過激な事例である。この事例を引用したのは影響力ある主婦パートた
ちの，主任手なずけに対する周辺の反応のためである。その店の管理職と正社員
たちの全てが，彼女たちが主任手なずけをしていることを知りながら止めさせよ
うとしない。そればかりか，「いつ引っ張り込まれるか」と言いながら，面白
がってさえいる。仕事がよくできるベテランの主婦パートであることから，店長
も彼女たちに向かってむやみなことは言えない。つまり，管理職たちは「低賃金
高熟練労働者」である主婦パートを辞めさせないためには，その程度の非公式権
力を認めるほかないと判断して，彼女たちの存在の重さを認めている。また正社
員の主任たちとの面接で筆者が，パートタイマーによる主任手なずけに関して質
問したとき，何人かの主任たちから聞いた話だといいながらクスクス笑いながら
すぐに，"冷蔵庫に連れて行かれるとか"という同じ表現を使ったことを思えば，
ベテランの主婦パートたちが主任を冷蔵庫に連れて行って手なずけをするのは，
非常に稀なケースではないかもしれない。

　　私が以前勤めた店の青果売場では，3魔女と呼ばれる，とっても有名な3人
のパートさんがいました。彼女たちは，新しい主任が来ると，売場の後ろにあ
る冷蔵庫に連れてゆくんです。そこで，"お前が正社員だけど，この店のこと

は私たちがずっとよく知っている。ここでは私たちのやり方があるからね"というようなことを言いながら手なずけるようでした。連れて行かれたやつは全員泣いて出てくるそうです。言われたことをよく聞くと約束させられて。店長も他の売場の人も皆，知っていることです。それで，青果売場に新任の主任が来ると，いつ引っ張ってゆかれるか耳を傾け，やっぱり泣いて出てきたって，クスクス笑いながら話をするのです。でも，そうやって引っ張り込まれた主任が，職場をやめたなんていう話は聞いたことがありません。そのオバサンたち，一度話がつけば，その後は本当によくしてくれるそうです。また彼女たちはとっても仕事をよくするパートで，古株なので誰も手が出せない人たちなんです。会社としては正社員が辞めるほうがましですよ。そんなオバサンたちが辞めたら打撃ですから。（ABCユニオンの役員，40代半ば，大卒，男性，精肉売場出身）

　ところで，第2章でみたようにパートタイム労働者にも人事考課がある。そのため，彼女たちの人事考課者である主任が，制度上の権力を基にパートタイム労働者たちをコントロールする可能性が考えられる。例えばG2社の人事部の管理職は，自分が店長だったとき，問題があるパートタイム労働者を辞めさせるために人事考課を利用したと話した。そして，S2組合の役員のひとりも，人事考課で悪い点数をつけて辞めさせるべきである，と言った。管理職たちは，人事制度が発達した結果，昔よりボス問題は弱くなった，と一様に話した。G2社とS2社は，事例企業の中でパートタイム労働者に対する評価制度の整備が最も遅れているにもかかわらず，人事考課を利用して辞めさせるといっている。
　一般的にいえばパートタイマーのコントロールに人事考課という手段が使える。しかし，パートタイム労働者に対する内部化制度が，真の内部化制度ではなく擬似内部化制度であることから，評価制度を利用したコントロールの可能性は限られたものである。正社員に比べてパートタイム労働者の昇給幅は非常に狭く，一定の時間が経つと頭打ちになる。不景気の中で，一部の企業では，パートタイム労働者も成績が悪ければ評価給がマイナスになることもある。しかし，大部分の企業では，それができるほど評価給や昇給の幅が広くはない。したがって，人事考課を利用したコントロールの可能性は，勤続年数が短く，等級が低いパートタ

イム労働者には利用できるが，長期勤続者のベテラン・パートには有効ではない。さらに明確な根拠もなく影響力のあるパートタイム労働者の人事考課を低くすると後が怖い。

　以上でみたように，主婦パートたちのおしゃべり共同体は，おしゃべりで職場生活のストレスを解消するだけではなく，パートタイム労働者の存在を尊重しないか，無理な仕事の指示があるとき，集団の力で対抗する役割もある。彼女たちは「一緒にいること」で，企業組織のヒエラルキーの一番下にいる彼女たちの存在を保護するだけではなく，低賃金高熟練労働で企業や店舗の発展を支えている自分たちの存在に対する「承認闘争」(Honneth, 1992＝2011)を展開しているのである。そして何よりも重要なことは，彼女たちの非公式権力を企業が認めていることである。企業にとっては職務と処遇の不均衡を維持するために，低賃金高熟練のパートタイム労働者たちが，小集団政治を通じて公式権力とは別途の非公式権力を追求することを認めるしかない。

5　非公式権力の拡大と公式権力の亀裂

　これまで企業の基幹的労働力となっている主婦パートたちが，自分自身の状況をどのように解釈し，対応しているかについてみてきた。

　主婦パートタイム労働者たちは，大部分が家族形成期に内部労働市場を離脱した経験を持つ人たちである。つまりパートタイム労働者と女性正社員をライフ・ステージに配置すると，「正社員は主婦パートの過去であり，主婦パートは正社員の未来」であり，主婦パートと女性正社員はライフ・ステージを異にする同じ集団である。多くの女性労働者は結婚や出産を機に正社員としての仕事を辞め，子育てが一段落した後，主婦パートとして労働市場に戻る。ただし，全ての女性が復帰するわけではない。高所得階層の女性たちは復帰しない傾向があり，復帰した人々であっても，家族の経済的事情により労働時間の長さが異なる。

　長時間働く主婦パートは，経済的必要性のため，低賃金長時間労働で家計を維持している。しかし，彼女たちに適用される制度は擬似内部化装置であることから，勤続が長くなり熟練度が高くなるに従って，同じような仕事を行っている正社員との賃金格差は次第に拡大する。主婦パートは男性稼ぎ主から扶養される存

313

在だから生計費賃金を払わなくてもいい，という理屈で，低賃金で使用している
のである。まさに，企業がパートという名の下で，正社員と異ならない労働時間
で，正社員と同じ業務を半分の賃金で担当する，金の卵を産むガチョウを保有す
る秘訣であり，社会政策や内部労働市場における賃金制度からなる主婦制度がそ
の秘訣の制度的基盤である。しかし，基幹労働力になった主婦パートの多くは，
家族の経済的状況や配偶者の職業などのため主婦制度の枠の中に当てはまらない
人々であり，その矛盾が主婦協定のレベル調整が行われる土台でもある。

　この矛盾した状況で主婦パートたちは，自分の現実に対して不満を感じ，葛藤
せざるを得ない。大部分が社会保険制度および税制上の被扶養者であり，基幹労
働力化のレベルが低いミドルタイマーより，生計維持者の比率が高く，基幹労働
力化の水準の高いロングタイマーのほうが，置かれている状況に対して，より葛
藤を感じている。しかし，彼女たちのもう一つの現実は，家庭責任の専担者であ
ることである。彼女たちはあきらめと自己合理化，さらに企業が提供する位階構
図を活用するなど現実を受容しながら，同僚の主婦パートたちとおしゃべり共同
体を形成して結束を強め，管理職と対峙する。さらに「スキマ権力」ともいえる
「非公式権力」を構築して，公式権力に対して企業や店舗の発展における主婦
パートの貢献を認めさせる承認闘争を展開しながら自分たちの地位を守り，現実
に対処していこうとしている。

　ミドルタイマーが主として受容戦略を行使するのに対して，抵抗戦略はロング
タイマーを中心に行使されるという事実は，家族的背景と就業目的，さらには職
場内の地位がパートタイム労働者の状況分析と対応戦略に影響を与えることを示
唆する。「非公式権力」は，主婦パートタイム労働者が家族責任のため転勤せず，
長期間ひとつの職場で仕事をするという条件から導き出されるものである。主婦
パートタイム労働者が家族責任の専担者であるという点は，彼女たちを内部労働
市場から排除する原因であると同時に，非公式権力を確保できる土台にもなって
いる。

　以上でみたように，主婦協定に基づいた同意獲得装置を土台に，主婦パートの
非公式権力の追求と確立，それに対する企業の認定，そして基幹パートに対する
労働組合の組織化は，職務と処遇の不均衡の矛盾した現実を再生産する役割を果

たす。しかし，パートタイマーの基幹労働力化がさらに進むと，その同意創出の組み合わせの維持は難しくなる。基幹化に基づく主婦パートの非公式権力が大きくなりすぎて，公式権力に大きい亀裂を作るためである。公式権力を維持するためにはこの葛藤と亀裂を縫合しなければいけない。そして，その縫合の試みは制度改正につながる。

注

⑴ アンケート調査に関する詳しい内容は金英（2001a）を参照のこと。

⑵ 「その他」と答えた人々も20人いたが，具体的な名称を書いたのをみると，「〇〇社員」というパートタイマーを称する，企業の人事制度上の名称であった。

⑶ また，質問票は労働組合を通じて回答者に渡されたが，調査対象が主婦パートであることを分かった上で，組合の役員たちが契約社員や嘱託に質問票を渡したこと自体に注目する必要がある。

⑷ 日本女性の高校進学率は1960年55.9％，1970年82.7％，1975年93.0％であり，短大進学率は1960年3.0％，1970年11.2％，1980年21.0％，1990年22.2％，2000年17.9％，大学進学率はそれぞれ2.5％，6.5％，12.3％，15.2％，29.2％である。

⑸ パートタイマー回答者の20代22人のうち14人，30代68人のうち14人は子供がおらず，この人々はまだ出産が終わっていない可能性がある（40代では4人，50代のうち10人が子供がいない）。

⑹ 学歴ごとにみると，未婚期に正社員だった比率は高卒の87.8％が一番高いが，全般的にはっきりした傾向は認められなかった。

⑺ 妊娠・出産時の就業中断への回答は，結婚時の就業中断への回答よりも100人以上少ない。全般的に無回答率が低かったにもかかわらず，出産退職に関して，ここまで無回答率が高くなった理由は，出産していない人々がいることとアンケートの質問順番にあると判断される。つまり結婚時に退職したかどうかと，その理由等を尋ねた後，出産時の退職に関して尋ねたので，結婚時に労働市場を離脱した人々が回答しなかったものと思われる。

⑻ 優先順位をつけて三つの回答を求め，優先順位の高い順に加重値2，1.5，1を乗じて集計した。これらの質問への回答では集団間に大きな違いがなく，いずれも統計的に有意ではなかった。

⑼ この回答には労働時間と年齢による差はほとんどなかったが，学歴では明らかな差があった（中卒0.0％，高卒5.4％，短大卒8.0％，大卒13.6％）。

⑽ アンケート調査で世帯所得を尋ねるとき，回答者本人を除く世帯全体の所得を尋

ねた。

⑾　筆者が韓国で面接した，同じ経験の持ち主である主婦パートは，"たまぁに，子供をうらむ気分になるときがありますね。そのときにお前が病気さえしなかったら，元気にしてくれていたら，私は働き続けられたよ！という気分……子供には申し訳ないけど，そのとき辞めなかったらよかったのにと思いますので……"と言った。

⑿　しかし，雇用形態をコントロールすると，正社員だけが学歴による意見の差が統計的に有意であり，パートタイマーは有意ではない。

⒀　筆者がこの不一致を発見することになったのは，自由意見を読んで，ここまで切実な気持ちを語ってくれた人は，他の質問にはどのような回答をしたかを知りたくなったからだった。たぶん彼女は，前の部分にあった女性の働き方に関する質問には，いわば規範的または自己合理化の回答をしたが，回答を続けながら本人の本当の気持ちを語りたくなったと思われる。筆者の調査経験によると，質問自体が持っている思考誘発効果がある。労働条件に関するアンケート調査は，回答者に一種の学習効果を持ち，ライフ・ヒストリー面接は本人の人生や人間関係を再び考えさせる効果をもたらす。

⒁　「女性も一生職場生活をして経済的に自立すべき」と答えた人々の中で，正社員就業を望む回答は，ミドルタイマー，ロングタイマー，正社員の全てにおいて約85％であった。

⒂　学歴もコントロールしてみたが，統計的に有意ではなかったことから，結果は示さなかった。

⒃　1990年代の韓国でも，既婚女性の正規労働者と非正規労働者の間で性別分業規範受容度にはほとんど差がない（金英，2001b）。Fagan & Rubery（1996）によれば，女性の意識を基にフルタイム労働の選択とパートタイム労働の選択を説明することが可能なのは，ヨーロッパでも1980年代中盤以降のイギリスぐらいにすぎず，その選択は主に雇用主の戦略と労働市場制度によって決定される。

⒄　表4-14からは正社員の満足度が非常に低いことも目立つ。しかし本書では正社員の満足度の低さに関しては論じない。

⒅　順番を決めて二つを選んでもらった中での一番目。

⒆　酒井さんは，不況のため夫の収入が減って生活に困っているため，長時間契約に転換したがっていた。特に社会保険に加入したがっていた。しかし，1990年代半ばから本社は，社会保険料の負担を抑えるために長時間契約を制限する方針を採っている。最近G1店では食品で働く長時間パートを募集していたが，土日を全部出勤することを条件にしていたので，まだ子供が2人とも中学生である現状では無理だと思ってあきらめた。

(20) 順番を決めて三つを選んでもらった中での一番目。

(21) 日本の男性の家事労働時間はそれほど延びてはいない。NHKの生活時間調査によると，1970年代以降男性の家事労働時間増加は，平日は高齢者男性の家事労働時間が延びたためであり，日曜日は20～40代男性の家事労働時間が増えたからである。しかし男性の家事労働時間は，延びたとは言いにくいレベルである。すなわち，1970年における30代男性の日曜日の家事時間は，炊事2分，掃除3分，買い物17分，子供の世話11分，家庭雑事39分だった。それが1995年にはそれぞれ7,4,4,34,26,27分になって，30代男性の日曜日の家事労働時間が25年かけてやっと29分増えたということである（NHK，1996：39-40）。また共働き世帯の夫の家族の世話のための1日平均労働時間は，1991年の19分（家事8分，介護・看護1分，育児3分，買い物7分）から2001年の26分（それぞれ9,1,5,11分）に，10年間で7分増えた。しかし，専業主婦世帯（夫は有業）の夫の家事労働時間は1991年は25分，2001年では35分であり（総務庁統計局，『社会生活基本調査』；『平成13年 女性労働白書』付表96)，就業主婦の夫より専業主婦の夫が家族の世話をする時間が長いことは，男性は家事労働をするとしても，単独でするよりは家事労働をしている妻の脇で'手伝う'ことを意味するのではないだろうか。

(22) S3社は，1999年からパートタイマーの業績評価をすることになったが，正社員には適用しない。

(23) 第2章で述べたように，多くの場合，新入社員のOJTを担当するのはベテラン・パートである。

(24) 本人が働き始めた後，夫が結構変わった，冷蔵庫からおかずを出して温めるとか自分でお茶を入れるくらいはできるようになった，と横田さんはいった。

(25) この発言は，2000年代に入ってからワーク・ライフ・バランスや育児支援のための制度の整備が進んでいるにもかかわらず，現実は女性が働き続けるためには他の女性の支援がなければ無理であることをよく示している。座談会の後3回にわたって行った彼女とのライフ・ヒストリー面接によると，彼女はシングル・マザーとして長女を産んだ経験がある。また最近出産した次女は離婚の危機にさらされている。そのため，娘たちの出産と継続就業に関して特別な思いがあった。

(26) この言葉は主婦役割を評価する言葉としてだけでなく，パートタイマーの低賃金を受け入れるしかないことを表す言葉として，多くの主婦パートから聞く言葉である。つまり自分たちは家族責任のためにシフト勤務ができないので，同じ仕事を担当している正社員より賃金が低くてもしょうがない，というときに，その話の始まりとして一般的に使われる。

(27) 金井さんの夫（専門職）は年収が1,500万円を超える。G3店を3回目に訪問したと

き，帰宅する彼女と偶然に出会ったが，身に着けているもの全てが，彼女の給料1カ月分では買えないブランド製品だった。しかし彼女は働かずに家でじっとしているのは耐えられない性格だという。子供が幼いうちは内職をしたこともある。負けず嫌いの彼女は内職するときも"他の人より多くの量をやりたかった"ので（貴方が一番優秀です，という評価），"夕飯の後は夫からも手伝ってもらった"。そのために彼女の夫は彼女がパートになって楽になった。金井さんの自宅から近いところにデパートがあるが，友達が皆そのデパートを利用しているので，自宅から多少離れているG3店を選択した。しかし，そんなに働きたがった彼女は，姑が認知症になり，一緒に住まざるを得なくなったことから，2006年に仕事を辞めた。家にいるのは耐えられないと言われたが，という筆者の質問に金井さんは，"ちょっとは大変だけど，結婚してからずっと夫が優しくしてくれたので受け入れなくちゃ，と思ってる"と答えた。2007年と2008年の調査で確認できたことの一つは，50代のパートタイマーの中で，親の介護のために仕事を辞めるケースが少なくないことだった。

(28)　A社のパートタイマーである塚野さんは，自分の店舗に江戸川ユニオンの支部を作った人である。筆者は1998年9月から1999年5月にわたって予備調査として，塚野さんを初め，スーパーマーケットを含む四つの業種のパートタイマー12人と面接調査を行った。塚野さんとは1998年9月から2003年4月まで4回にわたって面接を行った。

(29)　どうしても盗みたいなら，値札を取って，従業員本人ではなくて友達に頼んで持って出てもらうか，レジと共謀しなければいけない。

(30)　筆者も調査中に試食用の食品を後方で一緒に食べたことがあったが，確かにその後パートさんたちに話が聞きやすくなったと感じた。試食品を食べるときの従業員たちの反応を見ると，従業員が試食用を食べることに関しては，店長はそれほど厳しくないようだった。

(31)　このことをその企業の組合より先にABCユニオンの支部が知って，その企業の組合に知らせた。彼女たちは圧力と説得のために結局コミュニティ・ユニオンを脱退した。

(32)　"現在の日本の企業のなかには，パート労働力（内職等を含む）をバックに急成長をとげたといっても過言ではない企業が多々あると思う。それなのに仕事がどれだけできても「パートのおばさん」は所詮「パートのおばさん」のワクをこえることがない。何か言っても正社員との間には，一線が引かれている。待遇他の面で。以前，勤めていた会社でも仕事は正社員と何ら変わらず，賃金のみけたはずれに安かった。「パート3人，正社員1人」といわれるくらい。こんな不況のときこそパート労働力を見直し，「パートのおばさん」が明日もがんばろうとヤル気を出せる職場を作ってほしいと切に思う。"（アンケート調査の自由意見，46歳，高卒）

第4章　主婦パートの行為戦略

㉝　彼はパートタイム労働者たちを「女たち」と呼ぶ。従業員が主に男性正社員と主婦パートからなる食品スーパーでこの呼び方は，性別による雇用形態の違いを正確に表現しており，店舗レベルの男性正社員の多くも同じように言う。

㉞　この話を聞いて筆者は，他人の不幸を喜ぶことは悪趣味ではないか，といったが，相手は"ちょっと弱気にさせるだけで，それほど悪いことをしているわけでもないし，店の人たちも，それほど深刻には考えていなかったです"と答えた。

㉟　お店の人々はこの言葉を悪口として使ったのだろうが，筆者には非常に象徴的で印象深い言葉だった。フェミニストたちは意識的に魔女という言葉を「女性を助ける女性」という意味で使用することがあるからである。それは中世末期のヨーロッパで起こった「魔女狩り」に際して，魔女にされた多くの女性が，薬草などを使用して周りの女性の中絶や避妊などを手伝った疑いで魔女にされたことに由来。そして三鼎立という言葉から分かるように，足が三つあればどのような地形でも安定的に立つことができることから，3は一番安定している数字とも言われる。そしてこのような意味から「3魔女」という言葉を「一番安定した助け合いの構造」の比喩として使用するのである。第1回ソウル国際女性映画際（1997年）のオープニング・セレモニーでは3魔女が登場して，女性映画際の開幕を祝福した。

㊱　S1社がこのケースであるが，全面的基幹化型であるS1社のパートタイマーの評価給の幅は300円を超え，昇給の幅も一番広い。

終　章
日本的パートタイム労働市場の変容と再生産
―――主婦協定の改正と制限的内部化の拡張―――

　これまでスーパーマーケット企業の事例を通じて論じてきたように，パートタイマーの熟練が向上するにもかかわらず処遇は向上しないため，パートタイマーの職務と処遇の不均衡が拡大する。このような日本のパートタイム労働市場の特徴は，「主婦制度」とそれに基づいて行動する行為者たちの「主婦協定」によるものである。

　第2章でみたように，企業にとって主婦制度に基づいた主婦協定は，高熟練・低賃金労働者という金の卵を産むガチョウであると同時に，パートタイマーのさまざまな抵抗行為と非公式権力という副作用ももたらす。企業はある程度まではパートタイマーの非公式権力を認めるが，非公式権力を無制限に認めると従業員に対する企業の公式統制をあきらめることになり，企業の利潤生産構造が不安定になるので，何らかの対応策を取らなければいけない。その対応策がパートタイマーの一部を正社員とは異なるレベルで内部化する「制限的内部化」装置であり，本書の事例企業は皆そのような制度を設けている。

　しかし，制限的内部化制度はパート労働者の熟練水準を以前より高めることを目的としているため，職務と処遇の不均衡を依然として拡大させ，非公式権力を抜本的に統制することは困難である。さらに1990年代後半から少子化問題に関する社会的・政策的関心が高まる中，両立支援制度を利用する正社員が増えており，主婦パートの家庭優先性を保障する主婦協定による正社員との「区別作り」の効果が一段と弱まってきている。これでは基幹パートの抵抗行為や非公式権力を牽制することが難しくなる。男性稼ぎ主型ジェンダー関係に基づく支配的規範やルールに生じる亀裂が縫合できなくなる。

　このような状況を突破しようとする企業の対応策が，2000年代に入り総合スーパー大手企業が相次いで施行している「改正人事制度」である。総合スーパー企

業の改正人事制度は「雇用形態ではなく働き方」を基準に企業内の地位や処遇を
決めるとする人事制度であり，異なる雇用形態の間の「均衡ある」処遇に向けた
対応の例として評価された（JILPT, 2005, 2006）。異なる雇用形態の間の均衡あ
る処遇のための制度は，「パートタイマーの職務と処遇の不均衡の拡大」と
「パートタイマーの基幹労働力化」の同時進行を止める制度と評価されている。
つまり，その同時進行を可能にしてきた，男性稼ぎ主型ジェンダー関係に基づく
主婦協定を根本的に変えていくものとされているのである。しかし，本当に改正
人事制度は労働市場の民主化とジェンダー平等に向けた制度なのであろうか。

　終章では大手総合スーパー2社（D社とE社）の改正人事制度の内容やその制度
が招いた結果に対する検討を通じて，新しい人事制度が主婦協定に及ぼした影響
を検討する。これは行為者戦略の相互作用がどのように構造変化につながるかに
関して論じることでもある。

1　新しい人事制度の内容と狙い

　D社は2002年，E社は2003年から新しい人事制度を導入し，その翌年度から実
施し始めた。改正人事制度のポイントは「社員区分基準の変更」と「非転居社員
の昇格・昇進の上限の拡張」にあり，結論を先に述べると，これらのポイントは
「女性従業員の総パート化」，「働き方のジェンダー化の強化」そして「ジェン
ダーの身分性の強化」という結果につながる。

　図終-1と図終-2に提示した両社の改正人事制度における社員区分の基準をみ
ると，D社は転居の可否と勤務時間，E社は転居転勤の可否だけを基準に，従業
員を区分していることが分かる。制度改正前にD社は従業員を正社員と非正社員
に分け，非正社員をまたオレンジ社員（パートタイマー），旧準社員，定時社員な
どに，正社員は転勤範囲を基準にN，R，H社員に分けていた。N社員の転勤範囲
は全国，R社員の転勤範囲はブロック内であり，ほとんどが女性であるH社員の
転勤範囲は90分以内の通勤範囲であった。それを勤務時間と転居可否を基準にゼ
ネラル・キャップ，キャリア・キャップ，アクティブ・キャップとした。図終-
1に出したように社員区分によって賃金制度や定年保障が異なる。D社は新しい
人事制度を「キャップ制度」と名付けたが，D社組合の専従役員（50代前半，大卒

男性）によると，"服に合わせて帽子を変えるように，ライフ・ステージにあわせて働き方が自由に変更できる意味"を含めたそうだ。

　一方，制度改正前にE社は，従業員を大きく正社員と非正社員に区分し，正社員は転勤範囲に従ってN，R，L社員に，非正社員は労働時間などに従って，契約社員，キャリア社員（1日8時間，年間，1,920時間労働），フレックス社員（月149時間以下労働），アルバイトなど（高齢者や学生）に区分していた。しかし，改正制度では，パートタイマーまで含めて従業員は全て（薬剤師などの専門職や学生アルバイトは除き）転勤範囲という単一基準で，N社員（全国転勤），R社員（ブロック内転勤），そして，C社員（転居を伴う転勤なし）に区分された。また，C社員はフルタイマーとパートタイマーに分けられ，前者は「日給月給社員」と呼ばれる。

　D社の人事責任者（50代前半，大卒，男性）によると，"意欲と能力がある人に仕事を任せ，会社を発展させるために"人事制度を改正した。E社人事責任者（50代前半，大卒，男性）は面接で，従来の人事制度は雇用形態によって処遇が決まる制度であり，"企業への貢献と処遇が見合わない身分制度的なもので，従業員のモラールを下げる制度"であったため，その弊害をなくしたと述べた。

　ところで，このような社員区分基準の変更によって，制度転換時E社の旧L社員のうち約1,800人が，主婦パートタイマーたちと同じカテゴリのC社員になったが，その91.7％（1,650人）は女性だった。そして，日給月給社員（C社員）の働き方は，リーダーやマネージャーなどの管理的仕事，全面的なシフト勤務，転居を伴わない異動（J3以上）など，旧L社員と差がない。「女性従業員の総パート化」ともいえる制度改正である。D社の場合，制度転換時H社員を全員ゼネラル・キャップに転換して，旧H社員に関しては90分以内の通勤範囲で転勤することを認めた。以下に引用したD社の人事責任者の話によると，労働条件の不利益変更は法律違反だからである。制度転換時D社における正社員は約1万人（男性約8,000人，女性約2,000人），パートタイマーは約5万8,000人だった。

　コストだけを考えますと，H社員にキャリア・キャップになってもらうのが得ですが，個々人の労働条件を考えるとそうはなりません。従業員が望んだからではなく，会社の都合で制度を変換したことですからね。労働条件の不利益変更は法律上もできることじゃないし。ゼネラル・キャップはもともと正社員

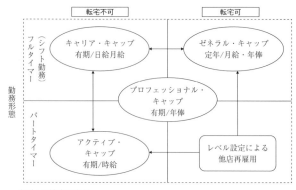

図終-1 D社の改正人事制度における社員区分

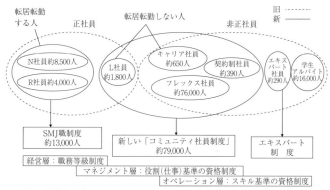

図終-2 E社の新・旧社員区分

から変換することですから，キャリア・キャップよりゼネラル・キャップのほうが処遇が高いです。ですから，本人が望んで選択することはできますが，会社が強要することはできません。(D社人事部長，50代前半，大卒男性)

第2章と第4章でみたように「転勤範囲」は，主婦パートが自分たちの不利な処遇を我慢するための「区別作り」の一環であり，女子社員の昇進・昇格を妨げる要因でもある。つまり，転勤範囲を処遇基準とすることは，女性に家族責任を専担させる男性稼ぎ主型ジェンダー・システムの人事制度上の表現であり，雇用

終　章　日本的パートタイム労働市場の変容と再生産

形態と働き方のジェンダー化，またそれによる雇用形態の身分化の証の一つである。したがって，企業の要求に家族責任（Family Responsibility）を従属させることが可能かどうかを基準に従業員を処遇するという面から，D社の制度よりE社の改正人事制度は，「働き方のジェンダー化」を一層進める制度としての理念的鮮明性を持っている，といえる。

　次に，改正制度のもう一つのポイントである「非転居社員の昇格・昇進の上限の拡張」というのは，図終-3と図終-5で示したように，主任までに制限されていた非転居社員の昇格・昇進が，中小店舗の店長まで拡張されたことを指す。E社は1990年代初めに，転勤範囲によって賃金と昇格・昇進の上限にも差をつける人事管理制度を導入した。N社員の賃金を100にした場合，R社員は95，L社員は90に設定され，N社員は11等級・最高経営層，R社員は8等級・課長（現，統括マネージャー），L社員は5等級・主任（現，マネージャー）まで昇格・昇進が可能だった。そして，パートタイマーは役職につくことができず，制度転換時約650人だったキャリア社員を除くと，組合への加入さえできなかった。このことはD社も全く同じだった。ところが，制度転換によっていわばパートタイマーが，D社では課長（部門の統括マネージャー）まで，E社では中小店舗の店長まで昇進できるようになったのである。

　しかし，制度転換前もパートタイマーの量的，質的基幹労働力化の進展によって，店舗では，肩書きはないにしても実質的に主任の役割を担当する事例が増え続けていた。また昇格・昇進制限のため，L社員・H社員の能力が充分に活用できない，という問題もあらわれてきていた。E社の場合，このような現実に対応して1999年に，パート主任制度を導入し，小規模店舗（食品スーパー店舗）を中心に実施し始めた。その結果，1999年末にはパートタイマーの主任 が100人ほど（リーダーは500人ほど）になり，2003年末ごろには300人程度に増加した。また，2002年8月に，まず正社員の資格制度を図終-5のようにSMJ職制度に転換し，続けて2004年2月にL社員とパートタイマーをC社員に統合しながら，C社員の昇格・昇進の上限を中小店舗の店長まで拡張した。つまり，正社員の中の非転居（L）社員をパートタイマーと一つのカテゴリにし，売場は基本的にC社員に任せている。

　言い換えれば，新しい人事制度は基幹パートの職域を極大化して，主婦協定を

325

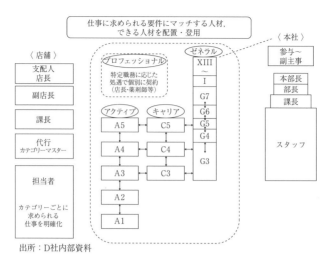

図終-3　D社の改正人事制度における資格体系

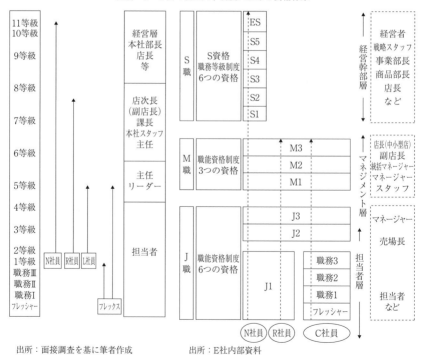

図終-4　E社の旧資格制度　　　　図終-5　E社の新資格制度

終　章　日本的パートタイム労働市場の変容と再生産

変更して制限的内部化の上限を高めたといえる。確かにこのような制度は，基幹パートのモラールを高め，さまざまな抵抗行為を抑制するように作用する。さらに，昇進・昇格のためには筆記試験だけではなく上司の推薦が必要となる。これから検討するように，改正制度によって影響を受けるのはパートタイマーのうちほんの一部の人々の処遇であるが，それでもリーダー的なパートタイマーの処遇に起こる影響が小さくないので，非公式権力は弱まるしかない。

　筆者の面接調査によると，実際にE社のある店舗では，制度改正後ある売場主任が自分と親しいパートタイマーたちだけに昇格機会を与えたり，人事考課も甘くするということで主婦パートたちの不満が大きくなった。そのために一部の主婦パートたちが対策を立てるために店舗の外で何回か集まったこともある。しかし，ほとんどのパートタイマーとは関係のない制度改正であっても，非公式権力の中心になる長期勤続のパートタイマーたちの中には，昇進・昇格したい人がないわけではないことから，積極的に行動をとるのは難しかった。このことから分かるように，改正人事制度では，パートタイマーに昇進・昇格の可能性を与える制限的内部化が拡張されたことにより，非公式権力を抑制する機能があるといえる。ただし，改正制度の下でも雇用形態による非合理的な処遇の差が依然として残っている限りは，パートタイマーたちの非公式権力の土台が全くなくなるわけではない。制度変更によってパートタイマーたちの抵抗戦略に関して再検討が迫られているが，時間が経つにつれ新しい抵抗戦略が芽生えてくるだろうと推測できる。

2　改正制度における社員区分別処遇格差

　上で見たように，改正制度ではパートタイマーでも能力と意欲があれば昇進・昇格できる範囲が拡大されたが，その変化が処遇にはどのように反映されているだろうか。表終-1はE社の社員区分別労働条件を整理したものである。表終-1をみると，雇用形態による区分をなくした，という企業の説明にもかかわらず，E社の従業員の全般的な処遇は，転居異動の有無を基準に大きく二つの集団に分けられることが分かる。すなわち転居異動をする従業員は，期間の定めのない雇用契約と高い処遇の対象になり，転居異動をしない従業員は短期間の雇用契約と

表終-1　E社の改正制度における社員区分別労働条件

社員区分	賃金形態	賞　与	退職金	契約期間	シフト勤務	異動***	労働時間****
N，R社員	日給月給	5カ月	○	×	○	○	年間1920時間
C社員 旧L社員	日給月給	4カ月 2カ月*	○	×	○	△	年間1920時間
C社員M層	日給月給	4カ月	×	6カ月**	○	△	年間1920時間
C社員 担当者	日給月給	2カ月	×	6カ月	○	×	年間1920時間
C社員 担当者	時間給	1カ月	×	6カ月	×	×	月149時間以下

注1：＊M層―4カ月，担当者―2カ月
注2：＊＊店長のみ1年
注3：＊＊＊○は転居異動，△は非転居異動，×異動なし
注4：＊＊＊＊E社で賃金形態が日給月給である従業員は1年間の変形労働時間制
出所：筆者の調査を基に作成

低い処遇の対象になる。また非転居従業員は，退職金に代表される諸企業福祉から除外されるか，適用されても同等の給付ではない。結局E社の非転居社員の処遇は，改正前の正社員，非正社員と比べると，非正社員に近い。図終-1でみたようにD社でも転居可否によって雇用契約が有期雇用か期間の定めのない雇用かに分かれる。退職金もゼネラル・キャップだけで，住宅手当，家族手当，地域加給などもゼネラル・キャップだけに支給される。また両社ともにパートタイマーの賃金形態は時間給である。要するに「いわゆるパート」も昇進・昇格できるようになったが，雇用形態による雇用安定性と処遇格差は依然として大きい。

　「雇用形態ではなく働き方による処遇」の核心として企業が最も強調する点は，賃金面での「均衡処遇の確立」である。均衡処遇はどのくらい確立されたのだろうか。

　E社は"N社員の賃金を100にした場合，資格と職位が同じであれば，R社員の賃金は95，C社員M層（J3～M3）の賃金は85になるように設計した"（人事責任者，50代半ば，男性）という。しかし，この15％には勿論N,R社員にはある退職金や住宅助成金，社宅制度などが含まれていない。さらに，同じ資格や職位である場合，C社員の賃金は以前のL社員の賃金より相当に低い。そのために，C社員になった旧L社員のうち，2007年2月までにM職（M1～M3）に昇格できなかった人々の場合，期間の定めのない雇用と退職金は保障されたが，2007年3月から賃金が新C社員の賃金レベルに下がった。それによって勤続10年以上の担当者であ

終　章　日本的パートタイム労働市場の変容と再生産

れば，年収は100万円以上下がった。

　ところで，この比較で注意するべきところは，それが少数の管理職パートタイマーの話であることだ。８万人あまりのE社C社員のうち，元正社員を除くとM層は１％にもならない。制度転換から３年が過ぎた2007年６月現在，日給月給社員の等級別規模は，M2が３人，M1が56人，J3が484人，J2が1,641人である。また，2007年12月現在３万5,000人弱のD社のいわゆるパートタイマーのうちキャリア・キャップは676人，店課長（統括マネージャー）のA5とC5は１人と23人，代行（主任）は285人（A3，A4，A5はそれぞれ14，73，62人，C3，C4，C5はそれぞれ9，52，75人）にすぎない。

　このことからすると，改正制度は大多数のパートタイマーの処遇にはどのような変化をもたらしたといえるか。これを評価するためにE社の従業員の賃金を比較してみよう。まず旧フレックス社員とC社員短時間労働者の賃金を比較してみ[3]よう。両者の時間給の構成（基本時給＋地域給＋資格給＋部門給＋評価給＋職位給＋曜日・時間帯加給＋通勤手当，年２回の人事考課で決まる評価給は洗い替え式）は全く同じであり，金額でも差がない。E社のある店舗に関する筆者の調査によると，1998年以降短時間労働者の時間給は，地域給が30円上がって（2002年10円，2006年20円），曜日・時間帯加給が大幅に下がった以外には，変化がない。曜日・時間帯加給が下がったのは，パートタイマーにもシフト勤務を要求するようになったことと，パートタイム労働市場が多様化し，遅番勤務ができるパートタイマーが増えたためである。

　次に，日給月給社員の賃金を，転換以前のキャリア社員の賃金と比較してみよう。両者は，フルタイム労働，１年を単位にする変形労働時間制，全面的なシフト勤務，リーダーや売場長になるように期待されることなどの面で，類似した存在である。また，企業の方針によって制度転換時にキャリア社員は全員J2になった事情もある。キャリア社員の月例賃金は，レギュラー・エキスパート・マスターの三つの資格別時間給だけであり，賞与は3.3カ月分だった。またデータを提供してくれた社員は組合員だったので時間給は毎年ベースアップされていた。このようなキャリア社員の賃金は，マスター資格の場合1999年現在，諸手当を除いたL社員４級の年間賃金よりは20％ほど低く，フレックス社員リーダーの年間賃金よりは30～35％高かった（比率は各等級の労働者の賃金明細書（本人提供）から

筆者計算）。

　しかし，制度転換によってJ2になりながら，彼女らの賃金は年収で25％ほど下がった。"2004年5年から景気回復のためにパートタイマーが集まらないので，できるだけ今働いている従業員を囲い込むために"（組合専従者，30代前半，大卒女性），E社は2006年と2007年にそれぞれ，日給月給社員の基本給を1万円ずつ，賞与も1カ月分から2カ月分に引き上げた。しかし，このような改善にもかかわらず，2007年2月の日給月給C社員J2の年収は，2004年2月のキャリア・マスターの年収より15％ほど低いので，元キャリア社員の賃金は，2007年3月から3年かけて新C社員の賃金額に合わせて下がることになった（比率は E社労働組合の機関紙〔2006年〕から筆者計算）。また，同じ職位についているN社員の月例賃金を100にした場合，2007年現在日給月給社員の賃金は，J2担当者80，J3マネージャー90，J2とJ3リーダー75ほどである。ボーナスを含めると年収格差は，J3マネージャーが80，他は60ほどである（比率はE社労働組合の機関紙（2007年）から筆者計算）。これに退職金や企業福祉を含めると格差はもっと広がる。

　またJ2日給月給社員（C社員）の賃金額は全国一律であり，シフト勤務を条件にするために曜日・時間帯加給がないので，地域によっては時間給のときより賃金が下がる問題が発生する。特にパートの時間給が相対的に高い首都圏や都心の店舗では，賃金額逆転問題が深刻である。さらに深刻な問題は，多くの基幹パートが正式な肩書きなしに役職の仕事を担当していることである。2006年と2007年にわたって調査したE社のある首都圏店舗では，2007年11月現在6人のC社員が肩書きなしにマネージャーの仕事をしており，その中には時間給社員もいた。しかし，正式な肩書きを持つパート出身のマネージャーは1人もいなかった。その部門にN,R社員のマネージャーを配置せずに，書類上は隣の売場のマネージャーが兼任する形をとって，熟練主婦パートにマネージャーの仕事を担当させるやり方は，制度改正後広がっている。肩書きも，従って手当もなしに管理的仕事をしている主婦パートたちは，決まった時間内に仕事が終わらず自宅まで仕事を持って帰るのが普通で，人によっては休日に出勤することもしばしばあった。主婦協定により認定されるはずの主婦パートの家庭優先性が，処遇改善もなしに否定されているのである。

　整理すると，改正制度における「働き方による均衡処遇」は大多数のパートタ

終　章　日本的パートタイム労働市場の変容と再生産

イマーとは無関係なものであり，雇用形態による「非合理的な」処遇の差は依然
として残っている。さらに，同じ職務をより低い処遇の労働者が遂行するように
なった。そして，その労働者のほとんどは，家族責任のために企業の要求に全面
的には対応することができない女性労働者なのだ。

3　「働き方のジェンダー化」と「身分としてのジェンダー」

　以上のように，異動範囲を基準にした社員区分制度への改正によって，最も大
きな変化に直面したのは女性正社員である。上で述べたように，制度改正の際に
E社で旧L社員からC社員に転換した従業員はほとんど女性だった（91.7％）。D社
の場合も制度転換前に入社したH社員に関しては正社員としての既得権を保障す
ることにしたが，2002年の新入社員からはそうではない。なぜ企業は女性正社員
に大きな変化をもたらす制度改正を企画したのだろうか。

　第1章で述べたように，パートタイマーの基幹労働力化によって，女性正社員
たちは最も大きな変化に直面した。パート主任制度の導入によって，主任までは
制度的にも基幹パートの職域と正社員の職域が全く重なってきたが，ほとんどの
女性正社員は主任までしか昇進できなかったからである。

　しかし，企業にとって女性正社員が負担となるのは，パートタイマーと職域が
重なるために正社員の賃金が割高に感じられることだけではなかった。少子化問
題に対する社会的，政策的関心が高まる中で，企業の社会的責任の一環として従
業員の仕事と家庭の両立を支援するための負担も増加していた。1999年からは
「ファミリー・フレンドリー企業表彰制度」が実施され，2005年からは「次世代
育成支援対策推進法」の施行によって，従業員301人以上の企業は，従業員の仕
事と家庭の両立を支援するための行動計画を行政当局へ提出することになった。
このような社会的雰囲気の下で，個別企業内でも両立支援制度を利用する従業員
が増加してきた。

　多くのスーパーマーケット企業がそうだったように，D社とE社も1990年代初
めごろにはすでに多様な両立支援制度を設けていた。[4] E社の場合，1990年代後半
までは全社で年間10数人にすぎなかった育児短時間勤務者（勤務時間帯固定，1日
3時間まで短縮可能）が，2003年には99人に増加した（2007年は2～6月の5カ月間

331

で243人）。さらに2003年には子どもの対象年齢が満3歳から6歳までに拡大された。育児休職の利用者も2003年には145人に増加した。これらに加えて，育児および介護など，個人・家族の事情を理由に転勤対象から除外される転勤停止猶予制度（1回に3年，3回まで利用可能）が新設され，その利用者が2005年には452人に達している。D社の場合も2007年11月現在1,500人弱の女性正社員（ゼネラル・キャップ）のうち短縮勤務者が314人である。そして，全従業員のうち育児・介護休業者が70人（ゼネラル・キャップとキャリア・キャップ49人，アクティブ・キャップ21人）である。育児短時間勤務を申し出る女性社員を説得（？）してパートタイマーに転換させる事例もなくはないが，両立支援制度を利用するのは労働者の権利，という認識が社会全般に広がりつつある中で，企業がこれに抵抗するには限界がある。

　このような女性正社員の状況は，コスト負担以上の問題をもたらす。すなわち，パートタイマーが自らの低い処遇に納得する度合いを低下させ，パートタイマーの基幹化や企業への統合にとって障害を発生させる。自分が不当に処遇されていると思う労働者に，能力向上のための努力や会社への献身は期待しにくいからである。パートタイマーたちが自分の低い処遇を受け入れる主な理由は，自分たちは家庭のために正社員と同じ働き方ができない，つまり転勤や遅番勤務ができない，ということにある。しかし，基幹パートタイマーであるほど，その働き方は転勤以外には正社員の働き方と違いが乏しい。そのため第4章でみたように，労働時間が長く熟練レベルが高いパートタイマーであるほど，処遇に対する不満が高いのが現実である。いくら“うちの子供よりも年下なのに”（田中，G1店パート，週40時間，日配，リーダー，勤続13年，59歳）と思おうが，“私はもう年だし，若い人はこれから花咲くのだから若い人をたててあげよう，と自分を慰め”（三輪，G3店パート，週37.5時間，女性服，リーダー，勤続19年，58歳）ても，現実の処遇格差はあまりにも大きすぎる。

　こうした中で，両立支援制度を利用する正社員の存在は主婦パートたちの相対的剥奪感をさらに刺激する。第4章で検討したように，スーパーマーケットの主婦パートの83.4％が結婚前は正社員だったが，結婚や出産を機に退職した経験がある。またロングタイマーの24.5％は，もう一度選択ができるとすれば，「結婚・育児の間も正社員・職員として仕事を続けたい」と思っており，34.9％は

終　章　日本的パートタイム労働市場の変容と再生産

「結婚，出産の間は退職し，その後再び正社員・職員として仕事を続けたい」と思っている。

　　"そのときは時代がそうだったからしょうがなかった"（山田，G2店パート，45歳，勤続4.5年，週22時間，紳士服，担当者）という残念さは，両立支援制度が利用できる現在の正社員に対する羨望や妬みを煽るとともに，自分の低い処遇に関して再考させる。それゆえ，育児短時間勤務者がいる店舗では，"あの子は何なのよ。正社員なのに働く時間も短いし，遅番もしないね。パートの私たちと何が違うの"（E社組合専従者，30代前半，女性）という不満の声が高い。雇用形態によって処遇が決まる職場で，朝10時に出勤して午後4時に帰宅する正社員の傍らで，パートタイマーに低い処遇を納得させるのは簡単ではないのだ。さらにパートタイマーの仕事と処遇の不均衡により，職場レベルでは基幹パートを中心に形成されているおしゃべり共同体の非公式権力が作動していることを考えると，パートタイマーと何の違いもない働き方をとる正社員の存在は，企業のパートタイマー統合に大きな障害物である。つまり，改正制度とは，家族的責任を持つ（女性）正社員が企業にとってコスト負担が大きく，従業員統合へ障害をもたらすという問題に対して，彼女たちの処遇を切り下げる仕組みと理解できよう。

　このような労働条件の不利益変更に対して，元L社員たちは，"パートになりたくない"[5]と抵抗した。しかし，"現在のL社員に対しては退職金を保障し，3年間でM職に昇格すると現在の賃金は下がらない"（人事責任者，50代半ば，大卒男性）という企業の約束であきらめるしかなかった。このような制度転換が，あまり大きな抵抗なく行われた理由は，何よりも，長引く不況のために競合企業の倒産が相次ぐ中で従業員たちが弱気になっていたことと，労働組合が会社の政策方針を「真の均等待遇への取り組み」と評価し，制度改正に賛成したことにある。制度変更準備の一環として2003年E社労組は，新しい制度を説明し，それに関するL社員の意見を聞く機会を地域ごとに毎月開いた。最初は多くの人々が労働条件の不利益変更に対する不満を持って集まって議論したが，2，3回の論議の後，"今は市場状況が厳しいからしょうがない"，"受け入れなければ会社を辞めるしかない"というあきらめが広がった。参加者が非常に少なくなったことから論議の機会は，半年でほとんどの地域で中止となった。

　家族責任のために企業の要求に全面的に対応することができない女性正社員を，

333

いわゆるパート的扱いを受ける雇用区分に転換させるものが改正制度の本質であるとすれば、それは主婦パートにとっては新しい機会になりうるのか。新しい人事制度の下では、転居異動の有無が社員区分を分ける基準になったため、雇用形態とジェンダーの関係は今までよりむしろ緊密になる。人事責任者や組合幹部らとの面接調査によると、企業が管理職パートタイマーとして主に期待しているのは、"中年の主婦パートではなくフリーターなどの青年パート"（E組合専従者、40代半ば、大卒男性）である。

その背景には、新卒者でもパートタイマーとして就職するほどに青年層の雇用状況が悪化したという事情がある。D社の場合2007年になってようやくキャリア・キャップからゼネラル・キャップに転換した人々が100人くらい誕生したが、その人々のほとんどはアクティブ・キャップ（パートタイマー）からキャリア・キャップ（フルタイマー）に転換した人々ではなく、最初からキャリア・キャップとして採用された人々である。つまり、制度改正後D社は20代の青年をキャリア・キャップとして新規採用し始めたが、実際、キャリア・キャップのうち6割が青年である。これはE社も同じである。E社労働組合の専従者（30代前半、大卒女性）との面接によると、J2とJ3の場合中途採用も相当いる。2005年ごろからはパートタイマーが集まらないため、2006年と2007年にブロック単位で若年層を中心に日給月給社員を中途採用したという話だった。

さらに、家族責任を専担している女性労働者自身も正社員への転換や昇格に積極的になりにくい。制度改正の2年後に面談したE社元L社員（マネージャー）たちは、筆者に、"昇格の意思がない"、と宣言した。"昇格試験を受けなければ始末書を書かなくてはならないので試験場には出向くけど、何の試験準備もせずに行ってただ座ったまま時間を潰して帰って来る"のであり、"元L社員の女性労働者の少なくとも半分以上がそんな選択をしている"（勤続35年、53歳、高卒）という。"店舗のL社員はほとんどが既婚女性であり、未婚女性の場合も年寄りの親と同居している女性"（勤続14年、35歳、大卒）である。彼女らが昇格を拒否する理由は、何よりも"M職になると労働時間という概念がなくなり、労働の強度があまりにも強くなりすぎるため、家族を抱えている私たちには到底無理"（勤続14年、35歳）であることだった。"当初L社員を選択する時、他の選択ができないからその選択をしたわけで、制度が変わったからといって私たちの状況が変わ

終　章　日本的パートタイム労働市場の変容と再生産

るわけではない"（勤続35年，53歳）という。

　今まで検討してきたように，総合スーパー企業の新しい人事制度は，表向きは「雇用形態ではなく働き方を基準にした処遇」「パートタイマーも能力と意欲があれば昇進・昇格できる」というスローガンを掲げているが，実際の狙いは「非転居社員のパート化」と「パート的処遇を受ける従業員の昇進・昇格の上限の拡張」にある。つまり，改正人事制度は，「同じ職務をより低い処遇の労働者が遂行するようにする制度」であり，その対象を女性としていることから「女性労働者の総パート化」に企業の活路を見出した人事制度といえる。改正制度のこのような実相は，男性稼ぎ主型ジェンダー関係の下で働き方とジェンダーが強く結びついている限り，労働市場に公正性を実現しがたいことを如実に示している。

4　共に生きていく社会のためのジェンダー平等

　本書は，パートタイマーの基幹労働力化が最も進んでいると評価されているスーパーマーケット産業を対象に，社会制度と規範に基づく行為者たちの行為戦略の分析を通じて，日本のパートタイム労働市場の特徴がどのように形成され，また再生産されてきたかを分析した。1970年代のオイル・ショック以降急速に拡大した日本のパートタイム労働市場では，男性稼ぎ主型ジェンダー関係に基づく制度（「主婦制度」）や行為者戦略（「主婦協定」）により，パートタイマーの熟練が向上すると同時に正社員との賃金格差が広がる，日本特有の現象ともいえる「職務と処遇の不均衡の拡大」が形成されてきた。またその一方で，この矛盾を基盤に主婦パートたちは，さまざまな抵抗行為とともに職場レベルの非公式権力を構築して，自分たちを保護してきた。

　このような主婦パートたちの抵抗行為は，男性稼ぎ主型ジェンダー規範や制度に基づき，パートタイマーを高熟練・低賃金労働者として使っている企業の労務管理と共存しながらも，その運営を牽制していた。既存体制が与える不利益に全面的には同意できないが，それをなくすための組織的なレベルの集団行動をとることが難しい個別主体たちの抵抗行為が，既存体制に亀裂を作っていたのである。このような現実の中で，パートタイマーの基幹労働力化を一層進めながら抵抗を

335

弱めようとする企業の対応が，2000年代に入って大手総合スーパー企業が相次いで導入している新しい人事制度であるといえる。

　熟練が高まって事実上は管理的仕事に就いていても役職に就くことができなかった主婦パートに対して，改正人事制度は，中小店舗の店長や統括マネージャーまで昇進できるようにした。主婦パートに対する内部化の制限を拡張したのである。これで企業は，熟練主婦パートたちが，今現在だけではなくこれからも同じ仕事を担当する正社員，つまり，そのほとんどが女性である転居転勤しない正社員に対して感じる不平等感，相対的剥奪感を緩和させ，抵抗行為を弱め，企業の公式統制体制に生じた亀裂を一旦縫合できる可能性がある。

　しかし，その制度は，家族の世話のために企業の要求に全面的に応じることができない（女性）正社員の処遇をパートタイマーと同じレベルに下げる制度であり，女性だけを対象にするワーク・ライフ・バランスのための制度が，結果的に女性の労働市場における地位を下げてジェンダー不平等を高める可能性を見せている。それだけではなく，改正人事制度は，役職につかない限り熟練パートタイマーの賃金も以前より引き下げて，「同じ職務をより低い処遇の労働者が遂行」するようにした制度でもある。転居転勤が基準になるため，企業が強調している円滑な社員区分転換をして正社員になれるのは青年層で，主婦労働者たちではない。つまり，新しい人事制度は，「雇用形態の身分性」を弱めてパートタイマーに対する制限的内部化を拡張した代わりに，「働き方のジェンダー化」と「ジェンダーの身分性」を強めたのであり，家族責任の専担者である労働者の間での均衡を図った「下向標準化を目指す制度」ともいえる。

　このような改正制度は，ジェンダー規範が労働市場の重要な作動原理の一つであることを示すと同時に，男性稼ぎ主型ジェンダー関係が労働市場における差別と排除の基盤の一つであることを表している。また，既存体制からの不利益に対する行為者たちの抵抗行為がこのような制度変化をもたらしたわけだが，その変化はジェンダーの身分性を強めることになった。それは，抵抗行為が主に男性稼ぎ主型ジェンダー関係という既存体制を認めたうえでの自律性確保だったことの限界であった，ともいえる。

　ところが，男性稼ぎ主型のジェンダー関係による社会的排除はパートタイム労働市場に限らない。男性稼ぎ主型ジェンダー関係に基づく日本の生活保障システ

終　章　日本的パートタイム労働市場の変容と再生産

ムは，脱産業化とともに広がっている新しい社会的危険（New Social Risks）に対応できず，機能不全に陥るという以上に，逆機能している。要するに，生活を保障するはずのシステムが，かえって生活を脅かし人々を排除する状況（大沢真理，2007：2）が広がっているのである。2009年現在日本は，OECD諸国の中で出生率は5番目に低く，自殺率は3番目に高い。多くの日本人にとって，結婚して家族を作ることにも子供を生み育てることにも夢を持てる状況ではない。さらに，命を保つこと自体が難しくなっている。ジェンダー不平等が日本社会全体の不平等と排除の基にあり，生き苦しさの基になっているのである。そうであるならば，女性が家族の世話を専担するのを前提にして女性の負担を軽減してあげることではなく，ジェンダー関係のモデルを変え，性別分業をなくし男性を家族に呼び戻し家族も社会も男女が一緒にケアすること，男性でも女性でも一人でも子供を育てながら生きていけるようになることこそが，日本再生の道であり，真の働き方改革ではないだろうか。男性も女性も仕事と家族を両立して，地域社会へ参加できるようにすることこそが，日本社会に未来と希望を呼び戻すことではないだろうか。

注

(1)　パートなので，資格はパートの資格である「職務3」のまま，5等級の正社員が就く職位に就いた。

(2)　制度改正前後の資格等級間の対応関係をみると，大まかに1～5等級はJ職，6～8等級はM職，9～11等級はS職。1990年代半ばからは高卒の定期採用が中断されたため，2002年の制度転換時1，2等級はほとんどいなかった（初任者の格付け：高卒－1等級，短大卒－3等級，4大卒－4等級）。

(3)　両者ともに労働時間は月149時間以下。2006年から短時間労働者はJ2へ昇格できなくなった。

(4)　両立支援制度のうち最も有効な制度といえる短時間勤務制度の場合，1996年にすでに500人以上の事業所の31.9％が導入しており，その割合は1999年に63.2％に増加した（厚生労働省，『女性雇用管理基本調査』）。女性正社員の割合が少なくない総合スーパー企業の場合，ほとんどが1990年代初めまでにこの制度を導入していた。

(5)　制度改正に対するL社員の反応はどうだったか，という筆者の質問に対して，人事責任者から店舗の元L社員まで，答えの第一声は，これだった。この言葉はパートタ

337

イマーになることが単なる処遇の低下以上の身分低下として受け入れられているのを示唆している。

　大手総合スーパーX社A店に関する木本喜美子の研究（2003）によると，店舗限定コースの一般職（担当者）の女性正社員とパートタイマーの間には，＜私たち＞意識といえる仲間意識が芽生えているらしい。年齢も近く，店舗異動がない条件が同じであるからのようだ。

　しかし，筆者はそのような現象を観察できなかった。第4章の第1節で検討したように，大きく見れば，女性正社員と主婦パートはライフ・ステージを異にする同じ集団，といえるのを考えると，両集団の間に仲間意識があっても不思議ではないように思われる。しかし，現実はそう簡単ではない。"企業内でパートと正社員は身分であるため，溝が深い"（ABCユニオン役員，50代後半，大卒男性）のだ。そのために，労働者が構造的位置に基づき連帯を発展させるためには，企業が設けた分離の線を乗り越えるための別な努力が必要なのである。

　パートタイマーと職域が一致し直接比較され代替されやすい現実は，一般職の正社員がパートタイマーを警戒する傾向も招く。本書の事例店舗のうち主婦パートと年齢が近い一般職の女性正社員がいる店舗はS3店とS4店だが，勤続20年の一般職の女性正社員である橋本さん（S3店）は，自分ではなくパートタイマー出身の人が主任であることは納得いかない，と言った。しかし，そのパート出身の主任は，橋本さんより正社員としての勤続も長く，本社で長くバイヤーの仕事をした経歴の持ち主である。

　木本（2003）と本書の観察の違いは，研究対象の特性とも関連していると思われる。つまり，木本の事例店舗では，正社員96人のうち64人が女性，女性正社員のうち55人が店舗異動をしない店舗限定コース，42人が一般職，また女性一般職のうち22人が勤続10年以上である。しかし，本研究の事例総合スーパー企業と参考事例は皆全国企業なので，正社員の転勤コースの中で店舗限定コースはない。正社員の中での女性比率も，女性正社員の中での一般職の比率も木本の事例より低い。

　さらに，事例総合スーパー店舗の場合，女性であっても勤続10年以上の正社員が主任に昇進せず担当者のままいるケースがほとんどない。例えば，G1店の女性担当者15人のうち勤続が一番長い人は，勤続13年の高卒者である（17人の女性一般職のうち勤続10年以上の人は3人）。G2店の場合，勤続が10年以上の担当者の女性正社員は1人しかいない（10.3年）。担当者の勤続に関する正確なデータは得られなかったが，面接調査によるとG3店も状況は類似している。

(6)　D社とE社の改正人事制度のモデルはS1社である。筆者はS1社を訪問したとき，S1社の制度を勉強しにきたD社の組合の専従役員たちと一緒に説明会に参加したこともある。S1社において"エキスパートから正社員へ転換する人々の中に既婚女性はほと

んどなく，主に青年と男性が中心"（エキスパート業務統括マネージャー，40歳，女性）である。2004年の1年間にS1社でN，A社員からエキスパートへ転換した17人のうち女性は13人，逆の転換をした33人のうち女性は1人もいない。2003年まではほとんどいなかったエキスパートから正社員への転換者が2004年には33人にもなった理由は，2003年からS1社が定期採用で高卒エキスパートを採用し始めたからである。しかし，このような結果は偶然ではない。"S1社の目標仮説は，正社員＝男性＝N，D社員＝統括マネージャー以上担当，パート＝女性＝S1社員＝各部門担当"であり（組合専従者，30代半ば，男性），実際，2003年8月現在で，正社員の女性比率は11.4％でしかなかった。

(7) E社ではJ3以上の資格の従業員は，全員が毎年昇格試験を受ける義務がある。

(8) 両方ともに1位は韓国である。

付　図　表

付図-1　G2社エキスパート社員賃金体系（2003年）

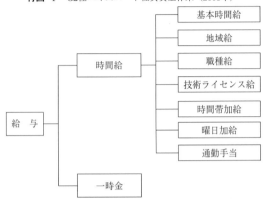

注：G2社は倒産後，契約社員，専門社員，フレンド社員をエキスパート社員として一本化した。
出所：G2社内部資料

付図-2　G3社フレンド社員・メイト社員の賃金体系（1999年）

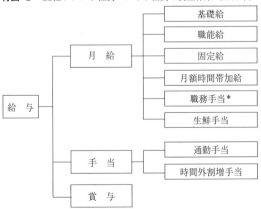

注：＊職務手当はフレンド社員だけにある。
出所：G3社内部資料

付図-3 G3社準社員・パートタイマー・アルバイトの賃金体系（1999年）

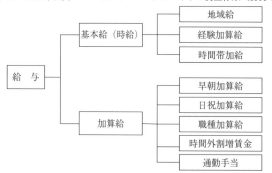

注：賞与は準社員だけにあり，会社の業績に応じて決めることになっている。
出所：G3社内部資料

付図-4 S1社パートナー社員・ヘルパー社員の賃金体系（1999年）

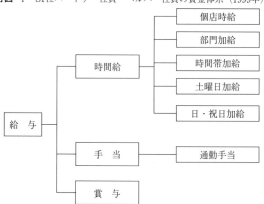

出所：S1社内部資料

付図表

付図-5　S2社パートナー社員賃金体系（1999年）

出所：S2社内部資料

付図-6　S2社パート社員賃金体系（2006年）

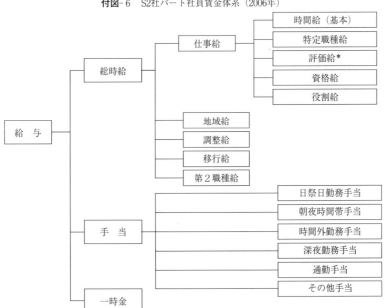

注：＊評価給は加工センターと本社勤務者だけに適用。時間当たり10円〜20円。
出所：S2社内部資料

343

付図-7 S3社パートナー社員賃金体系（1999年）

出所：S3社内部資料

付図-8 S4社準社員の賃金体系（1999年）

出所：S4社内部資料

付表-1　G1店面接参加者の個人事項

名前	雇用区分	肩書き	週労働時間	勤続年数	時給(円)・年間所得(万円)*	年齢	学歴	売場	未婚時の仕事	前職	就業回数	結婚・出産退職経験
田中	キャリア社員	リーダー	40	13	1100	59	高卒	日配	塾の教師	専業主婦	2	出産退職
酒井	フレックス社員	担当	28	12	810	42	高卒	家電	幼稚園保母	保育園教師	3	継続就業
板垣	フレックス社員	担当	20	8	750	47	高卒	ホームファッション	デパート正社員	食肉会社パート	3	結婚退職
上野	フレックス社員	担当	35	13	830	40	高卒	婦人服	小企業事務	製造業パート	3	結婚退職
大沢	フレックス社員	リーダー	35	11	870	49	高卒	精肉	食品会社経理	家業手伝い	3	継続就業
横田	フレックス社員	担当	23	2	780	45	高卒	惣菜	—	内職(おもちゃ)	3	
久保	正社員	主任	40	7	350	29	大卒	教育	今の会社	学生	1	継続就業
相馬	正社員	担当	40	13(1)**	—	50	高卒	教育	製造業の事務	今の会社のパート	4	結婚退職
土田	正社員	主任	40	27	—	46	高卒	総務	今の会社	学生	1	継続就業
森田	正社員	主任	40	18	—	36	高卒	食品レジ	今の会社	学生	1	継続就業
前原	正社員	主任	40	16	400強	41	高卒	キッズ	事務職	スーパーのパート	3	継続就業

注1：＊パートタイマーは時給，正社員は年間所得。
注2：＊＊（　）の中は正社員としての勤務年数。

付表-2　G2店面接参加者の個人事項

名前	雇用区分	肩書き	週労働時間	勤続年数	時給(円)・年間所得(万円)	年齢	学歴	売場	未婚時の仕事	前職	就業回数	結婚・出産退職経験
本田	フレンド社員	担当	35	17	900	52	短大卒	青果	学校の事務	パート	3	結婚退職
高松	フレンド社員	リーダー	37.5	17	900	47	中卒	レジ	製造業の生産職	スーパーのパート	4	結婚退職
山河	フレンド社員	担当	25	1	750	33	大卒	婦人鞄	保険会社正社員	専業主婦	2	結婚退職
今村	フレンド社員	担当	25	1	750	23	高卒	子供服	アペラル正社員	事務職	3	結婚時無職
新村	フレンド社員	担当	35	5	900	49	高卒	寝具	事務職	保険会社	3	結婚退職
山田	フレンド社員	担当	22	4	750	45	短大卒	紳士服	製造業の正社員	専業主婦	2	結婚退職
宮元	フレンド社員	担当	23	9	780	46	高卒	サービスコーナー	石油会社正社員	専業主婦	2	結婚退職
堀口	正社員	主任	40	22	500強	46	大卒	家電	今の会社	学生	1	継続就業
萩原	正社員	担当	40	10	300	32	大卒	営業企画	今の会社	学生	1	継続就業
武川	正社員	担当	40	7	300	25	高卒	事務室	今の会社	学生	1	継続就業

付表-3　G3店面接参加者の個人事項

名前	雇用区分	肩書き	週労働時間	勤続年数	時給(円)・年間所得(万円)	年齢	学歴	売場	未婚時の仕事	前職	就業回数	結婚・出産退職経験
松井	パートタイマー	担当	20	15	790	51	高卒	児童服	デパート正社員	保育園の保母	3	結婚退職
松本	パートタイマー	担当	22	10	790	55	短大卒	靴下	印刷所正社員	専業主婦	2	出産退職
岩本	パートタイマー	担当	20	13	790	45	高卒	下着	銀行正社員	デパートのパート	3	結婚退職
堀口	パートタイマー	担当	22	10	740	44	高卒	紳士洋品	製造業正社員	専業主婦	2	結婚退職
中村	メイト社員	担当	35	1	169***	53	中卒	下着	製造業正社員	飲食店	7	結婚時無職
岩川	メイト社員	担当	35	3	182***	49	高卒	婦人服	デパート正社員	デパート派遣社員	3	継続就業
金井	フレンド社員	担当	37.5	10	177***	43	高卒	イレギュラー(婦人服)	デパート正社員	内職	3	結婚退職
三輪	フレンド社員	リーダー	37.5	19	223***	58	高卒	スカート・スラックス	一般会社経理	スーパーのパート	3	結婚退職
熱田	正社員	主任	40	23	350	51	高卒	イレギュラー(婦人服)	製造業正社員	ガスステーション事務	3	結婚退職
遠藤	正社員	主任	40	25**(22)	400	49	高卒	靴	電報局	今の会社のパート	3	出産退職
山本	正社員	主任	40	13	354	31	高卒	セーター・ブラウス	今の会社	学生	1	継続就業

注1：＊＊＊メイト社員とフレンド社員は年間所得。

注2：＊＊（）の中は正社員としての勤続年数。

付表-4　S1店面接参加者の個人事項

名前	雇用区分	肩書き	週労働時間	勤続年数	時給(円)	年齢	学歴	売場	未婚時の仕事	前職	就業回数	結婚・出産退職経験
上村	ヘルパー	担当	25	0	605	32	高卒	事務室	製造業事務職	臨時職公務員	3	結婚退職
杉山	パートナー	担当	35	2	630	32	高卒	加工食品	縫製会社生産職	内職	3	継続就業
越川	ヘルパー	担当	25	1	605	40	高卒	注居用品	家業手伝い	製造業パート	3	継続就業
白倉	エキスパート	チーフ	37.5	14	238	41	専門学校	鮮魚	デパート洋服修繕	同左	2	継続就業
西村	エキスパート	チーフ	37.5	20	252	49	高卒	青果	薬局のパート	同左	2	継続就業

付図表

付表-5　S3店面接参加者の個人事項

名前	雇用区分	肩書き	週労働時間	勤続年数	時給(円)・年間所得(万円)*	年齢	学歴	売場	未婚時の仕事	前職	就業回数	結婚・出産退職経験
坂口	パートナー社員	主任	37.5	24	1235	57	専門学校	レジ	編み物教師	内職	3	結婚退職
西川	パートナー社員	リーダー	35	17	972	45	高卒	洋風日配	料理学院の手伝い	ケーキ屋のパート	3	継続就業
小林	パートナー社員	リーダー	37.5	16	942	46	高卒	精肉	一般会社の事務職	専業主婦	3	結婚退職
山中	パートナー社員	担当	37.5	17	910	49	高卒	事務室	一般会社の事務職	食料会社の事務	4	—
関口	正社員	担当	38.5	20	490	38	高卒	事務室	今の会社	学生	1	継続就業
橋本	正社員	副主任	38.5	20	490	38	高卒	惣菜	今の会社	学生	1	継続就業
大津	正社員	主任	38.5	26 (23)	—	53	中卒	惣菜	食肉会社生産職	今の会社のパート	3	結婚退職

注：＊パートタイマーは時給，正社員は年間所得。

付表-6　S4店面接参加者の個人事項

名前	雇用区分	肩書き	週労働時間	勤続年数	時給(円)	年齢	学歴	売場	未婚時の仕事	前職	就業回数	結婚・出産退職経験
柳沢	フレックス社員	担当	35	19	998	56	高卒	加工食品	家業手伝い	同左	2	結婚時無職
落合	フレックス社員	担当	30	0	759	46	高卒	日配	一般会社の事務職	内職	3	結婚退職
渋谷	フレックス社員	担当	30	22	1043	57	短大卒	惣菜	一般会社の事務職	専業主婦	2	結婚退職
森	フレックス社員	担当	35	20	1095	56	高卒	鮮魚	一般会社の事務職	専業主婦	2	結婚退職
平尾	フレックス社員	担当	30	1	865	41	大卒	精肉	—	—	—	—
佐藤	フレックス社員	リーダー	35	21	1279	53	高卒	レジ	一般会社の事務職	専業主婦	2	結婚退職
佐々木	フレックス社員	担当	35	8	895	57	高卒	事務室	—	—	—	—

347

参考文献

日本語文献

青山悦子，1990，「パートタイム労働者の人事管理——大手スーパーを中心として」『三田学会雑誌』第83号．

浅倉むつ子，1996，「パートタイム労働と均等待遇原則（上・下）」『労働法律旬報』No. 1385，No. 1387．

浅倉むつ子，2004，『パート労働と法律政策』有斐閣．

阿部誠，1991，「パートタイム雇用の階層構造（上）——パートタイムの『戦力化』とパートタイム労働者の『階層化』」『大分大学経済論集』第43巻3号．

阿部誠，1992，「パートタイム雇用の階層構造（下）——パートタイムの『戦力化』とパートタイム労働者の『階層化』」『大分大学経済論集』第43巻5号．

伊田広行，1996，「『パート労働問題』とは何か」『大阪経大論集』Vol. 47. No. 1．

伊田広行，1998，『21世紀労働論——規制緩和へのジェンダー的対抗』青木書店．

英・スウェーデン・ドイツ・EUに関する研究会資料，1999，国際交流基金編『女性のパートタイム労働』新水社．

NHK放送文化研究所編，1996，『日本人の生活時間　1995』NHK出版．

大沢真知子，1993，『経済変化と女性労働』日本経済評論社．

大沢真知子，1998，『新しい家族のための経済学』中公新書．

大沢真知子・金明中，2009，「労働力の非正規化の日韓比較——その要因と社会への影響」『ニッセイ基礎研究所報』No. 55．

大沢真理，1993，「日本的パートの現象と課題——『ジュリスト』4月15日号『特集・パートタイム労働の現象と課題』を読んで」『ジュリスト』No. 1026．

大沢真理，1994，「日本のパートタイム労働とはなにか」『季刊労働法』170号．

大沢真理，1997，『パートタイム労働と均等待遇原則——経済的アプローチ』『日本労働法学会誌』90号．

大沢真理，2002，『男女共同参画社会をつくる』日本放送出版協会．

大沢真理，2007，『現代日本の生活保障システム』岩波書店．

大脇雅子，1999，「日本のパートタイム労働と今後の課題」国際交流基金編『女性のパートタイム労働』．

乙部油子，2006，『中高年女性のライフサイクルとパートタイマー』ミネルヴァ書房．

小野晶子，2000，「日本の大型小売業における業績管理と要員管理——事例研究：パートタイマー比率増加のメカニズム」『同志社政策科学研究』第2巻第1号．

小野晶子，2001，「大型小売業における部門の業績管理とパートタイマー」『日本労働研究雑誌』No. 498.

禿あや美，2000，「製造業におけるパートタイマー——A社の定時社員を中心に」東京大学経済学部修士学位論文.

禿あや美，2003，「小売業における処遇制度と労使関係——パート労働の職域拡大が持つ意味」『社会政策学会雑誌』No. 10.

木村琢磨，2002，「非正社員・外部人材の活用と職場の諸問題」『日本労働研究雑誌』No. 505.

金英，2001a，「韓日女性労働者の労働市場経験と性別分業意識——正規職・非正規職の比較を中心に」『東亜経済研究』第59巻第3号.

金英，2001b，『女性のライフステージとパートタイム労働』ゼンセン同盟 流通・サービス部会.

金英，2009，「『均衡を考慮した処遇制度』と働き方のジェンダー化——大手スーパー企業の新人事制度分析を中心に」『社会政策』第1巻第2号.

金英，2010，「おしゃべり共同体の陣地戦と制限的内部化——日本のスーパーマーケットの人事管理とは」『社会科学研究』第61巻第5・6号.

木本喜美子，2003，『女性労働とマネジメント』勁草書房.

熊沢誠，1997，『能力主義と企業社会』岩波書店.

経済産業省，『セルフサービス店統計表』各年版.

経済産業省，『商業統計表』各年版.

厚生労働省，『女性雇用管理基本調査』各年版.

厚生労働省，『女性労働白書』各年版.

厚生労働省，『パートタイマーの実体——パートタイム労働者総合実体調査』各年版.

厚生労働省，『賃金構造基本統計調査』各年版.

厚生労働省，『労働組合基礎調査』各年版.

国際交流基金編，1999，『女性のパートタイム労働』新水社.

国際産業・労働研究センター，1992，『流通業で働くパート等非正規従業員の実体・意識に関する調査』.

財団法人21世紀職業財団，『働く女性の実情』各年版.

佐藤博樹，1998，「非典型的労働の実態」『日本労働研究雑誌』第462号.

佐藤博樹・佐野嘉秀・原ひろみ，2003，「雇用区分の多元化と人事管理の課題」『日本労働研究雑誌』No. 518.

佐野嘉秀，2000，「パート労働の職域と労使関係」『日本労働研究雑誌』第481号.

篠崎武久・石原真三・塩川嵩年・玄田有史，2003，「パートが正社員との賃金格差に納得

しない理由は何か」『日本労働研究雑誌』No. 512.

商業界，1997，『スーパー名鑑本部編 1998年版』.

諏訪康雄，1994，「日本におけるパートタイム労働政策」『大原社会問題研究所雑誌』No. 424.

瀬地山角，1997，「保護から自立へ主婦保護制度の廃止へむけて」『かながわ女性ジャーナル』No.16.

ゼンセン同盟，1991，『流通・サービス産業に働く人々の意識』.

総務庁統計局，2000，『国税調査』.

総務省統計局，『家計調査』各年版.

総務省統計局，『就業構造基本調査』各年版.

総務省統計局，『労働力調査』各年版.

総務省統計局，『労働力調査特別調査（労働力調査詳細集計）』各年版.

武石恵美子，2002，「非正規労働者の基幹労働力化」『ニッセイ研究所報』Vol. 26.

武石恵美子，2006，『雇用システムと女性のキャリア』勁草書房.

竹中恵美子編，2001，『労働とジェンダー』明石書店.

建野賢誠，2001，「スーパーの日本的展開とマーケティング」マーケティング史研究会『日本流通産業史——日本的マーケティングの展開』同文舘出版.

短時間労働の活用と均衡処遇に関する研究会，2003，『短時間労働の活用と均衡処遇——均衡処遇モデルの提案』社会経済生産性本部.

短時間労働の活用と均衡処遇に関する研究会，2003，『パートタイム労働者の均衡処遇と経営パフォーマンスに関する調査報告』.

永瀬伸子，1994，「既婚女性の雇用職業形態の選択に関する実証分析」『日本労働研究雑誌』No. 418.

永瀬伸子，1995，「女性の就業選択について」東京大学経済学部博士論文.

永瀬伸子，1997，「女性就業選択——家庭内生産と労働供給」中馬宏之・駿河輝和編『雇用慣行の変化と女性労働』東京大学出版会.

中村恵，1989，「技能という視点からみたパートタイム労働問題」労働省大阪婦人少年室大阪パートタイム雇用管理改善研究会『技能という視点からみたパートタイム労働問題についての研究』.

西本万映子・今野浩一郎，2003，「パートを中心にした非正社員の均衡処遇と経営パフォーマンス」『日本労働研究雑誌』No. 518.

仁田道夫，1993a，「『パートタイム労働』の実態」『ジュリスト』No. 1021.

仁田道夫，1993b，「『パートタイム労働』の実態をめぐる論点——大沢助教授の批判に答えて」『ジュリスト』No. 1031.

日本経済新聞社, 『流通会社年鑑』各年版.

日本経済新聞社, 『流通経済の手引き』各年版.

日本労働研究機構, 1994, 『諸外国のパートタイム労働の実態と対策』.

野村正實, 2007, 『日本的雇用慣行』ミネルヴァ書房.

パートタイム労働に係る雇用管理研究会報告, 2000, 『通常の労働者との均衡を考慮した
パートタイム労働者の雇用管理のための考え方の整理について』労働省女性局.

橋詰洋三, 1985, 「流通業パート組合結成と雇用政策」『季刊労働法』第136号.

林大樹, 1991, 「1980年代の流通業におけるパートタイマーの実態と意識」『一橋論叢』
第106巻第2号.

林大樹, 1992, 「パートタイム労働者の組織化を考える」『労働経済旬報』No. 1463.

本多淳亮, 1996, 『企業社会と労働者』大阪経済法科大学出版部.

本多淳亮, 1997, 「パートタイム労働の理論的検討」『労働法律旬報』No. 1405.

本田一成, 1993, 「パートタイム労働者の基幹労働力化と処遇制度」『日本労働研究機構
研究紀要』No. 6.

本田一成, 1998, 「パートタイマーの個別的賃金管理の変容」『日本労働研究雑誌』No.
460.

本田一成, 2001, 「パートタイマーの量的な基幹労働力化」『日本労働研究雑誌』No. 494.

本田一成, 2002, 「チェーンストアにおけるパートタイマーの基幹労働力化と報酬制度に
関する実証的研究」『経営情報』8月号.

マーケティング史研究会, 2001, 『日本流通産業史——日本的マーケティングの展開』同
文舘出版.

水町勇一郎, 1997, 『パート労働の法律政策』有斐閣.

三富紀敬, 1992, 『欧米女性のライフサイクルとパートタイム』ミネルヴァ書房.

三山雅子, 1990, 「スーパーマーケットにおける能力主義管理と企業内教育——資本によ
る仕事への能動的組織化」『北海道大学教育学部紀要』第54号.

三山雅子, 1991, 「パートタイマーの戦力化と企業内教育」『日本労働研究雑誌』第377号.

三山雅子, 2001, 「大競争時代の日本の女性パート労働」竹中恵美子編『労働とジェン
ダー』明石書店.

山縣宏寿, 2007, 『生協における正規, パート労働者の賃金格差——A生協の事例に即し
て』『社会政策学会雑誌』No. 19.

山田和代, 1997, 「電産賃金体系における『年齢』と『家族』——ジェンダー視点からの
分析」『大原社会問題研究所雑誌』No. 461.

山田和代, 2001, 「戦後日本の労働組合における家族賃金の形成と展開」竹中恵美子編
『労働とジェンダー』明石書店.

連合総合生活開発研究所，1992，『労働組合への期待と効果』.

労働政策研究・研修機構，2005，『パートタイマーと正社員の均衡処遇――総合スーパー労使の事例から』.

労働政策研究・研修機構，2006，『多様な働き方の実態と課題』.

脇坂明，1986，「スーパーにおける女性労働力」『岡山大学経済学会雑誌』第17巻3，4号.

脇坂明，1995a，「パートタイマーの類型化1」『岡山大学経済学会雑誌』第27巻2号.

脇坂明，1995b，「パートタイマーの類型化2」『岡山大学経済学会雑誌』第27巻3号.

脇坂明，1996，「パートタイマーの類型化3」『岡山大学経済学会雑誌』第27巻4号.

脇坂明・松原光代，2003，「パートタイマーの基幹化と均等待遇（Ⅱ）」『学習院大学経済論叢』Vol. 40 No. 3.

英語文献

Akerlof G. A. and Dickens. W. T., 1992, "The Economic Consequence of Cognitive Dissonance", *The American Economic Review*, Vol. 72, No. 3.

Beechey, V. and Perkins, T., 1987, *A Matter of hours: Women, Part-Time and Labor Market*, Cambridge, Polity Press.

Blossfeld, H.-P. and Hakim, C., 1997, "Comparative Perspective on Part-Time Work" in Blossfeld, H.-P. and Hakim, C. eds., *Between Equalization and Marginalization*, Oxford University Press.

Blossfeld, H.-P. and Hakim, C. eds., 1997, *Between Equalization and Marginalization*, Oxford University Press.

Blumer, Herbert, 1969, *Symbolic Interactionism Perspective and Method*, University of California Press.

Connell, R. W. 1991, *Gender and Power: Society, the Person and Sexual Politics*, Allen and Unwin.

Coser, Lewis, 1971, *Masters of Sociological Thought*, Thomson Learning.

Daune-Richard, A. 1998, "How does the 'social effect' shape the use of part-time work in France, the UK and Sweden?" in Fagan, C. and O'Reilly, J. eds., *Part-Time Prospects*, Routledge.

Dex, S. and Shaw, L. B., 1986, *British and American Women at Work*, London: Macmillan.

Fagan, C. and Rubery, J., 1996, "The Salience of the Part-time Divide in the European Union", *European Sociological Review*, Vol. 12 No. 3.

Fagan, C. and O'Reilly, J., 1998, "Conceptualising part-time Work : the value of an integrated comparative perspectives" in Fagan, C. O'Reilly, J. eds., *Part-Time Prospects*, Routledge.

Hakim, C., 1997, "A Sociological Perspective on Part-Time Work" in Blossfeld, H.-P. and Hakim, C. eds., *Between Equalization and Marginalization*, Oxford University Press.

Houseman, S. and Osawa, M., 1998, "What is the nature of part-time work in the United States of America and Japan?" in Fagan, C. and O'Reilly, J. eds., *Part-Time Prospects*, Routledge.

Jenson, J., Hagen, E. and Reddy, C., 1988, *Feminization of the Labor Force: Paradox and Promises*, Oxford University Press.

Mead, G. E. 1938, *The Philosophy of the Act*, University of Chicago Press.

OECD, 2012, *Employment Outlook, 2012*.

O'Reilly, J., 1996, Theoretical Considerations in Cross-National Employment Research in *Sociological Research Online*, Vol. 1 No. 1. ⟨http://www.socresonline.org.uk/socresonline/1/1/2.html⟩

Orloff, A. S., 1993, "Gender and the Social Rights of Citizenship: The Comparative Analysis of Gender Relations and Welfare States", *American Sociological Review*, Vol. 53.

Pfau-Effinger, B., 1998, "Cultural or structure as explanation for difference in part-time work in Germany, Finland and Netherland?" in Fagan, C. and O'Reilly, J. eds., *Part-Time Prospects*, Routledge.

Rubery, Jill, 1998, "Part-time work : a threat to labour standard?" in Fagan, C. and O'Reilly, J. eds., *Part-Time Prospects*, Routledge.

Smith, M., Fagan, C. and Rubery, J., 1998, "Where and why part-time work growing in Europe?" in Fagan, C. and O'Reilly, J. eds., *Part-Time Prospects*, Routledge.

Tilly, Chris, 1996, *Half a Job : Bad and Good Part-Time Jobs in a Changing Labor Market*, Temple University Press.

Weber, Max, 1964, *Basic Concepts in Sociology*, NewYork: The Citadel Press.

韓国語文献

Honneth, Axel, 1992[2011], *Kampf um Anerkennung*, Suhrkamp Verlag Frankfurt am Main (=문성훈·이현재訳 『인정투쟁 - 사회적 갈등의 도덕적 형식론』 사월의책).

Mead, George Herbert, 1934[2010], *Mind, Self, and Society*, University of Chicago Press

（＝나은영訳『정신・자아・사회』한길사）.

Turner, J., Beeghley, L. and Powers, C., 1995 [1996], *The Emergence of Sociological Theory*, Wadsworth Publishing Company（김문조 외訳, 『사회학이론의 형성』일신사）.

Weber, Max, 1905[2010], "Die protestantische Ethik und der Geist des Kapitalismus" in *Gesammelte Aufsatze zur Religionssoziologie*.（김덕영訳, 『프로테스탄티즘의 윤리와 자본주의 정신』도서출판 길）.

Weber, Max, 1972 [1997], *Wirtschaft und Gesellschaft Grundriß der Verstehenden Soziologie*, J.C.B. Mohr （Paul Siebeck） Tubingen（박성환訳, 『경제와 사회 1』문학과지성사）.

あとがき

　本書を，日本のスーパーマーケット店舗という日常の労働現場を舞台にして，主婦パートタイマー，企業，労働組合，という，パートタイム労働市場の主な行為者が展開する行為戦略の内容と相互作用に関するフェミニスト労働研究者による現場調査報告といいたい。

　筆者が，既婚女性のパートタイム労働の研究を志したのは，性別分業に関する制度と規範，すなわち，ジェンダー・システムが凝縮された領域であると判断したからである。日本の事例を分析対象にした理由は，男性稼ぎ主型ジェンダー・システムのモデルとしての特徴が鮮明であるためであった。日本は，近代化の歴史も短くなく，経済大国であるにもかかわらず，いまだに女性の年齢別労働力率がM字カーブを描いている社会である。また，内部労働市場の賃金制度や社会保険制度，税制などにおける，ジェンダー関係の制度化のレベルが非常に高い。したがって，フェミニストにとって日本社会は，ジェンダー不平等が近代社会の労働市場と社会全体を動かす基本原理の一つであることを，顕著に示しているケースといえる。

　調査を始めた1998年時点での筆者の調査目的は，本書の第1章と第2章の一部にある実態調査だった。つまり，企業が主婦パートタイム労働者と正社員をどのように使い分けているのか，を調べて分析することが目的であった。パートタイマーの企業内定着と熟練度が高くなるのと同時に，パートタイマーと正社員間の賃金格差が拡大する，という矛盾した現象が日本のパートタイム労働市場の最大の特徴である，と判断したので，その再生産のメカニズムと原因を究明するために，パートタイマーが従業員の7割を超えるスーパーマーケット産業を研究対象とした。

　しかし，調査を進めるにつれ，筆者には，このように矛盾した現象が安定的に再生産されるメカニズムが不思議に思われた。パートタイマーの低賃金と正社員との賃金格差に関して，労働組合の役員や企業の管理職らから，"彼女たちは主

婦ですからね"といわれたときには，"あなたたちは男性正社員だからでしょう"という抵抗感を感じた。一方で，主婦パートタイマー本人たちからも，"私たちは主婦ですからね"と，繰り返していわれながら，雇用形態による業務や責任の分担の分析だけでは，自分が感じている不思議さは説明できない，と考えるようになった。パートタイム労働市場の行為者たちの生の声を深く聞いて，行為戦略を分析しない限り，自分の問いに答えることはできないと判断した。2年の計画で始めた調査は，終わりがいつになるか分からない状態に陥った。2003年夏までの調査結果をまとめて，2003年冬，ソウル大学に博士論文として提出したが，その後も日本のスーパーマーケット産業の変化は続き，筆者を労働現場へ，行為者たちの声の前へ連れて行った。

　筆者は，普段，日本語で論文を書くこともなく，日本で公式教育を受けたこともない。このあとがきが示すように，正直に言って筆者の日本語のレベルは本を書くほどではない。そのような筆者が，制度分析でもなく，日本の労働現場における行為者の生の声を記録し分析する本を日本語で出版することは，ある意味読者にとって迷惑かもしれない，と考えたこともあった。実は調査を続けながらも，自分がやるべき研究なのか，自分でできる研究なのか，と思ったときが多かった。日本での出版に挑戦すると決心したのは，長年に亘って調査に協力してくださった方々に対して恩返しをしたい気持ちからであった。

　筆者とのインタビューが終わったあと○○さんが，いきなり，自分が集めた資料を渡しながら，"いいところに使ってください"，とおっしゃった瞬間を忘れられない。△△さんが，"ちゃんとやっている人々は誰の支援があってちゃんとやっているか"，とおっしゃるときの声，節電のために多少暗くしていた店舗の事務室で，□□さんの人生のつらかった話を聞きながら一緒に泣いたこと，おしゃべり共同体の社員食堂での会話を生々しく伝えてくれる瞬間の☆☆さんの表情，G3店の店長にEメールでいくつか質問をしたら，違う意見もあるだろうということから，知り合いの店長2人にも筆者の質問への意見を聞いてまとめて送ってくださったときの感動，G2社人事部の飲み会での笑い，人々の表情，などなどが，あとがきを書く今も映画を見るように目の前を流れている。

　パート政策に関するインタビューを口実に訪問して，調査への協力をねだる見知らぬ外国人の研究者の調査に付き合ってくださったＡＢＣユニオンと流通部会

の皆様，長年筆者の調査に協力してくださった事例労組の皆様と企業や店舗の皆様に対する私の気持ちは，言葉で言い尽くせないほどのものである。筆者とＡＢＣユニオンや事例労組の皆様とは相当に考えが違うので，筆者の分析が嬉しくないかもしれない。しかし，筆者は，違う意見に出会うことがＡＢＣユニオンや事例労組にとって役立つ，という気持ちで本書を書いた。私の気持ちが伝わってほしい。

　本書をまとめるまで多くの方々に，言葉に尽くせぬほどにお世話になったが，２人の先生方には特別な感謝を申し上げたい。

　学問的母親として，研究者としてのロール・モデルとして，受入教官として，1998年以来ずっとお世話になっている大沢真理先生（東京大学社会科学研究所）に，特別な感謝を申し上げたい。大沢先生には，共同研究や個人的会話を通じて，研究に関して，研究者としての生き方に関して，多くを教わった。何よりも，異邦人の目線だからこそ見えるものがあるのではないか，という大沢先生の励ましがなかったら，筆者は日本語で自分の研究を発表する勇気が出せなかったと思う。実は，筆者を日本研究へと導いてくれたのも大沢先生の研究だった。筆者は，1990年代前半に日本で行われた，パートタイム労働の日本的特徴をめぐる論争と大沢先生の一連の研究から，非常に深い感銘を受けた。大沢先生の研究と出逢わなかったら，多分筆者は日本研究を始めなかっただろう。長年に亘る大沢先生の暖かいご指導と配慮に深く感謝する。

　野村正實先生（国士舘大学）は，本書の共著者と言うべきかもしれない。野村先生は，本書の構成や内容を綿密に検討してくださっただけでなく，いつも文章や表現まで全部チェックしてくださった。そのために野村先生とは，初稿のときも修正稿のときも，何回も長いオンライン会議（スカイプ）で意見を交わした。時には厳しく，時にはやさしい野村先生のご意見を聞きながら，感謝の気持ちはもちろんのこと，どうして他人の研究をここまで献身的に指導できるのか，と不思議に思ったときもあった。同時に，自分は後学の研究者にこのようにできるのか，と反省したときもあった。本書に対するアドバイスだけではなく，研究者としての姿勢を教えてくださった野村先生に，深い感謝を申し上げたい。

　本書の出版を決めてくださった現代社会政策のフロンティアシリーズの監修者の先生方とミネルヴァ書房，そして，使い慣れてない言葉で本を書く著者をやさ

しく支えてくださった，本書の担当者の堀川健太郎さんに深く感謝する。また，初稿をまとめるときにお世話になった親友小原博さんにもお礼を言いたい。

　現地研究のための費用は，韓国研究財団（1997年，2006～2008年），トヨタ財団（1998～1999年），東京女性財団（1999年），日韓文化交流基金（2007年）の研究費助成を受けられなかったら，賄うことができなかった。これらの財団の理解に感謝申し上げる。出会ってから今まで，健康も良くなく，気まぐれな妻を変わりなく支えてくれた夫に，心からの愛情と感謝を述べたい。彼の支えがなかったら，本書の執筆は難しかった。

　本書が，日常の労働現場における労働者の生の声，女性や社会的弱者のさまざまな形の抵抗，表面に出てこないひそかな抵抗に誰かが目を向けるきっかけになるのであれば幸いである。

　出来上がりを見ると恥ずかしい限りだが，この本を，長年の研究に協力してくださった主婦パートタイマーのお姉さんたち，ＡＢＣユニオンと流通部会，事例労働組合と企業の皆様にささげる。

　　2017年5月

　　　　　　　　　　　　　　　　　　　　　　　金　　英

アンケート

流通業における既婚女性労働者の職場生活と家庭生活の
実態と意識に関する日韓比較調査

本調査は，日韓両国の女性の仕事と家庭の両立条件を改善するために，日韓両国の流通業における既婚女性労働者の，職場生活と家庭生活の実態とそれに関する意識を比較研究する目的で，実施するものです。本調査の結果を役立てたいと願っています。調査結果は，この研究以外の目的に流用することはありません。あなたの考えをありのまま記入していただければ幸いです。お忙しいこととは存じますが，調査にご協力くださいますようお願い申し上げます。

I　あなたご自身とご家族についてうかがいます。

問1　今の会社であなたの雇用形態は次のどれですか。

1　正社員	2　契約社員	3　嘱託	4　パートタイマー
5　アルバイト	6　派遣	7　その他（具体的に）	

問2　あなたはいま何歳ですか。
　　　　＿＿＿＿＿＿＿＿歳

問3　あなたと生計を一緒にしている家族の構成はどれですか

1　夫と2人	2　夫と子供
3　夫と子供と親の3世代	4　離婚で一人暮らし
5　離婚・別居で子供と同居	6　離婚で親や近親者と同居
7　離婚・別居で子供や親と同居	8　死別で一人暮らし
9　死別で子供と同居	10　死別で親や近親者と同居
11　死別で子供や親と同居	12　その他（具体的に）

問4 あなたとあなたの配偶者の最終学歴はどれですか。離婚や死別の方は一緒に暮らした時のことを答えてください。

1 中学校卒業以下	2 高校卒業		あなた＿＿＿＿＿＿
3 短大・専門学校卒業	4 大学（4年制）卒業以上	配偶者＿＿＿＿＿＿	
5 その他（具体的に		）	

問5 （子供がいる方におたずねします）あなたの一番末の子供はいま何歳ですか。
＿＿＿＿＿＿歳

問6 あなたの世帯（あなた自身は除いて）の去年の所得（1998年1月から12月まで）はいくらでしたか（ボーナス及び手当てをあわせて，税込みで答えてください）。
＿＿＿＿＿＿円

問7 あなたの自身去年の年収（1998年1月から12月まで）はいくらですか（ボーナス及び手当てをあわせて，税込みで答えてください）
＿＿＿＿＿＿円

問8 あなたの家庭で主な家事担当者は誰ですか。

1 本人	2 配偶者
3 子供	4 配偶者や子供以外の家族
5 家政婦や他人	6 その他（具体的に　　　　　　　　）

問9 （要介護者がいる方におたずねします）あなたの家庭で主な介護担当者はだれですか。

1 本人	2 配偶者
3 子供	4 配偶者及び子供以外の家族
5 家政婦や他人	6 その他（具体的に　　　　　　　　）

問10 （子供がいる方におたずねします）あなたの家庭で主な育児担当者はだれですか。
（子供が成長した方は子供が幼かった時のこと）

1 本人	2 配偶者
3 親	4 配偶者や親以外の家族
5 家政婦や他人	6 その他（具体的に　　　　　　　　）

アンケート

問11 （子供がいる方におたずねします）あなたが職場にいる間は誰が子供の世話をします
か。（子供が成長した方は子供が幼かった時のこと）

1	保育園や幼稚園	2	配偶者
3	親	4	配偶者や親以外の家族
5	家政婦や他人	6	その他（具体的に　　　　　　　　　　　）

問12 （子供がいる方におたずねします）あなたの家庭で子供を預けるために，1カ月間
にかかる費用はいくらですか。（子供が成長した方は子供が幼かった時のことを年度
と一緒に答えてください）
　　　　＿＿＿＿＿＿＿円　＿＿＿＿＿＿＿年

II　就業経験についてうかがいます。

問13-1　あなたは学校を卒業した後結婚するまでの間，仕事をしていましたか。

1	はい──→	a	正社員
		b	非正社員
2	いいえ		

問13-2　あなたは結婚した後出産までの間，仕事をしていましたか。

1	はい──→	a	正社員
		b	非正社員
2	いいえ		

問13-3　あなたは出産した後育児期が終わるまでの間，仕事をしていましたか。（育児期
というのは，普通末のお子さんが小学校に入るまでの期間です）

1	はい──→	a	正社員
		b	非正社員
2	いいえ		

問13-4　あなたは育児期が終わった後，仕事をしていましたか。

1	はい──→	a	正社員
		b	非正社員
2	いいえ		

問14　あなたは今の会社に勤めるすぐ前，何をしていましたか。次の中からあてはまるものを一つ選び，番号に〇をつけてください。

1	主婦として家事に従事していた	2	家業の手伝いをしていた
3	自営業をやっていた	4	通学していた
5	今の会社の他の店でパートタイマー	6	同じ業種の他の会社でパートタイマー
7	別の業種の会社でパートタイマー	8	今の会社で正社員だった
9	同じ業種の他の会社で正社員だった	10	別の業種の会社の正社員だった
11	人材派遣会社の登録スタッフだった		
12	その他（具体的に）		

問15　あなたは結婚してすぐ仕事をやめましたか。

1	やめた（16番へ進んでください）
2	やめなかった（17番へ進んでください）
3	未婚の時，就職していなかった（18番へ進んでください）

問16　あなたが結婚してすぐ仕事をやめた理由は何でしたか。次の中からあてはまるものを三つまで選び，重要な順番で書いてください。

1	女性は結婚したら家庭に専念した方がいいと思ったから
2	職場から圧力があったから
3	夫が止めるのを望んだから
4	家庭と仕事を両立する生活が難しかったから
5	その時の職場に不満があったから
6	女性は家庭を犠牲にしながら熱心に働いても会社員としての未来がないと思ったから
7	経済的に余裕があって仕事をする必要がなかったから
8	その他（具体的に　　　　　　　　　　　　　　　　　　　　　　　）
	一番目＿＿＿＿＿　二番目＿＿＿＿＿　三番目＿＿＿＿＿

問17　あなたが結婚した後も仕事を続けた理由は何でしたか。次の中からあてはまるものを三つまで選び，重要な順番で書いてください。

1	共働きのほうが片働きより経済的に安定できるから
2	生活条件が変わることと関係なし，仕事を続けるのは当然なことだから
3	夫が続けることを望んだから
4	職場生活が楽しかったから

アンケート

5	結婚のために自分のキャリアを犠牲にしたくなかったから
6	家庭と仕事を両立する生活があまり難しくなかったから
7	子供を生む時までは大丈夫だでと思ったから
8	夫が積極的に家事を分担してくれたから
9	その他（具体的に　　　　　　　　　　　　　　　　　　　　　）
	一番目＿＿＿＿＿　二番目＿＿＿＿＿　三番目＿＿＿＿＿

問18　あなたは妊娠・出産の時仕事をやめましたか。

1	やめた（19番へ進んでください）
2	やめなかった（20番へ進んでください）
3	妊娠・出産の時，就職していなかった（21番へ進んでください）

問19　あなたが妊娠・出産の時仕事をやめた理由は何でしたか。次の中からあてはまるものを三つまで選び，重要な順番で書いてください。

1	子供が生まれたら女性は育児に専念すべきだと思ったから
2	職場から圧力があったから
3	夫が止めるのを望んだから
4	子供を預ける適当な保育園を見つけられなかったから
5	子供を生んだ後健康が悪くなって職場生活ができなくなったから
6	育児と仕事を両立する生活が難しかったから
7	その時の職場に不満があったから
8	女性は家庭を犠牲にしながら熱心に働いても会社員としての未来がないと思ったから
9	経済的に余裕があって仕事をする必要がなかったから
10	その他（具体的に）
	一番目＿＿＿＿＿　二番目＿＿＿＿＿　三番目＿＿＿＿＿

問20　あなたが妊娠・出産にもかかわらず仕事を続けた理由は何でしたか。次の中からあてはまるものを三つまで選び，重要な順番で書いてください。

1	住宅ローンなどの経済的な事情があったから
2	生活条件が変わることと関係なし，仕事を続けるのは当然なことだから
3	夫が続けることを望んだから
4	職場生活が楽しかったから
5	子供のために自分のキャリアを犠牲にしたくなかったから

```
　　6　育児と仕事を両立する生活があまり難しくなかったから
　　7　夫が育児を積極的に分担してくれたから
　　8　夫以外の家族が育児を分担してくれたから
　　9　その他（具体的に　　　　　　　　　　　　　　　　　　　　）
　　　　一番目＿＿＿＿＿　　　二番目＿＿＿＿＿　　　三番目＿＿＿＿＿
```

問21　あなたは結婚・妊娠・出産以外の理由で仕事をやめた経験がありますか。あったら
　　　　その理由はなんでしたか。当てはまる理由のすべてに○をつけてください。

```
　　1　ない
　　2　ある→理由　A　自分の病気　　　　　　　B　家族の看護・介護
　　　　　　　　　　C　夫や家族からのお願い　　D　夫の転勤や家族の引越し
　　　　　　　　　　E　定年退職　　　　　　　　F　勤めづらい職場の雰囲気
　　　　　　　　　　G　自分の時間がほしくて　　H　賃金や労働時間等労働条件が悪くて
　　　　　　　　　　H　仕事の内容に不満　　　　J　会社の事情（倒産・経営悪化等）
　　　　　　　　　　K　セクハラ　　　　　　　　L　解雇
　　　　　　　　　　M　キャリアアップ・勉強　　M　自営業の開業
　　　　　　　　　　N　その他（具体的に　　　　　　　　　　　　　　　　　　　）
```

Ⅲ　女性の人生における仕事と家庭の両立についての考え方についてうかがいます。

問22　あなたは結婚している女性の職場生活についてどう思いますか。次の中からあては
　　　　まるものを一つ選び，番号に○をつけてください。

```
　　1　できれば女性は職場生活をしない方がいい。
　　2　結婚したらしない方がいい。
　　3　子供を生んだらしない方がいい。
　　4　家族の世話をすることに無理が生じない範囲内でする方がいい。
　　5　子供の学業や教育に問題が生じない範囲内でする方がいい。
　　6　女性も一生職場生活をして経済的に独立すべきだ。
　　7　その他（具体的に　　　　　　　　　　　　　　　　　　　　　　　）
```

問23　仮にあなたが今，学生だとしたら，卒業してから一生を通じてどのような働き方を
　　　　したいですか。次の中からあてはまるものを一つ選び，番号に○をつけてください。

```
　　1　結婚をせず，正社員・職員として仕事を続けたい
　　2　結婚・育児の間も正社員・職員として仕事を続けたい
```

アンケート

3	結婚・育児の間は退職し，その後再び正社員・職員として仕事を続けたい
4	結婚・育児の間は仕事をやめ，その後はパート等として仕事を続けたい
5	結婚・育児で仕事をやめて，その後は家庭にいたい
6	最初からパートやアルバイトで仕事をしたい
7	起業家として仕事をしたい
8	研究者，作家，芸術家等の仕事をしたい
9	その他（具体的に　　　　　　　　　　　　　　　　　　　　　　）

問24　あなたは女性が仕事と家庭をうまく両立するためにどのような支援措置また協力が一番大事だと思いますか。次の中からあてはまるものを三つまで選び，重要な順番で書いてください。

1	家事や育児を分担しようとする男性自身の努力
2	保育園の充実や育児・介護休業制度の整備など法律的な支援措置
3	男性に家事や育児を分担させるための法律的な義務設定（例えばノルウェーの場合，妻の出産時，夫は休暇を取るのが法律的な義務です）
4	家庭がある女性社員に対する企業からの支援措置
5	男女共に全般的な労働時間の短縮
6	社会的な雰囲気
7	正社員からパートへパートから正社員への転換制度
8	家族全般の協力
9	その他（具体的に　　　　　　　　　　　　　　　　　　　　　　） 一番目＿＿＿＿＿＿　二番目＿＿＿＿＿＿　三番目＿＿＿＿＿＿

問25　あなたは家庭生活に関する次の意見についてどう思いますか。「全くそう思わない」から「全くそう思う」までを1から7までの点数で表わした場合，あてはまる数字に○をつけてください。

		全くそう思わない　　　　全くそう思う
1	女性が仕事をしていても，家事についての一次的な責任はやはり女性にある	1　2　3　4　5　6　7
2	女性が仕事をしていても，育児についての一次的な責任はやはり女性にある	1　2　3　4　5　6　7
3	女性が仕事をしていても，子供の教育についての一次的な責任はやはり女性にある	1　2　3　4　5　6　7
4	女性には仕事があっても，やはり家庭が一番重要だ	1　2　3　4　5　6　7

5	妻と夫は自分の収入を別々に管理する方がいい	1	2	3	4	5	6	7
6	夫が反対していても自分の仕事については 自分が決定すべきだ	1	2	3	4	5	6	7
7	男性だけが家庭の経済的な扶養の責任をとるのは 不平等だ	1	2	3	4	5	6	7
8	子供がいても一緒に暮らしたくない夫とは 別れる方がいい	1	2	3	4	5	6	7
9	経済的な不安があれば一緒に暮らしたくない夫でも 別れない方がいい	1	2	3	4	5	6	7
10	結婚したら娘は親の介護については責任がない	1	2	3	4	5	6	7
11	息子ではなくて嫁が親の介護について 責任をもつのは正しくない	1	2	3	4	5	6	7

問26 あなたの夫があなたの仕事を認めている理由は何ですか。次の中からあてはまるものを二つまで選び，重要な順番で書いてください。離婚または死別の方は一緒に暮らした時のことを答えてください。

1	夫一人の収入だけでは生活ができないから
2	もっと豊かな生活のために
3	私のことは私自身が決めることだから
4	女性も仕事を持つのは当然だと思うから
5	男性だけが経済的な責任をもつのは不平等だと思うから
6	いまは子供が成長して家庭であまりすることがないと思うから
7	自分（夫）にあまり不便なことはないから

一番目＿＿＿＿＿　　二番目＿＿＿＿＿

問27 あなたが仕事していることは，あなたの家庭や本人に，どのような結果をもたらしていると，評価していますか。「全くそう思わない」から「全くそう思う」までを1から7までの点数で表わした場合，あてはまる数字に○をつけてください。

		全くそう思わない					全くそう思う	
1	所得増加によって生活が豊かになった	1	2	3	4	5	6	7
2	夫との関係が対等になった	1	2	3	4	5	6	7
3	夫や子供の家事分担が増えた	1	2	3	4	5	6	7
4	よく世話をしてくれないという家族の不満が増えた	1	2	3	4	5	6	7
5	仕事と家庭の二重負担のために健康維持が難しい	1	2	3	4	5	6	7

アンケート

		全くそう思わない						全くそう思う
6	夫や子供から文句を言われるのではないかと 心配して顔色をうかがう時が多い	1	2	3	4	5	6	7
7	子供に母の役割を十分にやってあげられなくて すまない（子供がいない方は書かないでください）	1	2	3	4	5	6	7
8	夫に妻の役割を十分にやってあげられなくて すまない	1	2	3	4	5	6	7
9	仕事と家事を両立するのが大変なので 家族に対して癇癪を起こす時が多い	1	2	3	4	5	6	7

問28 あなたはパート労働に関する次の考え方についてどう思いますか。「全くそう思わない」から「全くそう思う」までを1から7までの点数で表わした場合，あてはまる数字に○をつけてください。

		全くそう思わない						全くそう思う
1	パート労働は，女性が家庭と仕事を 両立できるようにしてくれる労働形態だ	1	2	3	4	5	6	7
2	パート労働は，企業が安い賃金で 労働者を雇用するための労働形態だ	1	2	3	4	5	6	7
3	パート社員の増加は，正社員の雇用状態を 不安定にする	1	2	3	4	5	6	7
4	パート労働の増加は，女性の自立を より難しくする	1	2	3	4	5	6	7
5	パート労働の増加は，労働者全体の 労働条件を悪くする	1	2	3	4	5	6	7

Ⅳ 労働条件や仕事についてうかがいます。

問29 あなたの職場で正社員とパートタイマーの仕事の分担はどのようになっていますか。次のa）からg）のそれぞれについてあてはまるものをいくつでも選び，番号に○をつけてください。

a）お客様の苦情への対応

1	主にパートタイマーがやっている
2	正社員もやるが，パートタイマーがやることのほうが多い
3	正社員とパートタイマーが同じ程度にやっている
4	主に正社員がやるが，パートタイマーもやることがある

    5   パートタイマーはやらない

b）補充する商品の発注

    1   主にパートタイマーがやっている
    2   正社員もやるが，パートタイマーがやることのほうが多い
    3   正社員とパートタイマーが同じ程度にやっている
    4   主に正社員がやるが，パートタイマーもやることがある
    5   パートタイマーはやらない

c）新入のパートタイマーの指導

    1   主にパートタイマーがやっている
    2   正社員もやるが，パートタイマーがやることのほうが多い
    3   正社員とパートタイマーが同じ程度にやっている
    4   主に正社員がやるが，パートタイマーもやることがある
    5   パートタイマーはやらない

d）新入の正社員の指導

    1   主にパートタイマーがやっている
    2   正社員もやるが，パートタイマーがやることのほうが多い
    3   正社員とパートタイマーが同じ程度にやっている
    4   主に正社員がやるが，パートタイマーもやることがある
    5   パートタイマーはやらない

e）月別や半期別の売上目標などの販売（売上）計画の作成

    1   主にパートタイマーがやっている
    2   正社員もやるが，パートタイマーがやることのほうが多い
    3   正社員とパートタイマーが同じ程度にやっている
    4   主に正社員がやるが，パートタイマーもやることがある
    5   パートタイマーはやらない

f）作業割り当て

    1   主にパートタイマーがやっている
    2   正社員もやるが，パートタイマーがやることのほうが多い
    3   正社員とパートタイマーが同じ程度にやっている

アンケート

4 主に正社員がやるが，パートタイマーもやることがある
5 パートタイマーはやらない

g）陳列とレイアウト

1 主にパートタイマーがやっている
2 正社員もやるが，パートタイマーがやることのほうが多い
3 正社員とパートタイマーが同じ程度にやっている
4 主に正社員がやるが，パートタイマーもやることがある
5 パートタイマーはやらない

問30-1 同じ仕事をしている正社員と比べて，パートタイマーの時間当たり賃金の水準に対して，どう評価しますか。

1 勤務時間帯の違いなどを考えれば，高すぎる
2 勤務時間帯の違いなどを考えれば，やや高い
3 勤務時間帯の違いなどを考えれば，適当な水準だ
4 勤務時間帯の違いなどを考えれば，やや低い
5 勤務時間帯の違いなどを考えれば，低すぎる
6 よくわからない

問30-2 同じ仕事をしている正社員と比べてパートタイマーの業務量に対してどう評価しますか。

1 賃金水準の差を考えれば，多すぎる
2 賃金水準の差を考えれば，やや多い
3 賃金水準の差を考えれば，適当な水準だ
4 賃金水準の差を考えれば，やや少ない
5 賃金水準の差を考えれば，少なすぎる
6 よくわからない

問31 あなたは今の会社以外のところでもお金を稼ぐために働いていますか。次の中からあてはまるものを一つ選び，番号に○をつけてください。

1 はい──→ A 他の会社の正社員   2 いいえ
B 他の会社のパート
C 派遣会社の登録スタッフ

問32　あなたは職場生活についてどのくらい満足していますか。1から10までの点数で表わした満足度のあてはまる数字に〇をつけてください。

非常に不満								非常に満足	
1	2	3	4	5	6	7	8	9	10

問33　あなたは今の職場生活に対して次の各項目についてどのように思いますか。「非常に不満」から「非常に満足」までを1から7までの点数で表わした場合，あてはまる数字に〇をつけてください。

		非常に不満						非常に満足
1	長期勤続可能性	1	2	3	4	5	6	7
2	勤務時間	1	2	3	4	5	6	7
3	職場環境	1	2	3	4	5	6	7
4	業務量	1	2	3	4	5	6	7
5	業務量と比べた賃金水準	1	2	3	4	5	6	7
6	適性を考慮した売場配置	1	2	3	4	5	6	7
7	担当業務における権限	1	2	3	4	5	6	7
8	上司との人間関係	1	2	3	4	5	6	7
9	同僚との人間関係	1	2	3	4	5	6	7
10	昇進・昇給の可能性	1	2	3	4	5	6	7
11	教育の機会	1	2	3	4	5	6	7
12	福利厚生	1	2	3	4	5	6	7
13	職場の将来性	1	2	3	4	5	6	7
14	達成感	1	2	3	4	5	6	7
15	家庭との両立可能性	1	2	3	4	5	6	7

問34　あなたが働いている理由は何ですか。次の中からあてはまるものを三つまで選び，重要な順番で書いてください。

1	主たる生活費を得るため
2	生活費を補充するために
3	子供の教育費や住宅ローン返済などが夫の収入だけでは足りないから
4	働くことは当然だと思うから
5	自分の人生の独立性を高めるために
6	自分を向上させ，充実感を得られる仕事をしたいと思うから
7	社会や人とのつながりがほしいから

アンケート

8	買い物や旅行などの資金として，家計にゆとりがほしいから
9	勉強や趣味など自分のやりたいことのために，お金を稼ぎたいと思うから
10	その他（具体的に　　　　　　　　　　　　　　　　　　　　　　　　）
	一番目＿＿＿＿＿　二番目＿＿＿＿＿　三番目＿＿＿＿＿

問35　あなたは，これからどんな仕事をしたいですか。次のa）からg）までのそれぞれに対して答えてください。

a）今までと同じ仕事	1　はい	2　いいえ
b）今よりも技能や責任のある仕事	1　はい	2　いいえ
c）仕事の内容はともかく，収入のよい仕事	1　はい	2　いいえ
d）パートとしてではなく，正社員	1　はい	2　いいえ
正社員としてではなく，パート		
e）自分の適性に合う仕事	1　はい	2　いいえ
f）家庭と仕事の両立が難しいので仕事をやめたい	1　はい	2　いいえ
g）仕事よりもっと価値のあるボランティア活動をしたい	1　はい	2　いいえ

V　労働組合に対する考え方についてうかがいます。

問36　あなたは労働組合に加入していますか。

1	加入している（37番へ進んでください）
2	加入していない（38番へ進んでください）

問37　あなたが労働組合に加入している理由は何ですか。次の中からあてはまるものを二つまで選び，重要な順番で書いてください。（40番へ進んでください）

1	労働者の連帯を高めるために，労働者なら労働組合に加入するのが当然なことだと思うから
2	労働組合に加入すると，賃金やいろいろな労働条件が良くなるから
3	労働組合に加入すると，職場の人たちとも親しくなり職場生活が楽しくなるから
4	仲が良い人から加入するように誘われたから
5	特別な理由はない
6	その他（具体的に　　　　　　　　　　　　　　　　　　　　　　　）
	一番目＿＿＿＿＿　二番目＿＿＿＿＿

問38 あなたが労働組合に加入していない理由は何ですか。次の中からあてはまるものを
二つまで選び，重要な順番で書いてください。

1	労働組合そのものについてあまり関心がないから
2	特別に加入を勧誘されたことがないから
3	今の会社には労働組合はあるが，パート労働者は加入資格がないから
4	今の会社の労働組合は正社員中心の労働組合なので，パート労働者にはあまり役に立たないから
5	労働組合に加入すると会社や管理職の人たちが嫌がるから
6	組合費が負担に思われるから
7	特別な理由はない
8	その他（具体的に）
	一番目＿＿＿＿＿＿ 二番目＿＿＿＿＿＿

問39 あなたは今の会社の労働組合への加入を勧められたらどうしますか

1	喜んで加入する
2	特別に不利なことがなければ加入する
3	労働組合が特に役に立つとは思わないので加入しない
4	今の労働組合には加入したくない
5	労働組合そのものに関心がないので加入しない
6	よくわからない

問40 あなたは労働組合はどのような面で役に立つと思いますか。次の中からあてはまる
ものを三つまで選び，重要な順番で書いてください。

1	賃金や労働条件をよくすることに
2	会社が労働者に勝手なことをしないようにすることに
3	福利厚生をよくすることに
4	解雇された時助けてくれるから
5	困った時の相談等いろいろと手助けしてくれるから
6	労働者の教育に
7	労働者の連帯のために
8	社会の全般的な民主化に
9	その他（具体的に ）
	一番目＿＿＿＿＿＿ 二番目＿＿＿＿＿＿ 三番目＿＿＿＿＿＿

アンケート

問41 あなたは次のような状況に直面すると，どうしますか。例を参考して答えてください

例	A	我慢して耐える	B	個人的に抗議する
	C	同僚や周りの人々に相談する	D	労働組合に行って相談する
	E	労政事務所に行って相談する	F	民間相談機構や市民団体に行って相談する
	G	会社をやめる		

1 いじめ等非人格的な待遇を受けた時 ＿＿＿＿＿＿

2 不当な業務転換や転勤等を命令された時 ＿＿＿＿＿＿

3 不当に労働時間短縮や勤務時間を変更された時 ＿＿＿＿＿＿

4 不当に解雇された時 ＿＿＿＿＿＿

Ⅵ パートタイマーの方だけ答えてください。

問42 あなたの週当たり実労働時間はふつう何時間ですか。
＿＿＿＿＿＿時間

問43 あなたはふつう何時から何時まで勤めますか。

1 午前 2 午後	＿＿＿＿＿時	＿＿＿＿＿分から
1 午前 2 午後	＿＿＿＿＿時	＿＿＿＿＿分まで

問44 あなたが正社員の仕事ではなくてパート労働を選んだ理由は何ですか。次の中から
あてはまるものを三つまで選び，重要な順番で書いてください。

1	勤務時間と勤務の日が選べるから
2	他の仕事と並行するため
3	自由な時間がほしかったから
4	勤め先が自宅から近いから
5	家事や育児の負担のため，正社員としての働き方は無理だから
6	正社員になると，税や社会保険料負担が増えるから
7	正社員として働きたかったが，採用に年齢制限等があり仕方なく
8	正社員としての仕事を見つけられなかったから
9	正社員の仕事のように労働時間が長く負担が重い仕事は嫌だから
10	その他（具体的に　　　　　　　　　　　　　　　　　　　　）
	一番目＿＿＿＿　二番目＿＿＿＿　三番目＿＿＿＿

問45 もし選ぶことができるとすると，あなたは次のどの労働組合に加入したいですか。
次の中からあてはまるものを一つ選び，番号に〇をつけてください。

1	今の会社の労働組合
2	今の会社のパート労働者のみの労働組合
3	会社以外に今存在している他の労働組合
4	会社以外のパート労働者のみの労働組合
5	どのような労働組合にも加入したくない

Ⅶ 本調査の内容以外にも，あなたが家庭と仕事を両立しながら，またはパート労働者と
して働きながら，感じてきた難しさや不満なこと，及びそれに対する適切な解決策や
望んでいる支援措置等があれば，何でも書いてください。

ご協力ありがとうございました。

索　引

あ　行

アイデンティティの危機　25, 190
アウトソーシング　50
あきらめ　11, 281, 282
粗利率　50
アルバイト　19, 38, 44, 68, 100, 115, 116,
　118, 119, 122, 123, 143, 150, 153-155,
　199, 206, 216, 226, 231
育児休業　90, 93-95
育児支援　245, 256
育児短縮勤務　90, 91, 100, 101, 260, 292
意思決定過程　234
いじめ　296
一枚岩　257
一般人パート　36-38, 40, 54, 108, 119
一般的拘束力　237
衣料品部門　63, 79, 83, 105
違和感　211, 212
後ろから，聞こえるように悪口を言う　299
売場規模　50-52
エキスパート　119, 121, 154, 156, 162,
　164, 165, 167, 170-174, 178, 233, 293,
　329
　　——主任　173
駅前店舗　41, 148, 150
SMJ職制度　325
大型店舗　22, 42, 126
OJT　22, 35, 70, 126-128, 270
大手企業　32, 46, 57, 194, 197, 224, 233,
　296, 321
おしゃべり共同体　305, 306, 308, 309,
　313, 333
遅番勤務　98, 101, 160, 288, 332
Off-JT　35, 126-128
オーラル・ライフ・ヒストリー　29
オレンジ社員　322

か　行

皆勤手当　153
改正人事制度　322, 335
外部労働市場　103, 111, 113
価格競争　177, 178
学生アルバイト　40-44, 46, 55, 60, 150,
　323
加工センター　35, 50-52, 62, 146, 175
学歴　84, 87, 158, 243, 247
家族
　　——形成　95, 256, 259
　　——構成　244
　　——志向　257
　　——事情　254, 302
　　——責任　4, 18, 25, 83, 84, 93, 102, 114,
　163-165, 237, 245, 256, 267, 314, 325,
　333, 334
　　——手当　87, 153, 159, 161
課長　78, 79, 126, 207, 325
家庭優先性　13, 163, 164, 180, 321, 330
管理的職務　2, 17
基幹化モデル　179
基幹化抑制戦略　192, 203
期間の定め　116, 215, 217, 327, 328
基幹パート　13, 38, 39, 76, 114, 223, 233,
　325, 332, 333
基幹労働力化　14-17, 24, 25, 34, 35, 40,
　45, 52, 58, 69, 76, 102-104, 125, 142,
　167, 178, 179, 190, 209, 210
　　——指数　65
　　——戦略　221
　　質的——　57, 58, 60, 62, 67, 68, 76, 114,
　125, 135, 137, 138, 141, 144, 145, 148,
　156, 169, 179, 180, 192, 193, 214, 215,
　220
　　量的——　44, 57, 62, 76
企業内定着　37, 114, 155, 280

企業福祉　155
既婚女性　2-6, 13, 18, 19, 63, 89, 93, 95,
　96, 98, 99, 161, 165, 174, 180, 187, 242,
　246, 258, 334
　──の賃金労働者化　3
　──労働者のパート化　3
擬似内部化　111, 125, 145, 179, 180
　──制度　285
基準外賃金　85, 145, 152
基準内賃金　145, 153, 159, 207
犠牲者　8
キツネの酸っぱい葡萄　282
　──戦略　286
技能　127, 128, 151, 176
規範　7, 9-11, 14, 18, 241, 260, 280, 281,
　335
　支配的──　10, 280, 298, 321
希望退職　216
基本給　75, 146, 148, 159, 173, 176
キャリア・キャップ　322-324
98年方針　206
96年報告　207, 208
求人難　152, 199, 225, 226
教育機会　269
教育訓練　125, 126, 145
業界再編　224
業種　6, 18, 19, 44, 180, 206, 300
業績給　73, 85, 86, 97, 129, 159
業績考課　129, 130
業績不振　213, 229
業態　18, 52, 58, 62, 66, 78, 125, 180
亀裂　9-14, 280, 281, 313, 315, 321, 335
勤続給　97, 132, 152, 156, 177
勤続年数　39, 46, 61, 63, 64, 81, 84, 85,
　113, 135, 144, 156, 160, 167, 173, 312
均等処遇　208, 237
勤務時間帯　92, 149, 160, 166, 167, 252,
　253, 269
勤務態度　129, 132-134
苦情対応　69
屈折　9, 10, 234
区別作り　24, 111, 115, 163, 164, 168,
　321, 324

組合員　123, 154, 202, 205, 206, 209, 215,
　226-228, 230, 278
組合費　199-201, 274, 277
ケア・ワーク　6
経営体制　219
契約社員　19, 162
契約条件　120-122
結合所得　257
結婚退職　93, 171, 243, 282
現職　126, 254, 255
行為者　7-11, 24, 26, 321
　──戦略　12, 25, 180, 322, 335
行為戦略　7, 24-26, 31, 111, 187, 280
行為ルール　13
合理化　7, 111, 187, 217, 237, 246, 260,
　261, 268, 289, 310, 314
小型店舗　225
呼称パート　2, 6, 18
個人行為主体　8
コスト削減　49, 55, 112-114, 162, 179,
　268
国家　5, 7-9, 26, 237
　──政策　8
　──福祉　6
小遣い稼ぎ　246
個店主義　108
雇用安定性　6, 328
雇用区分　114, 119, 120, 123, 128, 136,
　137, 142-145, 155, 161, 175, 180
雇用形態のジェンダー化　18
雇用形態の身分性　18, 336
雇用契約　36, 116, 119, 122, 204, 215,
　217, 327, 328
雇用戦略　6
雇用調整　112, 115, 179, 210, 212
雇用主　6-8, 316
婚姻状態　157, 158, 237

さ　行

サービス残業　56, 72, 92, 268
最低賃金　54, 59, 62, 146, 148, 179
採用時給　159, 302
作業マニュアル　60

作業割当　69
３６協定　189
産休　92, 93, 292
残業　89, 92, 121
　　——手当　172
産業構造変化　7
GMS　22, 263, 321, 335
ジェンダー　2, 5, 7, 8, 17, 18, 26, 57, 58,
　　88, 102, 115, 149, 180, 325
　　——化した行為　8
　　——化した戦略　7, 8
　　——規範　16, 25, 26, 251, 257
　　——システム・アプローチ　9
　　——の身分性　18, 322, 336
　　——文化　5, 7, 9
自我　10, 11
資格
　　——給　75, 132, 140, 147, 158, 159, 178
　　——制度　125-127, 129, 132, 136-138,
　　140, 142-144, 151, 177
　　——手当　151
　　——等級　81, 82, 130, 139, 140, 142-
　　147, 154
　　——別作業項目表　138
時間給　59, 71, 134, 136, 140, 146-148,
　　150, 151, 160, 161, 165, 166, 176, 178,
　　205, 274
時間帯加給　75, 145, 149-151, 159-161,
　　176
自己投与制限　299-301
自己評価　129, 131, 132
仕事と家庭の両立　331
子女教育手当　161
時代と年齢を恨む　282
嫉妬と非難　291
支配的権力関係　280
自発性　104, 125, 173, 225
支部　217, 318
シフト勤務　98, 99, 119, 150, 164, 166,
　　167, 171, 178, 180
社員区分　88, 90, 92, 93, 157, 322, 323
　　——転換　93, 336
　　——別処遇格差　327

社員食堂　299, 300, 360
社員割引　222
社会的合意　10
社会保険　225, 284
　　——料　198, 227
社会保障制度　16, 59
収益構造　127, 180
就業規則　116, 118, 119, 121, 122
就業経験　248, 249
就業選択　103
習熟給　148, 158, 159, 161
住宅手当　85, 87, 88, 159, 161, 171, 328
集団的行為主体　8
熟練　1, 15, 19, 55, 104, 111, 114, 123,
　　136, 138, 140, 142, 155, 171, 176-180,
　　223, 246, 300, 321, 330, 336
出産退職　266, 282
主任代替型　67, 68
主婦
　　——規範　31
　　——協定　12, 13, 24, 115, 168, 179, 180,
　　194, 217, 268, 314, 321, 335
　　——制度　12, 179, 180, 321
　　——の枠　13, 233, 241, 242, 256
　　——パート　20, 31, 36, 40, 43-45, 54,
　　55, 57, 59, 64, 68, 76, 91, 101, 102, 115,
　　122, 125, 136, 150, 162, 164-169, 177,
　　180, 191, 193, 234, 241, 244, 245, 247,
　　250-252, 254-256, 258, 261, 262, 264,
　　267, 279, 310, 311, 324
　　——パート活用モデル　169
　　——役割評価　289
　　——労働者　204, 211, 212, 267, 283
受容　204, 241, 280, 281, 289, 298, 314
　　——戦略　25, 280, 281, 314
需用要因　7
準社員　136
情意考課　129, 130
生涯経験　241, 242, 255
生涯就業　258
昇格　89, 93, 96, 97, 111, 136, 140, 141,
　　268, 285, 324, 327, 333, 335
昇給　136, 295, 312

消極的抵抗　298, 299, 301
上司の推薦　327
小資格　139, 140
小集団政治　304
昇進　23, 82-84, 95-97, 101, 111, 123,
　125, 128, 172, 268, 324, 335
　　――・昇格の可能性　97, 268, 327
　　――・昇格の上限の拡張　335
承認闘争　313, 314
商品食い・飲み　302
上部団体　20, 195, 201, 218, 225, 227,
　234, 235
賞与　153, 161
将来性　97
ショートタイマー　142
初期育児期　248, 249, 252, 260, 263, 291
職域　331
職位給　129, 145, 149
処遇制度　2, 64
職種　6, 126, 260
　　――給　148
　　――手当　85
職能給　16, 97, 129, 159
職能資格制度　15
職場環境　269
職場事情　254
職場集会　217
食品スーパー　21, 33, 34, 44, 51, 62, 66,
　77, 81, 125, 180, 229
食品部門　34, 35, 41, 46, 50-56, 175
職務　321
　　――給　97, 129, 145, 147, 173, 174
　　――資格　59
　　――資格要件書　128
　　――職能給　73, 86, 87
　　――手当　73
　　――等級　128, 137, 147
　　――と処遇の不均衡　12, 15, 113, 163,
　164, 168, 180
女性主体　8, 9, 14
女性正社員　77, 81-85, 88, 90, 94, 96, 98,
　99, 116, 126, 161, 166, 174
女性労働者　1, 6, 172

ショッピングセンター　43
所定内賃金　2, 113
所定労働時間　73, 115, 121, 203
序列化　122
自律性　280, 298, 336
新規採用　46, 84, 85, 172, 186
人件費　57, 58, 112, 114, 167, 174, 176,
　177, 216
人材派遣　226
人事考課　85, 125, 126, 129, 132, 148
人事制度改正　92, 224, 226
深層面接　26
人的資本　6
新入社員代替型　67, 73, 137
新入正社員教育　61
新入パート教育　61
スーパーマーケット産業　1, 14, 18, 24, 31
スキマ権力　14, 281
ストア社員　119
生活保障　208, 336
生計維持者　40, 163, 187, 188, 204, 208,
　314
生計補助　246
制限的基幹化型　24, 66, 119, 125, 169
制限的内部化　24, 25, 111, 179
政策的要因　7
正社員　1, 2, 16, 17, 21, 40, 42, 43, 46, 51,
　56, 57, 61, 63, 66, 68-72, 74-76, 86, 89,
　90, 92, 93, 97, 99-103, 111, 113, 114,
　119-121, 126, 128, 152
　　――組合　190, 191, 230, 236
　　――再就業型　258, 259, 261
　　――就業継続型　258, 259, 261
　　――就業中断　250
　　――代替　25
生鮮売場　50, 71, 79, 82, 146, 156
正当性　12-14, 163, 220, 280
制度上の被扶養者　54, 58, 193, 198, 216
制度の束　12, 13
政府政策　226
性別分業　4, 6, 9, 243, 257, 262, 267, 337
　　――規範　8, 257
　　――受容度　262

世帯所得　246, 247, 253, 270, 273-275,
　284
積極的基幹化型　24, 66, 119, 125, 135,
　138, 169
積極的抵抗　298, 304
ゼネラル・キャップ　324, 328, 334
セルフ・サービス　31-33
専業主婦　97
全国スーパー　32
前職　254-256
選択的自覚（selective perception）　10
選別的組織化戦略　193, 194, 198, 205, 207
選別的内部化　111, 114, 179
全面的基幹化型　24, 66, 119, 125, 169
全面的組織化　229
　──戦略　194, 198
戦略的行為　8, 24
戦略的選択　257
総合スーパー　21, 31-36, 45, 62, 66, 77,
　81-83, 122, 126, 147-150, 178, 193
相互作用　322
総労働量　50
属人給　129
組織拡大　226, 236
組織化方針　201-205
組織範囲　226
組織率　187-189, 197, 219

た　行

対応戦略　14, 202
大黒柱　191
退職慰労金　155, 156, 177
退職金　155, 156, 173, 174, 285, 327, 333
退職経験者　254
退職理由　254
体制編入戦略　293, 294
第2職種給　148
代表性の危機　188-190, 192-194, 205,
　218, 234
代理指標　58, 59
達成感　94, 269
短時間パートタイマー　178, 179
短時間労働者　1, 50, 112, 113, 115, 142,

　175, 187, 205
単純業務　128, 190
男女雇用機会均等法　83, 93, 243
単身赴任手当　85, 86, 159
男性稼ぎ主イデオロギー　8
男性稼ぎ主型　13, 18, 257
　──ジェンダー関係　18, 321, 322, 335-
337
　──ジェンダー規範　335
　──ジェンダー・システム　12, 13, 111,
　191, 324
男性正社員　78, 79
男性の働き方　237
団体交渉　45, 196, 205
担当商品群　74, 129
地域
　──給　75, 145, 148, 151, 159, 176
　──限定社員　207
　──密着　230
　──労働市場　11, 52, 76, 102, 148, 177
　──スーパー　32
チーフ　170, 171
地方スーパー　32, 52
中央執行委員　231, 232, 310, 311
　──会　202, 220
中途採用　61, 334
長期不況　33, 38, 112, 167, 198, 226
長時間パートタイマー　178, 179
調整給　145, 151
調整弁　191, 211, 213
直加盟方式　195, 199
賃金
　──格差　1, 2, 15, 17, 75, 88, 113, 114,
　157, 160, 173, 174, 212, 268, 303, 335
　──形態　20, 115, 242, 328
　──水準　173, 269
　──制度　132, 136, 138, 145, 151, 157,
　173, 284, 322
　──体系　16, 85, 129, 145, 147, 149,
　151, 159, 163, 174
　──テーブル　159, 173
　──の危機　25
　──比較　157

――明細書　73
陳列　41, 51, 128, 139, 176
通勤手当　85, 86, 145, 152, 159
定型業務　128, 170
抵抗戦略　14, 24, 280, 298-301, 314, 327
低賃金　13, 16, 35, 163, 164, 213, 237,
　246, 268, 283, 286, 303, 313
　　――高熟練　19, 76, 103, 308, 311, 313,
　321, 335
　　――高熟練労働　313
適応課題　10
転居　322
　　――異動　327, 334
転勤　70, 83, 84, 88-90, 93, 95, 119, 161,
　164, 172, 174, 175, 221, 322, 323
　　――範囲　83, 88, 161, 224, 230, 322-
　325
店内加工　50-52, 57, 62, 127, 171, 178
同意獲得装置　180
同意生産　257
統括マネージャー　88, 169-173, 175, 225,
　336
統合型　17
倒産　220, 221, 231, 254

な　行

内部化規則　180
内部労働市場　12, 16, 103, 113, 114, 164,
　208, 248, 255, 314
内面的調整　11
73年方針　202, 204
2002年政策　207, 208
日常的実践　10
日給月給　323, 329, 334
二兎を追う　112, 179
人間関係　133, 297, 302
値下げ判断　61
年間所得　59, 71, 73, 160, 161, 176, 247
年間賃金　75, 163
年齢階層分布　3
年齢給　97, 129, 158, 159, 173
能力考課　130, 132
能力主義　15, 129

ノルマ　269, 275

は　行

パート再就業型　258, 259, 261
パート主任　325, 331
パート政策　13, 46, 52, 57, 60, 76
パートタイマー組織化　36, 224, 234, 235
パートタイム労働　103, 104, 111
　　――市場　1, 2, 12, 13, 20, 112, 226
　　――者　187, 188, 190, 208, 227, 228,
　285, 298, 308, 313
パート的扱い　115, 119, 120, 333
パートナー社員　121, 178, 216, 217, 284
パート労働法　226
配偶者手当　13
パイ縮小の危機　209
排除戦略　192
配置転換　121, 146, 164-166, 168
働き方のジェンダー化　17, 18, 322, 331,
　336
89年方針　203, 204, 207, 218
発注　72, 74, 128, 170, 175
母親の気持ち　282, 286, 287
バブル経済　152, 205, 215
　　――期　41
早番勤務　292
繁閑　19, 44, 133-135
判断業務　128, 170
販売計画　128, 170
販売実績　129
販売動向　62, 69, 74
非公式権力　12, 281, 304, 310, 313, 314,
　321, 327
非正社員　16, 17, 21, 116, 118, 123, 143,
　154, 214
筆記試験　136, 141, 147, 327
非転居社員　322, 325, 328, 335
評価給　75, 134-136, 145, 148, 221, 312
標準化　114, 128, 137, 141, 142
　　――戦略　175-177, 179
標準店舗　169, 175
平社員代替型　67, 71
品質競争　177

不安定雇用　115
封鎖　11
フェミニスト研究　8
福祉手当　153
福利厚生　202, 276
不景気　162, 205, 215, 224, 227, 273, 312
不信感　212
部門間移動　165
部門給　75, 146, 147, 150, 274
フレックス社員　20, 115, 116, 118, 119, 123, 132, 133, 136, 143, 145, 147, 150, 153, 154, 160, 161, 212, 225, 329
フレンド社員　72, 73, 115, 116, 118-120, 123, 136, 144, 154, 162, 168, 215, 286, 293
分離型　17
平均年齢　38-40, 46, 216, 242, 245
ヘゲモニー　194, 217
変形労働時間制度　44
包括的組織化　229
　　──戦略　193, 194, 198, 207
縫合　11, 14, 315, 321, 336
包摂　213
補助労働力　38, 60, 65-68, 137, 144, 214
　　──型　24, 66, 125, 135, 169, 210, 221
ボス　304, 306-308, 310, 312
本工　203
　　──化　187, 202
本人給　73, 85, 86
本部　232

ま　行

マネージャー　22, 79, 88, 96, 101, 102, 116, 121, 130, 170-172, 175, 225, 233, 323, 325, 330
身内の女性　246, 252, 253, 260
未婚期　249
未婚女性　4, 19, 334
未熟練労働者　113
ミドルタイマー　38, 58-60, 64, 67, 241-250, 254-269, 275-277, 314
身分的労働　26
娘に希望を　282, 287

メイト社員　118, 136, 144, 154, 163, 215, 293
モデル賃金　15, 75
元正社員　172, 259, 329
モニタリング　233

や・ら・わ行

有期雇用　116, 122
有配偶女性労働者　3
ユニオンショップ　190, 195, 204
　　──協定　222
曜日加給　75, 149-151, 159-161, 176
ライフ・ステージ　39, 88, 248, 250, 263, 313
リーダー　55, 68, 71, 127, 132, 137, 138, 140, 141, 143, 144, 147-149, 154, 178, 227, 283, 286, 304, 306, 323, 327
離職　301
　　──率　226
立地　52, 66
両立可能性　268
両立困難　251, 269
臨時工　187, 202, 203
レジ　52, 55, 56, 68-71, 144-147, 175-177
労使懇談会　232
労組設立　222
労働過程　50, 51, 76, 102, 180
労働協約　86, 222
労働組合　7, 8, 20-23, 26, 31, 56, 85, 86, 118, 139, 152, 155, 156, 174, 178, 187-197, 200, 201, 203, 206, 209-213, 215, 217, 218, 222, 224, 230, 232, 233, 235, 236, 275-278, 310
　　企業内──　191, 193, 194
労働志向性　257
労働市場の厳しさの直視　282, 285
労働者内部の平等　191, 194, 209
労働条件不利益変更　323, 333
労働力再生産　5
労働力の女性化　3, 112
労務管理　23, 25, 63, 115, 122, 153, 166-168, 194-196, 274, 335

ロングタイマー 58-60, 63, 65, 67, 103, 138, 241-269, 281, 314

私のお店 56, 306

《著者紹介》

金　英（キム・ヨン）
　　　　社会学博士（ソウル大学）。
現　在　釜山大学校社会学科教授。
主　著　「「均衡を考慮した処遇制度」と働き方のジェンダー化——大手スーパー企業の新人事制度
　　　　分析を中心に」『社会政策』第1巻2号，2009年（日本語）。
　　　　「おしゃべり共同体の陣地戦と制限的内部化——日本のスーパーマーケットの人事管理制度
　　　　とは」『社会科学研究』第61巻5・6号，2011年（日本語）。
　　　　「つながりの貧困と若者のホームレス化——東京の若者ホームレス8人のオーラル・ライ
　　　　フ・ヒストリーの分析を中心に」『翰林日本学』第23巻，2013年（韓国語）。
　　　　「ミルリャン765送電塔建設反対運動に関するジェンダー分析——ジェンダー・ジャンピン
　　　　グの過程と原因を中心に」『韓国女性学』第31巻2号，2015年（韓国語），ほか。

現代社会政策のフロンティア⑪
主婦パートタイマーの処遇格差はなぜ再生産されるのか
——スーパーマーケット産業のジェンダー分析——

2017年12月30日　初版第1刷発行　　　　　　　　〈検印省略〉

定価はカバーに
表示しています

著　者　　金　　　　　英
発行者　　杉　田　啓　三
印刷者　　藤　森　英　夫

発行所　株式会社　ミネルヴァ書房
607-8494 京都市山科区日ノ岡堤谷町1
電話代表　（075）581-5191
振替口座　01020-0-8076

© 金英, 2017　　　　　　　　　亜細亜印刷・新生製本

ISBN978-4-623-08067-0

Printed in Japan

現代社会政策のフロンティア

岩田正美／遠藤公嗣／大沢真理／武川正吾／野村正實 監修

① 生活保護は最低生活をどう構想したか
——保護基準と実施要領の歴史分析
岩永理恵著　A5判三五二頁　本体五〇〇〇円

② 東アジアにおける後発近代化と社会政策
——韓国と台湾の医療保険政策
李蓮花著　A5判三二四頁　本体六五〇〇円

③ 金融によるコミュニティ・エンパワーメント
——貧困と社会的排除への挑戦
小関隆志著　A5判二九二頁　本体四五〇〇円

④ 労働統合型社会的企業の可能性
——障害者就労における社会的包摂へのアプローチ
米澤旦著　A5判二四〇頁　本体六〇〇〇円

⑤ 個人加盟ユニオンと労働NPO
——排除された労働者の権利擁護
遠藤公嗣編著　A5判二六四頁　本体五〇〇〇円

⑥ 韓国の都市下層と労働者
——労働の非正規化を中心に
横田伸子著　A5判二六六頁　本体六〇〇〇円

⑦ 地方自治体の福祉ガバナンス
——「日本一の福祉」を目指した秋田県鷹巣町の20年
朴姫淑著　A5判三〇六頁　本体三七〇〇円

⑧ 戦後河川行政とダム開発
——利根川水系における治水・利水の構造転換
梶原健嗣著　A5判四〇四頁　本体七〇〇〇円

⑨ 介護はいかにして「労働」となったのか
——制度としての承認と評価のメカニズム
森川美絵著　A5判三〇〇頁　本体三六〇〇円

⑩ 知識経済をジェンダー化する
——労働組織・規制・福祉国家
S.ウォルビーほか著　大沢真理編訳　A5判四〇二頁　本体五五〇〇円

ミネルヴァ書房

http://www.minervashobo.co.jp/